本书为澳门大学中国历史文化中心委托项目

由澳门大学"先秦诸子与古典学"项目资助出版

庄子会通

杨义——著

辽宁人民出版社

图书在版编目（CIP）数据

庄子会通 / 杨义著. —沈阳：辽宁人民出版社，2022.8
ISBN 978-7-205-10386-6

Ⅰ.①庄…　Ⅱ.①杨…　Ⅲ.①道家 ②《庄子》—
研究　Ⅳ.①B223.5

中国版本图书馆CIP数据核字（2021）第263803号

出版发行：辽宁人民出版社
　　　　　地址：沈阳市和平区十一纬路 25 号　邮编：110003
　　　　　电话：024–23284321（邮　购）　024–23284324（发行部）
　　　　　传真：024–23284191（发行部）　024–23284304（办公室）
　　　　　http://www.lnpph.com.cn
印　　刷：辽宁新华印务有限公司
幅面尺寸：170mm×240mm
印　　张：26.5
字　　数：403 千字
出版时间：2022 年 8 月第 1 版
印刷时间：2022 年 8 月第 1 次印刷
责任编辑：娄　瓴
封面设计：丁末末
版式设计：▨鼎籍文化 万晓春
责任校对：吴艳杰
书　　号：ISBN 978-7-205-10386-6

定　　价：88.00 元

目 录

一 《庄子传》的解读

历史的发展，是由一连串的机遇与挑战构成。司马迁作《史记》时，尚是汉初延续下来的黄老道术的天下，庄子的地位未显，因此在《史记·老子韩非列传》中《庄子传》还是附传：

> 庄子者，蒙人也，名周。周尝为蒙漆园吏，与梁惠王、齐宣王同时。其学无所不窥，然其要本归于老子之言。故其著书十余万言，大抵率寓言也。作《渔父》《盗跖》《胠箧》，以诋訾孔子之徒，以明老子之术。《畏累虚》《亢桑子》之属，皆空语无事实。然善属书离辞，指事类情，用剽剥儒、墨，虽当世宿学不能自解免也。其言洸洋自恣以适己，故自王公大人不能器之。
>
> 楚威王闻庄周贤，使使厚币迎之，许以为相。庄周笑谓楚使者曰："千金，重利；卿相，尊位也。子独不见郊祭之牺牛乎？养食之数岁，衣以文绣，以入大庙。当是之时，虽欲为孤豚，岂可得乎？子亟去，无污我。我宁游戏污渎之中自快，无为有国者所羁，终身不仕，以快吾志焉。"

行文着重学派关系，既阐明庄子推崇老子之术，又诋訾剽剥儒、墨，属于老庄学派。汉人都知道蒙为战国宋地，这是汉代学者的共识，这有《史记索隐》引刘向《别录》、《淮南子·修务训》高诱注、《汉书·艺文志》班固自注为证。张衡《髑髅赋》也描摹髑髅口吻："吾宋人也，姓庄名周。"汉人离战国不远，当不至于被后世的地理沿革弄走了眼神，蒙地在宋国不容怀疑。但《史记》说"庄子者，蒙人也"，却没有说"宋蒙人"，隐含着庄周居宋，却不能简单地称为宋人，他的国族另有所属。国族何属呢？值得注意的是，全文336字中有124字写"楚威王闻庄周贤，使使厚币迎之，许以为相"，占37%，暗含着庄子与楚国的因缘之深。应该指出的是，先秦史家均没有记述老子、庄子及任中都宰前的孔子，这是遵从《左传·鲁隐公十一年》传例的原则："凡诸侯有命，告则书，不然则否"，并非官方史籍不载，历史上就没有其人其事。老子、庄子有传，自太史公始。为诸子作传，是太史公清理战国学术源流的莫大贡献。

庄子之学，龙雕凤咀，天马行空，随任逍遥，令人如沐春风，成为中国知识者的精神家园。如唐代诗人高适《宋中十首》其七："逍遥漆园吏，冥没不知年。世事浮云外，闲居大道边。古来同一马，今我亦忘筌。"高适此诗对庄子的道境心事，领略得相当深情。至于北宋文豪苏轼，更是从《庄子》中学得旷达超逸，以幽默的心态度过人生的百般坎坷。苏辙在《亡兄子瞻端明墓志铭》中说："初好贾谊、陆贽书，论古今治乱，不为空言；继而读《庄子》，喟然叹息曰：'吾昔有见于中，口未能言，今见《庄子》，得吾心矣。'"宋代谢枋得《文章规范》评议苏轼《赤壁赋》说："此赋学《庄》《骚》文法，无一句与《庄》《骚》相似。"清代刘熙载《艺概》甚至说："东坡则出于《庄》者十之八九。"苏轼又有《庄子祠堂记》：

庄子，蒙人也。尝为蒙漆园吏。没千余岁，而蒙未有祀之者。县令秘书丞王兢始作祠堂，求文以为记。谨按《史记》，庄子与梁惠王、齐宣王同时，其学无所不窥，然要本归于老子之言。故其著书十余万言，大抵率寓言也。作《渔父》《盗跖》《胠箧》，以诋訾孔子之徒，以明老子之术。此知庄子之粗者。余以为庄子盖助孔子者，要不可以为法耳。楚公子微服出亡，而门者难之。其仆操箠而骂曰："隶也不力！"门者出之。

事固有倒行而逆施者。以仆为不爱公子，则不可。以为事公子之法，亦不可。故庄子之言，皆实予而文不予，阳挤而阴助之，其正言盖无几。至于诋訾孔子，未尝不微见其义。其论天下道术，自墨翟、禽滑厘、彭蒙、慎到、田骈、关尹、老聃之徒，以至于其身，皆以为一家，而孔子不与，其尊之也至矣。

然余尝疑《盗跖》《渔父》，则若真诋孔子者。至于《让王》《说剑》，皆浅陋不入于道。反复观之，得其《寓言》之意，终曰："阳子居西游于秦，遇老子。老子曰：而睢睢，而盱盱，而谁与居？太白若辱，盛德若不足。阳子居蹴然变容。其往也，舍者将迎其家，公执席，妻执巾栉，舍者避席，炀者避灶。其反也，舍者与之争席矣。"去其《让王》《说剑》《渔父》《盗跖》四篇，以合于《列御寇》之篇，曰："列御寇之齐，中道而反，曰：吾惊焉，吾食于十浆，而五浆先馈。"然后悟而笑曰："是固一章也。"庄子之言未终，而昧者剿之以入其言。余不可以不辨。凡分章名篇，皆出于世俗，非庄子本意。

元丰元年十一月十九日记。

宋神宗元丰元年是公元 1078 年，苏轼 42 岁，在徐州任知州，还未遭遇乌台诗案的灾难，行文中还带有贾谊、陆贽气。《庄子祠堂记》说"余以为庄子盖助孔子者"，还要删节《庄子》以自圆其说，实在令人想到庄子所嘲讽的多余出来的第六个脚趾和手指。只有经过乌台诗案的灾难以后接连的打击，才真正发现《庄子》"得吾心矣"。灾难使人变得聪明，深知生命的意义。

苏轼崇庄，出于超逸的悟性；鲁迅言庄，出于深刻的理性。鲁迅《汉文学史纲要》第三篇"老庄"说：

老子尝为周室守书，博见文典，又阅世变，所识甚多，班固谓"道家者流盖出于史官，历记成败存亡祸福古今之道，然后知秉要执本，清虚以自守，卑弱以自持"者盖以此。然老子之言亦不纯一，戒多言而时有愤辞，尚无为而仍欲治天下。其无为者，以欲"无不为"也。"大道废，有仁义。智慧出，有大伪。六亲不和有孝慈，国家昏乱有忠臣。""民之饥，以其上食税之多，是以饥。民之难治，以其上之有为，是以难治。民之轻死，以其求生之厚，是以轻死。夫唯无以生为者，是贤于贵生。""……圣人处无为之事，行不言之教，万物作焉而不辞，生而不有，为而不恃，功成而弗居。夫唯弗居，是以不去。""为学日益，为道日损。损之又损，以至于无为。无为而无不为。取天下常以无事；及其有事，不足以取天下。"……

然文辞之美富者，实惟道家，《列子》《鹖冠子》书晚出，皆后人伪作；今存者有《庄子》。庄子名周，宋之蒙人，盖稍后于孟子，尝为蒙漆园吏。著书十余万言，大抵寓言，人物土地，皆空言无事实，而其文则汪洋辟阖，仪态万方，晚周诸子之作，莫能先也。今存三十三篇，《内篇》七，《外篇》十五，《杂篇》十一；然《外篇》《杂篇》疑亦后人所加。于此略录《内篇》之文，以见大概："啮缺问乎王倪曰：子知物之所同是乎？曰：吾恶乎知之。子知子之所不知邪？曰：吾恶乎知之。然则物无知邪？曰：吾恶乎知之。虽然，尝试言之，庸讵知吾所谓知之非不知邪？庸讵知吾所谓不知之非知邪？且吾尝试问乎女：民湿寝则腰疾偏死，鰌然乎哉？木处则惴栗恂惧，猿猴然乎哉？三者孰知正处。……自我观之：仁义之端，是非之途，樊然淆乱。吾恶能知其辩。啮缺曰：子不知利害，则至人固不知利害乎？王倪曰：至人神矣，大泽焚而不能热，河汉冱而不能寒，疾雷破山，风振海而不能惊。若然者乘云气，骑日月，而游乎四海之外。死生无变于己，而况利害之端乎？"（《齐物论》第二）"泉涸，鱼相与处于陆，相呴以湿，相濡以沫，不如相忘于江湖。与其誉尧而非桀也，不如两忘而化其道。夫大块载我以形，劳我以生，佚我以老，息我以死，故善吾生者，乃所以善吾死也。"（《大宗师》第六）"南海之帝为儵，北海之帝为忽，中央之帝为混沌。儵与忽时与相遇于混沌之地，混沌待之甚善。儵与忽谋报混沌之德，曰：人皆有七窍以视听食息，此独无有。尝试凿之。日凿一窍，七日而混沌死。"（《应帝王》第七）

末有《天下》一篇（胡适谓非庄周作），则历评"天下之治方术者"，最推关尹老子，以为"古之博大真人"，而自述其文与意云："芴漠无形，变化无常。死与生与？天地并与？神明往与？芒乎何之，忽乎何适？万物毕罗，莫足以归。古之道术，有在于是者。庄周闻其风而悦之，以谬悠之说，荒唐之言，无端崖之辞，时纵恣而不傥，不以觭见之也。以天下为沉浊不可与庄语，以卮言为曼衍，以重言为真，以寓言为广。独与天地精神往来，而不敖倪于万物；不谴是非，以与世俗处。其书虽瑰玮，而连犿无伤也。其辞虽参差，而諔诡可观。彼其充实，不可以已。上与造物者游，而下与外死生无终始者为友。其于本也，弘大而辟，深闳而肆；其于宗也，可谓稠适而上遂矣。……"故自史迁以来，均谓周之要本，归于老子之言。然老子尚欲言有无，别修短，知白黑，而措意于天下；周则欲并有无修短白黑而一之，以大归于"混沌"，其"不谴是非"，"外死生"，"无终始"，胥此意也。中国出世之说，至此乃始圆备。

这些言论，都是从《庄子》文本出发，但文本背后还存在着诸多关于庄子国族身世的千古之谜。唯有勘破庄子国族身世之谜，才能更真切地还原庄子，走入庄子生命哲学的深处。

对《庄子》一书，历史上就存在认识的分歧。典型的说法，是王夫之《庄子解》卷八说内篇为庄子所作：

内篇虽参差旁引，而意皆连属；外篇则踌驳而不续。内篇虽洋溢无方，而指归则约；外篇则言穷意尽，徒为繁说而神理不挚。内篇虽极意形容，而自说自扫，无所粘滞；外篇则固执粗说，能死而不能活。内篇虽轻尧舜，抑孔子，而格外相求，不党邪以丑正；外篇则忿戾诅诽，徒为轻薄以快其喙鸣。内篇虽与《老子》相近，而别为一宗，以脱卸其矫激权诈之失；外篇则但为《老子》作训诂，而不能探化理于玄微，故其可与内篇相发明者十之二三，而浅薄虚嚣之说杂出而厌观。其间若《骈拇》《马蹄》《胠箧》《天道》《缮性》《至乐》诸篇，尤为愦劣。读者遇庄子之意于象言之外，则知凡此之不足存矣。

　　王夫之以内篇为庄子所作，代表着传统的主流观点。焦竑的《焦氏笔乘》也认为："内篇断非庄生不能作，外篇、杂篇则后人窜入者多。"魏晋以来学者都主张内篇是庄子著作，这是传统看法。

　　其实，《庄子》是一部内容庞杂的"庄学丛书"。《庄子》文章的篇数，先秦的情形不详，汉代刘向、刘歆定为五十二篇，魏晋时代郭象定为三十三篇，李颐定为三十篇，崔撰定为二十七篇，向秀定为二十六篇。文章的段落也经常被编纂者移动，《齐物论》"道未始有封"这段文字，在班固所见或所编《庄子》中是在外篇，《养生主》的"庖丁解牛"的寓言，在隋朝和尚吉藏所见《庄子》书中也在外篇，但在郭象本《庄子》中，它们一起被收到内篇来了。在这种情况下，内、外篇之分也不是一成不变的。唐代陆德明在谈到各家编定的《庄子》时说："内篇众家并同，自余或有外而无杂。"（《经典释文·叙录》）除非将来考古发掘到《庄子》先秦原本，我们不应当怀疑司马迁所见到的《庄子》版本而轻信郭象的《庄子》版本。司马迁说的庄子著作有"十余万言"，现存的三十三篇"按字数说，离十余万言还差得远"。现存的《庄子》，字数由于版本不同，略有出入，共有六万五千八百九十五字，离"十万余言"还差很多。（参看任继愈《中国哲学史论》，上海人民出版社 1981 年版，第 337页）《史记·老子韩非列传》说："庄子……作《渔父》《盗跖》《胠箧》以诋訿孔子之徒，以明老子之术。《畏累虚》《亢桑子》之属，皆空语无事实。然善属书离辞，指事类情，用剽剥儒墨。"司马迁列举的这几篇庄周的代表作，都不属于《庄子》内篇，而属于外篇。《荀子·解蔽》说："墨子蔽于用而不知文，宋子蔽于欲而不知得，慎子蔽于法而不知贤，申子蔽于势而不知知，惠子蔽于辞而不知实，庄子蔽于天而不知人。"荀子对庄周的自然（天）观是同意的，最早指出庄周的自然观是唯物主义的是两千年前的荀子。具有荀子所指出的唯物主义自然观的篇章，现在《庄子》中是有的，那就是《天道》《天地》《天运》……而这些篇恰恰都在外篇。司马迁提到的"剽剥儒墨"的庄周，或荀子谈到的唯物主义自然观的庄周，都不在现今的《庄子》内篇，这一现象值得深思。《庄子》外篇都是以一篇开头的两个字作为题目，倒是保存着古代的篇章命名体制。而内篇往往以论学的内容和方式作为标题，这种体制出现在战国晚期，离庄子著书的战国中期已经有了相当的时间距离。因此讨论《庄子》，与其根据众说纷纭的内、外、杂篇的划分，倒不如以其论学的对象和论学的方式，即寓言、重言、卮言的不同表达形态作为切入点，舍弃窠臼，可能得以见到另一番风光。

二　庄子的国族疑案

要弄清楚庄子是谁，就要解开三个"庄子疑案"，这是返本还原研究的支撑点：

第一，庄子的知识是从哪里来的？当时是贵族教育，学在官府，典籍也为官府守藏，民间无有。庄子写书在知识上是无所不窥，他认为"旧法世传之史尚多有"，推重"惠施多方，其书五车"。而且中国最重要经典的"六经"，最早见于《庄子·天运篇》："孔子谓老聃曰：丘治《诗》《书》《礼》《乐》《易》《春秋》六经，自以为久矣。"《天下篇》又说："《诗》以道志，《书》以道事，《礼》以道行，《乐》以道和，《易》以道阴阳，《春秋》以道名分。"这说明《庄子》对这个经典系统是熟悉的。1993年在湖北省荆门市郭店楚墓，与简本《老子》甲、乙、丙三种同时出土的《六德》也说："观诸《诗》《书》，则亦在矣；观诸《礼》《乐》，则亦在矣；观诸《易》《春秋》，则亦在矣。"此墓属于战国中期，可见在庄子时代楚人已知"六经"。不过，这是当时楚太子属官的墓，在经籍存于官府的时代，庄子的知识来源就是一个大问题。庄子作为宋国蒙地一个穷得借粟下锅的"涸辙之鲋"般的穷人，从何处获得属于贵族特权的教育资源呢？人们常说，孔子一个大的贡献，就是把官学变成私学，有教无类，但是孔门再传弟子并没有招收庄子为徒，孔门所谓"三千弟子，七十二贤"，却没有人写出一部《庄子》这样妙不可言的书。

第二，庄子具备什么资格去跟那些王侯将相对话？比如去见魏王，穿得破破烂烂，魏王问他："何先生之惫邪？"他却回答得非常傲慢无礼："贫也，非惫也。……今处昏上乱相之间，而欲无惫，奚可得邪？此比干之见剖心征也夫！"魏王居然没有发怒，没有令人挡驾，或将他赶跑、拘留，似乎是乖乖地听着他高谈阔论。他有何种身份、资格，做到这一点？

第三，楚威王派了两个大夫聘任庄子做官，不仅《史记》有记载，《庄子》书也有两次记载，一在《秋水篇》："庄子钓于濮水，楚王使大夫二人往先焉，曰：'愿以境内累矣！'庄子持竿不顾，曰：'吾闻楚有神龟，死已三千岁矣，王巾笥而藏之庙堂之上。此龟者，宁其死为留骨而贵乎，宁其生而曳尾于涂中乎？'二大夫曰：'宁生而曳尾涂中。'庄子曰：'往矣！吾将曳尾于涂中。'"一在《列御寇篇》："或聘于庄子，庄子应其使曰：'子见夫牺牛乎？衣以文绣，食以刍叔（菽），及其牵而入于太庙，虽欲为孤犊，其可得乎？'"这二则记载，与《史记》所记"楚威王闻庄周贤，使使厚币迎之，许以为相"，可资相互参照，底子相似，措辞相异。史书注重年代，强调是"楚威王"聘请；《庄子》记载则在职位上留有分寸，不说"许以为相"，只说"愿以境内累矣"。然而楚国那时是一流大国，楚威王被称为楚国的中兴之主，其时楚国的疆域达到了最大规模，囊括了长江中下游以及支流众多的淮河流域。苏秦曾对楚威王说："西有黔中、巫郡，东有夏州、海阳，南有洞庭、苍梧，北有陉塞、郇阳。地方五千余里，带甲百万，车千乘，骑万匹，粟支十年。此霸王之资也。"楚威王七年（公元前333年），以景翠为楚师元帅，歼灭越师主力，尽取越人所占吴地。越人从此离散，成为楚国的附庸。最终，越国在楚怀王时彻底灭亡。那么，区区一个宋国的漆园吏，不见有何政绩，写的文章也没有安邦定国的效能，楚王为什么要千里迢迢请你当大官呢？而庄子还偏偏不愿意去，说自己不愿当牺牲的牛，似乎这邀请还不能排除杀身之祸的潜在危险，宁愿当在河沟里拖着尾巴打滚的乌龟。那两个使者居然也心照不宣地说"还是当乌龟吧"，并无强迫他赴楚的意思，这里又蕴含着何种政治文化密码？

可能有人会说，庄子寓言都是编出来的，不足取信。但事关个人身世生涯，编撰寓言也要有底线，这是起码的常识，没有底线就是骗子。信口雌黄，那只算是低级的招摇撞骗；要是凭着一点儿底子或影子，添油加醋，"以天下为沈浊，不可与庄语"，托意于荒唐谬悠之说，以玩世滑稽，瑰丽纵横，甚至自我标榜一番，这倒不失人之常情。指认身世寓言有底线，是对庄子人格尊重的体现。否认身世寓言的底线，就会滑向虚无主义。

关键在于对庄氏家族的姓氏来源，建立一个完整可靠的证据链。这条证据链的依据，是先秦的姓氏制度。最明确地记述庄氏来源的文献，是南宋郑樵《通志·氏族略》，它所依据的就是先秦姓氏制度，由姓氏制度推衍到具体的姓氏，其中说："生有爵，死有谥，贵者之事也，氏乃贵称，故谥亦可以为氏。庄氏出于楚庄王，僖氏出于鲁僖公。康氏者，卫康叔之后也。宣氏者，鲁宣伯之后也。"其后又具体解释："庄氏：芈姓。楚庄王之后，以谥为氏。楚有大儒曰庄周，六国时尝为蒙漆园吏，著书号《庄子》。齐有庄贾，周有庄辛。"郑樵特别标示，庄氏是楚庄王的后代，也就是说，楚庄王的直系子孙是楚国的国王，旁系或者庶出的子孙，到了孙子这代，就可以用祖宗的谥号作自己的姓氏。郑樵，是12世纪福建莆田人。年轻时就在家乡的夹漈山搭建草堂，闭门苦读三十年，谢绝人事。接着出外访书十年，遇藏书家必借住，读尽乃去。自称："樵生为天地间一穷民而无所恨者，以一介之士，见尽天下之图书，识尽先儒之阃奥，山林三十年，著书千卷。"郑樵遍读唐以前的书，广搜博引，"集天下之书为一书"写成《通志》二百卷，《四库全书总目提要》中指出："南北宋间记诵之富，考证之勤，实未有过于樵者。"因此他说庄氏出于楚庄王，应是有唐以前的牒谱文献为据的。当然，"庄"是一个美谥，春秋战国之时，以"庄"为谥号的国君有十几个，但庄氏的出处具有特指性，特指和泛指是迥然有别的。因此郑樵言之凿凿地说庄氏出自楚庄王，应是有唐以前的谱牒作根据。这种判断，在唐宋人的姓氏书中也可以得到印证：庄子是楚庄王的支系后裔。

郑樵毕竟是南宋人，距离庄子已经千余年，对他的说法有必要回溯到《史记》，做进一步的考实。《史记·西南夷列传》里面记载了庄蹻，"始楚威王时，使将军庄蹻将兵循江上，略巴、蜀、黔中以西。庄蹻者，故楚庄王苗裔也。"班固《汉书·西南夷两粤朝鲜传》也沿用了这个说法。司马迁在这里无意中透露了破解庄子身世之谜的线索：楚国庄氏出自楚庄王，庄子与庄跷一样是楚庄王之后，可能出自不同的分支。这一点跟《史记》庄子传中，称庄子为"蒙人"而不标示"宋"，结尾处补记楚威王派使者聘请庄子，在认证庄氏的国族上，有着互动互补的潜在契合之处。二者又与《通志·氏族略》形成了一条有效的证据链。这条证据链的有效性，在于证明楚庄王的直系传承王位，就是楚王，他的旁系在三代以后就可以用他的谥号作为姓氏。楚庄王是春秋五霸之一，楚国最杰出的政治家，他有一个著名的故事：三年不鸣，一鸣惊人；三年不飞，一飞冲天。他曾经兼并了汉水流域的许多小国，把势力范围拓展到黄河洛水流域。在洛阳郊区举行阅兵式，问东周的九鼎轻重。"问鼎中原"，是和楚庄王有关的成语。所以楚庄王的后代用他的谥号作姓氏，是非常荣耀的事情。从楚庄王到庄子，过了200多年，应是八代以上，庄氏家族已经是一个很疏远的贵族。总之，以上梳理，构成了一条硬性的证据链：

1.《史记》庄子传认为庄子是蒙人而隐去"宋"字，明确记述楚威王派二大夫迎聘庄子；

2.《通志·氏族略》明确记载庄氏出自楚庄王，战国有庄周；

3.《史记·西南夷列传》记述庄跷是楚庄王苗裔。尤其是《通志》的说法，不是泛泛而论，具有专指性质，且有唐前谱牒为依据。

既然庄子是楚庄王之后，为何会居留在宋国？这就需要动用历史编年学，从楚威王派人迎接庄子的材料入手，进行严密的考证。在楚威王初年（公元前339年），庄子大概30岁左右，从这个时间节点往上推42年，出现了一个重大的历史事件：吴起变法。楚悼王用吴起变法，"南平百越；北并陈蔡，却三晋；西伐秦。诸侯患楚之强"，开发了江南，即洞庭以南的地区，都成了楚国的疆域。吴起施行的政策是"明法审令，捐不急之官，废公族疏远者，以抚养战斗之士"，这样三代以上的贵族不能世袭，要充实新开发的土地，就把那些老贵族得罪透了。到了楚悼王死（公元前381年），这些贵族就造起反来，攻打吴起。吴起就跑到了灵堂里，趴到楚悼王的尸体上。这些疏远的贵族大闹灵堂，乱箭射死了吴起，也射到了楚悼王的尸体。按照楚国的法律，"丽兵于王尸者，尽加重罪，逮三族"。所以楚悼王的儿子楚肃王继位之后，灭了 70 多家。作为疏远的公族的庄氏家族应是受此事件的株连而逃亡的。要是我们对战国的地理形势比较了解的话，宋、楚之间，是墨子弟子们的根据地。比如墨家巨子孟胜，为楚国阳城君守封邑。阳城君参与射杀吴起事件而逃亡后，墨家巨子就为他守卫阳城封邑，自然也会将楚国同案要犯偷偷送到宋国。庄氏家族逃到宋国十几年之后，才生下了庄子。由于庄子属于流亡贵族之后，少时孤独而没有游伴，就去看看街头的屠牛、宰猪、耍猴，尤其是考量蜗牛、蝴蝶，"独与天地精神往来"。

经过以上的国族认证和家族流亡的考证之后，前面提到的庄子身世的三大谜团就迎刃而解。庄子为什么无书不窥？因为他出身贵族，接受的是楚国富有传统的贵族家庭文化教育。《国语·楚语上》记载楚庄王向申叔时问教太子之法，申叔时回答说："教之《春秋》""教之《诗》""教之《乐》""教之《语》"，等等，这就从楚庄王开始形成了贵族教育的"申叔时传统"，推动了楚文明与中原文明的融合。庄子于学无所不窥，得益于这个"申叔时传统"。他依凭什么资格那么傲慢地和王侯将相说话？因为一流大国的楚王可能还会请他回去委以重任，楚国还有他的不少亲友故旧。在吴起之变四十余年后，隔了两代国王了，庄氏家族以及那些疏远贵族的关系毕竟盘根错节，不断有人在楚威王耳边给这 70 多个家族鸣冤叫屈，呼吁落实政策，主张将他们的贤子弟迎聘回来，委以重任。楚王因此"闻庄子贤"，所闻有据，才派二大夫到濮水迎聘庄子。《史记》专门提到庄子"与梁惠王、齐宣王同时"，齐、魏这二位以好客驰名的国君都没有聘请庄子，偏偏没有好客名声的楚威王聘请他，还郑重地派两个大夫请他，并委任重要的实职，这种破格之举，为列国罕见。庄子对家族悲剧未能忘怀，又顾忌楚国政局的潜在变幻，还是顺着自己心意，"自适其适"，拒绝了楚国的聘请。从地理学角度看，濮水在楚、宋接壤之处，与庄子、惠施观鱼的濠梁，及墨家巨子活动的阳城相离不远，都在今天安徽西北部，这是庄子经常漫游之地。

楚国文化基因和庄子从小孤身亲近自然的综合作用，形成了独特的庄子哲学。从老聃到庄周归本于道，都是非议和超越礼制的，实际上乃是非议和超越旧有的处在崩溃中的制度规矩。他们认为礼是忠信之薄，致乱之首；反对"中国之君子，明乎礼义而陋于知人心"；主张"法天贵真"，不应屑屑然拘束于世俗之礼。正是在老子追求"天道之真"的基础上，庄子进而追求"天性之真"，以此为出发点，庄子"得至美而游乎至乐"，把他的哲学高度审美化或文学化了。他的文学思维，最为潇洒，最无匠人气。他以汪洋恣肆、诡异多姿的旷世文章，如百川灌河，如月光泻地，磅磅礴礴又委婉清俊，淡然无极而众美从之，为中国文化提供了超越性的审美空间和想象方式，以自然的和方外的人生意象，形成了一个灵气荡漾的"庄生世界"。孟子游说诸侯，凡出行，"后车数十乘，从者数百人，以传食于诸侯，不亦泰乎？"与孟子同时的庄子，是没有这番派头的。但庄子的思想文章，具有不可磨灭的"青春性"。中国人每当面对"天下何其嚣嚣"，而想返回文化源头寻找"精神家园"的时候，往往都选择这个富有魅力和灵性可人的"庄生世界"。庄生之道，滋生禅悦。

联想到 19 世纪后半叶，德国古典学者维拉莫维茨在《古典学术史》的开篇对古典学的性质、对象和方式表述："古典学术的对象是古希腊罗马文明的本质及其存在的每一个方面。该学科的任务是用学术的方法来复活那个已逝的世界。"对先秦诸子的返本还原，宗旨也在于走近诸子，激活那个已逝的世界。春秋战国诸子的思想原创，为何能够如此旷世独立而又彪炳千古？重要的原因之一，在于深厚沉积的原始民俗资源和口头传统，第一次大规模进入士人的文化解释系统，在撞击王官知识系统时产生巨大的思想爆裂力量。庄子感受到这种爆裂的冲击，以自由精神对民俗信仰和自然百物进行心灵感应，以如梦似烟的寓言抒写了他的诗性哲学。

这就使得我们有必要从《庄子》书的材料中，对庄子作出生命验证。发生学的第一个关键点，是深化对先秦诸子的生命的验证。研究先秦诸子的发生学，必须接近和把握先秦诸子的生命形态，尤其是他的学术生命形态。学术形态，必须在生命形态中获得验证和说明。我们可以充分地利用各种资料，包括历史文献、出土文物、口头传统，以及文化人类学的资源，用多维或全息的方法，包括历史考证、简帛释证，还有民族学、家族制度、姓氏制度（姓氏制度很重要，因为，先秦的姓氏制度和汉以后的相沿至今的姓氏制度是不一样的）、民俗学、礼学制度、年代学诸多研究方法，尽可能地透过历史的烟尘，包括材料的聚散、解释的龃龉所形成的碎片，去追问诸子是谁，这是发生学的第一关键点。就是说，书是人写的，有人的生命痕迹。

　　具体到庄子，朱熹就感觉到："庄子自是楚人，想见声闻不相接。大抵楚地便多有此样差异底人物学问。"清末民初的学者刘师培，写了一篇《南北文学不同论》，就把老子、庄子，归为南方的学术，把荀子、韩非归为北方的学术。他说，庄子是宋人，思想是楚国的思想，理由是宋国离楚国比较近。朱自清的《经典常谈》，总结前人的研究结果，也说庄子是宋人，但思想是楚国的思想。这使我们有很多迷惑，宋国人怎么有那么深的楚国情结？太史公写《史记》的时候，庄子不显，因为西汉前期是黄老的天下，将老子和黄帝结合在一起，阐发为帝王术。司马迁的父亲司马谈讲《六家要旨》，认为道家"其为术也，因阴阳之大顺，采儒墨之善，撮名法之要，与时迁移，应物变化，立俗施事，无所不宜"，讲的是黄老道术，而不是魏晋以后的老庄道家。所以庄子在《史记》里就没有专传，甚至也不是合传，只是列入《老子韩非列传》中作为附传，对庄子的祖宗脉络，就没有交代清楚，只交代他在蒙地做过漆园吏，漆园吏就是种漆和制漆的地方作坊里的小官吏。但是在《庄子》书中，并没有种漆和制漆的专业性记载。

　　人文学者考证庄子的国族、家族身世，不只是为他填一张履历表，而且是为了触摸思想者的体温，破解《庄子》书的生命密码，或文化DNA。既然把《庄子》书当成庄子本人和他的学派的生命的痕迹，我们就可以通过《庄子》书的文化DNA的取样检测，反证庄子的国族、家族身世。上面以《史记》《通志》等文献做证，属于外证；而从《庄子》书的文化DNA取样检测，属于内证。内外两个证据链的贯串吻合，就可以形成相对周圆的证据环。

　　对《庄子》文本进行文化DNA的取样，需要我们架起精神现象学的显微镜，从中撷取庄子的"国族意识""自我意识""理性""伦理精神""宗教"和"民俗信仰"。这就是从《庄子》文本中撷取他的心灵脉动的样本，考察他在遭遇世界时如何表达自我意识，实现他的个体性的生命形态、生存趣味和表达策略，集合所有这些环节、要素中所体现出来的精神丝缕，重建庄子自我诉求、自我认识和自我发展的主体同一性。

提取的第一个样品是《庄子·秋水》里，写了一个凤凰鸟和猫头鹰的故事。这只凤凰鸟叫作"鹓雏"。《山海经·南山经》说：南禺之山"有凤皇、鹓雏"。郭璞注：鹓雏，"亦凤属"。唐人张鷟《朝野佥载》卷三说："凤之类有五：其色赤者文章，凤也。青者，鸾也。黄者，鹓雏也。白者，鸿鹄也。紫者，鷟鹭也。"庄子这个故事很有名，说是有只凤凰鸟非甘泉不饮，非竹实不吃，高贵得很。猫头鹰抓了一个死老鼠，怕凤凰鸟抢它，就吓唬那凤凰鸟。在这里庄子自比凤凰鸟，这是楚人的图腾认知，因楚人是崇凤的。楚人崇拜凤凰，有荆州出土文物为证，那里的博物馆藏有漆雕虎座立凤、虎座凤架鼓，丝绣图案也有凤斗龙虎纹样。

关键在于庄子是如何讲故事的。如何讲，是对讲什么的精神因子进行编码。庄子说："南方有鸟，其名为鹓雏，子知之乎？夫鹓雏，发于南海，而飞于北海。"这只凤凰是南方的鸟类，"发于南海，而飞于北海"，跟庄氏家族的根系和迁移轨迹可以合璧。故事是对老朋友惠施讲的，惠施因为促成了魏惠王和齐威王在徐州（不是今徐州，是今山东滕州东南）相会，互相承认称王，就当了魏国的相二十多年。魏惠王后元一年（前334），惠施当相不久，听说庄子要谋他的相位，就在大梁搜查庄子三天三夜。庄子就跟惠施讲了这个猫头鹰用死老鼠来吓凤凰鸟的故事。此事离楚威王元年（前339）派使迎聘庄子，遭到庄子拒绝，才有五年，惠施曾与庄子结伴濠梁观鱼，是知道庄子此事的。庄子的意思是：惠施老友，我是南方的鹓雏，楚国请我都没有应聘，还会谋你的死老鼠吗？以鹓雏自喻，是楚人的习俗。庄子的远祖楚庄王解释谜语"有鸟在于阜，三年不蜚不鸣，是何鸟也"，说是"三年不蜚，蜚将冲天。三年不鸣，鸣将惊人"。屈原《九章·抽思》，自称"有鸟自南兮，来集汉北"，王逸注："屈原自喻生楚国也。"因此庄子以"南方有鸟"的鹓雏自喻，属于楚文化的DNA。

提取的第二个样品是《庄子·至乐》的著名故事"鼓盆而歌"。庄子的老婆死了，惠施去凭吊，看见庄子非常放松地叉着一双脚丫子，敲盆唱歌。以往解释"鼓盆而歌"，就觉得庄子对死亡很超脱，庆祝自然辩证法的胜利。但是从发生学上考察，"鼓盆而歌"是楚国的风俗。《明史·循吏·陈钢传》载："楚俗，居丧好击鼓歌舞。"这种楚国风俗起源非常原始，在唐宋元明的笔记中都有记述，湖北中西部县份和江南许多省县的地方志，都有记载。现在南方农村，尤其是少数民族地区，还可以看到在办丧事时，敲锣打鼓、唱歌演戏的风俗。湖北神农架地区的《黑暗传》，就是丧礼时请歌师"打丧鼓"，唱出来的。它以生动通俗的七言句子，歌唱着天地开辟、人类起源，盘古、女娲、伏羲，甚至"四游八传神仙歌"。这就是以地方志、民俗志为原始材料，考察行为发生学。

《孟子·滕文公上》："丧祭从先祖。"有两种仪式是不能随便改动的，一是祭祖仪式，另一个是丧事仪式，这两种仪式必须要遵从祖宗的制度，要不然鬼神不认领。庄子作为一个楚人，死了老婆，按照祖宗的制度，应该怎样办？他应该去请一个巫师，召集亲友，来给他老婆敲锣打鼓唱歌。但是庄子很穷，请不起巫师；流落异邦，举目无亲，所以只好独自敲起盆，唱起歌。惠施是宋人，后来在魏国当官，他不懂楚国风俗，就说：你跟人家结婚生子，现在人家死去了，不哭还鼓盆而歌，太过分了吧。庄子就给他讲了一个道理，他说天地间，开始时本来没有生，也没有形，也没有气。后来在混混沌沌之间变出气来，气聚合起来就是生，气散了就是死，这就像春夏秋冬四时运转，大化流行。他根据楚国的风俗，提炼出天地运行、生命聚散的哲理。把原始的风俗信仰仪式转化为原创思想，这是先秦诸子创造哲理的重要模式。因此，庄子丧妻，鼓盆而歌，也蕴含着楚文化的 DNA。

提取的第三个样品是《庄子·应帝王》中的浑沌故事。浑沌是中央之帝，天地中心最高的神。南海之帝叫作"儵"，北海之帝叫作"忽"，他们经常在浑沌的地盘上会面，受到浑沌很好的招待。儵和忽就商量怎样报答浑沌的大恩大德，他们说："人都有七窍，用来看、听、吃东西和呼吸，浑沌却没有七窍，我们就试着给他凿出七窍吧。"他们"日凿一窍，七日而浑沌死"。"浑沌"是楚人的信仰。所谓"三苗"，高诱注《淮南子》《吕氏春秋》，说是浑沌、穷奇、饕餮，在中原人看来属于凶残的怪物，却是三苗的祖源。三苗左洞庭、右彭蠡，在《禹贡》的荆州、扬州之间，江州、鄂州、岳州、长沙、衡阳皆古三苗地。在楚人看来，浑沌是本土部族的祖先，并且由此衍化成一种族源信仰。浑沌信仰，讲究顺乎自然，融入自然，如果用人工的斧凿，比如知识、技巧、名利的斧凿为之开窍，就可能使混融一体的自然丧失生命。

儵、忽，作为南海、北海之帝，它们的词义是迅速得如闪电般奄忽。儵忽，应是楚国方言，中原文献罕见，而《楚辞》中反复出现。《天问》说："雄虺九首，儵忽焉在？"《九章·悲回风》说："据青冥而摅虹兮，遂儵忽而扪天。"《招魂》说："往来儵忽，吞人以益其心些。"《远游》说："神儵忽而不反兮，形枯槁而独留。……视儵忽而无见兮，听惝恍而无闻。"《九辩》说："愿寄言夫流星兮，羌儵忽而难当。"有时"儵"与"忽"二字似断还连，如《九歌·少司命》："悲莫悲兮生别离，乐莫乐兮新相知。荷衣兮蕙带，儵而来兮忽而逝。""儵忽"一词在先秦时代的《楚辞》六篇中出现了七次。属于先秦典籍的《吕氏春秋·仲秋纪·决胜》也出现"儵忽"一词："怯勇无常，儵忽往来，而莫知其方。"但《吕氏春秋》材料来源复杂，吕不韦编书的门客也来自列国，如李斯就当过他的门客。从来源明确的多条证据看，"儵忽"应是楚方言。也就是说，《庄子》浑沌寓言，是以楚方言讲楚人信仰，因此楚文化DNA的印记甚深。

检索《庄子》书，可以发现有十几个楚国故事。也就是说，除了上述的三个样品之外，还可以提取十几个样品。庄子笔下的楚人，都是很神奇悟道的。这是庄子的祖辈、父辈告诉他的那个遥远的失落了的故乡故事，带有乡愁情结，"月是故乡明"。乡关之思，在流亡异地的庄氏家族中传承，在《庄子》书中凝聚成异样精彩的乡关故事。

第一个故事"郢匠挥斤"，见于《庄子·徐无鬼》。郢，是楚国的首都，郢都一个名叫"石"的工匠，拿着一把大斧头，"运斤如风"，运转起来像风一样快，能够把别人鼻子尖上像苍蝇的翅膀那么薄的白泥巴砍掉。这个挥斧头人很了得，这受斧头人也很了得，他们简直不是用眼睛，而是听着风声挥舞斧头的。讲述故都工匠的神技，是足以使庄子傲视向他请教这个故事的宋元君的。

第二个故事"痀偻承蜩"，驼背老人用竹竿抓蝉，见于《庄子·达生》。

这是孔子在楚国的林野中看见的。孔子看见这位身体有缺陷的驼背老人，用竹竿抓蝉，就像随手捡来一样，就问他是不是"有什么道"？老人说，是有道的。用竹竿去抓蝉，竿子顶上放两个石头丸子不掉下来，那么他去粘蝉，十有七八能粘下来；如果放三个石头丸子都不掉下来，再去粘蝉，十个能粘下九个；如果竿子顶上放五个石头丸子，都不掉下来，再去粘蝉的话，就像随手拈来一样容易了。自己伸出手臂，就像枯枝一样，虽然天地之大，万物之多，但我只知道蝉的翅膀。用世界上万物来换蝉的翅膀，我都一点也不分心，还有什么理由抓不到蝉呢？孔子称赞，这是"用志不分，乃凝于神"。这位楚国老乡不是以敏捷的身手，而是以精神的力量把庄子粘住了。

第三个故事是"汉阴抱瓮丈人"，见于《庄子·天地》。汉阴，就是汉水的南面。有个老人，凿出隧道，抱瓦瓮到井里，吭哧吭哧地打井水来灌菜园子。子贡问他：为什么不用桔槔打水，那样不是用力少，见效大吗？老人愤然作色，嘲笑说：我听老师讲过"有机械者必有机事，有机事者必有机心"，这类机事机心，会破坏自然的混沌而使生态失衡，搅乱内心的纯白而使心神不定，道也就丧失了。孔子说，这就是"浑沌氏之术"。这是与《应帝王篇》的浑沌故事一脉相通的。浑沌而称"氏"，可见是从三苗部族首领传下来的哲学。其旨趣就是不要用机巧的东西，破坏自然的混沌状态，不要用机巧的心妨碍道的本源。这种楚人故事，蕴含着相当本色的楚文化 DNA。这十几个样品构成了内在的证据链，它们与《史记》《通志》等文献的外证据链，内外贯串吻合，形成了相当周圆的证据环。内外证据链合观，证明庄子是楚人居宋无疑。

在内外证据链之外，还须考察庄子所讲的"宋国故事"。这是前述内外证据链所组成的证据环的复审和超越。复审和超越，可以更加落实庄子楚人居宋的确凿无疑，又可以发现楚人居宋后出现的新精神空间。庄氏家族流亡到宋国，《庄子》书又是怎么样讲宋国故事呢？庄子笔下的宋人都是很笨拙，甚至是机心巧诈的。这是因为庄氏家族未能融入宋国社会，宋国并没有坦诚宽厚地接纳他们。以庄子的智慧才华，才当个小作坊的记账先生，连衣食温饱都保证不了。所以他对宋人，是有心理隔阂的。

《庄子·逍遥游》说：宋人准备了一批商朝老祖宗的"章甫"帽子而到南方的百越之地去卖，但是越人断发文身，根本就不戴帽子。商人从商，却全然不顾营商的对象，可哂也。《逍遥游》还有一则故事，"宋人有善为不龟手之药者，世世以洴澼絖为事"，宋国有个家族，发明了一种使手不皲裂的药膏，世世代代都涂上药膏去漂洗棉絮。这里用了"洴澼絖"的象声方言，极尽讥讽之能事。有个客人想用百金买他们的药方，他们就开家族会议讨论，觉得世世代代"洴澼絖"漂洗棉絮，就得那么几两金，现在一出手卖药方，就得到一百两金，何乐而不为？结果，那位客人拿着药方游说吴王。碰上越国侵犯吴国，吴王就任命他当将军。冬天打水仗，用药使士兵的手不皲裂，把越人打得大败，他因而受到吴王的裂土封爵。而宋国这班老兄，还在那里"洴澼絖"吭哧吭哧地漂洗他们的破棉絮。宋人封闭狭隘，使他们只看到一点蝇头小利，不懂得如何使自己的专利权发挥更大的作用。

还有一个宋国使者曹商的故事，见于《庄子·列御寇》。曹商为宋王出使到秦国，带着几辆车去，由于得到秦王的欢心，回来时车子增加到一百辆。回到宋国就去见庄子，说："住在贫穷狭窄的巷子里，困顿窘迫地编织草鞋，一副蓬头垢面的模样，这是我曹商所短缺的。一旦使得万乘之主醒悟，得到百辆车子，这就是我曹商的特长了。"这种自鸣得意的显摆，是伤透了庄子的自尊心的。庄子就说："秦国的国王有病找医生，能够把他的疮里的脓挤出来，可以得一辆车。如果给国王舔他的痔疮，就可以得五辆车，治病的手段越肮脏，得到的车子越多。大概你是经常去舔痔疮吧，不然怎么得到这么多的车子呢？你给我走开吧！"这个故事叫作"吮痈舐痔"，就是阿谀奉承，卑躬屈膝，干着舔痔疮这种恶心的勾当，以换取人君的赏赐。从这则故事中，可以窥见庄子在宋国穷愁潦倒的生存困境，而逢迎巴结的曹商小人得志，还要跑到庄子面前显摆，这是对人格尊严的侮辱。这则故事收入《庄子》杂篇，从叙事口吻看，是庄子后学记述的，但后学能从庄子口中听到这个故事，可见庄子对宋国曹商式的人物，是何等的深恶痛绝！也就是说，居留在宋国的庄子，与宋国得势人物之间，具有排异性。

实际上，先秦诸子对宋人，都没有太多的好感。这是什么缘故？宋国是一个不太大的"大国"，又是不太小的"小国"，国力介于大国、小国之间，作为周初安置殷遗民，使它能够延续商朝香火的地方，地位比较特殊。宋国夹在晋、楚、齐这些大国的中间，常有亡国的威胁，所以它不接受客卿，也不敢把权力交给他人，害怕大权旁落。只要清理《左传》的材料，就会发现，宋国掌权人物，都是自己的公族。金代李汾《感寓述史杂诗五十首》其一赋"苏客卿秦"云："游说诸侯获上卿，贾人唇舌事纵横。可怜一世痴儿女，争羡腰间六印荣。"可见游士客卿也是以唇舌求富贵的，朝秦暮楚，宋人自会提防。还有齐威王、宣王，建稷下学官，若邹衍、田骈、淳于髡，皆号客卿，此类客卿制度，也不是宋国财力能够支持的。宋人不接受诸子为客卿的文化，呈现了它的文化体制的封闭性。

　　诸子在列国之间流动着，从孔、孟以下，多受过宋人的冷遇或恶遇。游动列国间的诸子，对宋人的封闭性很是反感。孟子的"揠苗助长"，是宋人；韩非子的"守株待兔"，也是宋人。庄子在宋国待了一辈子，以旷世的才华，仅当了个漆园吏，甚至要借粟度日，卖草鞋充当补贴，实在是斯文扫地。因此，庄子对宋人，连他们古里古怪的章甫帽，"洴澼絖"的漂洗衣物，直至曹商舐痔的做派，都是鄙视或蔑视的。

　　然而一个人对一国的观感，是多层面的，不能一概而论。宋国的蒙地，是一个相对偏僻的沼泽地，是大夫宋万弑杀宋闵公（前682）的蒙泽之地。庄氏家族流亡宋国，落脚于此荒野之地。这倒是给庄子的灵感，提供了许多来自自然生态的资源。对于庄子出生的宋国蒙地，进行自然地理学、人文地理学的分析，应能触及庄子灵感得以发生的根源。沼泽地上，草木蒙茸，虫鱼繁生，最宜做梦。在这个地方，庄子做了很多梦，使他成为先秦诸子中写梦最多、最好的一人。在诸子中，庄子的祖师爷老子《道德经》五千言，没有"梦"字。与庄子同时代的孟子，虽然孟、梦同音，但是《孟子》三万四千字，一个"梦"字也没有。《论语》中有一个"梦"字，就在《述而篇》，孔子感叹："甚矣，吾衰也，久矣吾不复梦见周公。"孔子做的是政治梦。朱熹说："'梦周公'，'忘肉味'，'祭神如神在'，见得圣人真一处。理会一事，便全体在这一事。"古人绘有《孔子梦周公图》《庄生梦蝴蝶图》。但是庄子写了十一个梦，他思考着，到底做梦的时候是真的呢，还是醒过来的时候是真的呢？这真实的分界，生命的分界在哪呢？庄子做的是生命体验的梦。最有名的是"蝴蝶梦"，《庄子·齐物论》说："昔者庄周梦为胡蝶，栩栩然胡蝶也。自喻适志与！不知周也。俄然觉，则蘧蘧然周也。不知周之梦为胡蝶与，胡蝶之梦为周与？周与胡蝶，则必有分矣。此之谓物化。"到底是庄周梦蝴蝶呢，还是蝴蝶梦庄周？万物就在这种如沐春风的境界中，相互化入化出，实现人与自然的生命交流。明代杂剧《霸亭秋》说："一枕梦周公，周公不见了。庄生扑蝴蝶，蝴蝶吱吱叫。"这里存在着一种"吱吱叫"的生命呼唤，庄子由此开了一个传统，用梦来体验生命。

湿地风物，使庄子潜入自然，他不是厌烦了都市大邑而回归自然，而是他的生命本来就与自然浑然一体，处于浑沌未凿的生生不息的状态。庄子写了很多稀奇古怪的大树，写了很多活泼精灵的动物。《庄子》书中草木虫鱼繁茂，简直是一部博物志，一部"诗化了的博物志"。庄子作为流亡家族的孩子，小时候没有邻居伙伴一块玩，就"独与天地精神往来"。这个"独"字连着庄子的生命形态，他独自一人在深林河沟里来回逛荡，或者在街头痴迷地看风景。他呆呆地看人家杀猪，燎猪毛，连藏在肥猪腋下的虱子也难逃一劫。或者到摊子上看着老头耍猴，说上午给三个橡栗，下午给四个橡栗，猴子不高兴了；改口说上午四个橡栗，下午给三个橡栗，猴子就兴高采烈。他有时去河沟里看鱼群从容出游，或者到深林里看螳螂捕蝉，黄雀在后。就如庖丁解牛，开头所见无非全牛，三年之后未尝见全牛。牛刀用了十九年矣，解牛数千，刀刃如新。三刀两刀，就撂倒那么大的牛，皮肉像一堆泥土那样摊在地上。然后提刀四顾，踌躇满志。庄子精神的震撼感，是小孩看大人三刀两刀宰掉一头庞然大物的牛的感觉，大人难得有这种感觉。庄子一生，都保持着一颗赤子之心。

《庄子·则阳》讲了一个蜗牛角上的战争故事，说是蜗牛有两个角，左角是触国，右角是蛮国，经常为争夺土地开战，伏尸数万，追逐败军十五日才收兵回来。蜗牛有两个角，恐怕博学如孔夫子都不知道，因为那时候博物学的知识不发达，没有上过生物课，怎么知道蜗牛有两个角呢？蜗牛的角，平时都缩在蜗牛壳里，要看到蜗牛伸出角来，得等待很长时间。蜗牛两个角左右摆动，就设想是触国和蛮国在打仗，旷日持久，伏尸数万。这是小孩子的想象，大人可能看不见蜗牛有角，看见了也不会把两个角的左右摆动，想象成两个国家在打仗。所以庄子是以天真无邪的赤子之心，体验自然，激活自然的生命，"独与天地精神往来"，自得其乐地跟天地精神玩耍，玩得你中有我，我中有你。庄子的这种思维方式，是河沟里的鱼、草丛里的蝴蝶、树林里的猴子教给他的，不是从家门到校门从书本里学来的。从小在河沟、草丛、深林逛荡的童年记忆、体验和经历，影响到他终生的哲学、文学思维方式。如果没有这种记忆、体验和经历，长大了之后才到河沟、草丛、深林里面去摸爬滚打，就乐趣顿消，很难感受生命趣味了。

通过先秦姓氏制度的考证，获知庄子是楚庄王疏远的旁系后代，这有助于揭示《庄子》书所蕴含的文化 DNA。即便是面对蒙泽的草木虫鱼，庄子也是以楚人自由无拘束的想象，进行富有生命灵性的体验的。这与中原以礼为节制的想象方式存在着根本差异。如王国维《文学小言》所说："南人想象力之伟大丰富，胜于北人远甚。彼等巧于比类而善于滑稽，故言大则有若北溟之鱼，语小则有若蜗角之国，语久则大椿、冥灵，语短则蟪蛄、朝菌。至于襄城之野，七圣皆迷；汾水之阳，四子独往。此种想象，决不能于北方文学中发见之。故庄列书中之某部分，即谓之散文诗，无不可也。夫儿童想象力之活泼，此人人公认之事实也。国民文化发达之初期亦然。古代印度及希腊之壮丽之神话，皆此等想象之产物。以我中国论，则南方之文化发达较后于北方，则南人之富于想象，亦自然之势也。此南方文学中之诗歌的特质之优于北方文学者也。"

《庄子·人间世》与《论语·微子》，都记述了楚狂接舆的"凤兮歌"，虽有"凤兮凤兮，何德之衰"的重叠，但《庄子》却多出了"方今之时，仅免刑焉。福轻乎羽，莫之知载；祸重乎地，莫之知避。已乎已乎！临人以德。殆乎殆乎！画地而趋。迷阳迷阳，无伤吾行。吾行却曲，无伤吾足"。可见庄子从国族上，对楚国充满乡愁；但从政治上，觉得楚国"方今之时，仅免刑焉"，甚至要躲避"伤吾行""伤吾足"之祸。因此，他拒绝楚威王之聘，是不无政治考量的。宋人王应麟《困学纪闻》卷十说："《庄子》'楚狂之歌'所谓'迷阳'，人皆不晓。胡明仲云，荆楚有草，丛生修条，四时发颖，春夏之交，花亦繁丽。条之腴者，大如巨擘，剥而食之，其味甘美。野人呼为'迷阳'，其肤多刺，故曰：'无伤吾行，无伤吾足'。"可见楚国迷阳草多刺，可以刺伤人脚，阻碍道路的。《庄子·则阳》写士人游楚，楚王没有接见，他们评议说："夫楚王之为人也，形尊而严。其于罪也，无赦如虎。"因而主张"其穷也使家人忘其贫"，"其于物也，与之为娱矣；其于人也，乐物之通而保己焉。故或不言而饮人以和，与人并立而使人化。父子之宜，彼其乎归居，而一闲其所施。其于人心者，若是其远也"。这里是否透露了庄子穷而忘贫，娱乐万物，归来过"父子之宜"生活的心愿吗？读《庄子》书，自然会感受到庄子胸襟的超旷，但他对政治并非毫不介怀，他对魏国的文侯、武侯、惠王对待士人的态度，观察得很细。如果完全无意于政治仕途，你为何对宋国邻近的魏国历代的政治观察得那么细？这样来分析庄子，是可以触摸到他的体温，把握到他的文化上的 DNA 的。这就是发生学的第一个关键点，对诸子的生命进行验证，弄清楚诸子是谁，为何把书写成这个样子。还原是一条漫长的路，只能抱着"路漫漫其修远兮，吾将上下而求索"的心态。

三　庄子生平编年

　　庄子国族身世既然要艰难考证，那么他的生平编年就更难坐实。但是，年谱学可以令人看到一个站起来的古人，勉力为之是一个认真的学者出自内心的担当。

　　关于庄子的生卒年，近人说法有五：

　　公元前 369 年——前 268 年（马叙伦）；

　　公元前 355 年——前 275 年（吕振羽）；

　　公元前 328 年——前 288 年（范文澜）；

　　公元前 365 年——前 290 年（杨荣国）；

　　公元前 375 年——前 295 年（闻一多）。

　　五种生卒年虽然相差 40 年，但大体还算相近。为此尽量搜集和缀合战国秦汉文献材料的碎片，采取全息扫描的方法，争取略有收获焉。

1. 公元前 381 年

　　楚悼王二十一年（前 381），吴起之变。吴起投奔楚国后，楚悼王任命吴起为宛城太守，一年后升任令尹。担任令尹后的吴起在楚国国内进行了大刀阔斧的改革，具体措施有：（1）制定法律并将其公布于众，使官民都明白知晓。（2）凡封君的贵族，已传三代的取消爵禄；停止对疏远贵族的按例供给，将国内贵族充实到地广人稀的偏远之处。（3）淘汰并裁减无关紧要的官员，削减官吏俸禄，将节约的财富用于强兵。（4）纠正楚国官场损公肥私、谗害忠良的不良风气，使楚国群臣不顾个人荣辱一心为国家效力。（5）统一楚国风俗，禁止私人请托。（6）改"两版垣"为四版筑城法，建设楚国国都郢（今湖北省江陵县西北）。

经过吴起变法后的楚国国力强大，向南攻打百越，将楚国疆域扩展到洞庭湖、苍梧郡一带。公元前381年，楚国出兵援助赵国，与魏军大战于州西（今河南省武陟县西南以西）。楚军穿越梁门（位于大梁西北的关塞），驻军林中（位于梁门以北），饮马于黄河，切断魏国河内郡与首都安邑（今山西省夏县西北）的联系。赵国借助楚国的攻势，火攻棘蒲（今河北省魏县南），攻克黄城（今山东省冠县南），楚、赵两国大败魏军。诸侯都畏惧楚国的强大，但吴起的变法招致了楚国老贵族的怨恨，也为自己埋下了杀身之祸。一班疏远的贵族在楚悼王去世后追杀吴起，吴起逃进楚悼王的灵堂，伏在楚悼王尸身上，导致疏远贵族的箭矢也射到了楚悼王的尸体上。如《史记·孙子吴起列传》所言："故楚之贵戚尽欲害吴起。及悼王死，宗室大臣作乱而攻吴起，吴起走之王尸而伏之。击起之徒因射刺吴起，并中悼王。悼王既葬，太子立，乃使令尹尽诛射吴起而并中王尸者。坐射起而夷宗死者七十余家。"庄子家族也属于疏远的封君七十余家之列，畏罪逃亡。

2. 公元前369年

庄周诞生。与庄子父辈同列的封君中，有阳城君。《吕氏春秋·离俗览·上德》记载："墨者钜子孟胜，善荆之阳城君。阳城君令守于国，毁璜以为符，约曰：'符合听之。'荆王薨，群臣攻吴起，兵于丧所，阳城君与焉。荆罪之，阳城君走。荆收其国。孟胜曰：'受人之国，与之有符。今不见符，而力不能禁，不能死，不可。'其弟子徐弱谏孟胜曰：'死而有益阳城君，死之可矣。无益也，而绝墨者于世，不可。'孟胜曰：'不然。吾于阳城君也，非师则友也，非友则臣也。不死，自今以来，求严师必不于墨者矣，求贤友必不于墨者矣,求良臣必不于墨者矣。死之,所以行墨者之义而继其业者也。我将属钜子于宋之田襄子。田襄子,贤者也,何患墨者之绝世也。'徐弱曰:'若夫子之言,弱请先死以除路。'还殁头前于孟胜。因使二人传钜子于田襄子。孟胜死,弟子死之者百八十。"庄子的父辈因墨家钜子的管道而逃亡到宋国。约12年后,公元前369年庄周诞生。

3. 公元前 339 年

楚威王元年。楚肃王后是楚宣王,其后楚威王继位,时间已过42年。楚威王要平反"吴起之变"所导致的这场冤案,求索冤案牵连者的子弟,因而"闻庄周贤",使使厚币迎之,许以为卿相。庄周笑谓楚使者曰:"千金,重利。卿相,尊位也。子独不见郊祭之牺牛乎?养食之数岁,衣以文绣,以入大庙。当是之时,虽欲为孤豚,岂可得乎?子亟去,无污我。我宁游戏污渎之中自快,无为有国者所羁,终身不仕,以快吾志焉。"

4. 公元前 338 年

这一年,庄子与惠施辩论人与自然的关系。庄子与惠子游于濠梁之上。庄子曰:"鯈鱼出游从容,是鱼之乐也。"惠子曰:"子非鱼,安知鱼之乐?"庄子曰:"子非我,安知我不知鱼之乐?"惠子曰:"我非子,固不知子矣。子固非鱼也,子之不知鱼之乐,全矣。"庄子曰:"请循其本。子曰'汝安知鱼乐'云者,既已知吾知之而问我,我知之濠上也。"

5. 公元前 334 年

这一年,庄子向惠施讲了鸱得腐鼠"吓"鹓雏的寓言。魏惠王三十七年(前334),后元元年,魏惠王率领韩国和一些小国到徐州(今山东滕州东南)会见齐威王,尊齐威王为王,齐威王不敢独自称王,于是也承认魏惠王的王号,史称"会徐州相王"。惠施促成"会徐州相王",当了魏惠王之相。《庄子·秋水》说:"惠子相梁,庄子往见之。或谓惠子曰:'庄子来,欲代子相。'于是惠子恐,搜于国中三日三夜。庄子往见之,曰:'南方有鸟,其名曰鹓雏，子知之乎？夫鹓雏，发于南海而飞于北海，非梧桐不止，非练实不食，非醴泉不饮。于是鸱得腐鼠，鹓雏过之，仰而视之曰吓。今子欲以子之梁国而吓我邪？'"

6. 公元前 332 年

这一年，庄子与时为梁惠王相的惠施论道。惠子谓庄子曰："魏王贻我大瓠之种，我树之成而实五石。以盛水浆，其坚不能自举也。剖之以为瓢，则瓠落无所容。非不呺然大也，吾为其无用而掊之。"庄子曰："夫子固拙于用大矣。宋人有善为不龟手之药者，世世以洴澼絖为事。客闻之，请买其方百金。聚族而谋曰：'我世世为洴澼絖，不过数金。今一朝而鬻技百金，请与之。'客得之，以说吴王。越有难，吴王使之将，冬与越人水战，大败越人，裂地而封之。能不龟手，一也。或以封，或不免于洴澼絖，则所用之异也。今子有五石之瓠，何不虑以为大樽而浮乎江湖，而忧其瓠落无所容。则夫子犹有蓬之心也夫！"洴澼絖大概是宋国的方言，庄子反驳惠施只会弄权，而不知创造战争中的优势。

惠子谓庄子曰："吾有大树，人谓之樗。其大本拥肿而不中绳墨，其小枝卷曲而不中规矩。立之途，匠者不顾。今子之言，大而无用，众所同去也。"庄子曰："子独不见狸狌乎。卑身而伏，以候敖者；东西跳梁，不辟高下；中于机辟，死于罔罟。今夫斄牛，其大若垂天之云。此能为大矣，而不能执鼠。今子有大树，患其无用，何不树之于无何有之乡，广莫之野，彷徨乎无为其侧，逍遥乎寝卧其下。不夭斤斧，物无害者，无所可用，安所困苦哉！"庄子驳斥惠施战争中转弱为强的辩证法。

7. 公元前 309 年

这一年，惠施失梁相之位。《战国策·魏策一》："张子仪以秦相魏，齐、楚怒而欲攻魏。"张仪相魏，挤掉了惠施的相位。庄子当是于惠施失相位后，在魏地看到"秋水时至，百川灌河"的。魏国曾是庄子与惠施辩学时常去的国度。至于庄子观察到的"两涘渚崖之间，不辩牛马"的黄河大水，发生于何年，今存的材料只能看到《水经注》卷八所说："《竹书纪年》曰：魏襄王十年十月，大霖雨，疾风，河水溢酸枣郛。"（《水经注校证》卷八）十月河水溢，九月秋水就灌河了。酸枣郛，在今河南省延津县西南，春秋属郑，战国属魏，在魏国首都西北约数十里之程。魏襄王十年是公元前309年，惠施是在这一年被张仪驱逐离开梁相之位的，庄子是来为他送别的吗？回想惠施初为相之时，庄子曾为他无端的搜查讲了鹓雏、鸱与腐鼠的寓言，如今面对浩浩东流的黄河，真是令人心境苍茫。在这种苍茫心境中，庄子于公元前309年深秋作《秋水》之篇，庄子此时已是六十岁。庄子以河伯、海神论道，讥讽惠施所得乃是小道。《庄子·秋水》说：

秋水时至，百川灌河。泾流之大，两涘渚崖之间，不辩牛马。于是焉河伯欣然自喜，以天下之美为尽在己。顺流而东行，至于北海，东面而视，不见水端，于是焉河伯始旋其面目，望洋向若而叹曰："野语有之曰：'闻道百，以为莫己若者。'我之谓也。且夫我尝闻少仲尼之闻而轻伯夷之义者，始吾弗信。今我睹子之难穷也，吾非至于子之门则殆矣，吾长见笑于大方之家。"

北海若曰："井蛙不可以语于海者，拘于虚也；夏虫不可以语于冰者，笃于时也；曲士不可以语于道者，束于教也。今尔出于崖涘，观于大海，乃知尔丑，尔将可以语大理矣。天下之水，莫大于海，万川归之，不知何时止而不盈，尾闾泄之，不知何时已而不虚；春秋不变，水旱不知。此其过江河之流，不可为量数。而吾未尝以此自多者，自以比形于天地，而受气于阴阳，吾在于天地之间，犹小石小木之在大山也。方存乎见少，又奚以自多。计四海之在天地之间也，不似礨空之在大泽乎。计中国之在海内，不似稊米之在大仓乎。号物之数谓之万，人处一焉。人卒九州，谷食之所生，舟车之所通，人处一焉。此其比万物也，不似豪末之在于马体乎？五帝之所连，三王之所争，仁人之所忧，任士之所劳，尽此矣。伯夷辞之以为名，仲尼语之以为博，此其自多也，不似尔向之自多于水乎！"

河伯曰："然则吾大天地而小豪末，可乎？"

北海若曰："否。夫物，量无穷，时无止，分无常，终始无故。是故大知观于远近，故小而不寡，大而不多，知量无穷。证曏今故，故遥而不闷，掇而不跂，知时无止。察乎盈虚，故得而不喜，失而不忧，知分之无常也。明乎坦途，故生而不说，死而不祸，知终始之不可故也。计人之所知，不若其所不知。其生之时，不若未生之时。以其至小求穷其至大之域，是故迷乱而不能自得也。由此观之，又何以知豪末之足以定至细之倪。又何以知天地之足以穷至大之域？"

河伯曰："世之议者皆曰：'至精无形，至大不可围。'是信情乎？"

北海若曰："夫自细视大者不尽，自大视细者不明。夫精，小之微也。垺，大之殷也。故异便。此势之有也。夫精粗者，期于有形者也。无形者，数之所不能分也。不可围者，数之所不能穷也。可以言论者，物之粗也。可以意致者，物之精也。言之所不能论，意之所不能察致者，不期精粗焉。是故大人之行，不出乎害人，不多仁恩。动不为利，不贱门隶。货财弗争，不多辞让。事焉不借人，不多食乎力，不贱贪污。行殊乎俗，不多辟异。为在从众，不贱佞谄。世之爵禄不足以为劝，戮耻不足以为辱。知是非之不可为分，细大之不可为倪。闻曰：'道人不闻，至德不得，大人无己。'约分之至也。"

河伯曰："若物之外，若物之内，恶至而倪贵贱。恶至而倪小大。"

北海若曰："以道观之，物无贵贱；以物观之，自贵而相贱；以俗观之，贵贱不在己。以差观之，因其所大而大之，则万物莫不大；因其所小而小之，则万物莫不小。知天地之为稊米也，知豪末之为丘山也，则差数睹矣。以功观之，因其所有而有之，则万物莫不有；因其所无而无之，则万物莫不无。知东西之相反而不可以相无，则功分定矣。以趣观之，因其所然而然之，则万物莫不然；因其所非而非之，则万物莫不非。知尧、桀之自然而相非，则趣操睹矣。昔者，尧、舜让而帝，之、哙让而绝。汤、武争而王，白公争而灭。由此观之，争让之礼，尧、桀之行，贵贱有时，未可以为常也。梁丽可以冲城而不可以窒穴，言殊器也；骐骥骅骝，一日而驰千里，捕鼠不如狸狌，言殊技也；鸱鸺夜撮蚤，察毫末，昼出瞋目而不见丘山，言殊性也。故曰：盖师是而无非，师治而无乱乎？是未明天地之理、万物之情者也。是犹师天而无地，师阴而无阳，其不可行明矣。然且语而不舍，非愚则诬也。帝王殊禅，三代殊继。差其时，逆其俗者，谓之篡夫；当其时，顺其俗者，谓之义之徒。默默乎河伯，女恶知贵贱之门、小大之家！"

河伯曰："然则我何为乎？何不为乎？吾辞受趣舍，吾终奈何！"

北海若曰："以道观之，何贵何贱，是谓反衍；无拘而志，与道大蹇。何少何多，是谓谢施；无一而行，与道参差。严乎若国之有君，其无私德；繇繇乎若祭之有社，其无私福；泛泛乎其若四方之无穷，其无所畛域。兼怀万物，其孰承翼？是谓无方。万物一齐，孰短孰长？道无终始，物有死生，不恃其成。一虚一满，不位乎其形。年不可举，时不可止。消息盈虚，终则有始。是所以语大义之方，论万物之理也。物之生也，若骤若驰，无动而不变，无时而不移。何为乎？何不为乎？夫固将自化。"

河伯曰："然则何贵于道邪？"

北海若曰："知道者必达于理，达于理者必明于权，明于权者不以物害己。至德者，火弗能热，水弗能溺，寒暑弗能害，禽兽弗能贼。非谓其薄之也，言察乎安危，宁于祸福，谨于去就，莫之能害也。故曰：'天在内，人在外，德在乎天。'知天人之行，本乎天，位乎得。蹢躅而屈伸，反要而语极。"

曰："何谓天，何谓人？"

北海若曰："牛马四足，是谓天。落马首，穿牛鼻，是谓人。故曰：'无以人灭天，无以故灭命，无以得殉名，谨守而勿失，是谓反其真。'"

如此辩驳七个回合，乃是老年人精于辨析又喜欢说车轱辘话的特征。

8. 公元前 308 年

惠施为庄子妻死而吊丧。《庄子·至乐》说：

庄子妻死，惠子吊之，庄子则方箕踞鼓盆而歌。惠子曰："与人居，长子老身，死不哭亦足矣，又鼓盆而歌，不亦甚乎？"庄子曰："不然。是其始死也，我独何能无概然。察其始而本无生，非徒无生也而本无形，非徒无形也而本无气。杂乎芒芴之间，变而有气，气变而有形，形变而有生，今又变而之死。是相与为春秋冬夏四时行也。人且偃然寝于巨室，而我噭噭然随而哭之，自以为不通乎命，故止也。"

人死鼓盆而歌，乃是楚国风俗，庄子在解释这种风俗的合理性时，升华出天地精气聚散生死的哲学。

9. 公元前 306 年

公元前 306 年，惠施死。《庄子·徐无鬼》说：庄子送葬，过惠子之墓，顾谓从者曰："郢人垩慢其鼻端，若蝇翼，使匠石斫之。匠石运斤成风，听而斫之，尽垩而鼻不伤，郢人立不失容。宋元君闻之，召匠石曰：'尝试为寡人为之。'匠石曰：'臣则尝能斫之。虽然臣之质死久矣。'自夫子之死也，吾无以为质矣！吾无与言之矣。"庄子与惠施的辩论属于高手过招，争强好胜，又相互欣赏。因而西汉刘安《淮南子·修务训》说："钟子期死而伯牙绝弦破琴，知世莫赏也。惠施死而庄子寝说言，见世莫可为语者也。"刘向《说苑·谈丛》也说："钟子期死，而伯牙绝弦破琴，而世莫可为鼓也。惠施卒，而庄子深瞑不言，见世莫可与语也。"

10. 公元前 286 年

公元前 286 年，庄子死。《庄子·列御寇》说，庄子将死，弟子欲厚葬之。庄子曰："吾以天地为棺椁，以日月为连璧，星辰为珠玑，万物为赍送。吾葬具岂不备邪，何以加此？"弟子曰："吾恐乌鸢之食夫子也。"庄子曰："在上为乌鸢食，在下为蝼蚁食，夺彼与此，何其偏也！以不平平，其平也不平。以不徵徵，其徵也不徵。明者唯为之使，神者徵之。夫明之不胜神也久矣，而愚者恃其所见入于人，其功外也，不亦悲乎！"庄子坦坦荡荡地面对死亡，无哀无乐地认同大道的运行，竟然说出了有如不食人间烟火的妙论。鲁迅《且介亭杂文附集·半夏小集》接着发议论："庄生以为'在上为乌鸢食，在下为蝼蚁食'，死后的身体，大可随便处置，因为横竖结果都一样。我却没有这么旷达。假使我的血肉该喂动物，我情愿喂狮虎鹰隼，却一点也不给癞皮狗们吃。养肥了狮虎鹰隼，它们在天空、岩角、大漠、丛莽里是伟美的壮观，捕来放在动物园里，打死制成标本，也令人看了神旺，消去鄙吝的心。但养胖一群癞皮狗，只会乱钻，乱叫，可多么讨厌！"这里折射着超逸之士与战斗者不同的死亡观。伟大啊庄生，生也逍遥，死也逍遥！

四 《庄子》寓言对道的审察

一个真正有作为的学人，应该豪情满怀地打开前人不曾注意、不曾打开的学术视境。那里存在着许多生蹦活跳的文化精灵。这就需要回到本原，看古人留给我们那些启示。古人著书好作后序，今本《庄子》书除了歧义较多的《让王》《盗跖》《说剑》《渔父》《列御寇》五篇之外，以《寓言》《天下》两篇殿后。这是否为原本所遗，不得而知。但王夫之在指认《庄子》内篇为庄子所著，外篇出自庄子的门徒后学的同时，认为杂篇中的《寓言》《天下》两篇是全书的序例。可见他是看到《庄子·寓言》的特殊性的。《庄子·寓言》说：

寓言十九，重言十七，卮言日出，和以天倪。寓言十九，藉外论之。亲父不为其子媒。亲父誉之，不若非其父者也。非吾罪也，人之罪也。与己同则应，不与己同则反。同于己为是之，异于己为非之。重言十七，所以已言也，是为耆艾。年先矣，而无经纬本末以期年耆者，是非先也。人而无以先人，无人道也。人而无人道，是之谓陈人。卮言日出，和以天倪，因以曼衍，所以穷年。不言则齐，齐与言不齐，言与齐不齐也，故曰无言。言无言，终身言，未尝不言。终身不言，未尝不言。有自也而可，有自也而不可。有自也而然，有自也而不然。恶乎然？然于然。恶乎不然？不然于不然。恶乎可？可于可。恶乎不可？不可于不可。物固有所然，物固有所可，无物不然，无物不可。非卮言日出，和以天倪，孰得其久！万物皆种也，以不同形相禅，始卒若环，莫得其伦，是谓天均。天均者天倪也。

这就是说，寓言十成占了九成，重言十成占了七成，卮言随时推出，应合着天地自然的分际，也就是郭象注的"天倪者，自然之分也"。寓言十成占有九成，是因为借助于外在事物来进行论述。做父亲的不给自己的儿子做媒。做父亲的夸赞儿子，总不如不是父亲的人来称赞来得真实可信；这不是做父亲的过错，是人们易于猜疑的过错。跟自己的看法相同就应和，跟自己的看法不同就反对；跟自己的看法一致就肯定，跟自己的看法不一致就否定。重言十成占有七成，是为自己说话的是令人尊崇的前辈。年龄占了先机，却不能具备治世的本领和通晓事理的端绪而符合长者的厚德，这样的人就算不上是年龄占了先机。如果只是年龄占了先机，而没有经纬本末的做人之道，也算不上真正占了先机。卮是盛酒的器皿，不灌酒就空仰着，灌满酒就倾斜，没有一成不变的常态，卮言天天变化更新，应合着天地的分际，由此延伸变化，所以穷年跟天然的端倪相互吻合，因循无尽的变化与发展，因此能持久延年。不需说话，事物的常理自然齐一，原本齐一的天然之理跟分辨事物的言论相比就不可能等同齐一了，所以说不需说话。说的话等于没说，就只好终身在说话；而终身不说话，却未尝不是在说话。有自身的缘由可以被认可，有自身的缘由也可以不被认可；有自身的缘由可以被认定，有自身的缘由也可以不被认定。什么是正确的？正确的就在于是正确的。什么是不正确的？不正确的就在于是不正确的。什么样才能认可？认可就在于它可以认可。什么样才能不认可？不认可就在于它应当不认可。万物固然有它正确的方面，万物固然有它能被认可的方面，没有什么物类不存在正确的方面，没有什么物类不存在应当认可的方面。如果不是卮言天天变化更新，跟天然的端倪相互吻合，又怎么能够维持长久？万物都有种类，用不同的形态相互嬗变，起始和终了就像圆环，没有掌握其间的伦理，这就称作天然的均衡。天然的均衡也就是天然的端倪。在这里，庄子执持天的把柄运转人世间的道理，以寓言、重言、卮言的多维形态，获得究天人之际的三昧的妙处。同时，《天下篇》说：庄周"以天下为沉浊，不可与庄语；以卮言为曼衍，以重言为真，以寓言为广"，这相当于王夫之"序例说"的回应。但是寓言十九，重言十七，卮言日出，已经超出十分之十的界限，只能说寓言、重言、卮言是相互交叉的。基本上都可以叫作"寓言"，它已经占了十分之九，但为了突出重言、卮言的独特功能，不妨对它们作出进一步的细分。细分就显示了庄子思想的立体感和发散性。

首先考释"寓言"。寓言的例证广泛，它以近物的情态比喻深奥的道理，进而体验生命与死亡、天然与人为，从而阐发天然无为之道。庄子寓言成了哲学寓言、生活哲理的文学表达样式，以巧妙的故事讲玄奥的道理，想象奇特，奇谲怪异，语言夸饰惊人。这是《庄子》的能事所在，魅力所在，因而也就"以寓言为广"了。于此，选择《庄子》书中的七十六则寓言，分为八项功能。

寓言的第一项功能：

彰显庄子的大道，庄子大道源自老子，又另有独特的建树（十二则）。

之一：根本存在于老子的大道之源，庄子通过反溯思维，到达道的本根。

《庄子·知北游》说：

知北游于玄水之上，登隐弅之丘，而适遭无为谓焉。知谓无为谓曰："予欲有问乎若：何思何虑则知道？何处何服则安道？何从何道则得道？”三问而无为谓不答也。非不答，不知答也。知不得问，反于白水之南，登狐阕之上，而睹狂屈焉。知以之言也问乎狂屈。狂屈曰："唉！予知之，将语若。"中欲言而忘其所欲言。知不得问，反于帝宫，见黄帝而问焉。黄帝曰："无思无虑始知道，无处无服始安道，无从无道始得道。"知问黄帝曰："我与若知之，彼与彼不知也，其孰是邪？"黄帝曰："彼无为谓真是也，狂屈似之，我与汝终不近也。夫知者不言，言者不知，故圣人行不言之教。道不可致，德不可至。仁可为也，义可亏也，礼相伪也。故曰：失道而后德，失德而后仁，失仁而后义，失义而后礼。礼者，道之华而乱之首也。故曰：为道者日损，损之又损之，以至于无为。无为而无不为也。今已为物也，欲复归根，不亦难乎！其易也其唯大人乎！生也死之徒，死也生之始，孰知其纪！人之生，气之聚也。聚则为生，散则为死。若死生为徒，吾又何患！故万物一也。是其所美者为神奇，其所恶者为臭腐。臭腐复化为神奇，神奇复化为臭腐。故曰：通天下一气耳。圣人故贵一。"知谓黄帝曰："吾问无为谓，无为谓不应我，非不我应，不知应我也；吾问狂屈，狂屈中欲告我而不我告，非不我告，中欲告而忘之也；今予问乎若，若知之，奚故不近？"黄帝曰："彼其真是也，以其不知也；此其似之也，以其忘之也；予与若终不近也，以其知之也。"狂屈闻之，以黄帝为知言。天地有大美而不言，四时有明法而不议，万物有成理而不说。圣人者，原天地之美而达万物之理。是故至人无为，大圣不作，观于天地之谓也。今彼神明至精，与彼百化。物已死生方圆，莫知其根也。扁然而万物，自古以固存。六合为巨，未离其内；秋毫为小，待之成体；天下莫不沈浮，终身不故；阴阳四时运行，各得其序；惛然若亡而存；油然不形而神；万物畜而不知：此之谓本根，可以观于天矣！

这里揭示"道为本根"之说，是庄子哲学的根本。这就是说，知这个家伙向北漫游到玄水岸边，登上名叫隐弅的山丘，恰好遇上了无为谓。知对无为谓说："我想向你请教：怎样思索、怎样考虑才能懂得道？怎样居处、怎样行事才符合于道？依从什么、采用什么方法才能获得道？"问了三次，无为谓都不回答，不是不回答，而是不知道回答。知得不到解答，便返回到白水的南岸，登上名叫狐阕的山丘，见到了狂屈。知把先前的问话向狂屈提出请教，狂屈说："唉！我知道怎样回答这些问题，我将告诉给你。"心中正想说话却又忘记了那些想说的话。知从狂屈那里也没有得到解答，便转回到黄帝的宫室，见到黄帝问个究竟。黄帝说："没有思索、没有考虑才能够懂得道，没有安处、没有行动才能够安分于道，没有依从、没有方法方才能够获得道。"知于是问黄帝说："我和你知道这些道理，无为谓和狂屈不知道这些道理，那么，谁是正确的呢？"黄帝说："那无为谓是真正正确的，狂屈近似于正确；我和你则到底未能接近于道。知道的人不说，说的人不知道，所以圣人施行的是不用言传的教理。道不可以靠言传来获得，德不可以靠谈话来达到。讲求仁爱是可为的，讲求道义是可以亏损残缺的，而讲求礼仪是可以人为的。所以说，'失去了道而后获得德，失去了德而后获得仁，失去了仁而后获得义，失去了义而后获得礼。礼，乃是道的浮泛化，致乱的祸首'。故此说，'追求道的人每天都得清除伪饰，清除而又再清除以至达到无为的境界，达到无所作为的境界也就没有什么不可以作为的了。'如今你追求外物，想要再返回根本，不是很困难吗！假如容易改变而回归根本，恐怕只有是得道的人啊！生是死的徒弟，死是生的开始，谁能知道它们的端绪！人的诞生，是气的聚合，气的聚合形成生命，气的离散便是死亡。如果死与生是同类相属的，那么对于死亡我又忧患什么呢？所以，万物都是同一的。这样，把那些美好的东西看作是神奇，把那些厌恶的东西看作是臭腐，而臭腐的东西可以再转化为神奇，神奇的东西可以再转化为臭腐。故此说，'整个天下只不过一气相通罢了'。圣人珍惜万物的同一性。"知又对黄帝说："我问无为谓，无为谓不回应我，不是不回应我，是不知道回应我。我问狂屈，狂屈心想告诉我却没有告诉我，不是不告诉我，是心想告诉我又忘掉了怎样告诉我。现在我请问于你，你知道这些问题，怎么会因此就不能接近于道呢？"黄帝说："无为谓他是真正了解大道的，因为他什么也不知道；狂屈他是近似于道的，因为他忘记了；我和你终究不能接近于道，因为我们什么都知道。"狂屈听了，认为黄帝最懂得谈论道。天地的大美却无法用言语表达，四时有显明的法则却无法加以评议，万物的变化具有现成的定规却不能言说。圣人探究天地的大美而通晓万物生长的道理，故此"至人"顺应自然无所作为，"大圣"也不会妄加行动，这是观察天地的意思。大道神明精妙，参与宇宙百象的各种变化；万物已经或死、或生、或方、或圆，却不知晓变化的根本，一切都是那么自然而然地自古以来就自行存在。"六合"（天地四方）算是十分巨大的，却始终不能超出道的范围；秋天的毫毛算是最小的，也得仰赖于道方才能成就其细小的形体。天下万物无时不在浮沉变化，始终保持着变化的新姿，阴阳与四季不停地运行，各有自身的序列。大道是那么混沌昧暗仿佛并不存在却又无处不在，生机磅礴、不留下具体的形象，万物被它养育却一点也未觉察。这就叫作本根，可以用它来观察天然之道了。

这则突显"道为本根"的寓言，引述和阐明了老子《德经》的首章："上德不德，是以有德；下德不失德，是以无德。上德无为而无以为；下德无为而有以为。上仁为之而无以为；上义为之而有以为。上礼为之而莫之应，则攘臂而扔之。故失道而后德，失德而后仁，失仁而后义，失义而后礼。夫礼者，忠信之薄，而乱之首。前识者，道之华，而愚之始。是以大丈夫处其厚，不居其薄；处其实，不居其华。故去彼取此。"黄帝对言道的解说，契合了《老子》所说"道可道，非常道；言可言，非常言"。它以知、无为谓、狂屈和黄帝的循环辩证，将道家的道德置于儒家的仁义之上，属于道家的本体性理念的董理，具有本质性意义。最终归结于"天地有大美而不言"的本根上。

之二：实际上"天地有大美而不言"已经是庄子的名言了。但庄子对大道的阐释，不是"不言"，而总是采取汪洋恣肆的形象性来表述大道。如果他总是"不言"，又何来述道的精彩？

《庄子·逍遥游》说：

北冥有鱼，其名为鲲。鲲之大，不知其几千里也。化而为鸟，其名为鹏。鹏之背，不知其几千里也。怒而飞，其翼若垂天之云。是鸟也，海运则将徙于南冥。南冥者，天池也。《齐谐》者，志怪者也。《谐》之言曰："鹏之徙于南冥也，水击三千里，抟扶摇而上者九万里，去以六月息者也。"野马也，尘埃也，生物之以息相吹也。天之苍苍，其正色邪？其远而无所至极邪？其视下也，亦若是则已矣。且夫水之积也不厚，则其负大舟也无力。覆杯水于坳堂之上，则芥为之舟。置杯焉则胶，水浅而舟大也。风之积也不厚，则其负大翼也无力。故九万里，则风斯在下矣，而后乃今培风。背负青天而莫之夭阏者，而后乃今将图南。蜩与学鸠笑之曰："我决起而飞，抢榆枋，时则不至而控于地而已矣，奚以之九万里而南为？"适莽苍者，三飡而反，腹犹果然。适百里者，宿舂粮。适千里者，三月聚粮。之二虫又何知？小知不及大知，小年不及大年。奚以知其然也。朝菌不知晦朔，蟪蛄不知春秋，此小年也。楚之南有冥灵者，以五百岁为春，五百岁为秋。上古有大椿者，以八千岁为春，八千岁为秋。而彭祖乃今以久特闻，众人匹之，不亦悲乎！

"鲲鹏展翅"是庄子放飞的最有名的寓言。这个寓言的意思是，北海有一种鱼，名字叫鲲。鲲的巨大，不知道有几千里。鲲变化成鸟，名字叫作鹏。鹏的脊背，也不知道有几千里长；奋起飞翔，翅膀就好像垂挂在天上的云彩。这只鸟，海水一运动就要迁徙到南海。南海是一个天池。《齐谐》这本书，是记载怪异事情的书。书上有记载："鹏迁徙南海，翅膀拍击水面激起三千里的浪涛，环绕着旋风飞上了九万里的高空，乘着的是六月的风。"野马奔腾一般的游气，飘扬着尘埃，各种生物都相互吹动着气息。天空苍苍茫茫的，是它本来的颜色吗？它的辽远没有尽头吗？鹏往下看，看见的应该也是这个样子。况且积聚的水不深厚，那么它负载大船就没有力量。把一杯水倒在堂前低洼的地方，就只能以一棵小草当作船，放一个杯子在上面会被粘住，因为水浅而船大的缘故。风的积聚不够浑厚，负载巨大的翅膀也就没有力量了。故此，高飞九万里，风就在它的身下了，而后就凭借着这风力，背负着青天毫无阻挡，然后才开始朝南飞。蝉和斑鸠嘲笑说："我们奋力而飞，碰到榆树和檀树就停止，有时飞不上去，落在地上就是了。为什么要飞九万里到南海去呢？"到苍茫的近郊去的人，只带三餐粮食就可以回来；到百里外的人，要准备过夜的干粮；到千里外的人，要积聚三个月的粮食。蝉和斑鸠这两只小虫、小鸟又知道什么呢？小智比不上大智，短命比不上长寿。怎么知道是这样的呢？朝生暮死的菌类不知道黑夜与黎明，寒蝉不知道春天和秋天，这就是短命。楚国的南方有一种大龟叫作冥灵，把五百年当作一个春季，五百年当作一个秋季；上古时代有一种大椿，把八千年当作一个春季，八千年当作一个秋季，这才是长寿。可是活了七百多岁的彭祖如今还因长寿而特别闻名，众人都想与他攀比，岂不可悲！应该说，这是庄子壮年之作，放飞冲天的大鹏，进行大小之论辩，磅礴着一种恣肆淋漓的元气。寓言多是这种襟怀的夫子自道，他想逍遥自在地遨游于苍天碧海之间，散发着气吞山河、撞击千古的豪迈之气。李白有《上李邕》诗云："大鹏一日同风起，扶摇直上九万里。假令风歇时下来，犹能簸却沧溟水。时人见我恒殊调，闻余大言皆冷笑。宣父犹能畏后生，丈夫未可轻年少。"李白以庄子的大鹏形象，表达了凌云壮志和强烈的用世之心，对那种瞧不起年轻人的态度非常不满，宣泄了勇于追求而且自信自负、不畏流俗的精神。李白又作《大鹏赋》说："南华老仙，发天机于漆园。吐峥嵘之高论，开浩荡之奇言。徵至怪于齐谐，谈北溟之有鱼。吾不知其几千里，其名曰鲲。化成大鹏，质凝胚浑。脱鬐鬣于海岛，张羽毛于天门。刷渤澥之春流，晞扶桑之朝暾。燀赫乎宇宙，凭陵乎昆仑。一鼓一舞，烟朦沙昏。五岳为之震荡，百川为之崩奔。"

《逍遥游》中的大鹏，为此作为壮志凌云、搏击万里的巨大形象，彪炳于文学史册。毛泽东也留下了年轻时的诗句：自信人生二百年，会当水击三千里。

之三：庄子真正懂得道，他被道玩于苍茫中，道被他玩于股掌间，他对于道的形象性表述不仅汪洋恣肆，而且精妙入微。能够"谈言微中"，谈话隐含义旨，洞悉事理。

《庄子·养生主》说：

庖丁为文惠君解牛，手之所触，肩之所倚，足之所履，膝之所踦，砉然响然，奏刀騞然，莫不中音。合于桑林之舞，乃中经首之会。文惠君曰："嘻，善哉，技盖至此乎！"庖丁释刀对曰："臣之所好者道也，进乎技矣。始臣之解牛之时，所见无非全牛者。三年之后，未尝见全牛也。方今之时，臣以神遇而不以目视，官知止而神欲行。依乎天理，批大郤，导大窾，因其固然。技经肯綮之未尝，而况大軱乎！良庖岁更刀，割也。族庖月更刀，折也。今臣之刀十九年矣，所解数千牛矣，而刀刃若新发于硎。彼节者有间，而刀刃者无厚：以无厚入有间，恢恢乎其于游刃必有余地矣，是以十九年而刀刃若新发于硎。虽然，每至于族，吾见其难为，怵然为戒，视为止，行为迟，动刀甚微，謋然已解，如土委地。提刀而立，为之四顾，为之踌躇满志，善刀而藏之。"文惠君曰："善哉。吾闻庖丁之言，得养生焉。"

这就是说，丁厨师给梁惠王宰牛，手所接触的地方，肩膀所倚靠的地方，脚所踩的地方，膝盖所顶的地方，哗哗作响，进刀时豁豁有声，没有不合音律的：合乎成汤时《桑林》舞乐的节拍，又合乎唐尧时《经首》乐曲的节奏。梁惠王说："嘻，好极了！解牛的技艺竟然高超到这种程度啊！"丁厨师放下刀回答说："我所喜好的，是事物之道，比一般的技术高了一层。开始我宰牛的时候，眼里所见到的没有不是一只全牛；三年以后，不再能见到全牛了。到了今天，我凭精神和牛接触，而不用眼睛去看，视觉停止了而精神在行动。依照牛的天然理路，切入牛体筋骨相接的缝隙，顺着骨节间的空处进刀，依照牛体固然的构造。筋脉经络和筋骨结合的地方，刀锋尚且不曾碰上，更何况大骨头呢！好厨师每年更换一把刀，是用刀硬割断筋肉；一般的厨师每月就得更换一把刀，是刀砍骨头折断。如今，我的刀用了十九年，所宰的牛有几千头了，但刀刃就像刚从磨刀石上磨出来的一样。那牛的骨节有间隙，而刀刃薄得没有厚度；用薄得没有厚度的刀刃插入有空隙的骨节，宽宽绰绰地游刃有余！因此，十九年来，刀刃还像刚从磨刀石上磨出来的一样。虽然如此，每当碰到筋头巴脑交错聚结的地方，我看到很难下刀，就戒惧惶恐，视力集中到一点，动作缓慢下来，动起刀来非常轻，豁啦一声，牛的骨和肉一下子解开了，就像泥土散落在地上。我提着刀站立起来，为此举目四望，为此踌躇满志，然后把刀擦抹干净，收藏起来。"梁惠王说："好啊！我听了丁厨师的这番话，懂得了养生的道理了。"

庖丁解牛其后引申比喻对事物了解透彻，做事能得心应手，运用自如。但它以顺乎自然的方式来讲述宰牛，比喻养生，强调养生必须悟道，道是通贯各种事物的。一个高明的厨工宰杀一头牛引起的精神震撼感，应是包含着庄子的童年记忆，看到厨师三刀两刀就剖开庞然大物的牛，儿童感受到的是大人难得的震撼感。

之四：庄子还创造了某种"寓言性的历史时空"，这种时空带有玄幻性，许多不见于以前的典籍，轩辕氏又放在伏羲氏、神农氏之前。在错乱时空中幻化了时空。

比如《庄子·胠箧篇》云：

> 昔者容成氏、大庭氏、伯皇氏、中央氏、栗陆氏、骊畜氏、轩辕氏、赫胥氏、尊卢氏、祝融氏、伏羲氏、神农氏，当是时也，民结绳而用之，甘其食，美其服，乐其俗，安其居，邻国相望，鸡狗之音相闻，民至老死，而不相往来。

这里胪列了黄帝以前的十二氏古帝王，或氏族部落首领。这种将史前社会充当"理想国"的描述，是上承《老子》八十章所言："小国寡民，使民有什伯之器而不用，使民重死而不远徙。虽有舟舆，无所乘之。虽有甲兵，无所陈之。使民复结绳而用之。甘其食，美其服，安其居，乐其俗。邻国相望，鸡犬之声相闻，民至老死不相往来。"理想国的时间存在与其他古籍的记载相比，是颠倒错综的。在颠倒错综之中，增加了对理想国的玄幻色彩。

之五：庄子对历史时代，设置了以中华人文始祖黄帝为边界的界线。黄帝征战治世，处在理想国的边缘地带，庄子对黄帝的描述往往具有双重性，既批评他开始以仁义扰乱人心，又欣赏他"徵之以天，行之以礼义"，以仁义勾连天道。

《庄子·天运》说：

北门成问于黄帝曰："帝张咸池之乐于洞庭之野，吾始闻之惧，复闻之怠，卒闻之而惑，荡荡默默，乃不自得。"帝曰："汝殆其然哉！吾奏之以人，徵之以天，行之以礼义，建之以大清。夫至乐者，先应之以人事，顺之以天理，行之以五德，应之以自然。然后调理四时，太和万物。四时迭起，万物循生。一盛一衰，文武伦经。一清一浊，阴阳调和，流光其声。蛰虫始作，吾惊之以雷霆。其卒无尾，其始无首。一死一生，一偾一起，所常无穷，而一不可待。汝故惧也。吾又奏之以阴阳之和，烛之以日月之明。其声能短能长，能柔能刚，变化齐一，不主故常。在谷满谷，在坑满坑。涂郤守神，以物为量。其声挥绰，其名高明。是故鬼神守其幽，日月星辰行其纪。吾止之于有穷，流之于无止。子欲虑之而不能知也，望之而不能见也，逐之而不能及也。傥然立于四虚之道，倚于槁梧而吟：目知穷乎所欲见，力屈乎所欲逐，吾既不及，已夫！形充空虚，乃至委蛇。汝委蛇，故怠。吾又奏之以无怠之声，调之以自然之命。故若混逐丛生，林乐而无形，布挥而不曳，幽昏而无声。动于无方，居于窈冥，或谓之死，或谓之生；或谓之实，或谓之荣。行流散徙，不主常声。世疑之，稽于圣人。圣也者，达于情而遂于命也。天机不张而五官皆备。此之谓天乐，无言而心说。故有焱氏为之颂曰：听之不闻其声，视之不见其形，充满天地，苞裹六极。汝欲听之而无接焉，而故惑也。乐也者，始于惧，惧故祟；吾又次之以怠，怠故遁；卒之于惑，惑故愚；愚故道，道可载而与之俱也。"

　　黄帝的臣子北门成请问黄帝说："你在广漠的洞庭原野上演奏《咸池》乐曲，我初听感到惊惧，再听就懈怠，听到最后却又感到迷惑不解，神情恍惚无知无识，竟然不知所措。"黄帝说："你大概会有那样的感觉吧！我因循人情来演奏乐曲，取法上天的律吕，用礼义加以行进，确立在太清的天道上。最美的乐曲，先是呼应人情，顺应天理，推行五德，应合自然，然后调理于四季的序列，同和于天地万物。乐声犹如四季更迭而起，万物都遵循着生长；一盛一衰，文武有条不紊地更迭；一清一浊，阴阳相互调和，流布光辉和相应的声响；潜伏冬眠的虫豸开始活动，用雷霆使它们惊起。乐声的终结寻不到结尾，乐声的开始寻不到起头；一死一生，一起一伏；通常变化无穷无尽，而一以贯之的东西不可期待。故此你感到惊恐。我又用阴阳交和来演奏，用日月光明来烛照。乐声能短能长，能柔能刚，变化遵循着一定的条理，不拘泥于故态和常规；流播于山谷就充满山谷，流播于坑凹就充实坑凹；堵塞心灵的缝隙而守护精神的宁寂，都以物性来度量。乐声悠扬广远，名字叫作高明。故此鬼神持守它的幽暗，日月星辰运行在各自的轨道。我把乐声停留在有穷的境界，流播在无休止的天地中。你想思考它却不能知晓，观望它却不能看见，追逐它却总不能赶上；怅然自失地伫立在四通八达的道上，只能依着木琴歌吟。目光和智慧困窘于想要见到的事物，力气竭尽于想要追逐的东西。我早已经赶不上了啊！形体充盈却又空虚，才能够随应变化。你随着委蛇应付，因此就感到懈怠。我又演奏无所懈怠的乐声，调和着自然的生命节奏。故而乐声就混同驰逐地生发，森林欢乐无形，传播和振动无外力引曳，幽幽暗暗又没有一点儿声响。乐声响动在不可探测的地方，居止在深远幽暗的境界；有时可说它死寂了，有时可以说它生发了；有时可以说它结果了，有时可以说它开花了。行进流播，散逸游徙，不固守在通常的声调。世人疑惑不解，向圣人问询考究。所谓圣，就是通达事物的常情而顺应于天命。天然的枢机没有启张而五官俱全，这就可以称为天乐，不可言说而内心喜悦。故此有焱氏（神农）为它颂扬说：'听不到声音，看不见形迹，充满大地，包容了六极。'你想听却无法连接，所以感到迷惑不解。这样的乐章，初听时恐惧，恐惧就产生祸患；我接着又演奏了使人心境懈怠的乐曲，因为懈怠而消除恐惧；最后乐声在迷惑不解中终结，因为迷惑不解而愚昧；愚昧的心态接近大道，接近大道就可以借此而与大道融合相通了。"这则寓言里以黄帝君臣讨论天、地、人间的音乐形态，音乐至性通神达道。《礼记·乐记》："乐者，心之动也。声者，乐之象也。文采节奏，声之饰也。……故曰：生民之道，乐为大焉。"音乐是天地人神通用的语言，所谓小乐器，蕴藏大文化，趣味无穷又神秘莫测，从而突出"圣也者，达于情而遂于命也"的道理，以音乐的三重变奏一步一步地接近天道。

之六：得道需要遗忘形体，做到形如枯槁，心如死灰。再从枯槁中生出道的新芽，死灰中击发道的火花。这就是庄子式的化腐朽为神奇。

《庄子·齐物论》说："形固可使如槁木，而心固可使如死灰乎？"郭象注曰："槁木死灰，言其寂寞无情耳。"《庄子·徐无鬼》说：

> 南伯子綦隐几而坐，仰天而嘘。颜成子入见曰："夫子，物之尤也。形固可使若槁骸，心固可使若死灰乎？"曰："吾尝居山穴之中矣。当是时也，田禾一睹我而齐国之众三贺之。我必先之，彼故知之；我必卖之，彼故鬻之。若我而不有之，彼恶得而知之？若我而不卖之，彼恶得而鬻之？嗟乎！我悲人之自丧者；吾又悲夫悲人者；吾又悲夫悲人之悲者；其后而日远矣！"

这里谈论的是，南伯子綦隐身在几案后坐着，仰着头缓缓地吐气。颜成子进屋来看见后说："先生，你真是了不起的人物！人的形体固然可以使它像枯槁的木头，心灵难道也可以像死灰一样吗？"南伯子綦说："我曾居住在山林洞穴里。正当这个时候，齐太公田禾曾来看望我，因而齐国的民众再三向我表示祝贺。我必定是名声在先，故此他能够知道我；我必定是沽名钓誉，故此他能够收买我的名声。假如我不具有名声，他怎么能够知道我呢？假如我不出卖名声，他又怎么能够收买我的名声呢？唉，我悲悯人丧失真性，我又悲悯那些悲悯别人的人，我还悲悯那些悲悯人们的悲悯者，从那以后我就一天天远离人世沉浮而达到心如死灰的境界。"

这则寓言反思沽名钓誉和收买名声的不足为训，主张返回淡泊无为的真性情。那种使人丧失真性情的声誉、爵禄虽然使得形体滋润，却无助于人一心向道，并不值得珍视。向道的途径从形如枯槁、心如死灰的形体状况开始，忘掉自己，由此才能走向道的境界。

之七：形若槁骸，心若死灰，就能超脱现实的拖累，给精神建造了一间很好的屋舍。腾空房舍，精神才能与道冥合于自由空间之中。

《庄子·知北游》说：

> 啮缺问道乎被衣，被衣曰："若正汝形，一汝视，天和将至；摄汝知，一汝度，神将来舍。德将为汝美，道将为汝居，汝瞳焉如新生之犊而无求其故！"言未卒，啮缺睡寐。被衣大说，行歌而去之，曰："形若槁骸，心若死灰，真其实知，不以故自持，媒媒晦晦，无心而不可与谋。彼何人哉！"

这个故事颇有趣，啮缺向被衣请教道，被衣说："你得端正你的形体，集中你的视境，天然的和气就会来；统辖你的心智，集中你的思忖，神就会来这里居留。德将美化你，道将居处于你的心中，你那瞪着圆眼稚气无邪的样子就像初生的小牛犊而不会去探求外在的缘故！"被衣话还没说完，啮缺便已睡着。被衣见了十分高兴，唱着歌儿离去，说："身形犹如枯槁的木头，内心犹如死灭的灰烬，真是返归本真，并不因为这个缘故而有所矜持，浑浑噩噩，昏昏暗暗，没有心计而不能与之共谋。那将是什么样的人啊！"这则寓言讲求形若槁骸，心若死灰，这就造好了一间供神明居住的房子，使人聚精凝神，就像初生牛犊瞪着眼睛无所求，回复天然的初心和本性，属于庄子返本归元的理念。老子推崇的"赤子"，在庄子这里变成了瞪着眼睛无所求的初生牛犊。

之八：庄子把解脱形体，不死不生的境界，称为"帝之悬解"，"返璞归真"，是修行的终极目的。

解脱形体，何者最容易呢？就是形体丑陋变形的人，才可以轻轻松松地超越形骸的拖累。《庄子·人间世》说：

> 支离疏者，颐隐于脐，肩高于顶，会撮指天，五管在上，两髀为胁。挫针治繲，足以糊口。鼓筴播精，足以食十人。上征武士，则支离攘臂而游于其间。上有大役，则支离以有常疾不受功。上与病者粟，则受三钟与十束薪。夫支离其形者，犹足以养其身，终其天年，又况支离其德者乎！

支离疏，面颊隐藏在肚脐下面，肩膀高过头顶，颈骨指向青天，五官朝天，两根大腿骨成了肋骨。缝衣、洗衣，足以糊口。用簸箕筛谷物，足以养活十口人。朝廷征兵，支离疏大摇大摆地走在他们中间，也不担心被挑中。朝廷有大型徭役，支离疏因为身体残疾，也可以不参加。朝廷赐给病人粮食的时候，支离疏享受三钟粟、十束柴火。支离疏的形体支离，犹然可以养活自己，得享天年，何况那些品德支离的人呢？这种设计了支离疏，从语义学上来看，"支离"隐含着分散、残缺、支离破碎，形体残缺不全的意思，"疏"隐含着分散、空虚、泯灭其智的意思。如此"支离"，如此"疏"，隐含着庄子遗弃形体趋于大道的途径。

值得注意的是《庄子》一书中出现过不少残疾人，他们虽然身有残疾，却一向自强不息，不仅能够自立于社会，而且往往精神通于道。《人间世篇》里写到一位奇人支离疏，其人"颐隐于脐，肩高于顶，会撮指天，五管在上，两髀为胁"——他的背驼得非常厉害，以至于面颊好像隐缩在肚脐里，两肩高于头顶，发髻朝天，五脏的位置完全错乱，大腿和胁部（腋下至肋骨尽处）连在一起。就是这样一位严重畸形的残疾人却能依靠力所能及的劳动，养活了自己，甚至还能为另外十个人提供食品；因为畸形，兵役和劳役都不会找他的麻烦，相反还能得到国家的一些补助。他很快乐地活了一辈子。《德充符篇》里写到更多的残疾人。一位叫王骀，他只有一条腿。他的水平与孔子并驾齐驱，孔子打算以他为师，并且"将引天下而与从之"。第二位叫申徒嘉，也是只有一条腿。其水平与春秋时代著名的大政治家子产相当，子产对他崇高的德行非常称道。第三位叫叔山无趾，也是失去了一条腿，剩下的一条又失去了脚趾，只能用脚后跟走路。老子（李耳）认为其人的水平高于孔子。第四位叫哀骀它，相貌丑陋得让人害怕，却极得人心，孔子称颂他说："未言而信，无功而亲，使人授己国，惟恐其不受也。是必才全而德不形者也。"第五位叫闉跂支离无脤，其人的残疾更为严重，身躯肢体全然乱七八糟，简直不像人的样子，而且没有嘴唇。卫灵公对他非常尊重。第六位叫瓮㿝大瘿，脖子细长，生着老大的肿瘤。齐桓公对他非常尊重。这两位品德极高，所以人们忘记了他们形体的丑陋，只记得他们崇高的德行。这六个人同《庄子》里大量的人物一样，都是作者虚构出来的寓言人物，庄子文章中也把若干诸侯以及子产、老子、孔子等，以这些历史上的真实人物，与畸形的寓言人物一同符号化。《大宗师》中的子舆得病后也成了一个严重的驼背，他并无不安，对井水鉴赏自己的形貌，气定神闲地说："夫造物者又将以予为此拘拘也！"《庄子》书以丑为美，齐平丑与美，并借助老子、孔子、子产的权威作为陪衬，直通天地之大道。

之九：畸形的人物禀受天然的滋养，在浑同于天然之中变得伟大。

还是借用庄子与惠施的辩论，揭示其变得伟大的原因。《庄子·德充符》说：

闉跂支离无脤说卫灵公，灵公说之。而视全人，其脰肩肩。瓮㼜大瘿说齐桓公，桓公说之。而视全人，其脰肩肩。故德有所长而形有所忘，人不忘其所忘，而忘其所不忘，此谓诚忘。故圣人有所游，而知为孽，约为胶，德为接，工为商。圣人不谋，恶用知。不斫，恶用胶。无丧，恶用德。不货，恶用商。四者，天鬻也。天鬻者，天食也。既受食于天，又恶用人？有人之形，无人之情。有人之形，故群于人，无人之情，故是非不得于身。眇乎小哉，所以属于人也。謷乎大哉，独成其天。惠子谓庄子曰："人故无情乎？"庄子曰："然。"惠子曰："人而无情，何以谓之人？"庄子曰："道与之貌，天与之形，恶得不谓之人！"惠子曰："既谓之人，恶得无情？"庄子曰："是非吾所谓情也。吾所谓无情者，言人之不以好恶内伤其身，常因自然而不益生也。"惠子曰："不益生，何以有其身？"庄子曰："道与之貌，天与之形，无以好恶内伤其身。今子外乎子之神，劳乎子之精，倚树而吟，据槁梧而瞑。天选子之形，子以坚白鸣。"

一个跛脚、伛背、缺嘴的闉跂支离无脤游说卫灵公，卫灵公喜欢他；再看看那些体形完整的人，他们的脖颈实在是太细了。一个颈瘤大如瓮㼜的人游说齐桓公，齐桓公喜欢他；再看看那些体形完整的人，他们的脖颈实在是太细了。故此，在德行方面有所长，形体方面的缺陷就有所遗忘，不忘记所应当忘记的，而忘记了所不应当忘记的，这就叫作真诚的遗忘。故此圣人有所游乐，把智慧看作是罪孽，把盟约看作是禁锢，把拓展德行看作是交接外物的手段，把工巧看作是商贾的行为。圣人从不谋虑，哪里用得着智巧？圣人从不砍削，哪里用得着胶着？圣人从不感到丧失，哪里用得着获得？圣人从不贵重财货，哪里用得着经商？这四种做法叫作天养。所谓天养，就是禀受天然的滋养。既然受养于天然，又哪里用得着人为！有了人的形貌，不一定有人的性情。有了人的形体，与人结合成群体；没有人的性情，是与非都不会粘在他的身上。渺小呀，跟人同类的东西！伟大呀，只有浑同于天然。惠子对庄子说："人原本就是无情的吗？"庄子说："是的。"惠子说："人假若没有情，为什么还能称作人呢？"庄子说："道赋予人容貌，天赋予人形体，怎么能不称作人呢？"惠子说："既然已经称作人，又怎么能够没有情？"庄子回答说："这并不是我所说的情呀。我所说的无情，是说人不因好恶，而伤害自身的本性，常常顺任自然而不随意增添些什么。"惠子说："不添加什么，靠什么来保有自己的身体呢？"庄子说："道赋予人容貌，天赋予人形体，不要因外在的好恶而伤害了自己的身心。如今你外露你的心神，耗费你的精力，靠着树干吟咏，凭依几案闭目假寐。自然授予了你的形体，你却以'坚''白'的诡辩而自鸣得意！"

这则寓言以形体残损的人受到卫灵公、齐桓公的赏识作为话题，考察人的德性与形体的关系。并通过庄子与惠施的对话，对德性与形体的关系追踪到道，强调道赋予人容貌，天赋予人形体，认为人须无情，人不因好恶，而致伤害自身的本性，常常顺任自然而不随意增添些什么。

之十：庄子善于创造新概念来表述大道，令人过眼不忘地获取大道的形态和运行方式。

所谓"环中"就是庄子模拟道的存在和运行方式的概念。《庄子·则阳》说：

> 冉相氏得其环中以随成，与物无终无始，无几无时。日与物化者，一不化者也。阖尝舍之！夫师天而不得师天，与物皆殉。其以为事也，若之何！夫圣人未始有天，未始有人，未始有始，未始有物，与世偕行而不替，所行之备而不洫，其合之也，若之何！

这里的道理是，古之圣王冉相氏体察了道的枢纽如环形运转，使万物随顺自成，跟外物相处没有终始，也显不出时日。日常与外物而变化，而有其不变化的道境，这又何尝舍弃过大道的精髓！效法天然却得不到效法天然的结果，跟外物一道相追逐，其应物为事的状态究竟又怎么样呢？圣人心目中从不曾有过天，从不曾有过人，从不曾有过开始，从不曾有过外物，跟随世道一起结伴相行而不相离，有所行动也是那么完备因而不会败坏，他与外物的契合与融洽又将是怎么样的呢！这则简短的寓言之所以值得珍视，在于它以远古神话传说中的人物冉相氏，继承了黄帝以道为教，无为而治的精髓，形象化为"环中"，使道运转得无始无终，而内蕴空虚。"环中"的意思，也就是庄子所说的"唯道集虚"，从空虚处产生环形的无始无终地运转的大道。"环中"一词，在这里是重复使用，早在《庄子·齐物论》中就说过："彼是莫得其偶，谓之道枢。枢始得其环中，以应无穷。"郭象注曰："夫是非反覆，相寻无穷，故谓之环。环中，空矣；今以是非为环而得其中者，无是无非也。无是无非，故能应夫是非。是非无穷，故应亦无穷。"

之十一：庄子不仅善于创造新概念，而且善于攀附古圣和寓言人物，使其对玄虚的大道的阐释获得质感和生命力。

寓言人物极力推崇把人看作牛、看作马的随任自然的态度，使智慧和德行在随任自然中与道相通。道的本根性也在这里得到验证。《庄子·应帝王》说：

> 啮缺问于王倪，四问而四不知。啮缺因跃而大喜，行以告蒲衣子。蒲衣子曰："而乃今知之乎？有虞氏不及泰氏。有虞氏，其犹藏仁以要人，亦得人矣，而未始出于非人。泰氏，其卧徐徐，其觉于于，一以己为马，一以己为牛，其知情信，其德甚真，而未始入于非人。"

啮缺向王倪求教，四次提问王倪四次不知。啮缺于是高兴得跳了起来，把这种情形告诉蒲衣子。蒲衣子说："你如今明白了吗？虞舜比不上太昊伏羲氏。虞舜心怀仁义以笼络人心，获得了百姓的拥戴，不过他还不曾超脱出人为的物我两分的困境。太昊伏羲氏睡卧时宽缓安适，觉醒时优游自得，听任有的人把自己看作马，听任有的人把自己看作牛；他的智慧真实无伪，他的德行纯真可信，而且从不曾陷入物我两分的困境。"

这意味着太昊伏羲氏的随任自然，达到了四问四不知的境界，哪怕人们把他看作马、看作牛，他还是优游自得，不作争辩。在庄子看来，这种超越的姿态，是高于虞舜式的以仁义治世，日夜操劳的。关于人的定义，发端于人是动物。西方哲人从这个发端推衍出：人是理性的动物，人是会制造工具的动物，人是政治的动物，人是社会的动物。庄子则返回原本，太昊伏羲氏"一以己为牛，一以己为马"，有如庄子一以己为蝴蝶。文学家又说，人一半是天使，一半是野兽。其实，人不仅是半为天使半为野兽，而且既为天使又为野兽，既非天使亦非野兽，而是一个有德性或人文性的人。而所有这些都以"四问四不知"的超越现实的知识性之中，得到不作表达的表达。

有意思的是，对于《庄子·应帝王》的这则寓言中"啮缺问于王倪，四问而四不知"，现代作家朱自清在1942年作的《不知道》一文中说：

世间有的是以不知为知的人。孔子老早就教人"知之为知之，不知为不知，是知也。"这是知识的诚实。知道自己的不知道，已经难，承认自己的不知道，更是难。一般人在知识上总爱表示自己知道，至少不愿意教人家知道自己不知道。苏格拉底也早看出这个毛病，他可总是盘问人家，直到那些人承认不知道而止。他是为真理。那些受他盘问的人，让他一层层逼下去，到了儿无可奈何，才只得承认自己不知道；但凡有一点儿躲闪的地步，这班人一定还要强词夺理，不肯轻易吐出"不知道"那句话的。在知识上肯坦白的承认自己不知道的，是个了不得的人，即使不是圣人，也该是君子人。知道自己的不知道，并且让人家知道自己的不知道，这是诚实，是勇敢。孔子说"是知也"，这个不知道其实是真知道——至少真知道自己，所谓自知之明。世间可也有以不知为妙的人。《庄子·齐物论》记载："啮缺问乎王倪曰，子知物之所同是乎？曰，吾恶乎知之！子知子之所不知邪？曰，吾恶知之！然则物无知邪？曰，吾恶乎知之！虽然，尝试言之，庸讵知吾所谓知之非不知邪？庸讵知吾所谓不知之非知邪？……"三问而三不知。最后啮缺问道，子不知利害，则至人固不知利害乎？王倪的回答是，至人神妙不测，还有什么利害呢！他虽然似乎知道至人，可是并不知道至人知道不知道利害，所以还是一个不知。所以《应帝王》里说，啮缺问于王倪，四问而四不知，啮缺因跃而大喜。庄学反对知识，王倪才会说知也许是不知，不知也许是知——再进一层说，那神妙不测的境界简直是个不可知。王倪的四个不知道使啮缺恍然悟到了那境界，所以他跃而大喜。这是不知道的妙处，知道了妙处就没有了。《桃花源》里人"不知有汉，无论魏晋"。太上隐者"山中无历日，寒尽不知年"，人与自然为一，也是个不知道的妙。

请注意，朱自清在这里引述的"三问三不知"和"四问四不知"，出自《庄子·齐物论》和《应帝王》，都属于《庄子》内篇。以不知为真知、深知，是庄子知识论的精髓所在。由此，朱自清进一步把评议引入小说、日常生活、政治权谋和外交辞令。他说：

> 人情上也有以不知道为妙的。章回小说叙到一位英雄落难，正在难解难分的生死关头，突然打住道，不知英雄性命如何，且听下回分解。这叫作卖关子。作书的或说话的明知道那英雄的性命如何，看官或听书的也明知道他知道，他却卖痴卖呆的装作不知道，愣说不知道。他知道大家关心，急着要知道，却偏偏且不说出，让大家更担心，更着急，这才更不能不去听他的看他的。妙就妙在这儿。再说少男少女未结婚的已结婚的提到他们的爱人或伴儿，往往只秃头说一个他或她字。你若问他或她是谁，那说话的会赌气似的答你，不知道！赌气似的是为你明知故问，害羞带撒娇可是一大半儿。孩子在赌气的时候，你问什么，他往往会给你一个不知道！专心的时候也会如此。就是不赌气不专心的时候，你若问到他忌讳或瞒人的话，他还会给你那个不知道！而且会赌起气来，至少也会赌气似的。孩子们总还是天真，他的不知道就是天真的妙。这些个不知道其实是不告诉你！或不理你！或我管不着！有些脾气不好的成人，在脾气发作的时候也会像孩子似的，问什么都不知道。特别是你弄坏了他的东西或事情向他商量怎么办的时候，他的第一句答话往往是重重的或冷冷的一个不知道！这儿说的还是和你平等的人，若是他高一等，那自然更够受的。——孩子遇见这种情形，大概会哭闹一场，可是

哭了闹了就完事，倒不像成人会放在心里的。——这个不知道！其实是不高兴说给你！成人也有在专心的时候问什么都不知道的，那是所谓忘性儿大的人，不太多，而且往往是一半儿忘，一半儿装。忌讳的或瞒人的话，成人的比孩子的多而复杂，不过临到人家问着，他大概会用轻轻的一个不知道遮掩过去；他不至于动声色，为的是动了声色反露出马脚。至于像"你这个人真是，不知道利害！"还有，"咳，不知道得多少钱才够我花的！"这儿的不知道却一半儿认真，一半闹着玩儿。认真是真不知道，因为谁能知道呢？你可以说："天知道你这个人多利害！""鬼知道得多少钱才够我花的！"还是一样的语气。天知道，鬼知道，明明没有人知道。既然明明没有人知道，还要说不知道，不是费话？闹着玩儿？闹着玩可并非没有意义，这个不知道其实是为了加重语气，为了强调你这个人多利害，得多少钱才够我花的那两句话。世间可也有成心以知为不知的，这是世故或策略。俗语道，一问三不知，就指的这种世故人。他事事怕惹是非，担责任，所以老是给你一个不知道。他不知道，他没有说什么，闹出了大小错儿是你们的，牵不到他身上去。这个可以说是明哲保身的不知道。老师在教室里问学生的书，学生回答不知道。也许他懒，没有看书，答不出；也许他看了书，还弄不清楚，想着答错了还不如回一个不知道，老师倒可以多原谅些。后一个不知道便是策略。五四运动的时候，北平有些学生被警察厅逮去送到法院。学生会请刘崇佑律师作辩护人。刘先生教那些学生到法院受讯的时候，对于审判官的问话如果不知道怎样回答才好，或者怕出了岔儿，就干脆说一个不知道。真的，你说不知道，人家抓不着你的把柄，派不着你的错处。从前用刑讯，即使真不知道，也可以逼得你说知道，现在的审判官却只能盘问你，用话套你，逼你，或诱你，说出你知道的。你如果小心提防着，多说些个不知道，审判官也没法奈何你。这个不知道更显然是策略。不过这策略的运用还在乎人。老辣的审判官在一大堆费话里夹带上一两句要紧话，让你提防不着，也许你会漏出一两个知道来，就定了案，那时候你所有的不知道就都变成废物了。最需要不知道这策略的，是政府人员在回答新闻记者的问话的时候。记者若是提出不能发表或不便发表的内政外交问题来，政府发言人在平常的情形之下总得答话，可是又着不得一点儿边际，所以有些左右为难。固然他有时也可以默不作声，有时也可以老实答道，不能奉告或不便奉告；但是这么办得发言人的身份高或问题的性质特别严重才成，不然便不免得罪人。在平常的情形之下，发言人可以只说不知道，既得体，又比较婉转。这个不知道其实是无可奉告，比不能奉告或不便奉告语气略觉轻些。至于发言人究竟是知道，是不知道，那是另一回事儿，可以不论。现代需用这一个不知道的机会很多。每回的局面却不完全一样。发言人斟酌当下的局面，有时将这句话略加变化，说得更婉转些，也更有趣些，教那些记者不至于窘着走开去。这也可以说是新的人情世故，这种新的人情世故也许比老的还要来得微妙些。这个不知道的变化，有时只看得出一个不字。例如说，未获得续到报告之前，不能讨论此事，其实就是现在无可奉告的意思。前年九月二十日，美国赫尔国务卿接见记者时，某记者问，外传美国远东战队已奉令集中菲律宾之加维特之说是否属实。赫尔答称，微君言，余固不知此事。从现在看，赫尔的话大概是真的，不过在当时似乎只是一句幽默的辞令，他的不知似乎只是策略而已。去年八月罗斯福总统和邱吉尔首相在大西洋上会晤，华盛顿六日国际社电——海军当局宣称：当局接得总统所发波多马克号游艇来电，内称游艇现正沿海岸缓缓前进；电讯中并未提及总统将赴海上某地与英首相会晤。这是一般的宣告，因为当时全世界都在关心这件事。但是宣告里只说了些闲话，紧要关头却用电讯中并未提及一句遮掩过去，跟没有说一样。还有，威尔基去年从英国回去，参议员克拉克问他，威尔基先生，你在周游英伦时，英国希望美国派舰护送军备，你有些知道吗？威尔基答道，我想不起有人表示过这样的愿望。想不起比不知道活动得多；参议员不是新闻记者，威尔基不能不更婉转些，更谨慎些——，可是结果也还是一个无可奉告。这个不知道有时甚至会变成知道，不过知道的都是些似相干又似不相干的事儿，你摸不着头脑，还是一般无二。前年十月八日华盛顿国际社电，说罗斯福总统恐亚洲局势因滇缅路重开而将发生突变，日来屡与空军作战部长史塔克，海军舰队总司令李却逊，及前海军作战部长现充国防顾问李海等三巨头会商。总统并于接见记者时称，彼等会谈时仅研究地图而已云云。仅研究地图而已是答应了知道，但是这样轻描淡写的，还是不知道的比知道的多。去年五月，澳总理孟席尔到美国去，谒见罗斯福总统，会谈一小时之久。后孟氏对记者称：吾人仅对数项事件，加以讨论，吾人实已经行地球一周，结果极令人振奋云。澳驻美公使加赛旋亦对记者称，澳总理与总统所商谈者为古今与将来之事件。经行地球一周，古今与将来之事件，知道的圈儿越大，圈儿里不知道的就越多。这个不知道还会变成他知道。去年八月二十七日华盛顿合众社电，说记者问总统对于野村大使所谓日美政策之暌隔必须弥缝，有何感想。总统避不作答，仅谓现已有人以此事询诸赫尔国务卿矣。已经有人去问赫尔国务卿，国务卿知道，总统就不必作答了。去年五月十六日华盛顿合众社电，说罗斯福总统今日接见记者，说美国过去曾两次不宣而战，第一次系北非巴巴拉之海盗，曾于一八八三年企图封锁地中海上美国之航行。第二次美将派海军至印度，以保护美国商业，打击英、法、西之海盗。记者询以今日亦有巴巴拉海盗式之人物乎？总统称，请诸君自己判断可也。诸君自己判断，你们自己知道，总统也就不必作答了。他知道或你知道，还用发言人的我说什么呢？——这种种的变形，有些虽面目全非，细心吟味，却都从那一个不知道脱胎换骨，不过很微妙就是了。发言人临机应变，尽可层出不穷，但是百变不离其宗；这个不知道也算是神而明之的了。

从朱自清的评议中可知，"不知道"的表现形态多种多样，是忘记了知道，删除了知道，闪过了知道，隐藏了知道，其中蕴含着高深莫测的智慧，云雾翻卷，令人神龙见首不见尾。庄子论道，推许"不知道"；朱自清论世，翻开褶皱把弄着"不知道"。

之十二：庄子之道，是冥冥漠漠，通向无何有之乡的。老子讲恍恍惚惚，是讲道的发生，由发生追踪全程；庄子讲冥冥漠漠，是讲道的归宿，由归宿反顾全程。他们讲了道的两端，虽是两端，依然是无始无终。庄子的某些言论，是翻转一面的老子。鸳鸯由此绣出，要正反两面看。

《庄子·应帝王》说：

　　天根游于殷阳，至蓼水之上，适遭无名人而问焉，曰："请问为天下。"无名人曰："去！汝鄙人也，何问之不豫也！予方将与造物者为人，厌，则又乘夫莽眇之鸟，以出六极之外，而游无何有之乡，以处圹埌之野。汝又何帛以治天下感予之心为？"又复问。无名人曰："汝游心于淡，合气于漠，顺物自然而无容私焉，而天下治矣。"

这里说，天根漫游殷山的南面，来到蓼水河上，正巧遇上无名人而向他求教，说："请问治理天下之事。"无名人说："去你的吧！你这个见识鄙陋的人，怎么一张口发问就让人不愉快！我正打算跟造物者结成伴侣，厌烦时便又乘坐那渺茫如飞鸟的清虚之气，超脱于'六极'之外，而漫游在什么也不存在的地方，居处于清旷无垠的原野。你又怎么能用梦呓般的所谓治理天下的话语来撼动我的心思呢？"天根又再次提问。无名人说："你应该游心于清淡，交合形气于广漠，顺应事物的自然而不容有半点儿的偏私，天下也就得到治理。"在这里，即使是天根，还要向无名人请教，请教的结果是回避了天根所问的治理天下的话题，而是讲述天道，与造物者结伴，而顺应事物的自然，这就是"乘夫莽眇之鸟，以出六极之外，而游无何有之乡，以处圹埌之野"。《老子》首章说："无名天地之始，有名万物之母"，无名是天之根本的老师，以万物无名来建立天的根本。这也是庄子的"道为本根"的一种论证方式。

寓言的第二项功能：

以古圣先贤和寓言人物，辩说和体验庄子大道的本质和各个侧面（七则）

之一：庄子以寓言人物既阐发了大道的本根意义，又揭示了直趋大道本质的各种程序，并且创造了"撄宁"的概念，意思是在扰动中获取安宁才算得上真正的安宁。

《庄子·大宗师》说：

南伯子葵问乎女偊曰："子之年长矣，而色若孺子，何也？"曰："吾闻道矣。"南伯子葵曰："道可得学邪？"曰："恶！恶可！子非其人也。夫卜梁倚有圣人之才而无圣人之道，我有圣人之道而无圣人之才，吾欲以教之，庶几其果为圣人乎？不然，以圣人之道告圣人之才，亦易矣。吾犹守而告之，参日而后能外天下；已外天下矣，吾又守之，七日而后能外物；已外物矣，吾又守之，九日而后能外生；已外生矣，而后能朝彻；朝彻，而后能见独；见独，而后能无古今；无古今，而后能入于不死不生。杀生者不死，生生者不生。其为物，无不将也，无不迎也；无不毁也，无不成也。其名为撄宁。撄宁也者，撄而后成者也。"南伯子葵曰："子独恶乎闻之？"曰："闻诸副墨之子，副墨之子闻诸洛诵之孙，洛诵之孙闻之瞻明，瞻明闻之聂许，聂许闻之需役，需役闻之於讴，於讴闻之玄冥，玄冥闻之参寥，参寥闻之疑始。"

道的本体，不可一蹴而就，需要一步步修炼。因此，南伯子葵请问女偊说："你已经年长了，可是你的容颜却像孩童，这是为什么？"女偊回答："我得道了。"南伯子葵说："'道'可以学习吗？"女偊回答说："怎么！怎么可以呢！你不是可以学习'道'的人。卜梁倚有圣人的才气却没有圣人之道，我有圣人之道却没有圣人的才气，我想教导他，大概他果真能成为圣人哩！不然的话，把圣人之道传告具有圣人才气的人，应是很容易的。我还是持守着并告诉他，三天之后就能把天下排除在外，既已把天下排除在外，我又沉心持守，七天之后能遗忘外在万物；既已遗忘外在万物，我又沉心持守，九天之后就能遗忘自身生命的存在；既已遗忘存在的生命，而后心境就能如朝阳一般清新明彻；能够心境如朝阳般清新明彻，而后就能够感受独一无二的'道'了；既已感受了'道'，而后就能超越古今的时限；既已能够超越古今的时限，而后便进入不死不生的境界。扼杀了生也就没有死，滋生了生也就不存在生。作为事物，'道'无不有所送，也无不有所迎；无不有所毁，也无不有所成，这就叫作'撄宁'。撄宁，意思就是不受外界事物的纷扰，而后保持心境的宁静。"南伯子葵又问："你到底从哪里听闻'道'的呢？"女偊回答说："我从副墨的儿子那里听来的，副墨的儿子从洛诵的孙子那里听来的，洛诵的孙子从瞻明那里听来的，瞻明从聂许那里听来的，聂许从需役那里听来的，需役从於讴那里听来的，於讴从玄冥那里听来的，玄冥从参寥那里听来的，参寥从疑始那里听来的。"

这里讲了得道的程序：能外天下→能外物→能外生→能朝彻→见独→能无古今→能入于不死不生→撄宁。所谓"撄宁"，如成玄英疏："撄，扰动也。宁，寂静也……动而常寂，虽撄而宁者也。"合而成词，就是心神宁静，不被外界事物所扰。整个程序是庄子对道的内涵如七层宝塔，逐层攀升。而闻道的最终途程归结到玄冥、参寥、疑始，这就是怀疑宇宙的本始，进入高邈寥旷，再进入透明的黑暗，在反向的精神探求中获得道的根本。

之二：遵循独特的思想方法，是庄子探究道的途径所在。庄子往往不是空谈方法，而是以历史上的贤人的行为方式，富有质

感地探讨逐步接近道的思想方法。

由于呼唤出来的是历史上的贤人，可以参证的材料也就相对地多了。《庄子·则阳》说：

> 蘧伯玉行年六十而六十化，未尝不始于是之，而卒诎之以非也。未知今之所谓是之非五十九非也。万物有乎生而莫见其根，有乎出而莫见其门。人皆尊其知之所知，而莫知恃其知之所不知而后知，可不谓大疑乎！已乎！已乎！且无所逃。此所谓然与然乎！

这里讲到，卫国的贤人蘧伯玉行年六十岁而六十年来随年变化与日俱新，未尝不是起初认为是对的，而后来又转过来认为是错的，不知道现今所认为对的，又不是五十九岁以前认为是错。万物有其产生却看不见它的本根，有它的出现却寻不见它的门径。人人都尊崇才智所了解的知识，却不知道依恃自己才智所不知道而后知道的知识，这能不算是最大的疑惑吗？算了吧！算了吧！没有什么办法可以逃避这样的情况。这就是所谓对吗，真正的对吗？

这则寓言的主角蘧伯玉，是春秋时期卫国大夫，既是孔子的朋友，又是道家"无为而治"的开创者。孔子曾称赞蘧伯玉是真正的君子：君王有道，则出仕辅政治国；君王无道，则心怀正气，归隐山林。这种因时应变的精神，铸就了他"行年六十而六十化"的与时俱进的人生轨迹。这里的思想非纯儒、非纯道，介于道、儒之间。

之三：庄子所指认的蘧伯玉，是具有道家色彩的蘧伯玉。针对蘧伯玉的道家色彩，庄子特地让他指点颜阖，以螳螂、老虎、马来设喻，把道家色彩寓言化。

《庄子·人间世》说：

颜阖将傅卫灵公大子，而问于蘧伯玉曰："有人于此，其德天杀。与之为无方，则危吾国；与之为有方，则危吾身。其知适足以知人之过，而不知其所以过。若然者，吾奈之何？"蘧伯玉曰："善哉问乎！戒之，慎之，正女身也哉！形莫若就，心莫若和。虽然，之二者有患。就不欲入，和不欲出。形就而入，且为颠为灭，为崩为蹶。心和而出，且为声为名，为妖为孽。彼且为婴儿，亦与之为婴儿。彼且为无町畦，亦与之为无町畦。彼且为无崖，亦与之为无崖。达之，入于无疵。汝不知夫螳螂乎？怒其臂以当车辙，不知其不胜任也，是其才之美者也。戒之。慎之。积伐而美者以犯之，几矣。汝不知夫养虎者乎？不敢以生物与之，为其杀之之怒也。不敢以全物与之，为其决之之怒也。时其饥饱，达其怒心。虎之与人异类而媚养己者，顺也。故其杀者，逆也。夫爱马者，以筐盛矢，以蜄盛溺。适有蚊虻仆缘，而拊之不时，则缺衔毁首碎胸。意有所至而爱有所亡，可不慎邪！"

这里谈论着，颜阖将要去做卫国太子师傅，来向卫国贤大夫蘧伯玉求教："有这样一个人，他的德行差到天要杀他。对他的指点如果不顾法度礼仪，就会危害我们的国家；对他的指点如果守法重礼，就会危及我自身。他的智识刚好足够辨别别人的过失，却还不知道别人犯错的原因。像这种情形，我应该怎么对待呢？"蘧伯玉说："你的问题问得好！对这样的情形，你需要做好戒备，慎重对待，保持自身的正直。要在行为上迁就他，在内心要去和乐他。虽然这样，对这两方面也还有忧虑的地方。行为上迁就，还要颠覆毁灭，还要崩溃跌倒。内心和乐，就会为了追求声望美名，做出怪异甚至邪恶的事情。他如果像个天真的孩子，你就当婴儿来教导他；他如果无田无地，就当作无田无地来教导他；他如果言行不受拘束，就当成不受拘束来教导他。达到这种境界，就能做到没有瑕疵了。你没有听说过螳螂的故事么？怒起来张开臂膀要去阻挡车辆前进的道路，却不了解自己不能胜任，这是过于高估自己的才能。要有戒备，要小心对待啊！要是总是自吹自擂，美滋滋地触犯他，那就很危险了。你没有听说过养虎人的故事么？养老虎的人，不敢用活的动物喂它，因为老虎杀生会激起怒气，也不敢用完整的动物喂它，因为老虎撕碎食物也会激起怒气，能够适时地让老虎吃饱，通达老虎愤怒的心情。老虎和人是异类，而讨好饲养自己的人，是顺着它的脾性。故此老虎杀人，是因为逆着它的脾性。爱马的人，用竹筐装马粪，用蜃器盛马尿。刚好有蚊蝇飞到筐器的边缘，而不及时拍打蚊蝇，马儿就咬断了勒口，踢伤了养马人的头和胸。即使心意到了，关爱也无影无踪，怎么能够不小心谨慎呢？"

在这则寓言中，蘧伯玉对颜阖要当卫太子的师傅，则告诫他端正身心，对德行差的太子的顺应和引导，顺应就是不可学螳臂当车，要量力而为；引导就是要及时拍打装马粪的竹筐上的蚊蝇，清除卑污的人事纷扰。这种顺应自然的做法，也是道家化了的。这个颜阖不是鲁国的隐居高士，如《庄子·让王》所记载："鲁君闻颜阖得道之人也，使人以币先焉。颜阖守陋闾，苴布之衣而自饭牛。鲁君之使者至，颜阖自对之。使者曰：'此颜阖之家与？'颜阖对曰：'此阖之家也。'使者致币，颜阖对曰：'恐听者谬而遗使者罪，不若审之。'使者还，反审之，复来求之，则不得已。故若颜阖者，真恶富贵也。"

这个颜阖不会是潜逃到卫国，变成太子师的颜阖。指点太子师颜阖的蘧瑗，字伯玉，春秋时期卫国大夫，是孔子的朋友，也是道家"无为而治"的开创者。生于约公元前585年，卒于公元前484年以后，是位年逾百岁的寿星。孔子周游列国14年，有10年在卫国，其中两次住在蘧伯玉家，前后达9年。行年五十，知四十九年之非。蘧伯玉有"弗治之治"的政治主张，开创了道家"无为而治"的先声。他以螳臂当车的寓言，告诫人们做事要量力而行，顺应自然。

之四：历史人物即便经过改造，也要依附于历史，如果要大幅度超越历史，还是以虚构的寓言人物更为方便，更可侃侃而谈。庄子虚构出寓言人物来讲述得道的道理，人物虚构比起攀缘历史，发挥的空间就更广阔、更自由、更无所拘束。

《庄子·则阳》说：

　　少知问于大公调曰："何谓丘里之言？"大公调曰："丘里者，合十姓百名而以为风俗也，合异以为同，散同以为异。今指马之百体而不得马，而马系于前者，立其百体而谓之马也。是故丘山积卑而为高，江河合水而为大，大人合并而为公。是以自外入者，有主而不执；由中出者，有正而不距。四时殊气，天不赐，故岁成；五官殊职，君不私，故国治；文武殊材，大人不赐，故德备；万物殊理，道不私，故无名。无名故无为，无为而无不为。时有终始，世有变化，祸福淳淳，至有所拂者而有所宜，自殉殊面；有所正者有所差，比于大泽，百材皆度；观于大山，木石同坛。此之谓丘里之言。"少知曰："然则谓之道足乎？"大公调曰："不然，今计物之数，不止于万，而期曰万物者，以数之多者号而读之也。是故天地者，形之大者也；阴阳者，气之大者也；道者为之公。因其大以号而读之则可也，已有之矣，乃将得比哉！则若以斯辩，譬犹狗马，其不及远矣。"少知曰："四方之内，六合之里，万物之所生恶起？"大公调曰："阴阳相照相盖相治，四时相代相生相杀。欲恶去就，于是拂起。雌雄片合，于是庸有。安危相易，祸福相生，缓急相摩，聚散以成。此名实之可纪，精微之可志也。随序之相理，拂运之相使，穷则反，终则始，此物之所有。言之所尽，知之所至，极物而已。睹道之人，不随其所废，不原其所起，此议之所止。"少知曰："季真之莫为，接子之或使。二家之议，孰正于其情，孰偏于其理？"大公调曰："鸡鸣狗吠，是人之所知。虽有大知，不能以言读其所自化，又不能以意其所将为。斯而析之，精至于无伦，大至于不可围。或之使，莫之为，未免于物而终以为过。或使则实，莫为则虚。有名有实，是物之居；无名无实，在物之虚。可言可意，言而愈疏。未生不可忌，已死不可阻。死生非远也，理不可睹。或之使，莫之为，疑之所假。吾观之本，其往无穷；吾求之末，其来无止。无穷无止，言之无也，与物同理。或使莫为，言之本也。与物终始。道不可有，有不可无。道之为名，所假而行。或使莫为，在物一曲，夫胡为于大方！言而足，则终日言而尽道；言而不足，则终日言而尽物。

道，物之极，言默不足以载。非言非默，议有所极。"

这里的意思是说，少知请问大公调说："什么叫作'丘里'之言？"大公调说："所谓'丘里'，就是聚合十个姓百个人而形成的风俗；组合各个不同的个体就混同为整体，离散混同的整体又成为各个不同的个体。如今指称马的上百个部位都不能获得马的整体，而马就拴缚在眼前，这就确立了马的百个部位并组合成一整体才能称之为马。所以说山丘积聚卑小的土石才成就它的高，江河汇聚细小的流水才成就它的大，伟大的人物并合了众多的意见才成就他的公。因此，从外界切入内心的东西，虽有主见却并不固执己见，由内心里向外发散的东西，即使正确的也不拒斥他人。四季具有不同的气候，天并没有对某一节令给予特别的恩赐，因此年岁的序列得以形成；各种官吏具有不同的职能，国君没有偏私，因此国家得以治理；文臣武将具有各不相同的素质，国君不作特殊的恩赐，因此各自德行完备；万物具有各不相同的理数，大道对它们也没有偏私，因此无须授予名称以示区别。没有名号也就没有作为，没有作为也就无所不为。时序有终始，世代有变化。祸福在不停地流转，以致出现违逆的一面同时也就存在相宜的一面，各自追逐其不同的侧面。有所端正的也就有所差误。比如说到山泽，生长的各种材质全都有自己的用度；再看看大山，树木与石块处在同一块地方。这就叫作'丘里'的言论。"少知问："既然如此，那么称之为道，够了吗？"大公调说："不是这样。现在计算物的种数，不止于万种，而只限于称作万物，是用数目字最多的来称呼它。故此，天地是形体中最大的；阴阳是元气中最大的；而大道却把天地、阴阳贯通为公共的形态。因为它大就用'道'来称述它是可以的，已经有了'道'的名称，还能够用什么来与它比较呢？假如用这样的观点来寻求区别，就好像狗与马，其间的差别也就太大了！"少知说："四境之内，宇宙之间，万物的产生从哪里开始？"大公调说："阴阳互相映照、互相覆盖又互相调治，四季互相更替、互相产生又互相追杀。欲念、憎恶、离弃、迁就，于是翘起，雌性、雄性的分开、交合，于是相互拥有。安全与危难相互变易，灾祸与幸福相互生发，舒缓与急切相互摩荡，凝聚与消散由此形成。名称与实际可以理出端绪，精细微妙之处都能记载下来。随着事物的次序相互形成理路，又翘起运动而相互使用，到了穷尽就会返回，到了终结又重新开始；这都是事物所共有的规律。言语所能穷尽，知识所能达到，极尽事物罢了。体察大道的人，不追逐事物的废止，不探究事物的源起，这就是言语评议止步的地方。"少知又说："季真的'莫为'观点，接子的'或使'主张，两家的议论，谁最合乎事物的真情，谁又偏离了事物的道理？"大公调说："鸡鸣狗叫，是人人都能了解的现象；可是，即使具有超人的才智，也不能用言语来读出它自身的变化，又不能臆测它将要做什么。这样分析起来，精妙达到了无与伦比，浩大达到了不可围量，或者使唤事物，到底没有作为，不能免于事物最终只能是过而不当。'或使'的主张过于坐实，'莫为'的观点过于玄虚。有名有实，这就构成物的具体形象。无名无实，事物的存在也就显得玄虚。可以言谈也可以意料，说出来就与事物更加疏远。没有产生的不能禁止其产生，已经死亡的不能阻挡其死亡。死与生并不相距很远，其中的道理却不易察见。或者使唤事物，到底没有作为，疑惑假借此而产生。我观察事物的根本，事物的过往没有穷尽；我寻求事物的末绪，事物的到来不可停止。没有穷尽又没有停止，言语的表达不能做到，这就跟事物具有同一的道理；而'或使''莫为'的主张，是言谈所依据，又跟事物一样有了终始。道不可以用'有'来表达，'有'也不可以用'无'来描述。大道之所以称为'道'，只不过是假借了'道'的名称。'或使'和'莫为'的主张，各自偏执于事物的一曲之见，怎么能称得上大道呢？言语圆满充足，那么整天说话也符合于道；言语不能圆满充足，那么整天说话也都不能触及事物。道是事物的终极，言语和缄默都不足以承载；既不说话也不缄默，评议大道就没有极限的。"

这则寓言中的大公调，是推崇道的，认为"天地者，形之大者也；阴阳者，气之大者也；道者为之公"，以道贯通天地阴阳而成为天下的共识。既然要贯通诸端，这种道，就充满着对立面的转化，"安危相易，祸福相生，缓急相摩，聚散以成"。道在无始无终、亦虚亦实之中，是无比精致不可把握的，季真的"莫为"说，接子的"或使"说，都不能全面把握道，只能得出偏颇的见解。因此说，庄子是借大公调的口，系统阐述道之为道的原理的。

之五：庄子借用寓言人物探讨得道的程序，可以采取编年的方式，醒人耳目，也可以采取跳出年代的奇思妙想，增加内蕴的哲理性。

《庄子·寓言》说：

> 颜成子游谓东郭子綦曰："自吾闻子之言，一年而野，二年而从，三年而通，四年而物，五年而来，六年而鬼入，七年而天成，八年而不知死，不知生，九年而大妙。生有为，死也。劝公以其死也有自也，而生阳也无自也。而果然乎？恶乎其所适？恶乎其所不适？天有历数，地有人据，吾恶乎求之？莫知其所终，若之何其无命也？莫知其所始，若之何其有命也？有以相应也，若之何其无鬼邪？无以相应也，若之何其有鬼邪？"众罔两问于景曰："若向也俯，而今也仰；向也括，而今也被发；向也坐，而今也起；向也行，而今也止，何也？"景曰："搜搜也，奚稍问也！予有而不知其所以。予，蜩甲也？蛇蜕也？似之而非也。火与日，吾屯也；阴与夜，吾代也。彼，吾所以有待邪？而况乎以有待者乎！彼来则我与之来，彼往则我之往，彼强阳则我与之强阳。强阳者，又何以有问乎！"

颜成子游对东郭子綦说："自从我听你的话，一年而粗野，二年而顺从，三年而通达，四年而化物，五年而神明大来，六年而归根深藏，七年而合于天然，八年而不知生、不知死，九年而达到神妙境界。人生有为就是死亡，劝勉大道为一，人的死亡有缘由，而人生是阳气运转，没有由来。果然是这样吗？哪里感到适意，哪里感到不适意？天有历法的数据，地有人的依据，我哪里还有什么追求呢？不知道终结的所以，怎能断定没有命运？不知道它起始的所以，怎能断定有命运呢？有与之相感应，怎能断定无鬼神？没有与之相感应，怎能知道有鬼神呢？"众多影子的影子（罔两）问影子说："你过去低头，而今仰头；过去束发，而今披发；过去坐着，而今站起；过去行走，而今止步。为什么呢？"影子说："你们嗖嗖地摇动，为什么贸然问我？我活动而不知道为什么这样。我是蝉壳吗？是蛇皮吗？像是而又不是。火光和阳光，使我顿聚；阴天和黑夜，使我消失。那些形影，是我所依赖的吗？何况哪有依赖的东西呢！形影来我就随它来，形影去我就随它去，形影强劲运动我就随它强劲。强劲运动，又有什么可问的呢！"

这则寓言中，颜成子游听从东郭子綦论道，从"一年而野"进化到"九年而大妙"，描绘了一个接近大道的天路历程。至于说到"影子的影子"与影子的对话，是庄子寓言的神思妙想："予，蜩甲也？蛇蜕也？似之而非也。火与日，吾屯也；阴与夜，吾代也。"影子面对"影子的影子"，不知自己是蝉蜕还是蛇皮，它接近大道是有所待的，并非随心所欲。这就有如庄周梦蝶，不知人与蝴蝶的界限。梦与影子，是人以镜像反观自己的参照物。不妨参照一下西方诗人和艺术家的"影子"创作。在但丁的《神曲》中，影子是三个罚入地狱者的灵魂，站立在地狱的入口，指向非常明白的铭文："所有进入此地的人们，放弃所有的希望吧。"罗丹据此创作了许多《影子》的习作，最终决定集合三个完全一样的人像，成为"三个影子"的青铜塑像。三个影子仿佛在围绕着同一个点旋转，被安置在《地狱之门》的顶端。于是，三个影子就在地狱和人世的交界处，俯视着那些观赏影子作品的人。后来，罗丹又将它们放大，形成了一个独立的大型的雕塑群，它采用了米开朗琪罗作品的风格。三个影子的头垂下的角度过分地低，以至于脖子和肩膀几乎在同一个水平线上，相互沮丧地挨着。正是通过形体上的这种夸张变形，罗丹的创作拥有了那个时代无与伦比的表现力。鲁迅的《野草·影的告别》说："我不过一个影，要别你而沉没在黑暗里了。然而黑暗又会吞并我，然而光明又会使我消失。然而我不愿彷徨于明暗之间，我不如在黑暗里沉没。……我将向黑暗里彷徨于无地。"这种思维方式，不排除受了庄子关于"影子的影子"与影子的对话的启发。

之六：庄子得道，讲究一"忘"二"任"，忘却自己，随任逍遥。庄子认为，得道的心理通道是"忘其肝胆，遗其耳目，芒

然彷徨乎尘垢之外，逍遥乎无事之业，是谓'为而不恃，长而不宰'"，以逍遥自在的心态对自己有功德的事物不持有、不主宰，给对方解套，也任其逍遥自在。

《庄子·达生》说：

有孙休者，踵门而诧子扁庆子曰："休居乡不见谓不修，临难不见谓不勇，然而田原不遇岁，事君不遇世，宾于乡里，逐于州部，则胡罪乎天哉？休恶遇此命也？"扁子曰："子独不闻夫至人之自行邪？忘其肝胆，遗其耳目，芒然彷徨乎尘垢之外，逍遥乎无事之业，是谓为而不恃，长而不宰。今汝饰知以惊愚，修身以明污，昭昭乎若揭日月而行也。汝得全而形躯，具而九窍，无中道夭于聋盲跛蹇而比于人数，亦幸矣，又何暇乎天之怨哉！子往矣！"孙子出。扁子入坐，有间，仰天而叹。弟子问曰："先生何为叹乎？"扁子曰："向者休来，吾告之以至人之德，吾恐其惊而遂至于惑也。"弟子曰："不然。孙子之所言是邪，先生之所言非邪，非固不能惑是。孙子所言非邪，先生所言是邪，彼固惑而来矣，又奚罪焉？"扁子曰："不然。昔者有鸟止于鲁郊，鲁君说之，为具太牢以飨之，奏九韶以乐之，鸟乃始忧悲眩视，不敢饮食。此之谓以己养养鸟也。若夫以鸟养养鸟者，宜栖之深林，浮之江湖，食之以委蛇，则平陆而已矣。今休，款启寡闻之民也，吾告以至人之德，譬之若载鼷以车马，乐鴳以钟鼓也。彼又奚能无惊乎哉？"

有一位叫孙休的人，登门向扁庆子诧异地发问："我孙休住在乡间没见有人说我没有修养，面临危难时没见有人说我不勇敢。然而我种田遇不上好年景，事君遇不上好世道，为乡里人所抛弃，为州县官吏所放逐，我孙休何尝得罪老天？为何遇到这样命运呀？"扁庆子说："你难道没有听说至人的自身的行为吗？忘掉了他的肝胆，遗弃了他的耳目，懵懵无知徘徊于尘世生活之外，逍遥自在于无为之中，这就叫'有作为而不自恃其功，长育万物而又不加主宰'。现在你修饰智能以惊醒愚昧，修养自身以显示别人卑污，昭明煊赫的样子就像举着日月行走一样。你得以保全身躯，身体九窍器官完备，没有中途毁损成为聋子、瞎子和跛子，与众人并列一起已属侥幸，又哪有闲工夫来抱怨老天啊！你走吧！"孙休离去，扁庆子进来。坐了一会儿，仰天叹息。弟子问道："先生为什么叹息呀？"扁庆子说："刚才孙休来，我告诉他关于至人之德性，我担心他受到震惊因而至于更加迷惑。"弟子说："不会这样。如果孙先生所说是对的，先生所说是错的，那么错的本不能使对的迷惑；如果孙先生所说是错的，先生所说是对的，那么他来时本来就是迷惑的，又何能归罪于先生呢！"扁庆子说："不是这样，从前有只鸟停在鲁国都城郊外，鲁君喜爱它，设置太牢那样的宴席来招待它，奏《九韶》的音乐使它高兴。鸟就开始忧愁而头晕目眩，不敢吃喝。这就叫以养自己的方法来养鸟。如果用养鸟的方式来养鸟，应该让它栖息在深林中，浮游在江湖之上，让它吃泥鳅之类，把它放回野地就是了。现今这位孙休，是位孤陋寡闻之人，我告诉给他至人之德，就好像用马车去装载鼷鼠，用钟鼓去娱乐鹌鹑一样，他又怎么能不受惊吓呢！"

这则寓言讲究适性而为，对于与自己有关系、无关系的事物，都任其逍遥自在，都要尊重它们的本性，小鸟有小鸟的性，鼷鼠有鼷鼠的性，孤陋寡闻之人有孤陋寡闻之人的性，至人有至人的性，要采取适合他们的本性的方法加以疏导，才能得到恰如其分的效果。违性而行，是适得其反的。这种适性而为的思想，属于庄子把顺乎自然的思想延伸到适乎天性。由天地延伸到人心，这是庄子特有的思路。

之七：无论山中树木、家中禽鸟，都可能由于自己不同的品性招致杀身之祸。这就引起庄子思考回归大道，隐藏于有用无用之间，以便保生养性的问题。养生命题，隐藏着全性葆真。

《庄子·山木》说：

　　庄子行于山中，见大木，枝叶盛茂，伐木者止其旁而不取也。问其故，曰："无所可用。"庄子曰："此木以不材得终其天年。"夫子出于山，舍于故人之家。故人喜，命竖子杀雁而烹之。竖子请曰："其一能鸣，其一不能鸣，请奚杀？"主人曰："杀不能鸣者。"明日，弟子问于庄子曰："昨日山中之木以不材得终其天年，今主人之雁，以不材死，先生将何处？"庄子笑曰："周将处乎材与不材之间。材与不材之间，似之而非也，故未免乎累。若夫乘道德而浮游则不然，无誉无訾，一龙一蛇，与时俱化，而无肯专为；一上一下，以和为量，浮游乎万物之祖，物物而不物于物，则胡可得而累邪！此神农、黄帝之法则也。若夫万物之情，人伦之传，则不然。合则离，成则毁；廉则挫，尊则议，有为则亏，贤则谋，不肖则欺，胡可得而必乎哉！悲夫！弟子志之，其为道德之乡乎！"

　　这里把庄子称为"夫子"，这是庄子后学的手笔。它以两个故事校正对道的认识。庄子行走在山里，看见一棵大树，枝叶繁茂，伐木工在它旁边休息却不砍伐它。庄子探问缘故，伐木工回答说："因为它没什么用。"庄子说："这棵树因为不成材而能够过完它的自然寿命。"庄子从山中出来，住在老朋友家。朋友很高兴，命童仆杀大雁做菜。童仆问道："有一只会叫，有一只不会叫，请问杀哪只？"主人说："杀不能叫的。"第二天，弟子问庄子："昨天山里那棵大树，由于不成材而能终其天年；如今主人的这只雁，因为不材而送了小命，先生将怎么对待？"庄子笑着说："我将站在那成材和不成材的中间。材与不材之间，似材又不似材，所以能免除拖累。如果乘道德而浮游就不然，没有赞誉没有诋毁，一会儿像龙一样腾飞，一会儿像蛇一样蛰伏，与时俱化，而不愿专于某一方面；一会儿上一会儿下，以'和'为度量，浮游于万物未命名的祖源状态，奴役万物而不被万物奴役，像这样又怎么能为有所得而累呢！这就是神农、黄帝之法则。如果考量万物的情形、人伦的关系，就不是这样了。和合就会分离，成功就会毁弃；联络就会受挫折，尊崇就会受诽谤，有所作为就会吃亏，贤能就会遭到暗算，无能就会受到欺负，又怎么能够得到必然的效果呢！可悲哪！弟子记住，那只有到崇尚道德的幸福之乡才能做到！"

这则寓言在思考保生养性的问题时，充满着巧妙的思维，人世间需要处在材与不材之间，才能保存性命。与其如此，倒不如"乘道德而浮游，无誉无訾，一龙一蛇，与时俱化，而无肯专为；一上一下，以和为量，浮游乎万物之祖，物物而不物于物，则胡可得而累邪"。它以相对论的辩证法，解脱人世的各种拖累，还一种自由自在的精神状态。这就是庄子从老子那里承传来的"犹龙"的自由变化的精神状态。老子"犹龙"的精神形态，成了庄子对付世间事物拖累的文化资源。

寓言的第三项功能：

以全生养性与治理天下作比较，重新审视尧舜禅让、汤武讨伐桀纣的历史是非（十四则）

之一：庄子特作《让王篇》，重点考究尧舜禅让，挑战儒家将禅让神圣化。

禅让，是儒家政治学的精髓；挑战禅让，就是重建道家政治学的内核。《庄子·让王》说：

> 尧以天下让许由，许由不受。又让于子州支父，子州支父曰："以我为天子，犹之可也。虽然，我适有幽忧之病，方且治之，未暇治天下也。"夫天下至重也，而不以害其生，又况他物乎！唯无以天下为者，可以托天下也。舜让天下于子州支伯。子州支伯曰："予适有幽忧之病，方且治之，未暇治天下也。"故天下大器也，而不以易生，此有道者之所以异乎俗者也。舜以天下让善卷，善卷曰："余立于宇宙之中，冬日衣皮毛，

夏日衣葛绤；春耕种，形足以劳动；秋收敛，身足以休食；日出而作，日入而息，逍遥于天地之间而心意自得。吾何以天下为哉！悲夫，子之不知余也！"遂不受。于是去而入深山，莫知其处。舜以天下让其友石户之农，石户之农曰："捲捲乎后之为人，葆力之士也！"以舜之德为未至也，于是夫负妻戴，携子以入于海，终身不反也。

尧把天下让给许由，许由不接受。又让给子州支父，子州支父说："让我来做天子，那是可以的。不过，我正患有幽深忧郁的疾病，正打算治一治，没有闲暇来治天下。"要说统治天下是地位最高、权力最重了，却不能因此而妨碍自己的生命，何况是其他的一般事物呢？只有无以天下作为的人，才可以把天下托付给他。舜让天下给子州支伯，子州支伯说："我正患有幽深忧郁的疾病，正打算治一治，没有闲暇治理天下。"故此可知，天下是最为贵重的大器了，却不能用它来替换生命，这就是有道的人对待天下跟世俗大不一样的地方。舜又把天下让给善卷，善卷说："我立在宇宙之中，冬天披柔软的皮毛，夏天穿纤细的葛布；春天耕地下种，形体足以承受这样的劳作；秋天收割贮藏，身体可以休息；太阳升起时就下地劳作，太阳下山了就返家休息，在天地之间逍遥自在而心中快意自得。我又哪里用得着去统治天下呢！可悲啊，你不了解我！"也就没有接受。于是善卷离开了家而隐入深山，没有人能够知道他的住处。舜再把天下让给他的朋友石户地方的一位农夫，这位石户的农夫说："君后的为人实在是尽心尽力了，真是个勤苦劳累的人！"他认为舜的德行还未能达到最高的境界，于是夫妻二人背的背、扛的扛，带着子女逃到海上的荒岛，终身不再返回。

这则寓言权衡了贵为天子和保全生命的轻重，不愿以伤害生命来交换天下大器。它以清静无为当成人生的最高境界，是比尧舜禅让更高的境界。这就是对人生最高境界的重构，重构以全生养性为核心。这种贵为天子和保全生命的对比，与庄子宁可做在泥泞里打滚的乌龟，也不愿接受楚王以国事拖累自己的生命选择，具有相同的思维逻辑，实际上是以道家的逻辑压倒儒家的逻辑。

之二：庄子思考名实关系，认为名是实之宾，不可以全生养性的实际换取治理天下的虚名。在庄子心目中，实是第一性的，名是第二性的，循实以正名。

《庄子·逍遥游》说：

> 尧让天下于许由，曰："日月出矣而爝火不息，其于光也，不亦难乎！时雨降矣而犹浸灌，其于泽也，不亦劳乎！夫子立而天下治，而我犹尸之，吾自视缺然。请致天下。"许由曰："子治天下，天下既已治也。而我犹代子，吾将为名乎？名者，实之宾也。吾将为宾乎？鹪鹩巢于深林，不过一枝。偃鼠饮河，不过满腹。归休乎君，予无所用天下为。庖人虽不治庖，尸祝不越樽俎而代之矣。"

这里讲的是禅让故事，尧想把天下让给许由，说："太阳和月亮都已升起来了，可是小小的烛火还在燃烧不熄，它要亮出自己的光亮，不是很难吗？季雨及时降落了，可是还要浇水灌地，如此费力润泽土地，不显得徒劳吗？先生如能居于国君之位，天下一定会大治，可是我还空居其位，我自觉得能力欠缺，请把天下交给你。"许由回答说："你治理天下，天下既然获得了大治，而我还要替代你，我将是为了名声吗？'名'是从属于'实'的附属物。我将去追求这种附属物吗？鹪鹩小鸟筑巢在森林中，不过占用一根树枝；鼹鼠小兽到大河饮水，不过喝满肚子。你还是打消念头回去吧，天下对于我来说没有什么用处啊！厨师即使不下厨，祭祀主持人也不会越俎代庖的！"

这则寓言借助"尧让天下于许由"，以烛光让位给日月，但光芒如日月的许由只求像小鸟筑巢只占一根树枝，小兽喝水只求喝饱肚子，没有任何超出生命存活的奢侈要求。庄子在这里，是把生命置于包揽天下治理更为重要的位置的。而且庄子把儒家的圣君尧帝与有道家隐逸风的许由的德与能，比喻成烛光和日月，也是对儒家历史观的贬抑和调侃。

　　之三：庄子的比喻，往往取材于低俗、肮脏之物，强化了这种比喻的冲击力。在庄子看来，尧舜禅让的天下就是肥猪的鬃毛、乳房和腿脚间的夹缝以及后腿和蹄子间弯曲的部位这些肮脏地方，虱子找到这些肥缺，就得意忘形，其不知这已经身处危险之地，屠夫宰猪放火燎猪毛，虱子就死无葬身之地。

《庄子·徐无鬼》说：

　　啮缺遇许由曰："子将奚之？"曰："将逃尧。"曰："奚谓邪？"曰："夫尧畜畜然仁，吾恐其为天下笑。后世其人与人相食与！夫民不难聚也，爱之则亲，利之则至，誉之则劝，致其所恶则散。爱利出乎仁义，捐仁义者寡，利仁义者众。夫仁义之行，唯且无诚，且假乎禽贪者器。是以一人之断制利天下，譬之犹一发觌也。夫尧知贤人之利天下也，而不知其贼天下也。夫唯外乎贤者知之矣。"有暖姝者，有濡需者，有卷娄者。所谓暖姝者，学一先生之言，则暖暖姝姝而私自说也，自以为足矣，而未知未始有物也。是以谓暖姝者也。濡需者，豕虱是也，择疏鬣长毛，自以为广宫大囿。奎蹄曲隈，乳间股脚，自以为安室利处。不知屠者之一旦鼓臂布草操烟火，而己与豕俱焦也。此以域进，此以域退，此其所谓濡需者也。卷娄者，舜也。羊肉不慕蚁，蚁慕羊肉，羊肉膻也。舜有膻行，百姓悦之，故三徙成都，至邓之虚而十有万家。尧闻舜之贤，举之童土之地，曰："冀得其来之泽。"舜举乎童土之地，年齿长矣，聪明衰矣，而不得休归，所谓卷娄者也。是以神人恶众至，众至则不比，不比则不利也。故无所甚亲，无所甚疏，抱德炀和，以顺天下，此谓真人。于蚁弃知，于鱼得计，于羊弃意。以目视目，以耳听耳，以心复心。若然者，其平也绳，其变也循。古之真人！以天待之，不以人入天，古之真人！得之也生，失之也死；得之也死，失之也生：药也。其实堇也，桔梗也，鸡壅也，豕零也，是时为帝者也，何可胜言！

啮缺遇到许由，说："你准备去哪里呢？"许由回答："打算逃避尧。"啮缺说："你说的是什么意思呢？"许由说："尧，孜孜不倦地推行仁政，我担心他受到天下人的耻笑。后代会人与人相食啊！民众并不难以聚合，爱护他们就会亲近，有利他们就会靠拢，称誉他们就会勤勉，厌恶他们就会离散。爱护和利益出自仁义，而捐弃仁义的少，利用仁义的多。仁义的行为，只会没有诚信，而且还会被禽兽一般贪婪的人假借为工具。所以一个人的裁断节制天下，譬如是短暂的一瞥。唐尧知道贤人有利于天下，却不知道他们残贼天下，只有身处贤者之外的人才能知道这个道理。"有柔顺妖媚的人，有偷安苟且的人，有弯腰驼背的勤苦人。所谓柔顺妖媚的人，学了一家之言，就柔顺妖媚私自得意，自以为满足了，却不知道未曾得过什么，这就是所谓柔顺妖媚的人。所谓偷安苟且的人，是猪身上的虱子，选择稀疏的鬃毛，就自以为是广阔的宫廷与园林；选择后腿和蹄子间弯曲的部位，乳房和腿脚间的夹缝，就自认为是安宁的居室利于居处。殊不知屠夫一旦挥动双臂布下柴草生起烟火，就跟随猪身一块儿烧焦。这就是依靠环境而安身，这又是因为环境而毁灭，这就是所谓偷安苟且的人。所谓弯腰驼背的勤苦人，就是舜那样的人。羊肉不爱慕蚂蚁，蚂蚁却喜欢羊肉，因为羊肉有膻腥味。舜有膻腥的行为，百姓都喜欢他，所以他三次搬迁居处都成了都邑，去到邓的废址就聚合了十万人家。尧听闻舜的贤能，从荒芜的土地上举荐了他，说是希望他能把恩泽广为布施。舜从荒芜的土地上被举荐出来，年岁渐老了，敏捷的听力和视力衰退了，还不能退回来休息，这就是所谓弯腰驼背的勤苦人。所以超凡脱俗的神人讨厌众人跟随，众人跟随就不会亲密和睦，不亲密和睦就会带来不利。故此没有什么特别亲密，没有什么格外疏远，持守德行、温暖和气以顺应天下，这就叫作真人。就像是蚂蚁不追慕膻腥，鱼儿得水自乐，羊肉清除了膻腥的气味。用眼睛来看视自己眼睛所应看视的东西，用耳朵来听取自己耳朵所应听取的声音，用心思来回复自己心思应思考的东西。如果能够这样，他们就平静得像墨线一样，他们的变化就处处顺应。

古时候的真人，用顺任天然的态度对待人事，不会用人事来干扰天然。

古时候的真人，获得生存就听任生存，失掉生存就听任死亡；获得死亡就听任死亡，失掉死亡就听任生存。药物，乌头也好，桔梗也好，芡草也好，猪苓也好，这几种药更换着作为主药，怎么可以说得完呢！

这则寓言讲述许由逃避唐尧，因为唐尧想用仁义造福天下，结果造成人与人相食的祸患。仁义只是苟安之计，就像虱子藏在猪毛里，自以为能够享受香肥，其不知屠夫宰猪，用草点火燎猪毛，虱子一同被烧焦。这就要追随真人，以天性对待人事，而不能以人事残害天性。儒家是祖述尧舜的，道家却以为尧舜行仁义而导致纯朴人心的崩坏，不同的历史观中蕴含着不同的人生哲学标准。

之四：庄子在儒家之外重建尧舜以来的历史解释的价值系统。

在庄子的心目中，尧帝是用仁义和是非损坏道境的。这就改写了"仲尼祖述尧舜，宪章文武"（《礼记·中庸》）的价值取向。《庄子·大宗师》说：

> 意而子见许由，许由曰："尧何以资汝？"意而子曰："尧谓我：汝必躬服仁义而明言是非。"许由曰："而奚来为轵？夫尧既已黥汝以仁义，而劓汝以是非矣，汝将何以游夫遥荡、恣睢、转徙之途乎？"意而子曰："虽然，吾愿游于其藩。"许由曰："不然。夫盲者无以与乎眉目颜色之好，瞽者无以与乎青黄黼黻之观。"意而子曰："夫无庄之失其美，据梁之失其力，黄帝之亡其知，皆在炉捶之间耳。庸讵知夫造物者之不息我黥而补我劓，使我乘成以随先生邪？"许由曰："噫！未可知也。我为汝言其大略。吾师乎！吾师乎！齑万物而不为义，泽及万世而不为仁，长于上古而不为老，覆载天地、刻雕众形而不为巧。此所游已。"

意而子拜见许由。许由说："尧资助你什么东西？"意而子说："尧对我说：'你必须亲身实践仁义并明白无误地阐明是非。'"许由说："你怎么还要来轵地见我呢？尧已经用'仁义'在你的额上刻下了印记，又用'是非'割下了你的鼻子，你将凭借什么游处于逍遥放荡、纵任不拘、辗转变化的道途呢？"意而子说："虽然如此，我还是愿意游处于这样的境域。"许由说："不对。盲人没法跟他观赏姣好的眉目和容颜，瞎子没法跟他赏鉴礼服上各种不同颜色的花纹。"意而子说："无庄失去他的美丽，据梁失去他的勇力，黄帝忘掉他的智慧，都是因为经过了'道'的冶炼和锻打。怎么知道造物者不会养息我受黥刑的伤痕和补全我受劓刑所残缺的鼻子，使我得以保全托载精神的身躯而跟随先生呢？"许由说："唉！这是不可知的。我给你说个大概吧。'道'是我的宗师啊！是我的宗师啊！把万物碎成粉末不是为了道义，把恩泽施于万世不是出于仁爱，长于上古不算老，覆载天地、雕刻众物的形状也不算技巧。这就畅游'道'的境界了。"

这则寓言叙写尧帝用"仁义"在人的额上刻下了印记，又用"是非"割下了人的鼻子，但经过损伤的人还要借助"道"的冶炼和锻打，养息和补全受黥刑的额头、受劓刑的鼻子，以保全托载精神的身躯遨游于逍遥放荡、纵任不拘、辗转变化的道途。道既是精神的拯救者，又是逍遥自在的遨游之境。其中提到的无庄，成玄英疏曰："无庄，古之美人，为闻道故，不复庄饰，而自忘其美色。"对于据梁，成玄英疏曰："据梁，古之多力人。"把这些不见于经传的人物，与经过了"道"的冶炼和锻打的黄帝相提并论，可见获道与否，是与人物的身份贵贱没有关系的。至于意而子，元代伊世珍《琅嬛记》卷上引《玄虚子仙志》说："周穆王迎意而子居灵卑之宫，访以至道，后欲以为司徒，意而子愀然不悦，奋身化作玄鸟，飞入云中，故后人呼玄鸟为'意而'。"那么，意而子就是尧帝时候的得道的神仙了。

之五：对于尧舜禅让，儒家认为是高于汤武革命的一种政治体制。但是在庄子看来，尧舜禅让天下，却找不到一个真正的高士来接受。他虚构出来的高士宁可去死，也不屑沾染治天下的是非。

《庄子·让王》说：

舜以天下让其友北人无择，北人无择曰："异哉后之为人也，居于畎亩之中而游尧之门！不若是而已，又欲以其辱行漫我。吾羞见之。"因自投清泠之渊。

舜将天下让给他的朋友北人无择，北人无择说："真奇怪啊，你这个君主的为人，居于历山之麓从事农耕却要游处唐尧的门庭。不只是这样就罢了，还要用这种行为来玷污我。我羞于见你。"于是跳入清泠的深渊而死去。

这则寓言通过虚构的高士批评尧舜禅让，对这种禅让模式强加在自己头上感到耻辱。这属于庄子保存真性情，弃荣华富贵如敝屣的精神理念。北人无择在《汉书·古今人表》中，记载为"北人亡择"，位置在九等之"上下"，属于次于圣人、仁人之"智人"（《汉书》第三册，北京，中华书局1962年版，第879页），他与石户之农及孔子所自拟的老彭，孔子的祖先宋弗父何、宋正考父同列，德行品位之高于此可见。

之六：实践上的全性葆真，离不开日常生活的调养；人的日常生活离不开自己的形体、精神、家人这些基本要素。既然尧舜禅让受到批判，那么舜就反观自身，思考形体、生命、子孙在人与道之间的位置。

《庄子·知北游》说：

舜问乎丞曰："道可得而有乎？"曰："汝身非汝有也，汝何得有夫道？"舜曰："吾身非吾有也，孰有之哉？"曰："是天地之委形也；生非汝有，是天地之委和也；性命非汝有，是天地之委顺也；孙子非汝有，是天地之委蜕也。故行不知所往，处不知所持，食不知所味；天地之强阳气也，又胡可得而有邪？"

舜向他的老师丞请教说："道可以获得而据有吗？"丞说："你的身体都不是你所据有，你怎么能获得并占有大道呢？"舜说："我的身体不是由我所有，那么谁会拥有我的身体呢？"丞说："这是天地委托形体给了你，降生人世并非你所据有，这是天地委托的和顺之气凝积而成；性命不是你所据有，也是天地委托的顺当之气凝聚而成；你的子孙也不是你所据有，这是天地所委托给你的蜕变之形。故此，行走不知去哪里，居处不知持守什么，饮食不知什么滋味；天地之间刚强的阳气，又怎么可以获得并据有呢？"

这则寓言讲了人是"天地之委形""天地之委顺""天地之委蜕"，一切都是天地元气的委托所致，不是人强求占有，即使可以拥有天下的虞舜也不能强求占有。它强调的是人与天地为一，顺乎天然的理念，中间来不得半点勉强和违背。天地是委托者，人是受托者，全性葆真就是受托的人保全天地的委托。

之七：对尧舜禅让，庄子多有针砭；但在若干不多的地方，庄子对于尧舜与天道的关系，也另眼看待。这在《庄子》外篇，属于外篇对内篇的修订。

《庄子·天道》说：

> 昔者舜问于尧曰："天王之用心何如？"尧曰："吾不敖无告，不废穷民，苦死者，嘉孺子而哀妇人。此吾所以用心已。"舜曰："美则美矣，而未大也。"尧曰："然则何如？"舜曰："天德而出宁，日月照而四时行，若昼夜之有经，云行而雨施矣。"尧曰："胶胶扰扰乎？子，天之合也。我，人之合也。"夫天地者，古之所大也，而黄帝、尧、舜之所共美也。故古之王天下者，奚为哉？天地而已矣。

往昔舜请问尧说："你作为天子用心怎么样？"尧说："我从不侮慢无处投告的百姓，也不抛弃贫穷潦倒的民众，为死者苦苦焦虑，很好地嘉惠幼子并悲悯那些妇人。这些就是我用心的地方。"舜说:"这样做当然是很好了,不过还说不上伟大。"尧说:"那么要怎么办呢?"舜说:"天德生出安宁,日月照耀,四季运行,就像昼夜按照常规运行,云彩随风飘动,雨点布施万物。"尧说:"整日里纷纷扰扰啊!你,跟天然相合;我,跟人事相合。"天地自古以来是最为伟大的,黄帝、尧、舜都共同赞美它。所以,古时候统治天下的人,做些什么呢?遵循天地罢了。

在这则寓言中,尧的"嘉孺子而哀妇人",显示了道家不同于儒学礼教的"唯女子与小人难养也"的理念,展示了对待妇女小孩的开明态度。舜还要进一步讲天道,所谓"天德而出宁,日月照而四时行,若昼夜之有经,云行而雨施",是蕴含着自然无为的思想内核的。

之八: 庄子除了挑战尧舜禅让之外,还虚构了商汤禅让,都使真正的高士避之唯恐不及。

既然尧舜时代的禅让都受到质疑,那么商汤时代就更是不能施行尧舜时代的政治体制了。《庄子·外物》说:

> 演门有亲死者,以善毁爵为官师,其党人毁而死者半。尧与许由天下,许由逃之;汤与务光,务光怒之。纪他闻之,帅弟子而踆于窾水;诸侯吊之,三年,申徒狄因以踣河。荃者所以在鱼,得鱼而忘荃;蹄者所以在兔,得兔而忘蹄;言者所以在意,得意而忘言。吾安得夫忘言之人而与之言哉!

这里的政治批评,引申出高妙的哲理。说的是,宋国东门口有人死了亲人,因为哀伤损毁颜容,而加官晋爵封为官师,他的同乡仿效他也消瘦毁容却死者过半。尧要禅让天下给许由,许由因而逃走;商汤想把天下禅让给务光,务光大发脾气。纪他听闻这件事,率领弟子隐居在窾水一带,诸侯纷纷前往慰问,过了三年,申徒狄仰慕其名而投河自溺。竹笱是用来捕鱼的,捕到鱼后就忘掉了鱼筌；兔网是用来捕捉兔子的，捕到兔子后就忘掉了兔网；言语是用来传达思想的，领会了意思就忘掉了言语。我怎么能寻找到忘掉言语的人而跟他谈一谈呢！

这则寓言强调逃避世俗的纷扰，强调工具性的事物到了获得大道之后，应该舍弃工具归于大道。大道高于唾手可得的让天下。其中"筌者所以在鱼，得鱼而忘筌；蹄者所以在兔，得兔而忘蹄；言者所以在意，得意而忘言"，归结到言意之辨，意义深刻而微妙。

之九：庄子既考察了尧舜禅让，又对儒家《易经》所说的"汤武革命"进行了另类的批评。这里的征伐和禅让交织在一起，都以高士的回避和评议，作出价值评判。

《庄子·让王》说：

汤将伐桀，因卞随而谋，卞随曰："非吾事也。"汤曰："孰可？"曰："吾不知也。"汤又因瞀光而谋，瞀光曰："非吾事也。"汤曰："孰可？"曰："吾不知也。"汤曰："伊尹何如？"曰："强力忍垢，吾不知其他也。"汤遂与伊尹谋伐桀，克之，以让卞随。卞随辞曰："后之伐桀也谋乎我，必以我为贼也；胜桀而让我，必以我为贪也。吾生乎乱世，而无道之人再来漫我以其辱行，吾不忍数闻也。"乃自投椆水而死。汤又让瞀光曰："知者谋之，武者遂之，仁者居之，古之道也。吾子胡不立乎？"瞀光辞曰："废上，非义也；杀民，非仁也；人犯其难，我享其利，非廉也。吾闻之曰：非其义者，不受其禄，无道之世，不践其土。况尊我乎！吾不忍久见也。"乃负石而自沉于庐水。

商汤王将要讨伐夏桀，拿这事跟卞随商量，卞随说："这不是我的事。"商汤问："谁才可以呢？"卞随回答："我不知道。"商汤又拿这件事跟瞀光商量，瞀光说："这不是我的事。"商汤问："谁才可以呢？"瞀光回答："我不知道。"

商汤说："伊尹怎么样？"瞀光说："伊尹毅力坚强，能够忍受耻辱，至于其他方面我就不知道了。"商汤就跟伊尹谋划讨伐夏桀，打败夏桀之后，商汤又想把天下让给卞随。卞随推辞说："君王讨伐夏桀曾经跟我商量，必定以为我是残贼的人；战胜夏桀之后想禅让天下给我，必定以为我是贪婪的人。我生活在乱世，而且无道的人一再用耻辱的行为玷污我，我不能忍受如此频仍的言谈。"就自己跳入椆水而死去。商汤又要让位给瞀光，说："智慧的人谋划夺取天下，勇武的人跟着加以完成，仁德的人居于统治之位，这是自古以来的道理。先生怎么不居于其位呢？"瞀光推辞说："废除国君，不合于道义；征战杀民，不合于仁爱；别人冒着危难，我却坐享其利，不合于廉洁。我听说：不合乎道义的人，不能接受他赐予的利禄；不合乎大道的社会，不能踏上那里的土地。何况是尊我为王呢！我不忍长久见到这种情况。"于是背着石头沉入庐水而死。

这则寓言讨论商汤王伐桀是否具有合理性，卞随、瞀光两位高士都以义、仁、廉的原则，否定了这场战争的合理性，以及禅让模式的可取性。《易经·革卦》之《彖辞》云："天地革而四时成，汤武革命，顺乎天而应乎人，革之时大矣哉！"对于儒家高度弘扬的历史事件，庄子以自己的政治哲学逻辑作了颠覆性的改写。先秦的历史是儒家加工过的，庄子却提供了另一条思维路线。

之十：对于周武王伐纣、周公制礼，庄子也以消解的形态进行了批判。

庄子使用的间接叙事法，对伯夷叔齐的言行进行虚构，从而打开评价历史的另一扇窗户，照进了一线道家的阳光。《庄子·让王》说：

> 昔周之兴，有士二人处于孤竹，曰伯夷叔齐。二人相谓曰："吾闻西方有人，似有道者，试往观焉。"至于岐阳，武王闻之，使叔旦往见之，与盟曰："加富二等，就官一列。"血牲而埋之。二人相视而笑曰："嘻，异哉！此非吾所谓道也。昔者神农之有天下也，时祀尽敬而不祈喜；其

于人也，忠信尽治而无求焉。乐与政为政，乐与治为治，不以人之坏自成也，不以人之卑自高也，不以遭时自利也。今周见殷之乱而遽为政，上谋而下行货，阻兵而保威，割牲而盟以为信，扬行以说众，杀伐以要利，是推乱以易暴也。吾闻古之士，遭治世不避其任，遇乱世不为苟存。今天下闇，周德衰，其并乎周以涂吾身也，不如避之以絜吾行。"二子北至于首阳之山，遂饿而死焉。若伯夷叔齐者，其于富贵也，苟可得已，则必不赖。高节戾行，独乐其志，不事于世，此二士之节也。

往昔周朝兴起的时候，孤竹国有两位贤士，名叫伯夷和叔齐。两人相互商量说："听说西方有个人，好像是有道的人，我们前去看看。"他们来到岐山的南面，周武王听闻了，就派他的弟弟周公旦前去拜见，并跟他们结下誓盟，说："增加俸禄二等，授予一等官职。"然后用牲血涂抹在盟书上埋入地下。伯夷、叔齐二人相视而笑说："咦，真奇怪啊！这不是我们所说的道。往昔神农氏拥有天下，按时祭祀竭尽虔敬而不祈求赐福；他对于百姓，忠实诚信尽心治理而不向他们索求。乐于参与政事就让他们参与政事，乐于从事治理就让他们从事治理，不趁别人的危难而自取成功，不因别人地位卑下而自以为高贵，不因遭逢机遇而图谋私利。如今周人看见殷商政局动乱就急速夺取政权，崇尚谋略收买臣属，依靠武力保持威慑，宰牲结盟表示诚信，宣扬德行取悦众人，凭借征战求取私利，这是以祸乱替代暴政。我们听说上古的贤士，遭逢治世不逃避责任，遇上乱世不苟且偷生。如今天下昏暗，周人的德行衰败，与其跟周人并立而污辱自身，不如逃避他们保持品行的高洁。"两人向北来到了首阳山，终于不食周粟而饿死。像伯夷、叔齐这样的人，对于富贵，假如真有机会得到，那也决不会去获取。高尚的气节和不同流俗的行为，孤独地悦乐自己的志节，而不侍奉世俗，这就是二位贤士的节操了。

这则寓言以伯夷、叔齐的高行亮节，批评周武王以乱易暴，批评周公旦以血盟推动政治暴力。它崇尚的是神农氏忠信尽治而无所求，任从众人"乐与政为政，乐与治为治"。庄子以自己的理念改写了伯夷、叔齐的言论，从而用伯夷、叔齐的眼光看世界，重写了周初的政治史。庄子的价值，就在于为世人重读先秦提供了不同于儒家的道家视境。

之十一：庄子对尧舜禅让、汤武革命都提供了与儒家不同的阐释，至于这种阐释的历史哲学依据，却是从孔子的七世祖正考父的行事方式上演绎和衍化出来的。

《左传·鲁昭公七年》记载：

> 孔丘，圣人之后也，而灭于宋。其祖弗父何，以有宋而授厉公。及正考父，佐戴、武、宣，三命兹益共。故其鼎铭云：一命而偻，再命而伛，三命而俯。循墙而走，亦莫余敢侮。馆于是，鬻于是，以糊余口。其共也如是。臧孙纥有言曰：圣人有明德者，若不当世，其后必有达人。今其将在孔丘乎！

《庄子》杂篇采用了这条史料。《庄子·列御寇》说：

> 正考父一命而伛，再命而偻，三命而俯，循墙而走，孰敢不轨！如而夫者，一命而吕钜，再命而于车上舞，三命而名诸父，孰协唐、许！贼莫大乎德有心，而心有睫，及其有睫也，而内视，内视而败矣。凶德有五，中德为首。何谓中德？中德也者，有以自好也，而呲其所不为者也。穷有八极，达有三必，形有六府。美、髯、长、大、壮、丽、勇、敢，八者俱过人也，因以是穷。缘循，偃佒，困畏不若人。三者，俱通达。知慧外通，勇动多怨，仁义多责。达生之情者傀，达于知者肖，达大命者随，达小命者遭。

孔子的七世祖，宋国的大夫正考父一命为力士时曲背，再命为大夫时弯腰，三命为卿士时俯身，依顺着墙根走路，谁还敢把不轨的行为栽在他的身上！要是那种凡人，一命力士就自高自大，再命为大夫就在车上跳舞，三命为卿就叫他叔伯父的名字，谁能相比于唐尧、许由呢！残贼莫大于以私心得到，而心有睫毛遮盖，到了心有睫毛遮盖，而产生了主观成见，有主观成见就招致败坏了。凶恶的德性有五种，中德占居首位。什么叫作中德？所谓中德，就是自以为是，而责难自认为不是的。穷困有八种极端，通达有三项必要条件，形有六个集聚点。美貌、长须、身高、形大、体壮、美丽、勇猛、果敢，这八种都超过别人，就因此而穷困。因循外物，俯仰随人，怯弱不如人，这三项都可通达无阻。智慧外露，勇猛妄动多结怨，仁义施行多遭责难，通达生命就情态魁伟，通达智慧就心地渺小，通达天命就顺随自然，通达人命就委于遭遇。

这则寓言以正考父的谦卑讲述了一种化解凶险的处世哲学，形体气概处处过人，就会穷困；俯仰随人，才能通达；而通达天命，就要顺随自然。这是一种以柔弱克刚强的处世逻辑，逻辑的要点在于天命自然。这就把庄子考量历史的逻辑与正考父处世的逻辑对接起来了。

之十二：既然批评了尧舜禅让，就要从相反的角度提供某些可资借鉴的治世典型。

庄子由此想到周朝的开国之祖古公亶父。周文王的祖父古公亶父，是上古振兴周部族的领袖。《史记·周本纪》记载："古公亶父复修后稷、公刘之业，积德行义，国人皆戴之。薰育戎狄攻之，欲得财物，予之。已复攻，欲得地与民。民皆怒，欲战。古公曰：'有民立君，将以利之。今戎狄所为攻战，以吾地与民。民之在我，与其在彼，何异？民欲以我故战，杀人父子而君之，予不忍为。'乃与私属遂去豳（bīn，今陕西旬邑西南，也作邠），度漆、沮，逾梁山，止于岐下。豳人举国扶老携弱，尽复归古公于岐下。及他旁国闻古公仁，亦多归之。于是古公乃贬戎狄之俗，而营筑城郭室屋，而邑别居之。作五官有司。民皆歌乐之，颂其德。"

《庄子》杂篇采用古公亶父的材料，与《史记》这则记载同源而另有发挥和评议。《庄子·让王》说：

　　大王亶父居邠，狄人攻之；事之以皮帛而不受，事之以犬马而不受，事之以珠玉而不受，狄人之所求者土地也。大王亶父曰："与人之兄居而杀其弟，与人之父居而杀其子，吾不忍也。子皆勉居矣！为吾臣与为狄人臣奚以异！且吾闻之，不以所用养害所养。"因杖策而去之。民相连而从之，遂成国于岐山之下。夫大王亶父，可谓能尊生矣。能尊生者，虽贵富不以养伤身，虽贫贱不以利累形。今世之人居高官尊爵者，皆重失之，见利轻亡其身，岂不惑哉！

　　大王亶父居住在邠地，狄人来攻打他。侍奉兽皮布帛不被狄人接受，侍奉猎犬宝马也不被狄人接受，敬献珠宝玉器不被狄人接受，狄人所追求的是占有邠地的土地。大王亶父说："与别人的兄长居住在一起却杀死他的弟弟，与别人的父亲居住在一起却杀死他的子女，我不忍心啊。你们都去和狄人勉强居住在一起吧！做我的臣民与做狄人的臣民有什么差异！况且我还听说，不要为争夺用以养生的土地而伤害养育的人民。"因而拄着拐杖离开了邠地。邠地的民众车连着车跟从他，就在岐山之下建立起一个新的国都。大王亶父，可以说能够尊重生命了。能够尊重生命的人，虽然富贵也不会贪恋俸养而伤害身体，虽然贫贱也不以利害而拖累形躯。当今世上的人们居于高官显位的，都担忧失去它们，见到利害就轻率地付上性命，这难道不很迷惑吗？

　　这则寓言以大王亶父尊重百姓的生命，百姓也就尊重大王亶父的养育。尊重生命，是高官尊爵不能代替的。这里揭示了周初的建国史的第一页，而用庄子的"尊重性命"理念加以演绎。

　　之十三：只有开国始祖的典型还不够，还要思量如何在有国之后，不以国伤害生命的问题。不然就落入儒家的窠臼，无以体现庄子对群体生命和个体生命的双重重视。

　　《庄子·让王》说：

越人三世弑其君，王子搜患之，逃乎丹穴。而越国无君，求王子搜不得，从之丹穴。王子搜不肯出，越人薰之以艾，乘以王舆。王子搜援绥登车，仰天而呼曰："君乎君乎！独不可以舍我乎！"王子搜非恶为君也，恶为君之患也。若王子搜者，可谓不以国伤生矣，此固越人之所欲得为君也。

说的是，越人先后三世杀掉国君，王子搜忧患此事，逃到南山洞的丹穴。越国无君主，搜求王子搜没能找到，就追从他来到丹穴。王子搜不肯出洞，越人就点燃艾草用烟熏洞，还为他准备了国王的乘舆。王子搜拉过登车的绳索，仰天大呼说："国君之位啊，国君之位啊，唯独不可以放过我啊！"王子搜不是厌恶做国君，而是厌恶做国君招来的祸患。像王子搜这样的人，可说是不因为国君之位而伤害自己生命的了，这固然是越人想要他做国君的缘故。这则寓言演绎的是这么一段历史：王子搜本名错枝，是战国时期越国的君主，公元前374年至前373年在位2年。《竹书纪年》卷下记载："（周威烈王二十六年）十月，越人杀诸咎越滑，吴人立孚错枝为君。"越国内乱三度弑杀的国君是越王不寿、越王翳、诸咎。王子搜担心害怕，逃到丹地的洞穴躲藏。卿大夫寺区平定内乱，而越国没有国君，大臣们请求王子搜即位，还是不肯出任越君，也追踪进入丹地的洞穴。王子搜还是不肯出来，越国人就以烟熏的方法迫使他出来，给他戴上王冠，推举他为越王。王子搜无可奈何登上车，对着苍天大声呼喊说："君位啊！君位啊！还是不要交给我啊！"他之后似乎也在力求逃离王位，所以第二年大夫寺区立无余之为越王。

这则寓言叙写王子搜在弑君风俗盛行的岁月，不愿因国家伤害生命，既然尊重自己的生命，也会尊重国人的生命，因此越人渴望得到他作为国君。这种对生命和国家兼顾的逻辑，是带有道家色彩的人与我的逻辑。

之十四：圣明的君主要处理国家与个体生命的关系，那么他应该如何治理天下？这是一个难以解开的千古难题。庄子以黄帝

为典型来谈论治理天下的法门。

《庄子·徐无鬼》说：

> 黄帝将见大隗乎具茨之山，方明为御，昌寓骖乘，张若、谞朋前马，昆阍、滑稽后车。至于襄城之野，七圣皆迷，无所问涂。适遇牧马童子，问涂焉，曰："若知具茨之山乎？"曰："然。""若知大隗之所存乎？"曰："然。"黄帝曰："异哉小童！非徒知具茨之山，又知大隗之所存。请问为天下。"小童曰："夫为天下者，亦若此而已矣，又奚事焉！予少而自游于六合之内，予适有瞀病，有长者教予曰：若乘日之车而游于襄城之野。今予病少痊，予又且复游于六合之外。夫为天下亦若此而已。予又奚事焉！"黄帝曰："夫为天下者，则诚非吾子之事，虽然，请问为天下。"小童辞。黄帝又问。小童曰："夫为天下者，亦奚以异乎牧马者哉！亦去其害马者而已矣！"黄帝再拜稽首，称天师而退。知士无思虑之变则不乐；辩士无谈说之序则不乐；察士无凌谇之事则不乐：皆囿于物者也。招世之士兴朝；中民之士荣官；筋国之士矜雅；勇敢之士奋患；兵革之士乐战；枯槁之士宿名；法律之士广治；礼乐之士敬容；仁义之士贵际。农夫无草莱之事则不比；商贾无市井之事则不比；庶人有旦暮之业则劝；百工有器械之巧则壮。钱财不积则贪者忧，权势不尤则夸者悲，势物之徒乐变。遭时有所用，不能无为也，此皆顺比于岁，不物于易者也。驰其形性，潜之万物，终身不反，悲夫！

对黄帝拜见的神人大隗，陆德明《经典释文》说："或云：大隗，神名也。"南朝宋宗炳《明佛论》说："感大隗之风，称天师而退者，亦十号之称矣。自恐无生之化，皆道深于若时，业流于玄胜，而事没振古，理随文翳，故百家所撮，若晓而昧。"至于庄子，这里说的是，黄帝到具茨山去拜见神人大隗，方明驾驭马车，昌宇做陪乘，张若、谞朋在马前导引，昆阍、滑稽在车后跟随。来到襄城的旷野，七位圣人都迷了路，没有什么人可以问路。恰好遇上一位牧马的童子，就向牧马童子问路，说："你知道具茨山吗？"童子回答："是的。"又问："你知道大隗居住的地方吗？"童子回答："是的。"黄帝说："真奇怪啊，这位童子！不只是知道具茨山，而且知道大隗居住的地方。请问怎样治理天下。"童子说："治理天下，也就像牧马一样罢了，又何须多事呢！我少年时独自在天地四方内游玩，我刚好得了头眼眩晕的病，有位长者教导我说：'你乘坐太阳车去襄城的旷野里游玩吧。'如今我的病已经稍有好转，我又将到天地四方之外去游玩。至于治理天下恐怕也就这样罢了，我又何须去多事呢！"黄帝说："治理天下，诚然不是你操心的事。虽然如此，我还要向你请教怎样治理天下。"童子推辞回答。黄帝又问。童子说："治理天下，跟牧马有什么差异呢！也就是去除伤害马的事情罢了！"黄帝叩头至地行大礼，称他为天师而告退。智慧的人士没有思虑上的变化就感到不快乐，雄辩的人士没有谈说的话题与机会就会感到不快乐，明察的人士没有对别人的冒犯与责问就感到不快乐，这都是受到了外物的拘限与束缚。招引世间贤士在朝堂建功立业，中等才的士人做官办事为荣，身强体壮的人不把危难放在眼里，英勇无畏的人遇上祸患奋不顾身，手持兵器身披甲胄的人乐于征战，隐居山林的人追求的是清白的名声，研修法律的人推广法治，崇尚礼乐的人敬重仪容，讲求仁义的人看重人际交往。农夫没有除草耕耘的事就觉得无所事事，商人没有贸易买卖就觉得无所事事。平民百姓只要有短暂的工作就会勤勉，工匠只要有器械的技巧就会气势雄壮。钱财不多加积攒，贪婪的人总是忧愁不乐，权势不高不大而夸夸其谈的人便会悲伤哀叹。依仗权势掠取财物的人热衷于变故，一遇时机就会有所动作，不能够做到清静无为。这都是顺应时令俯仰取舍，不能够摆脱外物的拘累。这就使形体与性情奔波驰骛，沉溺于外物的包围之中，一辈子也不会醒悟，实在是可悲啊！

这则寓言中，童子以为治理天下就像放牧马匹，去除害马的事情，游乐于天地四方之间。这就是道家崇尚的天师之道，有如《庄子·秋水》所说："牛马四足，是谓天；落马首，穿牛鼻，是谓人。故曰，无以人灭天，无以故灭命，无以得殉名，谨守而勿失，是谓反其真。"这些话与《庄子·徐无鬼》中童子所言"夫为天下者，亦奚以异乎牧马者哉"，都以马设喻，是一脉相通的。

而狗苟蝇营于权势利害的包围中，尽干些"落马首，穿牛鼻"的事情，就是受物欲的束缚的可悲的行为。它讲究的是处世如牧马的道家的简明和清静。

寓言的第四项功能：

以寓言人物、古圣先贤、历史人物、鸟兽异物阐释某个重要的主题，尤其是气的聚散和人的生老病死这类主题（十五则）

之一：生死问题，是哲学绕不过的根本问题。有意思的是，在几个以无为首，以生为脊，以死为尻，认识到死生存亡为一体的寓言人物中，尽管病得身体变形，他们也坦然遗落形体，直趋大道的流行。生死问题，借助寓言人物的身体畸形而受到祝贺，增强了它的精神冲击力。

《庄子·大宗师》说：

子祀、子舆、子犁、子来四人相与语曰："孰能以无为首，以生为脊，以死为尻，孰知死生存亡之一体者，吾与之友矣。"四人相视而笑，莫逆于心，遂相与为友。俄而子舆有病，子祀往问之。曰："伟哉夫造物者，将以予为此拘拘也。曲偻发背，上有五管，颐隐于齐，肩高于顶，句赘指天。"阴阳之气有沴，其心闲而无事，跰𨇤而鉴于井，曰："嗟乎！夫造物者又将以予为此拘拘也。"子祀曰："女恶之乎？"曰："亡，予何恶！浸假而化予之左臂以为鸡，予因以求时夜；浸假而化予之右臂以为弹，予因以求鸮炙；浸假而化予之尻以为轮，以神为马，予因以乘之，岂更驾哉！且夫得者，时也；失者，顺也。安时而处顺，哀乐不能入也。此古之所谓县解也，而不能自解者，物有结之。且夫物不胜天久矣，吾又何恶焉？"俄而子来有病，喘喘然将死，其妻子环而泣之。子犁往问之，曰："叱！避！无怛化！"倚其户与之语曰："伟哉造化！又将奚以汝为，将奚以汝适？以汝为鼠肝乎？以汝为虫臂乎？"子来曰："父母于子，东西南北，唯命之从。阴阳于人，不翅于父母。彼近吾死而我不听，我则悍矣，彼何罪焉！夫大块载我以形，劳我以生，佚我以老，息我以死。故善吾生者，乃所以善吾死也。今大冶铸金，金踊跃曰我且必为镆铘，大冶必以为不祥之金。今一犯人之形，而曰：'人耳！人耳！'夫造化者必以为不祥之人。今一以天地为大炉，以造化为大冶，恶乎往而不可哉！"成然寐，蘧然觉。

这是一个颠倒生死的寓言，说是子祀、子舆、子犁、子来四个人在一起交谈说："谁能够以无当作头，以生当作脊梁，以死当作尻尾，谁能够知道生死存亡浑为一体的道理，我们就可以跟他交朋友了。"四个人相视而笑，心心相契，于是相互交往成朋友。不久子舆生了病，子祀前去探望他。子舆说："伟大啊，造物者！把我变成如此蜷曲不伸的样子！弯腰驼背，五官穴口朝上，下巴隐藏在肚脐之下，肩膀高过头顶，弯曲的颈椎赘瘤一般朝天隆起。"阴阳二气互相冲突，子舆的心里却十分闲逸像无事人似的，蹒跚着到井边对着井水照看自己，说："哎呀，造物者又把我变成如此蜷曲不伸！"子祀说："你讨厌这种蜷曲不伸的样子吗？"子舆回答："没有，我怎么会讨厌呢！假如造物者逐渐把我的左臂变成公鸡，我就用它来报晓；假如造物者逐渐把我的右臂变成弹弓，我便用它来打斑鸠烤熟了吃；假如造物者把我的臀部变化成为车轮，把我的精神变成骏马，我就用来乘坐，难道还要更换别的车马吗？况且生命的获得，是由于适时，生命的丧失，是由于顺应；安于适时而处之顺应，悲哀和欢乐都不能侵入内心。这就是古人所说的解脱了倒悬之苦，然而不能自我解脱的原因，是受到了外物的束缚。况且事物的变化不能胜出天然的力量已经很久，我又怎么能厌恶自己现在的变化呢？"不久，子来也生了病，喘着气将要死去，他的妻子儿女围在床前哭泣。子犁前往探问，说："嘿，避开！不要惊扰他的生死变化！"子犁靠着门对子来说："伟大啊，造物者！又将你变成什么，把你送到何处？把你变成老鼠的肝脏吗？把你变成虫蚁的臂膀吗？"子来说："父母对于子女，无论东西南北，都只能听从吩咐调遣。阴阳二气对于人体，就不啻于父母；它使我靠近死亡而我却不听从，那么我就太强悍了，而它有什么罪过呢？大地托载我的形体，用生存来劳苦我，用衰老来闲适我，用死亡来安息我。故此善待我的生存，也因此善待我的死亡。现在大工匠冶炼铸造金属器皿，金属熔解时跃起说'我将必然成为莫邪宝剑'，冶炼工匠必定认为这是不吉祥的金属。如今人一旦承受了人的外形，就说'成人了成人了'，造物者必定认为这是不吉祥的人。如今把天地当作大熔炉，把造物者当作高超的冶炼工匠，怎么驱遣而不可以呢？"于是安闲熟睡似的离开人世，又突然惊喜地醒过来而回到人间。

值得注意的是，这里也是以一个丑八怪的人物赞美"天地为大炉，以造化为大冶"的创造，怡然自得于"大块载我以形，劳我以生，佚我以老，息我以死"的天道安排。为此他还采用了奇奇怪怪的比喻："假如造物者逐渐把我的左臂变成公鸡，我就用它来报晓；假如造物者逐渐把我的右臂变成弹弓，我便用它来打斑鸠烤熟了吃；假如造物者把我的臀部变化成为车轮，把我的精神变成骏马，我就用来乘坐，难道还要更换别的车马吗？"人与公鸡、弹弓、车轮、骏马，都是天道运行的轨迹，相互间不存在绝对的界限。这说明庄子顺从大道而遗落形骸的生命超越性。《史记·屈原贾生列传》记述贾谊的《鵩鸟赋》说："且夫天地为炉兮，造化为工。阴阳为炭兮，万物为铜。合散消息兮，安有常则。千变万化兮，未始有极。忽然为人兮，何足控抟。化为异物兮，又何足患。小知自私兮，贱彼贵我。通人大观兮，物无不可。贪夫徇财兮，烈士徇名。夸者死权兮，品庶冯生。怵迫之徒兮，或趋西东。大人不曲兮，亿变齐同。拘士系俗兮，攌如囚拘。至人遗物兮，独与道俱。众人或或兮，好恶积意。真人淡漠兮，独与道息。释知遗形兮，超然自丧。寥廓忽荒兮，与道翱翔。乘流则逝兮，得坻则止。纵躯委命兮，不私与己。其生若浮兮，其死若休。澹乎若深渊之静，氾乎若不系之舟。不以生故自宝兮，养空而浮。德人无累兮，知命不忧。细故蒂芥兮，何足以疑。"这实际上是《庄子·大宗师》认识到知死生存亡之一体的人物所说的"以天地为大炉，以造化为大冶"的演绎和发挥，可见庄子这种生命意识影响之深远。

之二：假如把生命看作一种假借，是向天地借来的一块泥巴，那么人身上出现的任何变异，都不足介怀了。

庄子的这种想象，回归到中国的人之初，即《太平御览》卷七十八引《风俗通》所说："俗说天地开辟，未有人民，女娲抟黄土作人，剧务，力不暇供，乃引绳于絙泥中于举以为人。"庄子向天地借来一块泥巴，用以谈论他非常珍惜的生命，具有返本归元的意义。《庄子·至乐》说：

> 支离叔与滑介叔观于冥伯之丘、昆仑之虚，黄帝之所休。俄而柳生其左肘，其意蹶蹶然恶之。支离叔曰："子恶之乎？"滑介叔曰："亡，予何恶！生者，假借也；假之而生生者，尘垢也。死生为昼夜。且吾与子观化而化及我，我又何恶焉！"

这就是说，支离叔和滑介叔在冥伯的山丘上和昆仑的旷野游乐观赏，那里曾是黄帝休息的地方。不一会儿，滑介叔的左肘上长出了一个瘤子，他十分吃惊并且厌恶这东西。支离叔说："你讨厌这东西吗？"滑介叔说："没有，我何尝讨厌它！生命的形体，不过是假借外物凑合而成；一切假借他物而生成的东西，都是尘垢。人的死与生也就犹如白天与黑夜交替运行。况且我跟你观察事物的变化，如今这变化来到我身上，我又怎么会厌恶它呢！"在这则寓言中，把形体看成生命的假借，是借得天地间的尘埃来形容生命的变异，连长出一个瘤子都是假借，都不曾讨厌，一切都顺乎自然的变化。这就应和了《太平御览》卷七十八引《风俗通》所说："俗说天地开辟，未有人民，女娲抟黄土作人，剧务，力不暇供，乃引绳于絙泥中于举以为人。故富贵者黄土人也，贫贱凡庸者絙人也。"女娲也是使用黄土尘埃造人的，因而庄子说"假之而生生者，尘垢也"，联系着创世神话，贯穿着返回本源的思想逻辑。

之三：死亡的问题固然重要，但如何生活的问题同样令人纠结。人生总是陷入无穷无尽的忧患和烦恼之中。《庄子·寓言》指认"七年而天成，八年而不知死、不知生，九年而大妙"，超越生死是得道的根本途径。

《庄子·山木》说：

市南宜僚见鲁侯，鲁侯有忧色。市南子曰："君有忧色，何也？"鲁侯曰："吾学先王之道，脩先君之业；吾敬鬼尊贤，亲而行之，无须臾离居；然不免于患，吾是以忧。"市南子曰："君之除患之术浅矣！夫丰狐文豹，栖于山林，伏于岩穴，静也；夜行昼居，戒也；虽饥渴隐约，犹旦胥疏于江湖之上而求食焉，定也；然且不免于罔罗机辟之患。是何罪之有哉？其皮为之灾也。今鲁国独非君之皮邪？吾愿君刳形去皮，洒心去欲，而游于无人之野。南越有邑焉，名为建德之国。其民愚而朴，少私而寡欲；知作而不知藏，与而不求其报；不知义之所适，不知礼之所将；猖狂妄行，乃蹈乎大方；其生可乐，其死可葬。吾愿君去国捐俗，与道相辅而行。"君曰："彼其道远而险，又有江山，我无舟车，奈何？"市南子曰："君无形倨，无留居，以为君车。"君曰："彼其道幽远而无人，吾谁与为邻？吾无粮，我无食，安得而至焉？"市南子曰："少君之费，寡君之欲，虽无粮而乃足。君其涉于江而浮于海，望之而不见其崖，愈往而不知其所穷。送君者皆自崖而反，君自此远矣！故有人者累，见有于人者忧。故尧非有人，非见有于人也。吾愿去君之累，除君之忧，而独与道游于大莫之国。方舟而济于河，有虚船来触舟，虽有惼心之人不怒，有一人在其上，则呼张歙之，一呼而不闻，再呼而不闻，于是三呼邪，则必以恶声随之。向也不怒而今也怒，向也虚而今也实。人能虚己以游世，其孰能害之！"

市南宜僚拜见鲁侯，鲁侯面有忧色。市南宜僚说："国君面有忧色，为什么呢？"鲁侯说："我学习先王的道，承继先君的事业；我敬仰鬼神尊重贤能，身体力行，没有短暂的游离止息，然而仍不能免除祸患，我因此而忧虑。"市南宜僚说："你消除忧患的办法太肤浅了！皮毛丰厚的大狐和斑驳花纹的豹子，栖息于山林，潜伏于岩石洞穴，这是够宁静的；夜间行动，白天居息，这是警戒；虽然饥渴也隐形潜踪，还要远离各种足迹到江湖上寻求食物，这又是稳定。然而还是不能免于罗网和机关的祸患。这两种动物有什么罪过呢？是自身的皮毛给它们带来灾祸。如今的鲁国不就是给你鲁君带来祸患的皮毛吗？我但愿你能剖空身形舍弃皮毛，荡涤心智去除欲念，游荡于无人的原野。遥远的南越有个城邑，名字叫作建德之国。它的民众愚昧而又质朴，少有私心和欲望；知道劳作而不知道储备，给予别人而不求酬报；不明白义的归宿，不懂得礼的去向；猖狂妄意做事，竟能踏上了大道；他们生时自得而乐，他们死时安然而葬。我但愿国君你也能舍去国政捐弃世俗，从而跟大道相辅而行。"鲁侯说："那里道路遥远而艰险，又有江河山岭阻隔，我没有船和车，怎么办呢？"市南宜僚说："国君没有容颜高傲，没有留恋居止，可以用来作为你的车。"鲁侯说："那里道路幽暗遥远而又没有人烟，我跟谁做邻居？我没有粮，我没有食物，怎能到达那里呢？"市南宜僚说："减少你的耗费，节制你的欲望，虽然没有粮食也是充足的。你渡大江浮泛大海，一眼望去看不到涯岸，越向前行就越不知道它的穷尽。送行的人都从河岸回去，你也就从此远离了！故此说拥有人众的人受到拖累，见证拥有人众的人必定会忧心。故而唐尧并非拥有人众，也不是见证别人拥有人众。我但愿去除你的拖累，除掉你的忧患，而独自跟大道一同遨游于广漠的王国。驾船渡河，突然有条空船碰撞过来，虽然心地偏狭的人也不会发怒；假如有一个人在那条船上，就会大声呼喊呵斥来船后退；呼喊一次没有回应，呼喊第二次也没有回应，于是呼喊第三次，那就必定会恶声申斥。刚才不发怒而现在发起怒来，那是因为刚才船是空的而今却船上有人。一个人能够掏空自己以遨游于世，谁能够伤害他！”

这则寓言揭示丰狐文豹因皮毛招惹灾祸，只有舍弃漂亮的皮毛，才能避免别人的觊觎。贪图财富声誉，反而为财富声誉所害。有意思的是，这里讲了庄子的“空船理论”，撞上自己的船的既然是一只空船，于是刚才怒气冲冲的火气就消失得无影无踪了。他启示人们要把偶然的伤害当作一次空船事件，你是被一只空船撞伤了，而非有人故意开着船撞你。这就有点类似于德国哲学家叔本华的想法：针对别人的行为动怒，就跟向一块横在我们前进路上的石头大发脾气同等的愚蠢。在庄子看来，全身之术，是“虚己以游世”。这是庄子的韬晦哲学。

之四：历史上的才智人物，明于强国，暗于保身，使得历史行程充满悖谬。因而《老子》第三十三章说："知人者智，自知者明。胜人者有力，自胜者强。"

自知知人，是一门非常深奥的学问。兵家也有所讲究，《孙子兵法·形篇》说："孙子曰：昔之善战者，先为不可胜，以待敌之可胜。"战争智慧也是从自我做起的，这是辩证法的支点。因而《庄子·徐无鬼》说：

句践也以甲楯三千栖于会稽，唯种也能知亡之所以存，唯种也不知其身之所以愁。故曰：鸱目有所适，鹤胫有所节，解之也悲。故曰：风之过，河也有损焉；日之过，河也有损焉；请只风与日相与守河，而河以为未始其撄也，恃源而往者也。故水之守土也审，影之守人也审，物之守物也审。故目之于明也殆，耳之于聪也殆，心之于殉也殆，凡能其于府也殆，殆之成也不给改。祸之长也兹萃，其反也缘功，其果也待久。而人以为己宝，不亦悲乎！故有亡国戮民无已，不知问是也。故足之于地也践，虽践，恃其所不蹍而后善博也；人之于知也少，虽少，恃其所不知而后知天之所谓也。知大一，知大阴，知大目，知大均，知大方，知大信，知大定，至矣！大一通之，大阴解之，大目视之，大均缘之，大方体之，大信稽之，大定持之。尽有天，循有照，冥有枢，始有彼。则其解之也似不解之者，其知之也似不知之也，不知而后知之。其问之也，不可以有崖，而不可以无崖。颉滑有实，古今不代，而不可以亏，则可不谓有大扬搉乎！阖不亦问是已，奚惑然为！以不惑解惑，复于不惑，是尚大不惑。

越王勾践率领三千士兵困守在会稽，只有文种能够知道越国救亡图存的办法，也只有文种不知道复国后将要遭受杀戮的忧愁。故此说猫头鹰的眼睛只有在夜晚适宜看视，仙鹤具有修长的双腿，截断就会感到悲哀。故此说，风吹过了河面，河水就会有所减损，太阳照过河去，河水也会有所减损。假如风与太阳一同守护河水，而河水却认为不曾受到过干扰，那是依持河水源头小溪的不断汇聚。故此，水保守泥土要审慎，影子持守人也要审慎，事物固守着事物也应审慎。故而眼睛追求超人的明亮就危险了，耳朵追求超人的聪敏就危险了，心追求牺牲生命也就危险了。才能关注储藏财物的地方就会危险，危险一旦形成已经来不及悔改。灾祸滋生并逐渐地聚集，返归本性却为功名所萦绕，要想获得结果就需要持续很久。可是人们却把上述情况看作是自己最可宝贵的，不是可悲吗？故而国家败亡、人民受戮无休无止，却不知道问一问造成这种情况的原因。故此，脚对于地的践踏，虽然践踏，仰赖所不曾践踏的地方而后才可以去到更博大的地方；人的知识很少，虽然很少，仰赖所不知道的知识而后才能够知道天然称述的道理。知道"天"，知道"地"，知道"大目"，知道"大均"，知道"大方"，知道"大信"，知道"大定"，这就达到认识的极限了。"天"加以贯通，"地"加以化解，瞪大眼睛来看，以大均之礼因缘处置，以极端方正来体察，以极端诚信来考查，以高度的定性来持守。穷尽处有其天然，顺应处有其映照，冥冥处有其枢要，开始处有其对应。那么，解开的地方好像是没有解开，知晓的地方好像是没有知晓，不知然后获得真知。追问，不可以有边界，又不可以没有边界。万物虽然错乱却有它的真实，古今不能相互替代，但是无古无今、无今无古，谁也不能缺少，这能不说是只是显露其概略吗！何不再深入探问这博大玄妙的道理，为什么会迷惑成这样呢？用不迷惑去解除迷惑，再回到不迷惑，这恐怕还是大不迷惑。

这则寓言以文种知道复兴越国，却不知保存自身，剖析人的知识的亮区和盲点。要破解亮区与盲点的迷惑，只有以所知求不知，才能获得大知。又提倡在不惑中产生疑惑，再破解疑惑，返回到大不惑。智慧就是这样螺旋式上升，在螺旋式的上升中把亮区和盲点通通照彻，才能使人立于不败之地，由此可见庄子思想充满辩证法。

之五：战国之世，人的生死系于无休无止的战争。战争激励着人的兽性，危害着人回复天性。所谓战国无义战，意味着战争与天道、人道背道而驰。而《庄子》杂篇设计了一个"蜗角之战"的寓言，以天道的眼睛审视人世间争斗的渺小和无何谓，成为脍炙人口的、影响深远的设喻之一绝。

《庄子·则阳》说：

魏莹与田侯牟约，田侯牟背之，魏莹怒，将使人刺之。犀首公孙衍闻而耻之，曰："君为万乘之君也，而以匹夫从仇。衍请受甲二十万，为君攻之，虏其人民，系其牛马，使其君内热发于背，然后拔其国。忌也出走，然后抶其背，折其脊。"季子闻而耻之，曰："筑十仞之城，城者既十仞矣，则又坏之，此胥靡之所苦也。今兵不起七年矣，此王之基也。衍，乱人也，不可听也。"华子闻而丑之，曰："善言伐齐者，乱人也；善言勿伐者，亦乱人也；谓伐之与不伐乱人也者，又乱人也。"君曰："然则若何？"曰："君求其道而已矣。"惠子闻之，而见戴晋人。戴晋人曰："有所谓蜗者，君知之乎？"曰："然。""有国于蜗之左角者，曰触氏；有国于蜗之右角者，曰蛮氏。时相与争地而战，伏尸数万，逐北旬有五日而后反。"君曰："噫！其虚言与？"曰："臣请为君实之。君以意在四方上下有穷乎？"君曰："无穷。"曰："知游心于无穷，而反在通达之国，若存若亡乎？"君曰："然。"曰："通达之中有魏，于魏中有梁，于梁中有王，王与蛮氏有辩乎？"君曰："无辩。"客出而君惝然若有亡也。客出，惠子见。君曰："客，大人也，圣人不足以当之。"惠子曰："夫吹管也，犹有嗃也；吹剑首者，吷而已矣。尧、舜，人之所誉也。道尧、舜于戴晋人之前，譬犹一吷也。"

这就是说，魏惠王与齐威王订立盟约，而齐威王违背了盟约，魏王大怒，打算派人刺杀齐威王。将军公孙衍知道后感到可耻，说："您是大国的国君，却用匹夫的手段去报仇！我请求统领二十万大军，为你攻打齐国，俘获齐国的民众，牵走他们的牛马，使齐国的国君心急如焚热毒发于背心，然后我攻占齐国的土地。齐国的大将田忌望风逃跑，然后我鞭打他的背，折断他的脊梁。"魏国的臣子季子听闻后又觉得公孙衍的做法可耻，说："建筑七八丈高的城墙，筑城已经七八丈高了，接着又把它毁坏，这是役使之人所苦的事。如今战争不起已经七年了，这是王业的基础。公孙衍实在是挑起祸乱的人，不可听从他的主张。"魏国的另一个臣子华子听闻后又感到公孙衍和季子的做法可耻，说："擅言讨伐齐国的人，是拨弄祸乱的人；擅言不要讨伐齐国的人，也是拨弄祸乱的人；评说讨伐齐国还是不讨伐齐国为拨弄祸乱之人的人，本身也是拨弄祸乱的人。"魏王说："既然如此，那又怎么办呢？"华子说："你还是求助于清虚淡漠、物我兼忘的大道罢！"惠子听闻了，为魏王引见魏国的贤人戴晋人。戴晋人对魏王说："有所谓蜗牛的小动物，国君知道吗？"魏王说："知道。"戴晋人说："有个国家在蜗牛的左角，名字叫触氏，有个国家在蜗牛的右角，名字叫蛮氏，正相互为争夺土地而打仗，倒伏了数万尸体，追赶打败的一方花去十五天方才撤兵返回。"魏王说："咦，那都是虚妄的言论吧？"戴晋人说："让我为你证实这些话。你认为四方与上下有尽头吗？"魏王说："无穷无尽。"戴晋人说："知道使自己的思想邀游在无穷的境域里，却又返身于人迹所至的生活范围，这狭小的生活范围恐怕就像是若存若亡吧？"魏王说："是的。"戴晋人又说："在这人迹所至的狭小范围内有魏国，在魏国中有大梁城，在大梁城里有你魏王。大王与那蛮氏相比，有区别吗？"魏王回答说："没有。"戴晋人辞别而去，魏王心中怅然若失。戴晋人离开后惠子见魏惠王，魏王说："戴晋人，真是个了不起的人，圣人不足以和他相提并论。"惠子说："吹起竹管，就有嘟嘟的响声；吹着剑首的环孔，只有丝丝的声音罢了。尧与舜，都是人们所赞誉的；在戴晋人面前称赞尧与舜，就好比那微弱的丝丝之声罢了。"

在这则寓言中，戴晋人嘲讽公孙衍和季子讨伐或不讨伐齐国的论调。戴晋人把春秋无义战，看成是蜗牛角的伏尸数万、追逐半月的战争。这种讽刺，是非常辛辣的。这就有如唐代白居易《不如来饮酒七首》其七所说："相争两蜗角，所得一牛毛。"或如宋代辛弃疾《哨遍·秋水观》词所说："蜗角斗争，左触右蛮，一战连千里。"这是以浩瀚宇宙的视角，俯视战国之世纷纷扰扰的战争。

之六：战事频仍的战国之世，在流血遍野的你争我夺中，往往是"杀人一千，自损八百"，这就需要有高明的人为好战者算算账了。

《庄子·让王》说：

韩魏相与争侵地。子华子见昭僖侯，昭僖侯有忧色。子华子曰："今使天下书铭于君之前，书之言曰：左手攫之则右手废，右手攫之则左手废，然而攫之者必有天下。君能攫之乎？"昭僖侯曰："寡人不攫也。"子华子曰："甚善！自是观之，两臂重于天下也，身亦重于两臂。韩之轻于天下亦远矣，今之所争者，其轻于韩又远。君固愁身伤生以忧戚不得也！"僖侯曰："善哉！教寡人者众矣，未尝得闻此言也。"子华子可谓知轻重矣。

这条材料也见于《吕氏春秋·开春论·审为》："韩魏相与争侵地。子华子见昭釐侯，昭釐侯有忧色。子华子曰：'今使天下书铭于君之前，书之曰：

左手攫之则右手废，右手攫之则左手废，然而攫之必有天下。君将攫之乎？亡其不与。'昭釐侯曰：'寡人不攫也。'子华子曰：'甚善。自是观之，两臂重于天下也。身又重于两臂。韩之轻于天下远。今之所争者，其轻于韩又远。君固愁身伤生以忧之，戚不得也。'昭釐侯曰：'善。教寡人者众矣，未尝得闻此言也。'子华子可谓知轻重矣。知轻重，故论不过。"游说之辞非常巧妙，说是韩国和魏国相互争夺边地。子华子拜见韩昭僖侯（前362年—前333年在位），昭僖侯面带忧色。子华子说："如今让天下人都到你面前书写铭记，书写的言辞说：'左手抓取东西右手就被砍掉，右手抓取东西左手就被砍掉，然而抓取东西的人必定会拥有天下。'君侯会抓取吗？"昭僖侯说："我是不会去抓取的。"子华子说："很好！就此来看，两只手臂比天下更重要，身体又比两只手臂重要。韩国比起整个天下实在轻微得多了，如今争夺的土地，比起韩国来又更是轻微得多了。你却固执着愁坏身体、损害生命而担忧得不到那边界上的弹丸之地！"昭僖侯说："好啊！指教我的人够多了，却不曾听到过如此高明的言论。"子华子可说是懂得权衡轻重了。

这则寓言中的体道之人子华子，提供了一个非常巧妙的逻辑。两国相争，双方都会付出沉重的代价，韩国不见得比魏国强，难免要有如左手抓取东西就把右手砍掉，右手抓取东西就把左手砍掉。而且争夺的土地是边缘地界，相对于天下已经属于弹丸之地了。以大代价博取小利益，是没有战略眼光的损人害己的行为。它以身心生命重于物质利益的逻辑来剖析问题，带有浓重的道家倾向。

之七：如何对待战争和政治变动？生存在无休无止的战争缝隙里的贤人、士子、平民百姓，各有各的全身之道，显示了一种见微知著的充满智慧的生存韧性。

《庄子·让王》说：

子列子穷，容貌有饥色。客有言之于郑子阳者曰："列御寇，盖有道之士也，居君之国而穷，君无乃为不好士乎？"郑子阳即令官遗之粟。子列子见使者，再拜而辞。使者去，子列子入，其妻望之而拊心曰："妾闻为有道者之妻子，皆得佚乐，今有饥色。君过而遗先生食，先生不受，岂不命邪！"子列子笑谓之曰："君非自知我也。以人之言而遗我粟，至其罪我也又且以人之言，此吾所以不受也。"其卒，民果作难而杀子阳。

这条材料又见于《吕氏春秋·先识览·观世》："子列子穷，容貌有饥色。客有言之于郑子阳者，曰：'列御寇，盖有道之士也，居君之国而穷，君无乃为不好士乎？'郑子阳令官遗之粟数十秉。子列子出见使者，再拜而辞。使者去，子列子入，其妻望而拊心，曰：'闻为有道者妻子，皆得逸乐。今妻子有饥色矣，君过而遗先生食，先生又弗受也。岂非命也哉！'子列子笑而谓之曰：'君非自知我也，以人之言而遗我粟也，至已而罪我也，有罪且以人言。此吾所以不受也。'其卒民果作难，杀子阳。受人之养而不死其难，则不义。死其难，则死无道也。死无道，逆也。子列子除不义、去逆也，岂不远哉！且方有饥寒之患矣，而犹不苟取，先见其化也。先见其化而已动，远乎性命之情也。"同样的材料还见于西汉刘向《新序·节士第七》，按照《新序》的编纂体例，可见《庄子》书在战国秦汉曾经单篇别行，《节士第七》说："子列子穷，容貌有饥色，客有言于郑子阳者曰：'子列圄寇，盖有道之士也，居君之国而穷，君无乃为不好士乎？'子阳令官遗之粟数十秉，子列子出见使者，再拜而辞。使者去，子列子入，其妻望而拊心曰：'闻为有道者妻子，皆得佚乐。今妻子皆有饥色矣，君过而遗先生，先生又辞，岂非命也哉！'子列子笑而谓之曰：'君非自知我者也，以人之言而知我，以人之言而遗我粟也，其罪我也，又将以人之言。此吾所以不受也。且受人之养，不死其难，不义也。死其难，是死无道之人，岂义哉！'其后民果作难，杀子阳。子列子之见微除不义远矣。且子列子内有饥寒之忧，犹不苟取，见得思义，见利思害，况其在富贵乎！故子列子通乎性命之情，可谓能守节矣。"这就是说，列子生活贫困，面容有饥饿色。有人对郑国的上卿子阳说："列御寇是有道的人，居住在你治理的国家却如此贫困，你难道不喜欢贤达的士人吗？"郑子阳立即派官吏送米粟给列子。列子见到使者，再三辞谢不接受郑子阳的赐予。使者离去后，列子进到屋里，列子的妻子望着他而拍着胸脯伤心地说："我听说有道的人的妻子儿女，都能够享受逸乐，如今我们却面有饥色。郑子阳赠送食物给你，你却拒不接受，这岂不是命里注定要忍饥挨饿吗！"列子笑着对她说："郑子阳并不是亲自了解我。他因为别人的传言而派人赠给米粟，等到他想加罪于我时又会凭借别人的传言，这就是我不接受他的赠予的原因。"后来，民众果真发难而杀死了子阳。

这则寓言褒扬了列子安贫乐道，他拒绝了郑子阳听从传言的赠予，因为按照同样的逻辑，郑子阳要加罪给他，也一定是听从传言。列子看透了国家逻辑，因而跳出这种逻辑。郑子阳以传言治国，国必大乱，自身难保。这里揭示了传言治国的荒唐，崇尚的是不为传言干扰的无为而无不为的治世原则。庄子叙写了列子妻的埋怨和责问，似乎含有自己的家庭人生经历，心有戚戚焉。

之八：乱世保身，不仅要有智慧，而且要善于收敛自己智慧的光芒。光芒外泄，就会招引外物的纠缠。

《庄子·列御寇》说：

> 列御寇之齐，中道而反，遇伯昏瞀人。伯昏瞀人曰："奚方而反？"曰："吾惊焉。"曰："恶乎惊？"曰："吾尝食于十浆，而五浆先馈。"伯昏瞀人曰："若是，则汝何为惊已？"曰："夫内诚不解，形谍成光，以外镇人心，使人轻乎贵老，而虀其所患。夫浆人特为食羹之货，多余之赢，其为利也薄，其为权也轻，而犹若是，而况于万乘之主乎！身劳于国而知尽于事，彼将任我以事而效我以功，吾是以惊。"伯昏瞀人曰："善哉观乎！女处己，人将保女矣！"无几何而往，则户外之屦满矣。伯昏瞀人北面而立，敦杖蹙之乎颐，立有间，不言而出。宾者以告列子，民列子提屦，跣而走，暨乎门，曰："先生既来，曾不发药乎？"曰："已矣，吾固

告汝曰人将保汝，果保汝矣。非汝能使人保汝，而汝不能使人无保汝也，而焉用之感豫出异也！必且有感，摇而本才，又无谓也，与汝游者又莫汝告也，彼所小言，尽人毒也。莫觉莫悟，何相孰也！巧者劳而知者优，无能者无所求，饱食而敖游，泛若不系之舟，虚而敖游者也。"

这里辨析人我关系、自由与拘束的关系。说的是，列御寇去齐国，中途返回，遇上伯昏瞀人。伯昏瞀人说："为什么刚去就返回呢？"列御寇说："我很惊异。"伯昏瞀人说："为什么惊异？"列御寇说："我曾在十家浆铺饮浆，而有五家先把饮浆馈赠。"伯昏瞀人说："既然这样，你有什么可惊异的？"列御寇说："内心真诚的症结不化解，以流露在外去镇服人心，使人轻视权贵的老人酿成祸患。卖浆人只是做些饮食买卖，多余的才赢利，所得的利润微薄，所得权益也轻微，而还要这样，何况是万乘之国的君主呢？身体操劳于国事而智慧耗尽在政事，他将委任我以政事而考究我的功效，我因此感到惊异。"伯昏瞀人说："观察得很好呀！你安处自己吧，人们会保佑你了！"没过几天又到列子住处，门外的鞋摆满了。伯昏瞀人面北站立，手杖顿地撑着面颊，站了一会儿，不说话就走了。接待宾客的人告诉列子，列子提着鞋跳出来，到门口，说："先生既然来了，何不说点药石之言？"伯昏瞀人说："罢了，我本来告诉你说人们要保佑你，果然保佑你了。不是你能使人保佑你，而是你不能使人不保佑你，何必因为这种事感到愉快而显出与众不同呢！必定要使人们有感，就会动摇你的本性，又是无所谓的事。与你交游的人又不告诉你，他们所说的琐碎言论，都是毒害人的。不发觉不省悟，怎能相互审视呢！机巧的人操劳而智慧的人忧虑，无能的人无所追求，吃饱了就去遨游，飘飘然像没有拴住的船只，就是内心空虚而遨游的人了。"这则寓言叙写了列子内心的真诚发射出来的光芒，使得他在十家浆铺饮浆，而有五家先馈赠。由此联想到众人将归附他，万乘之国的君主也会把政事委任他。伯昏瞀人赠给他药石之言，提醒他，巧智者多忧，无能者无所求，自己无能才能做一个内心虚静的饱食遨游的人。内心的光芒外泄，必然招来世事的纠缠，破坏清虚恬淡的本性。因此要把内心的光芒消融在清虚恬淡的本性之中，这就是庄子提供的修身养性的逻辑。

之九：在庄子心目中，要在乱世保存性命，应该使用"道之真以治身，其绪余以为国家，其土苴以治天下"的差等逻辑，不要以生命去博弈功名利禄，闹出那种"以随侯之珠弹千仞之雀"的笑话。

《庄子·让王》说：

> 鲁君闻颜阖得道之人也，使人以币先焉。颜阖守陋闾，苴布之衣而自饭牛。鲁君之使者至，颜阖自对之。使者曰："此颜阖之家与？"颜阖对曰："此阖之家也。"使者致币，颜阖对曰："恐听者谬而遗使者罪，不若审之。"使者还，反审之，复来求之，则不得已。故若颜阖者，真恶富贵也。故曰，道之真以治身，其绪余以为国家，其土苴以治天下。由此观之，帝王之功，圣人之余事也，非所以完身养生也。今世俗之君子，多危身弃生以殉物，岂不悲哉！凡圣人之动作也，必察其所以之与其所以为。今且有人于此，以随侯之珠弹千仞之雀，世必笑之，是何也？则其所用者重而所要者轻也。夫生者，岂特随侯之重哉！

这个故事也见于《吕氏春秋·仲春纪·贵生》："鲁君闻颜阖得道之人也，使人以币先焉。颜阖守闾，鹿布之衣，而自饭牛。鲁君之使者至，颜阖自对之。使者曰：'此颜阖之家邪？'颜阖对曰：'此阖之家也。'使者致币，颜阖对曰：'恐听缪而遗使者罪，不若审之。'使者还反审之，复来求之，则不得已。故若颜阖者，非恶富贵也，由重生恶之也。世之人主多以富贵骄得道之人，其不相知，岂不悲哉！故曰：道之真，以持身；其绪余，以为国家；其土苴，以治天下。由此观之，帝王之功，圣人之余事也，非所以完身养生之道也。今世俗之君子，危身弃生以徇物，彼且奚以此之也！彼且奚以此为也！凡圣人之动作也，必察其所以之与其所以为。今有人于此，以随侯之珠弹千仞之雀，世必笑之。是何也？所用重，所要轻也。夫生，岂特随侯珠之重也哉！"这个故事表明，鲁国国君听闻颜阖是一个得道的人，派使者先行送去聘礼表达敬慕之意。颜阖居守在简陋的巷子里，穿着粗麻布衣而且亲自喂牛。鲁君的使者到来，颜阖亲自接待了他。使者问："这里是颜阖的家吗？"颜阖应对说："这就是颜阖的家。"使者送上礼物，颜阖应对说："恐怕听话的人听错了而给使者带来罪过，不如回去审查一下。"使者返回，查问清楚了，再来找颜阖，却找不到颜阖的踪迹了。因此，像颜阖这种人，真正是厌恶富贵的。故此说，大道的真谛可以用来治理身心，大道的剩余功能可以用来治理国家，而大道的糟粕才用来统治天下。由此看来，帝王的功业，只不过是圣人余剩的事，不是用来保全身形、修养心性的。如今世俗的君子，多是危害身体、废弃禀性而追逐身外之物，岂不是可悲吗！大凡圣人的行动作为，必定要审察他所追求的方式以及他所行动的原因。如今却有这样的人，用珍贵的随侯之珠去弹打飞得很高的麻雀，世上的人们一定讪笑他，这是为什么呢？就是他所使用的东西非常贵重而所希望得到的东西实在轻微。至于说到生命，难道只有随侯之珠那么珍贵吗！

这则寓言中，颜阖把全身养生的天性，看得比治理国家天下还要珍贵。并且用了"以随侯之珠弹千仞之雀"的可笑的得不偿失的行为作比喻，它崇尚的是道家"道之真以治身，其绪余以为国家，其土苴以治天下"的差等逻辑和清静无为的精神。

之十：在战国之世狭窄而纷乱的战争缝隙中，本分的人不削尖脑袋去钻缝隙，安然留在缝隙的外面，保持了自己生存的那份难得的宁静。

《庄子·让王》说：

楚昭王失国，屠羊说走而从于昭王。昭王反国，将赏从者，及屠羊说。屠羊说曰："大王失国，说失屠羊；大王反国，说亦反屠羊。臣之爵禄己复矣，又何赏之有！"王曰："强之！"屠羊说曰："大王失国，非臣之罪，故不敢伏其诛；大王反国，非臣之功，故不敢当其赏。"王曰："见之！"屠羊说曰："楚国之法，必有重赏大功而后得见，今臣之知不足以存国而勇不足以死寇。吴军入郢，说畏难而避寇，非故随大王也。今大王欲废法毁约而见说，此非臣之所以闻于天下也。"王谓司马子綦曰："屠羊说居处卑贱而陈义甚高，子綦为我延之以三旌之位。"屠羊说曰："夫三旌之位，吾知其贵于屠羊之肆也；万钟之禄，吾知其富于屠羊之利也；然岂可以贪爵禄而使吾君有妄施之名乎！说不敢当，愿复反吾屠羊之肆。"遂不受也。

这个故事也见于西汉韩婴《韩诗外传》卷八："吴人伐楚，昭王去国。国有屠羊说从行。昭王反国赏从者，及说。说辞曰：'君失国，臣所失者屠。君反国，臣亦反其屠。臣之禄既厚，又何赏？'辞不受命。君强之。说曰：'君失国，非臣之罪，故不伏诛。君反国，非臣之功，故不受其赏。吴师入郢，臣畏寇避患。君反国，说何事焉？'君曰：'不受则见之。'说对曰：'楚国之法，商人欲见于君者，必有大献重质，然后得见。今臣智不能存国，节不能死君，勇不能待寇。然见之，非国法也。'遂不受命，入于涧中。昭王谓司马子期曰：'有人于此，居处甚约，论议甚高，为我求之。愿为兄弟，请为三公。'司马此子期舍车徒求之五日五夜，见之。谓曰：'国危不救，非仁也。君命不从，非忠也。恶富贵于上，甘贫苦于下，意者过也。今君愿为兄弟，请为三公，不听君，何也？'说曰：'三公之位，我知其贵于刀俎之肆矣。万钟之禄，我知其富于屠羊之利矣。今见爵禄之利，而忘辞受之礼，非所闻也。'遂辞三公之位，而反乎屠羊之肆。君子闻之曰：'甚矣哉！屠羊子之为也。约己持穷，而处人之国矣。'说曰：'何谓穷？吾让之以礼而终其国也。'曰：'在深渊之中而不援彼之危，见昭王德衰于吴，而怀宝绝迹，以病其国，欲独全己者也。是厚于己而薄于君，犷乎非救世者也。何如则可谓救世矣！'曰：'若申伯、仲山甫可谓救世矣。昔者周德大衰，道废于厉。申伯、仲山甫辅相宣王，拨乱世反之正，天下略振，宗庙复兴，申伯、仲山甫乃并顺天下，匡救邪失，喻德教，举遗士，海内翕然向风，故百姓勃然，咏宣王之德，《诗》曰：

周邦咸喜，戎有良翰。又曰：邦国若否，仲山甫明之。既明且哲，以保其身。夙夜匪懈，以事一人。如是可谓救世矣。'"除了按照体例加上"君子曰"，及引诗为证之外，其余文字相同。

楚昭王丢失了国都，屠羊说跟随昭王逃亡。昭王返回国都，打算赏赐跟从他逃亡的人，赏赐到了屠羊说，屠羊说说："当年大王丧失了国都，我也失去了屠宰羊牲的职业；大王返归国都，我也就得以重操旧业。我从业的爵禄已经得到恢复，又何必赏赐呢！"昭王说："强令接受奖赏！"屠羊说说："大王失去国都，不是为臣的罪过，所以我不愿伏法受诛；大王返归国都，不是为臣的功劳，所以我也不敢承当赏赐。"楚昭王说："那么我就接见他！"屠羊说说："按照楚国的法令，必定重赏有大功的人才能够得到接见的礼遇，现在我的才智不足以保存国家而勇力又不足以歼灭敌寇。吴军攻入郢都，我畏惧危难而躲避敌寇，并不是故意追随大王逃亡。如今大王想废弃法令和制度来接见我，这不是我所希望传闻天下的做法。"楚昭王对司马子綦说："屠羊说身处卑贱而陈述的道义却很高明，你还是替我用三卿之位来延请他。"屠羊说听闻后说："三卿的高位，我知道比起屠宰羊牲的作坊高贵得多；万钟的俸禄，我也知道比起屠宰羊牲的获利丰厚得多；然而，怎么可以贪图高官厚禄而使国君蒙受胡乱施舍的坏名声呢！我不敢当，愿意回到屠宰羊牲的作坊。"于是拒不接受封赏。这则寓言，地道本色又淋漓尽致地叙写了屠羊说不愿接受非分的赏赐，不愿楚昭王冲犯楚国的赏罚制度，安身立命于自己在肆间屠羊的平凡职业。这种思想言行，遵循着庄子的淡泊无为的思想路线。曾国藩《沅辅弟四十一初度》诗云："左列钟铭右谤书，人间随处有乘除。低头一拜屠羊说，万事浮云过太虚。"这里认为屠羊说之道可以在人间祸患无常中保存性命。

之十一：在庄子的审视中，儒家子弟能够获得生存安宁的，也是那些沾染道家风韵的人。

《庄子·让王》说：

原宪居鲁，环堵之室，茨以生草；蓬户不完，桑以为枢；而瓮牖二室，褐以为塞；上漏下湿，匡坐而弦。子贡乘大马，中绀而表素，轩车不容巷，往见原宪。原宪华冠縰履，杖藜而应门。子贡曰："嘻！先生何病？"原宪应之曰："宪闻之，无财谓之贫，学而不能行谓之病。今宪贫也，非病也。"子贡逡巡而有愧色。原宪笑曰："夫希世而行，比周而友，学以为人，教以为己，仁义之慝，舆马之饰，宪不忍为也。"曾子居卫，缊袍无表，颜色肿哙，手足胼胝。三日不举火，十年不制衣，正冠而缨绝，捉衿而肘见，纳屦而踵决。曳、縰而歌《商颂》，声满天地，若出金石。天子不得臣，诸侯不得友。故养志者忘形，养形者忘利，致道者忘心矣。

其中原宪的故事，也见于西汉韩婴《韩诗外传》卷一："原宪居鲁，环堵之室，茨以蒿莱。蓬户瓮牖，桷桑而无枢。上漏下湿，匡坐而弦歌。子贡乘肥马，衣轻裘，中绀而表素，轩不容巷，而往见之。原宪楮冠黎杖而应门。正冠则缨绝，振襟则肘见，纳履则踵决。子贡曰：'嘻！先生何病也。'原宪仰而应之曰：'宪闻之，无财之谓贫，学而不能行之谓病。宪贫也，非病也。若夫希世而行，比周而友，学以为人，教以为己。仁义之匿，车马之饰，衣裘之丽：宪不忍为之也。'子贡逡巡，面有惭色，不辞而去。原宪乃徐步曳杖，歌《商颂》而反。声沦于天地，如出金石。天子不得而臣也，诸侯不得而友也。故养身者忘家，养志者忘身。身且不爱，孰能忝之？《诗》曰'我心匪石，不可转也。我心匪席，不可卷也'。"西汉刘向《新序·节士第七》也记载："原宪居鲁，环堵之室，茨以生蒿，蓬户瓮牖，揉桑以为枢，上漏下湿，匡坐而弦歌。子贡闻之，乘肥马，衣轻裘，中绀而表素，轩车不容巷，往见原宪。原宪冠叶冠，杖藜杖而应门。正冠则缨绝，衽襟则肘见，纳履则踵决。子贡曰：'嘻！先生何病也。'原宪仰而应之曰：'宪闻之：无财之谓贫，学而不能行之谓病。宪，贫也，非病也。若夫希世而行，比周而交，学以为人，教以为己，仁义之慝，舆马之饰，宪不忍为也。'子贡逡巡，面有愧色，不辞而去。原宪曳杖拖履，行歌《商颂》而反，声满天地，如出金石，天子不得而臣也，诸侯不得而友也。故养志者忘身，身且不爱，孰能累之！《诗》曰'我心匪石，不可转也。我心匪席，不可卷也'，此之谓也。"这就是说，原宪居住在鲁国，家徒四壁，盖着新割下的茅草；蓬草编成的门不完整，用桑条作为门轴，两间居室，用破瓮做窗户，再用粗布衣堵在破瓮口上；屋子上漏下湿，而原宪却端坐着弹琴唱歌。子贡驾着高头大马，穿着暗红色的内衣外罩素雅的大褂，小巷容不下这高大华贵的马车，前去看望原宪。原宪戴着桦树皮的帽子趿拉着破了后跟的鞋子，拄着藜杖应付开门。子贡说："哎呀！先生犯了什么病？"原宪回应说："我听说，没有财物叫作贫，学习了却不能付诸实践叫作病。如今我原宪，是贫困，而不是犯病。"子贡听了退后数步面有羞愧之色。原宪又笑着说："迎合世俗而行事，比附周旋而交朋结友，勤奋学习为了自己，依托仁义掩护奸恶勾当，还用高车大马来装饰，我原宪不忍心这样做。"曾子居住在卫国，用乱麻作为絮里的袍子面子破烂不堪，脸色浮肿，手脚磨出了厚厚的老茧。他已经三天没有生火做饭，十年没有添置新衣，端正一下帽子帽带就会断掉，提起衣襟臂肘就会外露，穿上鞋子鞋后跟就会开裂。他还拖着散乱的发带吟诵《商颂》，声音充满天地，好像金属、石料做成的乐器发出的声响。天子不能把他当作是臣仆，诸侯不得跟他结交成朋友。故此，修养心志的人忘却形骸，调养身形的人忘却利禄，得道的人能够忘却心机与才智。这是叙写孔子的两个忠实门徒的寓言，原宪回答子贡的话，近乎《庄子·山木》所说："庄子衣大布而补之，正緳系履而过魏王。魏王曰：'何先生之惫邪？'庄子曰：'贫也，非惫也。士有道德不能行，惫也；衣弊履穿，贫也，非惫也；此所谓非遭时也。'"

也就是说，孔门之内也有庄子风。曾子的"天子不得臣，诸侯不得友。故养志者忘形，养形者忘利，致道者忘心矣"，也是庄子逍遥无为的风度。在庄子的笔下，儒门的某些角落也盛行道家风范。

之十二：对于一些并不为庄子看好的处世原则，庄子也怀着几分怜悯的态度，使之融入自然的流水中。

《庄子·让王》说：

中山公子牟谓瞻子曰："身在江海之上，心居乎魏阙之下，奈何？"瞻子曰："重生，重生则利轻。"中山公子牟曰："虽知之，未能自胜也。"瞻子曰："不能自胜则从，神无恶乎？不能自胜而强不从者，此之谓重伤。重伤之人，无寿类矣。"魏牟，万乘之公子也，其隐岩穴也，难为于布衣之士；虽未至乎道，可谓有其意矣。

这个故事也见于《吕氏春秋·开春论·审为》："中山公子牟谓詹子曰：'身在江海之上，心居乎魏阙之下，奈何？'詹子曰：'重生。重生则轻利。'中山公子牟曰：'虽知之，犹不能自胜也。'詹子曰：'不能自胜则纵之，神无恶乎？不能自胜而强不纵者，此之谓重伤。重伤之人无寿类矣。'"这里呈现了，中山公子牟对贤人瞻子说："我虽身居江海之上，心思却居留在宫廷里，为之奈何？"瞻子说："这就需要看重生命。重视生命就会看轻名利。"中山公子牟说："虽然我也知道这个道理，可是总不能抑制住自己的感情。"瞻子说："不能抑制感情就听从它自然放任不羁，你的心神不厌恶对宫廷生活的眷念吗？不能抑制自己而要勉强地追从，这就叫作双重损伤。心神受到双重损伤的人，就不能成为长寿的族类了。"魏牟，是大国的公子，他隐居在山岩洞穴中，比起平民布衣来就难为得多了；虽然未能体悟大道，也可说是有了体悟大道的意愿了。这则寓言强调从心所欲，即便"身在江海之上，心居乎魏阙之下"是一种身心分裂的状态，但也要顺其自然，不必强行扭曲。这是庄子对自然无为精神的极而言之。

之十三：对于聚敛这类为庄子讨厌的行为，庄子也不排除以道进行疏解。因为聚敛是当时常见的国家政治行为，不做疏解，就会给社会造成更大灾难。

《庄子·山木》说：

北宫奢为卫灵公赋敛以为钟，为坛乎郭门之外，三月而成上下之县。王子庆忌见而问焉，曰："子何术之设？"奢曰："一之间，无敢设也。奢闻之，既雕既琢，复归于朴，侗乎其无识，傥乎其怠疑；萃乎芒乎，其送往而迎来；来者勿禁，往者勿止；从其强梁。随其曲傅，因其自穷，故朝夕赋敛而毫毛不挫，而况有大涂者乎！"

这里的意思是说，卫国大夫北宫奢为卫灵公征集捐款铸造钟器，在外城门设下高坛，三个月就造好了钟而编组在上下两层钟架上。王子庆忌见到这种情况就问他说："你设计了什么样的办法呀？"北宫奢说："心在一钟之间，不敢设计什么好办法。我曾听说，既要细细雕刻细细琢磨，又要返归事物质朴的本真。纯朴到了无知无识，洒脱不拘地对待怠惰和疑惑；懵懵懂懂，分发而去又迎聚而来；迎来的不去禁绝，分发的不去阻止；强横不讲理的就从其自便，任随它曲加附会，依照各自的情况而穷尽可能，故此早晚征集捐款而丝毫没有挫折，何况是遵循大路的人呢！"

这则寓言谈论聚集财物，虽然用许多歪道理为之辩护，但毕竟主张取之有道，顺其自然，于聚敛处回复质朴。南宋郑樵《通志略·氏族略第三》说："北宫氏，姬姓，卫之公族也。《左传》有北宫奢。"由于是公族，又要返璞归真，就难免造成精神的分裂。庄子以不得已而言之的空手道，来处理这种精神分裂。

之十四：国君比起隐士，揪心的事情繁杂，隐士以相狗、相马的方式来游说国君：相狗是下等的狗，只求一饱，是野猫的德性，中等的狗，好像在看日头，上等的狗总像是忘掉了自身的存在。相马又有国马和天下马的差别。隐士以狗马比喻国君，都是列入下等，却使国君如醍醐灌顶，大悦而笑。

《庄子·徐无鬼》说：

徐无鬼因女商见魏武侯，武侯劳之曰："先生病矣，苦于山林之劳，故乃肯见于寡人。"徐无鬼曰："我则劳于君，君有何劳于我！君将盈耆欲，长好恶，则性命之情病矣；君将黜耆欲，牵好恶，则耳目病矣。我将劳君，君有何劳于我！"武侯超然不对。少焉，徐无鬼曰："尝语君吾相狗也：下之质，执饱而止，是狸德也；中之质，若视日；上之质，若亡其一。吾相狗又不若吾相马也。吾相马：直者中绳，曲者中钩，方者中矩，圆者中规。是国马也，而未若天下马也。天下马有成材，若恤若失，若丧其一。若是者，超轶绝尘，不知其所。"武侯大悦而笑。徐无鬼出，女商曰："先生独何以说吾君乎？吾所以说吾君者，横说之则以《诗》《书》《礼》《乐》，从说则以《金板》《六韬》，奉事而大有功者不可为数，而吾君未尝启齿。今先生何以说吾君？使吾君说若此乎？"徐无鬼曰："吾直告之吾相狗马耳。"女商曰："若是乎？"曰："子不闻夫越之流人乎？去国数日，见其所知而喜；去国旬月，见所尝见于国中者喜；及期年也，见似人者而喜矣。不亦去人滋久，思人滋深乎？夫逃虚空者，藜藋柱乎鼪鼬之径，踉位其空，闻人足音跫然而喜矣，又况乎昆弟亲戚之謦欬其侧者乎！久矣夫，莫以真人之言謦欬吾君之侧乎！"徐无鬼见武侯，武侯曰："先生居山林，食芧栗，厌葱韭，以宾寡人，久矣夫！今老邪？其欲干酒肉之味邪？其寡人亦有社稷之福邪？"徐无鬼曰："无鬼生于贫贱，未尝敢饮食君之酒肉，将来劳君也。"君曰："何哉！奚劳寡人？"曰："劳君之神与形。"武侯曰："何谓邪？"徐无鬼曰："天地之养也一，登高不可以为长，居下不可以为短。君独为万乘之主，以苦一国之民，以养耳目鼻口，夫神者不自许也。夫神者，好和而恶奸。夫奸，病也，故劳之。唯君所病之何也？"武侯曰："欲见先生久矣！吾欲爱民而为义偃兵，其可乎？"徐无鬼曰："不可。爱民，害民之始也；为义偃兵，造兵之本也。君自此为之，则殆不成。凡成美，恶器也。君虽为仁义，几且伪哉！形固造形，成固有伐，变固外战。君亦必无盛鹤列于丽谯之间，无徒骥于锱坛之宫，无藏逆于得，无以巧胜人，无以谋胜人，无以战胜人。夫杀人之士民，兼人之土地，以养吾私与吾神者，其战不知孰善？胜之恶乎在？君若勿已矣！修胸中之诚以应天地之情而勿撄。夫民死已脱矣，君将恶乎用夫偃兵哉！"

魏国的隐士徐无鬼因由魏国的宰臣女商的引荐，见到魏武侯，魏武侯慰劳他说："先生一定是极度疲惫了！为隐居山林的劳累所困苦，故此才肯前来会见我。"徐无鬼说："我是来慰劳你的，你有什么可慰劳我呢！你要满足嗜好和欲望，增多喜好和憎恶，那么性命的情感就生病了。你要废弃嗜好和欲望，除掉喜好和憎恶，那么耳目的享用就会犯病了。我正要慰劳你，你对我有什么可慰劳的！"武侯听了怅然若失，不能应答。过了一会儿，徐无鬼说："让我尝试告诉你，我怎么相狗。下等品质的狗只求填饱肚子也就算了，这是跟野猫一样的禀性；中等品质的狗好像总是凝视日头，上等品质的狗总像是忘掉了自身的存在。我相狗，又不如我相马。我相马，直的部分合于绳墨，弯的部分合于钩弧，方的部分合于角尺，圆的部分合于圆规，这就是国马，不过还比不上天下马。天下马具有天生的材质，或缓行似有忧虑或奔逸神采奕奕，总像是忘记自身的存在。这样的马，飞驰神速超越飞尘，却不知道奔驰到哪里。"魏武侯听了高兴得笑了起来。徐无鬼走出宫廷，女商说："先生究竟用什么办法取悦国君呢？我所用来使国君高兴的办法是，从横的方面介绍《诗》《书》《礼》《乐》，从纵的方面谈论《周书金板》《太公六韬》。侍奉国君而大有功绩的人不可计数，而国君从不曾启齿发笑。如今你究竟用什么办法来说动国君，使国君高兴成这个样子呢？"徐无鬼说："我直接告诉我怎么相狗、相马罢了。"女商说："就是这样吗？"徐无鬼说："你没有听说过越国流亡人的事情吗？离开都城几天，见到故交旧友就高兴；离开都城十天整月，见到在国都中曾经见到过的人便欢喜；等到过了一年，见到像个人的便欣喜了。不就是离开故人越久，思念故人的情意越深吗？逃向空旷原野的人，丛生的野草堵塞了黄鼠狼出入的路径，却能在杂草丛中的空隙里跌跌撞撞地生活，听到人的脚步声就欢喜了，更何况听到兄弟亲戚在身边说笑呢？很久很久了，没有真人用纯朴的话语在国君身边说笑了啊！"徐无鬼拜见魏武侯，武侯说："先生居住在山林，吃橡子，餍足于葱韭之类的菜蔬，而谢绝与我交往，已经很久了！如今是老了吗？是为了寻求酒肉的美味吗？抑或给我的国家带来福气呢？"徐无鬼说："我出身贫贱，不敢奢望享用国君的酒肉美食，只是打算来慰劳你。"武侯说："什么意思啊，怎么是慰劳我呢？"徐无鬼说："前来慰劳你的精神和形体。"武侯说："你说的是什么呀？"徐无鬼说："天地养育人们是一样的，登上了高位不可自以为高人一等，身居低下的地位不可认为是矮人三分。你作为大国的国君，使用苦了全国民众的方法，来滋养眼耳口鼻的享用，而心神不知怎么自处。心神是喜欢和顺而厌恶奸诈；奸诈是病态，故此我特地前来慰劳。只有国君你患有这种病，为什么呀？"武侯说："我想见到先生已经很久了。我想爱护我的民众而为了道义停止战争，这就可以了吧？"徐无鬼说："不可。所谓爱护民众，却是祸害民众的开始；为了道义而停止争战，也是制造新的战争的祸根；你从这些方面来着手治理，恐怕什么也不会成功。大凡成就了美名，就是作恶的工具；你虽然在推行仁义，却更接近于虚伪啊！有了形迹固然要造出形迹，有了成功固然会自夸，有了变故也固然会再次挑起争战。你也必定不要鹤群飞行那样布阵于丽谯楼前，不要陈列步卒骑士于锱坛的官殿，不要包藏逆妄之心于苟有所得的环境，不要用智巧去胜算别人，不要用计谋去胜算别人，不要用战争去胜算别人。杀死他人的士卒和民众，兼并他人的土地，用来滋养自己的私欲和精神的，他们之间的争战不知道究竟有谁是正确的？胜利又存在于哪里？你不如就此罢手，修养胸中的诚意，从而顺应天地的真情而不扰乱它。民众死亡的威胁得以摆脱，你将哪里用得着再止息争战呢！"

这则寓言以隐士徐无鬼为魏武侯谈论相狗、相马，高出宰臣为他谈论诗书礼乐，及《太公六韬》一类兵书，引发魏武侯开心大笑。这是因为魏武侯长期心灵枯槁，听到故人的足音就高兴。不是徐无鬼隐居山林需要慰劳，而是魏武侯扰乱百姓而心神不安，需要慰劳。徐无鬼服膺的是道家顺应天地之情的路线，他为老庄学说背书。这一点与荀子不同，因为荀子是反对相术的。《荀子·非相》说："相人，古之人无有也，学者不道也。今世俗之乱君，乡曲之儇子，莫不美丽姚冶，奇衣妇饰，血气态度拟于女子；妇人莫不愿得以为夫，处女莫不愿得以为士，弃其亲家而欲奔之者，比肩并起。然而中君羞以为臣，中父羞以为子，中兄羞以为弟，中人羞以为友；俄则束乎有司而戮乎大市，莫不呼天啼哭，苦伤其今而后悔其始。是非容貌之患也。闻见之不众，论议之卑尔。然则从者将孰可也？"

庄子对于登上了高位不可以自以为高人一等，身处低下的地位不可以认为是矮人三分的国君，不是给他相面，而是以相狗相马的方式，给他相心，相出他的虚妄和祸患。

之十五：庄子寓言也曾指责天命。

《庄子·大宗师》说：

> 子舆与子桑友，而霖雨十日。子舆曰："子桑殆病矣！"裹饭而往食之。至子桑之门，则若歌若哭，鼓琴曰："父邪母邪！天乎人乎！"有不任其声，而趋举其诗焉。子舆入，曰："子之歌诗，何故若是？"曰："吾思乎使我至此极者而弗得也。父母岂欲吾贫哉？天无私覆，地无私载，天地岂私贫我哉？求其为之者而不得也。然而至此极者，命也夫！"

这里散发着悲怆的语调，子舆和子桑交为好友，阴雨连绵下了十日，子舆说："子桑恐怕已经困乏饿倒了！"就包着饭食前去给他吃。到了子桑门前，就听见里面好像在唱歌，又好像在哭泣，弹琴高呼："父亲啊，母亲啊！天呀，人呀！"声音微弱不能胜任感情的表达，急促地吐露着歌诗。子舆走进屋子说："你歌唱的歌诗，为什么像这样？"子桑回答说："我在思量使我达到如此极度困乏和窘迫的原因，竟然毫无结果。父母难道希望我贫困吗？苍天没有偏私地覆盖着大地，大地没有偏私地托载着所有生灵，天地岂是偏私使我贫困吗？寻求使我贫困的原因没能找到，这就是'命'啊！"

这则寓言，以找不到原因的贫困，质疑命运的作弄，质疑"天无私覆，地无私载"，而又不能不顺从命运的安排。人生这场戏，很难让自己充当导演。《孔子家语》卷六《论礼》记载："子夏曰：'何谓三无私？'孔子曰：'天无私覆，地无私载，日月无私照。'"可见《庄子》中子桑的质疑，是牵连着孔子的"三无私"理念的。有如白居易《有感》诗之三所言："往事勿追思，追思多悲怆。"

寓言的第五项功能：

在生老病死的大化流行中，特别探讨求生的意志和方法（十三则）

之一：死既然是人们的忌讳，生却是人们的现实不能回避的揪心之处，懂得生，才能参透死。求生的意志，不仅存在于人，而且存在于自然万物，是上天赐给的普世意志，连微小如鸟、鼠也没有例外。

《庄子·应帝王》说：

> 肩吾见狂接舆。狂接舆曰："日中始何以语女？"肩吾曰："告我，君人者以己出经式义度，人孰敢不听而化诸！"狂接舆曰："是欺德也。其于治天下也，犹涉海凿河而使蚊负山也。夫圣人之治也，治外乎？正而后行，确乎能其事者而已矣。且鸟高飞以避矰弋之害，鼷鼠深穴乎神丘之下以避熏凿之患，而曾二虫之无知！"

肩吾这位堪与黄帝相提并论的得道高人，去和楚人狂接舆见面，狂接舆就问他："你的师傅日中给你讲了些啥？"肩吾说："老师告诉我，一个帝王应该推出他自己的经式义度，人们谁敢不听从他的教化？"狂接舆说："这是一种欺骗性的德行。用这种办法来治天下，就像涉入海水来开凿一条河，而又使蚊子背起泰山飞翔。圣人治天下只治外表吗？圣人端正心性然后进行教化，确定能力做多少事而已。况且鸟儿高飞，以逃避罗网和弓箭的伤害；小老鼠打深洞在神丘之下，以避开凿洞熏烧的祸患，而作为人还比鸟雀、老鼠无知吗？"

　　这里以虚构的得道高人来讲述端正心性，反对"欺德"，是进行教化的根本，连鸟雀、老鼠都是可以悟出此中道理，不接受欺骗而丧生的。这就牵连到庄子论道无所不在，在蝼蚁、在稊稗、在瓦甓、在屎溺。如严复《救亡决论》说："以道眼观一切物，物物平等，本无大小暂久贵贱善恶之殊。庄生知之，故曰道在屎溺，每下愈况。"甚至出现这样一个笑话：清末李鸿章热心于洋务。有一次，他问一个下属什么叫抛物线，下属讲了一大通后，李鸿章仍是不懂。那个下属急了，说："李中堂，你撒不撒尿，撒尿就是抛物线啊！"李鸿章一下子大笑明白了，幽默地说："各位明白了吧，庄子说'道在屎溺'就是说的这个道理啊！"

之二：为何会被"欺德"欺骗而丧生？那是由于自己的德性和智慧不够完全周密的缘故。

《庄子·外物》说：

　　宋元君夜半而梦人被发窥阿门，曰："予自宰路之渊，予为清江使河伯之所，渔者余且得予。"元君觉，使人占之，曰："此神龟也。"君曰："渔者有余且乎？"左右曰："有。"君曰："令余且会朝。"明日，余且朝。君曰："渔何得？"对曰："且之网得白龟焉，其圆五尺。"君曰："献若之龟。"龟至，君再欲杀之，再欲活之，心疑，卜之，曰："杀龟以卜吉。"乃刳龟，七十二钻而无遗筴。仲尼曰："神龟能见梦于元君，而不能避余且之网；知能七十二钻而无遗筴，不能避刳肠之患。如是，则知有所困，神有所不及也。虽有至知，万人谋之。鱼不畏网而畏鹈鹕。去小知而大知明，去善而自善矣。婴儿生无石师而能言，与能言者处也。"

宋元君半夜里梦见有人披散着头发在侧门窥视，说："我来自名叫宰路的深渊，我作为清江的使者出使河伯的居所，渔夫余且捕获了我。"宋元君醒后，使人占卜，说："这是一只神龟。"宋元君问："渔夫有叫作余且的吗？"左右侍臣回答："有。"宋元君说："命令余且来朝见我。"第二天，余且来朝。宋元君问："你打鱼打到了什么？"余且回答："我的网捕获一只白龟，周长五尺。"宋元君说："献上你捕获的白龟。"白龟送到，宋元君一再想杀掉，又一再想养起来，心里正犯疑惑，以占卜来决定，说是："杀掉白龟用来占卜，一定大吉。"于是剖开白龟，用龟板占卜七十二次而没有一点失误。孔子知道后说："神龟能显梦给宋元君，却不能躲避余且的渔网；才智能占卜七十二次没有失误，却不能逃避剖腹挖肠祸患。如此说来，才智也有困窘的时候，神灵也有考虑不及的地方。虽然存在最高超的智慧，也会招来万人的谋算。鱼儿即使不畏惧渔网却也会畏惧鹈鹕。去除小聪明方才显示大智慧，去除矫饰的善行方才能使自己回到自然的善性。婴儿生下来没有大师指教也能学会说话，因为他跟会说话的人自然相处。"

这则寓言叙写神龟有托梦给宋元公的巧智，却不能逃脱被渔夫捕捉的命运，托梦又托错了人，被宋元公剖腹挖肠，用龟甲作为占卜的神灵之器。小智慧拖累了大智慧。这里介入孔子的评议，也有重言的色彩，而孔子讲的话"去小知而大知明，去善而自善"，却沾染着浓郁的道家色彩。

之三：庄子对儒、墨相异表示某种程度的理解，对儒、墨相争，则认为他们违背了"沉默是金"的天性。

《庄子·列御寇》说：

> 郑人缓也呻吟裘氏之地。祇三年而缓为儒，河润九里，泽及三族，使其弟墨。儒、墨相与辩，其父助翟。十年而缓自杀。其父梦之曰："使而子为墨者，予也，阖胡尝视其良，既为秋柏之实矣！"夫造物者之报人

也，不报其人而报其人之天，彼故使彼。夫人以己为有以异于人以贱其亲，齐人之井饮者相捽也。故曰：今之世皆缓也。自是，有德者以不知也，而况有道者乎！古者谓之遁天之刑。圣人安其所安，不安其所不安；众人安其所不安，不安其所安。庄子曰："知道易，勿言难。知而不言，所以之天也。知而言之，所以之人也。古之人，天而不人。"

郑国有一个叫作缓的人，在裘氏的地方吟哦诗书。只用三年就成为儒者，如同河水滋润九里，恩泽及于三族，又让他的弟弟学墨。兄弟二人以儒墨观点相互辩论，他父亲帮助墨翟一派。十年后缓就气愤自杀了。他父亲梦见他说："让你儿子成为墨者的是我。为什么你不来看看我的坟墓，我已经变成秋柏的果实了。"造物者报答人，不是报答人而是报答人的天然本性。他的天性使他成为他那个样子。人以为自己与众不同而轻贱他父亲，就像齐国人的水井，为汲水的人相互殴打一样。故此说，"现在社会上的人都像缓那样，自以为是，有德的人不能认知，何况有道的人呢！"古时所谓逃避天然刑罚。圣人安于他能够安顿的，不安于他不能安顿的；众人安于他不能安顿的，而不安于他能够安顿的。庄子说："认识道容易，不言道困难，认识道而不言，这就是天性；认识道而说出来，这就是人为。古时候的人合于天道自然而不合于人道人为。"

这则寓言叙写兄长学儒而有成，却使弟弟学墨而形成争辩。学儒、学墨，都是天性使然。所以圣人和众人安顿自己的方式不同。解开死结的方法，是合于天道自然而不合于人道人为。儒、墨出于天性，但儒墨之争就是人为了。这就是"知道易，勿言难"了。这则寓言有点隐晦，但宗旨是反对儒墨之争，主张返回天然本性。

之四：在"沉默是金"的原则下，富贵又何从骄人，有财富又何必戏弄人？骄人和戏弄人，是保存天性的天敌。

《庄子·盗跖》说：

　　无足问于知和曰："人卒未有不兴名就利者。彼富则人归之，归则下之，下则贵之。夫见下贵者，所以长生安体乐意之道也。今子独无意焉，知不足邪，意知而力不能行邪！故推正不妄邪？"知和曰："今夫此人以为与己同时而生，同乡而处者，以为夫绝俗过世之士焉；是专无主正，所以览古今之时，是非之分也，与俗化。世去至重，弃至尊，以为其所为也。此其所以论长生安体乐意之道，不亦远乎！惨怛之疾，恬愉之安，不监于体；怵惕之恐，欣欢之喜，不监于心；知为为而不知所以为，是以贵为天子，富有天下，而不免于患也。"无足曰："夫富之于人，无所不利，穷美究势，至人之所不得逮，贤人之所不能及，侠人之勇力而以为威强，秉人之知谋以为明察，因人之德以为贤良，非享国而严若君父。且夫声色滋味权势之于人，心不待学而乐之，体不待象而安之。夫欲恶避就，固不待师，此人之性也。天下虽非我，孰能辞之！"知和曰："知者之为，故动以百姓，不违其度，是以足而不争，无以为故不求。不足故求之，争四处而不自以为贪；有余故辞之，弃天下而不自以为廉。廉贪之实，非以迫外也，反监之度。势为天子而不以贵骄人，富有天下而不以财戏人。计其患，虑其反，以为害于性，故辞而不受也，非以要名誉也。尧、舜为帝而雍，非仁天下也，不以美害生也；善卷、许由得帝而不受，非虚辞让也，不以事害己也。此皆就其利、辞其害，而天下称贤焉，则可以有之，彼非以兴名誉也。"无足曰："必持其名，苦体绝甘，约养以持生，则亦犹久病长厄而不死者也。"知和曰："平为福，有余为害者，物莫不然，而财其甚者也。今富人，耳营于钟鼓管籥之声，口嗛于刍豢醪醴之味，以感其意，遗忘其业，可谓乱矣；侅溺于冯气，若负重行而上坂也，可谓苦矣；贪财而取慰，贪权而取竭，静居则溺，体泽则冯，可谓疾矣；为欲富就利，故满若堵耳而不知避，且冯而不舍，可谓辱矣；财积而无用，服膺而不舍，满心戚醮，求益而不止，可谓忧矣；内则疑劫请之贼，外则畏寇盗之害，内周楼疏，外不敢独行，可谓畏矣。此六者，天下之至害也，皆遗忘而不知察，及其患至，求尽性竭财，单以反一日之无故而不可得也。故观之名则不见，求之利则不得，缭意绝体而争此，不亦惑乎！"

无足请问知和说："人们终究没有谁不想振兴名声并迁就利禄的。那个人富有就有人归附他，归附他就自以为卑下，以自己为卑下就可以富贵。受到卑下者的尊崇，就成了延长寿命、安康体质、快乐心意的门径。如今唯独你无意于此，是知道才智不足呢？还是有意念而力量不能达到呢？故而推行正道而不作妄想呢？"知和说："如今这个人以为与自己同时生、同乡处，以为是超越了世俗的人了；其实这样的人全无中正的主心骨，所以纵览古往今来和是非的分别，与流俗一同融化。在世去除贵重的生命，抛弃至尊的大道，而追求他要追求的东西；这就是他们所说的延长寿命、安康体质、快乐心意的门径，不是离开道太远吗！悲伤的疾苦，愉快的安逸，不能映照在身体上；惊慌的恐惧，欢欣的喜悦，不能映照在心里。知道去做想要做的事却不知道为什么要这样去做，这就尊贵如同天子，富裕到占有天下，也不能免于忧患。"无足说："富贵对于人，没有什么不利的，穷尽美好和权势，这是道德极高尚的至人所不能得到的，是贤达的人所不能企及的；豪侠人的勇力用来显示自己的威强，高禀赋人的智谋用来表露自己的明察，凭借他人的德行用以赢得贤良的声誉，没有享受过国家威权却像君父一样威严。况且乐声、美色、滋味、权势对于人，心里不等待学习就自然喜欢，身体不需要模仿早已习惯。欲念、厌恶、回避、迁就，固然不需要师传，这是人的禀性。天下人虽然非议我，谁又能推辞掉这一切呢？"知和说："睿智人的作为，总是依从百姓的心思来行动，不去违反民众的法度，这就知足不会争斗，无所作为也就无有所求。不知足故而贪求不已，争夺四方财物却不以为是贪婪；心知有余故而处处辞让，舍弃天下而不自认为清廉。廉洁与贪婪的事实，并不是因为迫于外力，是转过头来察看一下各自的度量。势力到了天子的程度却不用显贵骄人，富裕到拥有天下却不用财富戏弄他人。计量后患，考虑事情的反面，认为有害于天然的本性，故而推辞不接受，并不是要求取名声与荣耀。尧、舜做帝王天下和睦团结，并非行仁政于天下，而是不用美好而损害生命；善卷与许由能够得到帝王之位却辞让不受，不是虚情假意的谢绝禅让，而是不想因为治理天下伤害自己的生命。这些人都能趋就其利，辞避其害，因而天下称誉他们的贤明，贤明的称誉可以获有，不是他们要建树个人的名誉。"无足说："必定要保持名声，即使劳苦身形、谢绝美味、俭省给养以维持生命，那么这是个长期疾病困乏而没有死去的人。"知和说："均平就是幸福，有余就是祸害，物类莫不是这样，而在财物上更加突出。如今富人，耳朵谋求钟鼓、箫笛的乐声，嘴巴满足于肉食、佳酿的美味，感怀他的欲念，遗忘他的事业，真可说是迷乱了；深深地沉溺在愤懑的盛气之中，像背着重荷爬行在山坡上，真可说是痛苦了；贪求财物而招惹怨恨，贪求权势而耗尽心力，安静闲居就沉溺于嗜欲，体态丰腴光泽就盛气凌人，真可说是发病了；为了贪图财富追求私利，堆满财物像齐耳的高墙也不知回避，而且越是贪婪不知舍弃，可说是羞辱极了；财物囤积却没有用处，念念不忘却又不愿割舍，满心焦虑与烦恼，企求增益永无休止，可说是忧愁极了；在家内担忧窃贼的伤害，在外面害怕寇盗的祸害，在内遍设防盗的塔楼和射箭的孔道，在外不敢独自出行，可说是畏惧极了。以上的这六种情况，是天下最大的祸害，全都遗忘不求审察，等到祸患来临，想要倾家荡产保全性命，只求返归一日无事故也不能得到。故此，观望名声却看不见，追求利益却得不到，困扰心意和绝情身体而争夺名利，岂不是迷惑吗！"

这则寓言强调"势为天子而不以贵骄人，富有天下而不以财戏人。计其患，虑其反，以为害于性，故辞而不受也，非以要名誉也"，从而推崇不以富贵残害性命；主张"平为福，有余为害"的平均主义。其宗旨符合庄子保存天性的处世逻辑。

之五：庄子揭示了一种骇人听闻的社会现象：没有羞耻的人才会富有，善于吹捧的人才会显贵。而且揭示了造成这种现象的原因，在于"小盗者拘，大盗者为诸侯，诸侯之门，仁义存焉"。其间蕴含着犀利的社会批判锋芒。

《庄子·盗跖》说：

　　子张问于满苟得曰:"盍不为行? 无行则不信,不信则不任,不任则不利。故观之名,计之利,而义真是也。若弃名利,反之于心,则夫士之为行,不可一日不为乎!"满苟得曰:"无耻者富,多信者显。夫名利之大者,几在无耻而信。故观之名,计之利,而信真是也。若弃名利,反之于心,则夫士之为行,抱其天乎!"子张曰:"昔者桀、纣贵为天子,富有天下。今谓臧聚曰,汝行如桀、纣,则有怍色,有不服之心者,小人所贱也。仲尼、墨翟,穷为匹夫,今谓宰相曰,子行如仲尼、墨翟,则变容易色称不足者,士诚贵也。故势为天子,未必贵也;穷为匹夫,未必贱也;贵贱之分,在行之美恶。"满苟得曰:"小盗者拘,大盗者为诸侯,诸侯之门,义士存焉。昔者桓公小白杀兄入嫂,而管仲为臣;田成子常杀君窃国,而孔子受币。论则贱之,行则下之,则是言行之情悖战于胸中也,不亦拂乎!故《书》曰:孰恶孰美? 成者为首,不成者为尾。"子张曰:"子不为行,即将疏戚无伦,贵贱无义,长幼无序;五纪六位,将何以为别乎?"满苟得曰:"尧杀长子,舜流母弟,疏戚有伦乎? 汤放桀,武王杀纣,贵贱有义乎? 王季为适,周公杀兄,长幼有序乎? 儒者伪辞,墨子兼爱,五纪六位将有别乎? 且子正为名,我正为利。名利之实,不顺于理,不监于道。吾日与子讼于无约曰:小人殉财,君子殉名,其所以变其精、易其性,则异矣;乃至于弃其所为而殉其所不为,则一也。故曰:无为小人,反殉而天;无为君子,从天之理。若枉若直,相而天极;面观四方,与时消息。若是若非,执而圆机;独成而意,与道徘徊。无转而行,无成而义,将失而所为。无赴而富,无殉而成,将弃而天。比干剖心,子胥抉眼,忠之祸也;直躬证父,尾生溺死,信之患也;鲍子立干,申子自理,廉之害也;孔子不见母,匡子不见父,义之失也。此上世之所传、下世之所语,以为士者正其言,必其行,故服其殃,离其患也。"

　　这就是说,孔子的弟子子张问满苟得说:"为何不推行仁义的德行呢? 没有德行不能取得别人信赖，不能取得别人信赖就不会得到任用，不能得到任用就不会得到利益。故此，观以名誉，计以利禄，实行仁义就真是这样的。如果废弃名利，返回内心，那么士的所作所为，不可能一天不讲仁义啊！"满苟得说："没有羞耻的人富有，善于吹捧的人显贵。获得名利最大的人，几乎全在于无耻而信誓旦旦。故此，观以名誉，计以利禄，能够吹捧就真是这样的。如果废弃名利，返回内心，那么士的所作所为，也就只有保持天性了！"

子张说："往昔桀、纣贵为天子，富有天下，如今对地位卑贱的奴仆说，你的品行如同桀、纣，他定会愧怍不已，有不服气的心理，就连卑贱的小人也瞧不起。孔子、墨翟穷困成了匹夫，如今对宰相说，你的品行如同孔子、墨翟，他就会改变傲气谦称不足，因为士人真诚地尊贵孔、墨。故此，势大为天子，未必就尊贵；穷困为匹夫，未必就卑贱；尊贵与卑贱的分别，在于德行的美丑。"满苟得说："小的盗贼被拘捕，大的强盗却成了诸侯，诸侯的门内，才存有仁义。昔日齐桓公小白杀兄长、娶嫂嫂，而管仲做了他的臣子；田成子常杀了齐简公窃取国君位置，而孔子却接受了他赠与的布帛。谈论起来总认为这是行为卑下，行动起来又总是使行为更加卑下，这就是言语和行动的实情交战在胸，岂不是违拂了情理吗！故此《书经》说：谁坏谁好？成功的当了脑袋，失败的当了尾巴。"子张说："你不推行德行，就必将在疏远与亲近之间失去人伦关系，在尊贵与卑贱之间失去道义价值，在长幼间失去秩序；五伦和六位，将怎么区别呢？"满苟得说："尧杀了长子，舜流放了母弟，亲疏之间还有伦常吗？商汤放逐夏桀，武王杀死商纣，贵贱之间还有道义吗？王季被立为嫡子，周公杀了两个哥哥，长幼之间还有秩序吗？儒家伪善的言辞，墨家兼爱的主张，'五纪''六位'的序列还有区别吗？况且你正想着名，我正想着利。名与利的实情，于理不顺，于道不明。我日日跟你在无约面前争论不休：'小人死于财，君子死于名。他们所以变换精神、更改本性，就出现差异；而至于舍弃正事而献身不该做的事，那是同一样的。'故此说，不要做小人，反过来献身于你的天性；不要做君子，而顺从天然的道理。或曲或直，相持以天然的标准；观察四方，跟随四时变化消长。或是或非，执持圆转的玄机；独自完成你的心意，跟随大道往返徘徊。不转换你的德行，不成全你的道义，那将丧失你的所作所为。不要奔赴你的富有，不要献身你的成功，那将舍弃你的天然本性。比干被剖心，子胥被挖眼，这是忠的祸害；直躬出证父亲偷羊，尾生被水淹死，这是信的祸患；鲍焦抱树而干枯，申生宁可自缢而不申辩委屈，这是廉的毒害；孔子不能为母送终，匡子发誓不见父亲，这是义的过失。这些都是上世的传闻，当代的话题，总认为士人校正言论，确信行为，故此深受灾殃，遭逢祸患。"

这则寓言中，满苟得对于子张所谈论的桀纣和孔墨的不同声价，反驳说"小盗者拘，大盗者为诸侯，诸侯之门，仁义存焉"，揭露了所谓声价，其实是权势造成的。他评点了尧舜、汤武、王季周公，儒家和墨家，都是"小人殉利，君子殉名"而变异天性的结果，因而造成忠、信、廉各种形态的祸患。这些批判性言论，都是以庄子尊重天性、强调自然无为的准则作为依据的。

之六：在这种"小盗者拘，大盗者为诸侯，诸侯之门，仁义存焉"的"满苟得悖论"的社会中，追求吃香喝辣，是要遭受刑罚的折磨的。

《庄子·徐无鬼》说：

子綦有八子，陈诸前，召九方歅曰："为我相吾子，孰为祥。"九方歅曰："梱也为祥。"子綦瞿然喜曰："奚若？"曰："梱也，将与国君同食以终其身。"子綦索然出涕曰："吾子何为以至于是极也？"九方歅曰："夫与国君同食，泽及三族，而况父母乎！今夫子闻之而泣，是御福也。子则祥矣，父则不祥。"子綦曰："歅，汝何足以识之。而梱祥邪？尽于酒肉，入于鼻口矣，而何足以知其所自来！吾未尝为牧而牂生于奥，未尝好田而鹑生于宎，若勿怪，何邪？吾所与吾子游者，游于天地，吾与之邀乐于天，吾与之邀食于地。吾不与之为事，不与之为谋，不与之为怪。吾与之乘天地之诚而不以物与之相撄，吾与之一委蛇而不与之为事所宜。今也然有世俗之偿焉？凡有怪征者必有怪行。殆乎！非我与吾子之罪，几天与之也！吾是以泣也。"无几何而使梱之于燕，盗得之于道，全而鬻之则难，不若刖之则易。于是乎刖而鬻之于齐，适当渠公之街，然身食肉而终。

南伯子綦有八个儿子，排列在子綦身前，召唤九方歆说："给我八个儿子看看相，谁最有吉祥？"九方歆说："梱最吉祥。"子綦惊喜地说："怎么最有吉祥呢？"九方歆回答："梱将会跟国君一道饮食终生。"子綦泪流满面地说："我的儿子为什么会达到这样的极端！"九方歆说："跟国君一道饮食，恩泽将施及三族，何况父母啊！如今先生听了这件事就哭泣，这是拒绝御赐的福禄。你的儿子倒是吉祥，你做父亲的却是没有吉祥了。"子綦说："九方歆，你怎么足以知道，梱吉祥呢？享尽酒肉，只不过从口鼻进到肚腹里，又哪里知道这些东西从什么地方来？我不曾牧养而羊子却生在我屋的西南角，不曾喜好打猎而鹌鹑却生在我屋子的东南角，假如不是怪事，又是为什么呢？我和我的儿子所游乐，游乐在于天地之间。我跟他寻乐在苍天，我跟他求食在大地；我不跟他建功立业，不跟他出谋划策，不跟他做奇奇怪怪的事，我和他随顺天地的真诚而不因外物相互滋扰，我和他蜿蜒曲折而不和他去适应世间事务。如今却得到了世俗的补偿啊！大凡有怪异的征兆，必定有怪异的行为，实在是危险啊，并不是我和我儿子的罪过，大概是上天降下的罪过！我因此泣不成声。"没过多久，派遣梱到燕国去，强盗在半道上劫持了他，想要保全其身形而卖掉实在困难，不如截断他的脚容易一些，于是截断他的脚卖到齐国，正好齐国的富人渠公买了去给自己看守街门，却一辈子吃肉而终了一生。

这则寓言提倡游乐于天地之间，而舍弃与国君一道吃香喝辣，吃香喝辣会招来砍掉脚的灾难。只能看大街，不能遨游于自由之境，它崇尚的也是庄子不受万物扰乱的淡泊之心。九方歆也就是九方皋，《列子·说符》记述："秦穆公谓伯乐曰：'子之年长矣，子姓有可使求马者乎？'伯乐对曰：'良马可形容筋骨相也。天下之马者，若灭若没，若亡若失，若此者绝尘弭辙。臣之子皆下才也，可告以良马，不可告以天下之马也。臣有所与共担缠薪菜者，有九方皋，此其于马非臣之下也。请见之。'穆公见之，使行求马。三月而反报曰：'已得之矣，在沙丘。'穆公曰：'何马也？'对曰：'牝而黄。'使人往取之，牡而骊。穆公不说，召伯乐而谓之曰：'败矣，子所使求马者。色物、牝牡尚弗能知，又何马之能知也？'伯乐喟然太息曰：'一至于此乎？是乃其所以千万臣而无数者也。若皋之所观天机也，得其精而忘其粗，在其内而忘其外。见其所见，不见其所不见。视其所视，而遗其所不视。若皋之相者，乃有贵乎马者也。'马至，果天下之马也。"庄子以相马奇人，来相人，人也是马，这是以道贯通而又充满幽默感的。

之七：看来相人、相马，还要相虎。想与国君一道吃香喝辣，总为"伴君如伴虎"的危险处境忧心忡忡。

《庄子·则阳》说：

则阳游于楚，夷节言之于王，王未之见。夷节归。彭阳见王果曰："夫子何不谭我于王？"王果曰："我不若公阅休。"彭阳曰："公阅休奚为者邪？"曰："冬则擉鳖于江，夏则休乎山樊。有过而问者，曰：此予宅也。夫夷节已不能，而况我乎！吾又不若夷节。夫夷节之为人也，无德而有知，不自许，以之神其交，固颠冥乎富贵之地。非相助以德，相助消也。夫冻者假衣于春，暍者反冬乎冷风。夫楚王之为人也，形尊而严。其于罪也，无赦如虎。非夫佞人正德，其孰能桡焉。故圣人其穷也，使家人忘其贫；其达也，使王公忘爵禄而化卑；其于物也，与之为娱矣；其于人也，乐物之通而保己焉。故或不言而饮人以和，与人并立而使人化，父子之宜。彼其乎归居，而一闲其所施。其于人心者，若是其远也。故曰待公阅休。"圣人达绸缪，周尽一体矣，而不知其然，性也。复命摇作而以天为师，人则从而命之也。忧乎知，而所行恒无几时，其有止也，若之何！生而美者，人与之鉴，不告则不知其美于人也。若知之，若不知之，若闻之，若不闻之，其可喜也终无已，人之好之亦无已，性也。圣人之爱人也，人与之名，不告则不知其爱人也。若知之，若不知之，若闻之，若不闻之，其爱人也终无已，人之安之亦无已，性也。旧国旧都，望之畅然。虽使丘陵草木之缗入之者十九，犹之畅然，况见见闻闻者也，以十仞之台县众间者也。

鲁国的则阳周游到楚国，楚国的臣子夷节向楚文王谈到则阳，楚王没有接见他，夷节只好归家。则阳见到楚国的贤人王果，说："先生何不在楚王面前谈谈我呢？"王果说："我不如公阅休。"则阳问："公阅休是干什么的呢？"王果说："他冬天到江河里刺鳖，夏天到山脚下休息。有人经过而问他，他就说：'这就是我的住宅。'夷节尚且不能做到，何况是我呢？我又比不上夷节。夷节的为人，无德行却有智巧，不自作聪明，而用巧妙的办法与人神交，故而癫狂迷乱在富贵的地方，不用德行相助他人，而使德行抵消。受冻的人在春天借衣服，中暑的人反而求助冬天的冷风。楚王的为人，外形高贵而又威严；他对于有罪过的人，像老虎一样不给予赦免；不是极有才辩的佞人和德行端正的人，谁能使他折服！所以圣人穷困，使家人忘掉生活的清贫，荣达使王公贵族忘却爵禄而变得谦卑。他们对于外物，与之和谐欢娱；他们对于别人，乐于沟通保存自己。故而不说话而能用中和之道给人满足，跟人并肩而立而使人感化，父亲和儿子都各得其宜。他归来安居，而一直安闲于所有的施为。他对于人心，好像这么遥远。故此说，期待公阅休去说动楚王。"圣人通达各种纠葛，周遍透彻地了解万物混同一体，却并不知道为什么会这样，这是出于天然的本性。为回返真性的动作是把天然作为老师，人们从而称呼他是圣人。忧心于智巧，而行动常常不宜持久，有时中止又将能怎样呢！生来就美丽的人，别人给他一面镜子，不告知他也不知道自己比别人美丽。好像知道，又好像不知道，好像听见了，又好像没有听见，内心的喜悦就不会终止，人们的好感也不会终止，这就是出于天然的本性。圣人抚爱众人，人们给予了他相应的名声，如果人们不这样称誉他圣人也不知道自己怜爱他人。好像知道，又好像不知道，好像听见了，又好像没有听见，他给予人们的爱就不会有所终止，人们安于这样的抚爱也不会有所终止，这就是出于天然的本性。祖国与旧都，一望见就格外欢畅；虽然是丘陵草木遮掩了十之八九，心里还是十分欢畅。更何况是亲身的见闻，就像是数丈高台高悬于众人的面前让人崇敬、仰慕啊！

这则寓言谈论圣人忘记贫穷和爵禄，以天为师，能使人在不知不闻之间感受到如沐春风的欢畅。它突出的是淡泊无为的境界，并无什么出色之处，倒是披露了"楚王之为人也，形尊而严。其于罪也，无赦如虎"，令人联想到庄子辞谢楚王的聘请，宁愿做曳尾于涂的乌龟的精神选择。

之八：大概是看到了"伴君如伴虎"的危险情境，管仲临终推荐接替自己管理国家的人选，用心良苦，没有推荐自己的莫逆之交鲍叔牙。

《庄子·徐无鬼》说：

管仲有病，桓公问之曰："仲父之病病矣，可不讳云，至于大病，则寡人恶乎属国而可？"管仲曰："公谁欲与？"公曰："鲍叔牙。"曰："不可。其为人洁廉，善士也；其于不己若者不比之；又一闻人之过，终身不忘。使之治国，上且钩乎君，下且逆乎民。其得罪于君也将弗久矣！"公曰："然则孰可？"对曰："勿已则隰朋可。其为人也，上忘而下畔，愧不若黄帝，而哀不己若者。以德分人谓之圣；以财分人谓之贤。以贤临人，未有得人者也；以贤下人，未有不得人者也。其于国有不闻也，其于家有不见也。勿已则隰朋可。"

管仲得病，齐桓公问他："仲父的病很重了，不避讳地说，一旦病危不起，我将把国事托付给谁才合适呢？"管仲说："你想交给谁呢？"齐桓公说："鲍叔牙。"管仲说："不可。鲍叔牙为人清白廉洁，是个好人。他对于不如自己的人从不去亲近，一听到别人的过错，终身不忘，使他治理国家，对上势必约束国君，对下势必忤逆民众。得罪于国君，就不能长久执政了！"齐桓公说："那么谁可以呢？"管仲应对说："不得已，隰朋可以。隰朋为人，对上不显示位尊而对下不分别卑微，自愧不如黄帝又能哀怜不如自己的人。能用道德去感化他人的称作圣人，能用财物去周济他人的称作贤人。以贤人自居而驾临于他人，不会获得人心；以贤人谦恭待人，不会得不到人们的拥戴。他对于国事不会事事听闻，他对于家庭不会事事看顾。不得已，那么还是隰朋可以。"

管鲍之交，是千古传颂的莫逆交情，如《史记·管仲列传》管仲所说："当初我贫困的时候，曾经同鲍叔一道做买卖，分财利往往自己多得，而鲍叔不将我看成贪婪的人，他知道我贫穷。我曾经替鲍叔出谋办事，结果事情给弄得更加处境恶劣，而鲍叔不认为我是愚笨的人，他知道时机有利和不利。我曾经多次做官又多次被国君斥退，鲍叔不拿我当无能之人看待，他知道我没遇上好时运。我曾经多次打仗多次退却，鲍叔不认为我是胆小鬼，他知道我家中还有老母。公子纠争王位失败之后，我的同事召忽为此自杀，而我被关在深牢中忍辱苟活，鲍叔不认为我无耻，他知道我不会为失小节而羞，却为功名不曾显耀于天下而耻。生我的是父母，了解我的是鲍叔啊！"鲍叔荐举了管仲之后，甘心位居管仲之下。他的子孙世世代代在齐国享有俸禄，得到封地的有十几代，多数是著名的大夫。因此，天下的人不称赞管仲的才干，反而赞美鲍叔能够识别人才。但是管仲向齐桓公推荐治国人才，却不举荐鲍叔，而举荐隰朋，不是以人情为重，而是以国事为重。从某种角度来看，管仲是国家政治管理为重，换一个角度来看，管仲没有让鲍叔牙当出头鸟招来更多的生存风险。

之九：管仲是洞察齐桓公的内心全在于霸业，而不在于对生命的尊重。即便对齐桓公霸业的预兆，他也不随声附和。

《庄子·达生》说：

桓公田于泽，管仲御，见鬼焉。公抚管仲之手曰："仲父何见？"对曰："臣无所见。"公反，诶诒为病，数日不出。齐士有皇子告敖者曰："公则自伤，鬼恶能伤公！夫忿滀之气，散而不反，则为不足；上而不下，则使人善怒；下而不上，则使人善忘；不上不下，中身当心，则为病。"桓公曰："然则有鬼乎？"曰："有。沈有履，灶有髻。户内之烦壤，雷霆处之，东北方之下者，倍阿鲑蠪跃之；西北方之下者，则泆阳处之。水有罔象，丘有峷，山有夔，野有彷徨，泽有委蛇。"公曰："请问委蛇之状何如？"皇子曰："委蛇，其大如毂，其长如辕，紫衣而朱冠。其为物也，恶闻雷车之声，则捧其首而立。见之者殆乎霸。"桓公辴然而笑曰："此寡人之所见者也。"于是正衣冠与之坐，不终日而不知病之去也。

这实在是一个奇奇怪怪的故事，说的是齐桓公在草泽中打猎，管仲为他驾车，遇见了鬼。桓公拍着管仲的手说："仲父，你见到什么？"管仲回答："我没有见到什么。"桓公打猎回来，神情痴呆生了病，好几天不出门。齐国有个士人叫皇子告敖的对齐桓公说："你是自己伤害了自己，鬼怎能伤害你呢？身体内部郁结着气，精魂离散而不返归于身，对付外界的骚扰也就缺乏足够的精神力量。郁气上通不能下达，就使人易怒；下达不能上通，就会使人健忘；不上通又不下达，郁结在心中，那就会生病。"桓公说："这样说来，那么还有鬼吗？"告敖说："有。水中污泥里有叫履的鬼，灶头有叫髻的鬼。门户内烦攘，名叫雷霆的鬼在居处；东北的墙下，名叫倍阿、鲑蜜的鬼在跳跃；西北方的墙下，名叫泆阳的鬼住在那里。水里有水鬼罔象，丘陵里有山鬼峷，大山里有山鬼夔，郊野有野鬼彷徨，草泽还有委蛇的鬼。"桓公接着问："请问，委蛇的形状怎么样？"告敖回答："委蛇，身躯大如车轮，身长有如车辕，穿着紫衣戴着红帽。他作为鬼神，讨厌听到雷车的声音，一听见就捧着头站着。见到了他的人恐怕也就成了霸主了。"桓公听了开怀大笑，说："这就是我所见到的鬼。"于是整理好衣帽跟皇子告敖坐着谈话，不到一天时间病也就不知不觉地消失了。

古人是相信鬼，相信鬼可以预知的。齐桓公看见紫衣红帽、大如车轮、长如车辕的委蛇鬼，一经皇子告敖的解释，化凶为吉，乃是霸主之象，心胸豁然开朗。而管仲是不做这种博取主子开心的事的，在管仲看来，霸业成于实干，而非成于预兆。这则寓言中描述齐桓公遇见"委蛇"鬼而霸，是偏离庄子思想，带有灾祥预卜的意味。可见《庄子》不是提纯的作品，芜杂增加了它的丰富。至于委蛇，《山海经·海内经》记载："有人曰苗民。有神焉，人首蛇身，长如辕，左右有首，衣紫衣，冠旃冠，名曰延维，人主得而飨食之，伯天下。"这种叫作"延维"的怪物，人首蛇身，并且有两个头，身子是紫色的，头是红色的，它特别讨厌雷声，每次打雷都会呆立不动。后人指认"延维"就是"委蛇"。《庄子》书把这种怪物名词，转为动词，如《庄子·应帝王》："吾与之虚而委蛇。"成玄英疏："委蛇，随顺之貌也。"此外，同样经过转化的"委蛇"，在《天运》《庚桑楚》《徐无鬼》三篇出现四次。这种词性和意义的变化，影响了楚辞，如屈原的《离骚》说："驾八龙之婉婉兮，载云旗之委蛇。"《九歌·东君》说："驾龙辀兮乘雷，载云旗兮委蛇。"宋玉《九辩》说："载云旗之委蛇兮，扈屯骑之容容。"庄子改造鬼怪而趋于道，属于从原始风俗信仰中生发出哲学的学术思维方式。

之十：在庄子看来，有一种生存窍门，叫作"以必不必"，必定能做的事情却不必出手，藏锋敛锷，蕴含着更加高深莫测的力量。

《庄子·列御寇》说：

> 朱泙漫学屠龙于支离益，单千金之家，三年技成而无所用其巧。圣人以必不必，故无兵；众人以不必必之，故多兵；顺于兵，故行有求。兵，恃之则亡。小夫之知，不离苞苴竿牍。散精神乎蹇浅，而欲兼济道物，太一形虚。若是者，迷惑于宇宙，形累不知太初。彼至人者，归精神乎无始，而甘冥乎无何有之乡。水流乎无形，发泄乎太清。悲哉乎汝为，知在毫毛，而不知大宁！

朱泙漫跟支离益学习屠龙，花尽千金的家产，三年学成技艺而无处使用这种技巧。圣人以必可用而不去用，故而没有兵争；众人以不必用而必去用，故而引起许多兵争；顺从于兵争，故而行为有贪求。面对兵争，依恃它就会败亡。小人的智慧，离不开包果实、通书简。把精神消耗在肤浅的小事上，而想济道又成物，太一之道就形态虚幻。像这样，会为宇宙所迷惑，形体劳累而不知道太一之道的本体。那种至人，把精神归属于万物没产生之前，而甜睡于无何有的乡土。水流于无形，发泄于太虚清静的自然。可悲啊！你所为，把智慧耗在毫毛小事上，而不知道浩大的宁静。

这则寓言，叙写了费尽千金家产学屠龙术，而毫无用武之地。如宋代黄庭坚的《林为之送笔戏赠》诗云："早年学屠龙，适用固疏阔。"疏阔，就是不切实际。无事生非，不必做的事情强行去做，无益于济道成物。必须把精神回归于万物未有发生的无何有的原乡，才能如无形的流水，自然流注到太清的大宁静的境界。屠龙术空有其名，名高就等于无能，顺乎自然才是大道所在。

之十一：与其醉心于屠龙术，不如将驾驭车马的技术调整到适当的程度。这就从空幻回归到实在。

《庄子·达生》说：

东野稷以御见庄公，进退中绳，左右旋中规。庄公以为文弗过也，使之钩百而反。颜阖遇之，入见曰："稷之马将败。"公密而不应。少焉，果败而反。公曰："子何以知之？"曰："其马力竭矣，而犹求焉，故曰败。"工倕旋而盖规矩，指与物化而不以心稽，故其灵台一而不桎。忘足，履之适也；忘要，带之适也；知忘是非，心之适也；不内变，不外从，事会之适也；始乎适而未尝不适者，忘适之适也。

庄子往往把深刻的道理隐藏在故事中，说的是东野稷因为善于驾车而得见鲁庄公，他驾车时进退能够在一条直线上，左右旋转形成规整的弧形。庄公认为就是编织花纹图案也未必赶得上，使他转上一百圈再回来。颜阖遇上了这件事，进入会见庄公，说："东野稷的马将会失败。"庄公默不应对。不多久，东野稷果然失败而回。庄公问："你凭什么知道他定会失败呢？"颜阖说："东野稷的马力气已经竭尽，可是还追求转圈奔走，故此说必定失败。"尧时的工匠名倕，随手画正圆画直线，手指随着物化，不以心来稽留，故此他的心灵没有一点拘束。人忘掉脚，是由于鞋子合适；忘掉腰，是由于腰带合适；智慧忘掉是非，是由于心灵合适，没有内在变乱，没有外在追从，是事情聚会合适。开始于合适而未尝不适，是忘掉合适的高度合适。

这则寓言包含一反一正两个故事，讲究灵魂凝聚，无隙可乘，不过分耗费物力，不受外物桎梏，绝对自由自在。马车夫东野稷也有绝技，但他过度使用马，造成人马双方皆困。国王的表扬，众官的鼓掌，又桎梏他的灵魂，终于使他失败。只有工倕没有内心变乱，没有外物纠缠，才达到忘掉合适的高度合适境界。这是庄子的"坐忘"理念，忘掉合适而追求不知合适的合适。清人袁枚《随园诗话》卷一说："余作诗，雅不喜叠韵、和韵及用古人韵。以为诗写性情，惟吾所适。一韵中有千百字，凭吾所选，尚有用定后不惬意而别改者，何得以一二韵约束为之。既约束，则不得不凑拍。既凑拍，安得有性情哉！《庄子》曰：'忘足，履之适也。'余亦曰：忘韵，诗之适也。"因适而忘，因忘而适，这就是自适其适，不为他人之适而奴役。

之十二：比起屠龙术来，削刻木头做乐器，更足以顺应自然的大道。

《庄子·达生》说：

梓庆削木为鐻，鐻成，见者惊犹鬼神。鲁侯见而问焉，曰："子何术以为焉？"对曰："臣工人，何术之有？虽然，有一焉。臣将为鐻，未尝敢以耗气也，必齐以静心。齐三日，而不敢怀庆赏爵禄；齐五日，不敢怀非誉巧拙；齐七日，辄然忘吾有四枝形体也。当是时也，无公朝，其巧专而外骨消。然后入山林，观天性，形躯至矣，然后成见镶，然后加手焉；不然则已，则以天合天，器之所以疑神者，其是与！"

　　梓庆能削刻木头做乐器镶，镶做成后，看见的人无不惊叹好像是鬼斧神工。鲁侯见到就问他，说："你用什么办法做到的呢？"梓庆回答道："我是个工匠，有什么特别高明的技术？虽说如此，我还有一种本事。我将要做镶时，未尝耗费精气，必定斋戒来静养心思。斋戒三天，不再怀有庆贺、赏赐、获取爵位和俸禄的思想；斋戒五天，不再心存非议、夸誉、技巧或笨拙的杂念；斋戒七天，就忘掉了自己的四肢和形体。正当此时，心中不存在公室和朝廷，智巧专一而外界的扰乱消失。然后我进入山林，观察各种木料的天性；选择好外形与体态最与镶相合的材料，然后镶的形象就呈现在我的眼前，再然后动手加工制作；不是这样我就停止不做。这就是用我的纯真天性融合木料的自然天性，制成的器物疑为神鬼功夫，也就是出于这一点吧！"

　　这则寓言以工艺制作契合天机，斋戒静心，静气凝神，排除扰乱，把天机、人巧融为一体，属于庄子所谓"心斋"，摒除外欲，唯道集虚的理念。

　　之十三：对于生命，对于生死，是不能以外露的屠龙术来处置的，也不能以欺世的巫术来处置，主要还须依凭人的内在德性。

《庄子·应帝王》说：

　　郑有神巫曰季咸，知人之死生存亡，祸福寿夭，期以岁月旬日，若神。郑人见之，皆弃而走。列子见之而心醉，归，以告壶子，曰："始吾以夫子之道为至矣，则又有至焉者矣。"壶子曰："吾与汝既其文，未既其实，而固得道与？众雌而无雄，而又奚卵焉？而以道与世亢，必信，夫故使人得而相汝。尝试与来，以予示之。"明日，列子与之见壶子。出而谓列子曰："嘻！子之先生死矣，弗活矣，不以旬数矣。吾见怪焉，见湿灰焉。"列子入，泣涕沾襟以告壶子。壶子曰："乡吾示之以地文，萌乎不震不正。是殆见吾杜德机也。尝又与来。"明日，又与之见壶子。出而谓列子曰："幸矣！子之先生遇我也。有瘳矣，全然有生矣。吾见其杜权矣。"列子入，以告壶子。壶子曰："乡吾示之以天壤，名实不入，而机发于踵。是殆见吾善者机也。尝又与来。"明日，又与之见壶子。出而谓列子曰："子之先生不齐，吾无得而相焉。试齐，且复相之。"列子入，以告壶子。壶子曰："吾乡示之以太冲莫胜。是殆见吾衡气机也。鲵桓之审为渊，止水之审为渊，流水之审为渊。渊有九名，此处三焉。尝又与来。"明日，又与之见壶子。立未定，自失而走。壶子曰："追之！"列子追之不及。反，以报壶子曰："已灭矣，已失矣，吾弗及已。"壶子曰："乡吾示之以未始出吾宗。吾与之虚而委蛇，不知其谁何，因以为弟靡，因以为波流，故逃也。"然后列子自以为未始学而归，三年不出。为其妻爨，食豕如食人。于事无与亲，雕琢复朴，块然独以其形立。纷而封哉，一以是终。无为名尸，无为谋府。无为事任，无为知主。体尽无穷，而游无朕。尽其所受乎天，而无见得，亦虚而已。至人之用心若镜，不将不迎，应而不藏，故能胜物而不伤。

郑国有个神巫，名叫季咸，他知道人的生死存亡和祸福寿夭，所预卜的年、月、旬、日，都应验如神。郑国人见到他，都担心预卜死亡和灾祸而急忙跑开。列子见到他却内心折服如醉如痴，回来后把见到的情形告诉老师壶子，说："起先我以为先生的道行最为高深，却又有更为高深的了。"壶子说："我教给你的还是一些文饰，还未教给你实质，你难道已经得道了吗？只有众多的雌性而无雄性，又怎么能生出受精的卵呢！你用道就跟世人相抗衡，必须取信，故而让人得以替你看相。试着跟他来吧，由我启示他。"第二天，列子跟神巫季咸来见壶了。季咸出门就对列子说："嘿！你的先生快要死了！活不了了，用不了十来天了！我见到他很奇怪，就像见到打湿了的灰烬。"列子进到屋里，涕泪弄湿了衣襟，把季咸的话告诉给壶子。壶子说："刚才我显示给他的土地纹路，茫茫然既没有震动也没有止息。这大概只能看到我闭塞的生机。试着再跟他来看看。"下一天，列子又跟神巫季咸来见壶子。季咸出门就对列子说："你的先生不济，我不能为他相面了。假如有济，就再为他相面。"列子进来，把此事告诉壶子，壶子说："我刚才向他显示太冲穴不能胜出，调和身心，守气不动。大鲵盘绕于深渊，止水停滞在深渊，流水流动在深渊。深渊有九个名字，这里出现三个。你尝试着把他再带来。"神巫季咸出门对列子说："幸运啊，你的先生遇上我！病有了起色，完全有救了，我观察到闭塞的生机中产生了权变。"列子进到屋里，把季咸的话告诉给壶子。壶子说："刚才我将天与地相对而相应的心态显示给他，名声和实利等杂念都排除在外，而生机从脚跟流注到全身。这样他就看到了我的一线生机。试着再跟他来看看。"下一天，又与神巫季咸来见壶子。神巫季咸站未稳，丧魂落魄地逃走。壶子说："追上他！"列子追不上，回来报告壶子说："已经灭了，已经消失了，我够不着他了。"壶子说："刚才我显示给他的未尝超出我的宗门。我随便敷衍他，他弄不清我的底细，于是以为我颓废，以为我水波追逐，故此他逃跑了。"从此以后，列子深深感到未曾拜师学道似的回到了自己的家里，三年不出门。他帮助妻子烧火做饭，喂猪就像侍候人一样。对于各种世事不分亲疏没有偏私，雕琢华饰的故态已经恢复到质朴和纯真，大地一样独以形骸立在世上。面对世间的纷扰却能固守本性，终生不渝。不要成为名誉的尸主，不要成为谋略的府库；不要成为世事的负担，不要成为智慧的主宰。追求道源永不休止，游乐而不留下踪迹；竭尽所秉承于天的性情，从不表露所得，也只是清虚淡泊罢了。道德高尚的"至人"心如明镜，对于外物不将就不逢迎，应合事物不加隐藏，故此胜出事物又不加伤害。

在这里，战国郑人壶子，是老子后学，列子之师。是继老子之后，战国时期道家学派的代表人物之一。他以种种形相启示神巫季咸，使季咸无法窥见其深层的心性，他的学生列子了解到"至人"心思就像一面镜子，照见的是看镜人的道性高低。这是庄子运用一种非常高明的逆向思维，建构起来一种"镜子中的哲学"。

> **寓言的第六项功能：**
>
> 是以草木虫鱼来体验宇宙之道、人生之理（五则）。

这是庄子通过自然媒介而"独与天地精神往来"的奇妙方式。

之一："无用之用"是庄子创造的一个哲学命题。他是从遮天蔽日的不成材的巨树，体验到无用之用，可以保存生命不被斫丧的。

《庄子·人间世》说：

匠石之齐，至于曲辕，见栎社树。其大蔽数千牛，絜之百围，其高临山十仞而后有枝，其可以为舟者旁十数。观者如市，匠伯不顾，遂行不辍。弟子厌观之，走及匠石，曰："自吾执斧斤以随夫子，未尝见材如此其美也。先生不肯视，行不辍，何邪？"曰："已矣，勿言之矣。散木也。以为舟则沉，以为棺椁则速腐，以为器则速毁，以为门户则液樠，以为柱则蠹。是不材之木也，无所可用，故能若是之寿。"匠石归，栎社见梦曰："女将恶乎比予哉？若将比予于文木邪？夫楂、梨、橘、柚、果、蓏之属，实熟则剥，剥则辱。大枝折，小枝泄。此以其能苦其生者也，故不终其天年而中道夭，自掊击于世俗者也。物莫不若是。且予求无所可用久矣，几死，乃今得之，为予大用。使予也而有用，且得有此大也邪？且也若与予也皆物也，奈何哉其相物也。而几死之散人，又恶知散木？"匠石觉而诊其梦。弟子曰："趣取无用，则为社何邪？"曰："密，若无言。彼亦直寄焉，以为不知己者诟厉也。不为社者，且几有剪乎！且也彼其所保与众异，而以义喻之，不亦远乎？"南伯子綦游乎商之丘，见大木焉有异，结驷千乘，隐将芘其所藾。子綦曰："此何木也哉？此必有异材夫！"仰而视其细枝，则拳曲而不可以为栋梁；俯而视其大根，则轴解而不可以为棺椁；咶其叶，则口烂而为伤；嗅之，则使人狂醒，三日而不已。子綦曰："此果不材之木也，以至于此其大也。嗟乎！神人，以此不材。"宋有荆氏者，宜楸、柏、桑。其拱把而上者，求狙猴之杙者斩之。三围四围，求高名之丽者斩之。七围八围，贵人富商之家求樿傍者斩之。故未终其天年，而中道之夭于斧斤，此材之患也。故解之以牛之白颡者与豚之亢鼻者，与人之有痔病者不可以适河。此皆巫祝以知之矣，所以为不祥也。此乃神人之所以为大祥也。

　　庄子总是关注那些铺天盖地的大树。这里说的是，一个叫石的木匠前往齐国，到了曲辕，看见一棵被当作社神的栎树。栎树树冠繁茂硕大，树荫可以笼罩几千头牛，围着树干测量，要一百个人才能围抱得住，树梢蹿到山顶，离地八十尺才分出枝杈，能造十几艘大船。观看的人像赶集似的涌动，但匠人连瞧也不瞧一眼，不停地往前走。他的徒弟站在树下看了个厌，追上了师傅，说："从我拿起刀斧跟随您学艺以来，从没见过这样美好的木材。但是您一眼都不看，不停地赶路，这是为什么？"石木匠说："罢了，别提它了！这是一棵无用的散木，用它造船就会沉没；用它造棺材就很快腐烂；用它造器具就很快破损；用它造门户就合不上门缝；用它做屋柱就遭到虫蛀。这是不成材的树木，没什么用场，故此才这么长寿。"匠人石回到家，社树进入梦中对他说："你用什么和我相提并论呢？你要拿有纹路的木材和我相比吗？楂树、梨树、橘树、柚树那些瓜果树，果子一熟就掉落，掉落就受糟踏，大枝干被折断，小枝丫也被扯下来。因为它们结出果子苦了生存，故而不能享尽天年就中途夭折了，自己还招来世俗的抨击。万物无不是这样。况且我追求毫无用处的念头已经很久了，差点被砍倒，到现在还保全了性命，正是因为我无用而成就了大用。假使我也是有用的，还能享受到延年益寿的大益处吗？况且你我皆为物件，怎么来对待这件事呢？你不过是临近死亡的散人，怎么能真正理解散木呢！"石木匠醒后诊断这个梦。徒弟说："意在追求无用，那为什么又做社树来供人瞻仰呢？"石木匠说："住嘴吧，你别说了！那不过是它的寄托而已，反而招致不了解的人的诟病和侮辱。它不是社树，不就几乎被砍伐了吗？况且它保全自己的方式与众不同，若用常理去理解，不就相差太远了吗！"南伯子綦到商丘游乐，看见大树非常怪异，上千辆驾着四马的大车，荫蔽在大树荫下歇息。子綦说："这是什么树呢？这树必定有特异的材质啊！"仰头观看大树的细枝，弯弯扭扭的不可以用来做栋梁；低头观看大树的主干，树心到表皮旋着裂口，不可以用来做棺椁；舔一舔树叶，口舌溃烂受伤；闻一闻气味，使人像喝多了酒，三天醒不过来。子綦说："这果然是不成材的树木，以至长到这么高大。唉，神人以树木不成材呢！"宋国有个叫荆氏的地方，很适宜楸树、柏树、桑树的生长。树干长到一两把粗，做系猴子的木桩的人就把树木砍掉；树干长到三四围粗，求取高名的显赫人家寻求建屋的大梁便把树木砍去；树干长到七八围粗，贵人富商寻找整副的棺木又把树木砍去。故此它们未能终享天年，而是半道上夭折在刀斧上。这就是材质有用带来的祸患。故此（祈祷神灵消除灾害），解除白色额头的牛、高鼻折额的猪，它们与患有痔瘘疾病的人不可以沉入河中祭奠。这些都是巫师知道的，认为都是很不吉祥的。不过这正是神人所认为的世上最大的吉祥。

这则寓言讲了无用之用，得以保存生命，颐养天年的道理。追求具体的小用，自找麻烦，导致有材则患，则可能招来灭顶之灾。"无用之用"与"有用招灾"，是庄子看得非常通透的两种生活逻辑。而《论语·卫灵公篇》记载："子曰：君子疾没世而名不称焉。"庄子的生活逻辑是与儒者相反的。

之二：庄子非常醉心于体验动物之间的对话。通过将心比心的对话，可以发现，动物有脚、无脚、多脚，都是天然作合，互相怜悯则可，强求一致则不可。生物多样性，是天然作合的结果。

《庄子·秋水》说：

夔怜蚿，蚿怜蛇，蛇怜风，风怜目，目怜心。夔谓蚿曰："吾以一足趻踔而行，予无如矣。今子之使万足，独奈何？"蚿曰："不然。子不见夫唾者乎？喷则大者如珠，小者如雾，杂而下者不可胜数也。今予动吾天机，而不知其所以然。"蚿谓蛇曰："吾以众足行，而不及子之无足，何也？"蛇曰："夫天机之所动，何可易邪？吾安用足哉！"蛇谓风曰："予动吾脊胁而行，则有似也。今子蓬蓬然起于北海，蓬蓬然入于南海，而似无有，何也？"风曰："然，予蓬蓬然起于北海而入于南海也，然而指我则胜我，鰌我亦胜我。虽然，夫折大木，蜚大屋者，唯我能也。"故以众小不胜为大胜也。为大胜者，唯圣人能之。

独脚的夔可怜多脚的蚿（百足虫），多脚的蚿可怜无脚的蛇，无脚的蛇可怜无形的风，无形的风可怜只能转动的眼，只能转动的眼可怜幽闭的心。独脚的夔对多脚的蚿说："我独脚跳着走，你也比不上我啊。现今你使用一万条脚，多么无可奈何啊。"多脚的蚿说："不然。你不见人吐唾沫吗？喷出大唾沫像珠子，小唾沫像雾气，拉杂掉落的不可胜数。现在我启动天机，但不知它为什么会这样。"多脚的蚿对无脚的蛇说："我用多脚行走，却比不上你无脚走得快，是什么缘故？"蛇说："这是天机的启动，怎么可以变易呢？我何必用脚呢。"蛇对风说："我运动脊梁和肋骨行走，就像有脚那样。现在你蓬蓬勃勃地兴起于北海，又蓬蓬勃勃地吹入南海。却好似没有脚，又是为什么？"风说："对呀。我蓬蓬勃勃地兴起于北海，吹入南海，但是用手戳我就能胜我，用脚踹我也能胜我。虽然如此，折断大树，吹走大屋，只有我有这个能耐。"故此，以众多小的不胜达到大胜。能够大胜的，只有圣人能够做到。

在这则寓言中，无脚、有脚、多脚，各有各的长处，是不能一概而论的。相互之间鄙视，是狭隘的心理；相互之间的可怜，又实在是自作多情，顺其自然、安其天性就可以了。

之三：自己有些专长，珍惜的办法是藏而不露，假如到处张扬，就会招来杀身之祸。

《庄子·徐无鬼》说：

> 吴王浮于江，登乎狙之山，众狙见之，恂然弃而走，逃于深蓁。有一狙焉，委蛇攫搔，见巧乎王。王射之，敏给搏捷矢。王命相者趋射之，狙执死。王顾谓其友颜不疑曰："之狙也，伐其巧、恃其便以敖予，以至此殛也。戒之哉！嗟乎！无以汝色骄人哉？"颜不疑归而师董梧，以锄其色，去乐辞显，三年而国人称之。

这里庄子喜欢拿猴子打趣，说的是吴王浮渡大江，登上猕猴聚居的山岭。猴群看见吴王的队伍，惊惶地四散逃走，躲进荆棘丛林的深处。有一个猴子留下了，从容不迫地腾身抓住树枝跳来跳去，在吴王面前显示它的灵巧。吴王射它，它敏捷地接过飞射来的利箭。吴王下命令左右随从一起上前射箭，猴子躲避不及而被抓到而死。吴王回身对颜不疑说："这只猴子夸耀它的灵巧，仗恃它的便捷而傲视我，以致受到这样的惩罚而死去！要以此为戒啊！唉，不要以你的颜色傲视他人啊！"颜不疑回来后便拜贤士董梧为师，用以铲除自己的傲气，弃绝淫乐辞别尊显，三年时间全国人人称赞他。

这则寓言揭示了卖弄聪明是不幸的开端，人生大病，就在一个傲字。因而告诫世人不要彰显自己的灵巧，不要像敏捷的猴子那样傲慢地夸耀自己的敏捷而亡身，而要藏锋敛锷，才能保存生命，属于庄子的韬光养晦的哲学。

之四：庄子对于观世的眼光，关注其所呈现的久暂宽窄的境界，讥讽井蛙之见，坐井观天；鼠目寸光，贻笑大方。井底之蛙哪能知道大海之乐？以此比喻公孙龙的才智还不足以观赏庄子的言谈，硬要观赏这就像驱使蚊虫去背负大山，驱使马蚿虫到河水

里去奔跑，必定是吃力不能讨好的。

《庄子·秋水》说：

公孙龙问于魏牟曰："龙少学先王之道，长而明仁义之行；合同异，离坚白；然不然，可不可；困百家之知，穷众口之辩：吾自以为至达已。今吾闻庄子之言，汒焉异之。不知论之不及与？知之弗若与？今吾无所开吾喙，敢问其方。"公子牟隐机大息，仰天而笑曰："子独不闻夫埳井之蛙乎？谓东海之鳖曰：'吾乐与！出跳梁乎井干之上，入休乎缺甃之崖。赴水则接腋持颐，蹶泥则没足灭跗。还虷蟹与科斗，莫吾能若也。且夫擅一壑之水，而跨跱埳井之乐，此亦至矣。夫子奚不时来入观乎？'东海之鳖左足未入，而右膝已絷矣。于是逡巡而却，告之海曰：'夫千里之远，不足以举其大；千仞之高，不足以极其深。禹之时，十年九潦，而水弗为加益；汤之时，八年七旱，而崖不为加损。夫不为顷久推移，不以多少进退者，此亦东海之大乐也。'于是埳井之蛙闻之，适适然惊，规规然自失也。且夫知不知是非之竟，而犹欲观于庄子之言，是犹使蚊负山，商蚷驰河也，必不胜任矣。且夫知不知论极妙之言，而自适一时之利者，是非埳井之蛙与？且彼方跐黄泉而登大皇，无南无北，奭然四解，沦于不测；无东无西，始于玄冥，反于大通。子乃规规然而求之以察，索之以辩，是直用管窥天，用锥指地也，不亦小乎？子往矣！且子独不闻夫寿陵余子之学行于邯郸与？未得国能，又失其故行矣，直匍匐而归耳。今子不去，将忘子之故，失子之业。"公孙龙口呿而不合，舌举而不下，乃逸而走。

公孙龙问王子魏牟说："我年少时学习先王的道理，长大后明白了仁义的行为，能够把事物的同与异相合，把物体的质地坚硬与颜色洁白分离开来，能够把不对的说成是对的，把不应认可的说成是应该认可的，困窘百家智士，穷迫众多善辩之口，我自以为是最为通达的了。如今我听了庄子的言谈，感到茫然惊异。不知是我的论辩比不上他呢，还是我的知识不如他呢？现在我已经没有办法再开口了，敢问有什么方法可以解套。"魏公子牟隐身几案深深地叹了口气，又仰头朝天笑着说："你不曾听说过那废井里的青蛙吗？井蛙对东海的鳖说：'我真快乐啊！我跳跃玩耍于井口栏杆之上，进到井里就在井壁砖块破损之处休息。跳入井水中水漫入腋下托起我的下巴，踏入泥里泥水就没过我的脚背，回头看看水中的那些赤虫、小蟹和蝌蚪，没有谁能像我这样！再说我独占一坑之水，盘踞废井取乐，这也是极其称心如意的了。你怎么不随时来井里看看呢？'东海之鳖左脚还未能跨入废井，右膝就已被绊住。于是迟疑了一阵子就把脚退了出来，把大海的情形告诉废井的青蛙，说：'千里的遥远，不足以推举它的大；千仞的高耸，不足于极尽它的深。夏禹时代十年九涝，而海水不会因此增多；商汤的时代八年七旱，而岸边的水位不会因此下降。不因为时间的短暂与长久而有所改变，不因为雨量的多少而有所增减，这也就是东海最大的快乐。'于是废井之蛙听了这一席话，惊惶不安，茫然若失。再说才智不足以知晓是与非的究竟，却还想去观赏庄子的言谈，这就像驱使蚊虫去背负大山，驱使马蚿虫到河水里奔驰，必定是不能胜任的。而才智不足以知晓极其玄妙的言论，竟自去迎合一时的胜利，这不就像是废井里的青蛙吗？况且庄子的思想踏着黄泉登临苍天，不论南北，释然四散通解无阻，深幽沉寂不可探测；不论东西，起于幽深玄妙之境，返归广阔通达的道。你竟拘泥于追求考察它的奥妙，用论辩去索求它的真谛，这简直是用竹管去窥视高远的苍天，用锥子去测量浑厚的大地，不是太渺小了吗！你还是走吧！况且你就不曾听说过那燕国寿陵的小子到赵国的邯郸去学习走步之事吗？未能学会赵国的能耐，又丢掉了他原来的本领，最后只得爬着回去了。现在你还不尽快离开我这里，必将忘掉你故有的本领，也必将失去你原有的学业。"公孙龙听了，张大着口而不能合拢，舌头翘起而不能放下，于是快速地逃走了。这则寓言贬抑名家离坚白派的代表人物公孙龙，公孙龙能言善辩，提出了"白马非马"和"离坚白"等论点，认为对于"坚白石"，"视不得其所坚而得其所白者，无坚也"；"拊不得其所白而得其所坚者，无白也"，强调视觉与触觉的差异，故"坚白石二"。又分析一般与个别的关系，强调"白马"

（个别）与"马"（一般）的区别，得出"白马非马"的结论。

这里以庄子宏博通达的思想嘲讽公孙龙是井底之蛙，无法理解庄子包罗天地的思想。在学术流派上，庄子是鄙视名家公孙龙的。

之五：河伯与海神代表着不同的宇宙视境，河伯的傲慢只能招致望洋兴叹，只有把百川灌河的浩瀚洪水融入无边无际的沧海，才能获得包罗宇宙的胸襟。

《庄子·秋水》说：

秋水时至，百川灌河；泾流之大，两涘渚崖之间，不辩牛马。于是焉河伯欣然自喜，以天下之美为尽在己。顺流而东行，至于北海，东面而视，不见水端。于是焉河伯始旋其面目，望洋向若而叹曰："野语有之曰，闻道百，以为莫己若者，我之谓也。且夫我尝闻少仲尼之闻而轻伯夷之义者，始吾弗信；今我睹子之难穷也，吾非至于子之门则殆矣，吾长见笑于大方之家。"北海若曰："井蛙不可以语于海者，拘于虚也；夏虫不可以语于冰者，笃于时也；曲士不可以语于道者，束于教也。今尔出于崖涘，观于大海，乃知尔丑，尔将可与语大理矣。天下之水，莫大于海，万川归之，不知何时止而不盈；尾闾泄之，不知何时已而不虚；春秋不变，水旱不知。此其过江河之流，不可为量数。而吾未尝以此自多者，自以比形于天地而受气于阴阳，吾在于天地之间，犹小石小木之在大山也。方存乎见少，又奚以自多！计四海之在天地之间也，不似礨空之在大泽乎？计中国之在海内，不似稊米之在大仓乎？号物之数谓之万，人处一焉；人卒九州，谷食之所生，舟车之所通，人处一焉；此其比万物也，不似豪末之在于马体乎？五帝之所连，三王之所争，仁人之所忧，任士之所劳，尽此矣！伯夷辞之以为名，仲尼语之以为博，此其自多也；不似尔向之自多于水乎？"河伯曰："然则吾大天地，而小毫末，可乎？"北海若曰："否。夫物，量无穷，时无止，分无常，终始无故。是故大知观于远近，故小而不寡，大而不多，知量无穷。证曏今故，故遥而不闷，掇而不跂，知时无止。察乎盈虚，故得而不喜，失而不忧。知分之无常也。明乎坦涂，故生而不说，死而不祸，知终始之不可故也。计人之所知，不若其所不知；其生之时，不若未生之时。以其至小，求穷其至大之域，是故迷乱而不能自得也。由此观之，又何以知毫末之足以定至细之倪，又何以知天地之足以穷至大之域？"河伯曰："世之议者皆曰：至精无形，至大不可围，是信情乎？"北海若曰："夫自细视大者不尽，自大视细者不明。夫精，小之微也；垺，大之殷也，故异便，此势之有也。夫精粗者，期于有形者也。无形者，数之所不能分也；不可围者，数之所不能穷也。可以言论者，物之粗也；可以意致者，物之精也。言之所不能论，意之所不能察致者，不期精粗焉。是故大人之行，不出乎害人，不多仁恩。动不为利，不贱门隶。货财弗争，不多辞让。事焉不借人，不多食乎力，不贱贪污。行殊乎俗，不多辟异。为在从众，不贱佞谄。世之爵禄不足以为劝，戮耻不足以为辱。知是非之不可为分，细大之不可为倪。闻曰：道人不闻，至德不得，大人无己。约分之至也。"河伯曰："若物之外，若物之内，恶至而倪贵贱，恶至而倪小大？"北海若曰："以道观之，物无贵贱。以物观之，自贵而相贱。以俗观之，贵贱不在己。以差观之，因其所大而大之，则万物莫不大；因其所小而小之，则万物莫不小。知天地之为稊米也，知毫末之为丘山也，则差数等矣。以功观之，因其所有而有之，则万物莫不有；因其所无而无之，则万物莫不无。知东西之相反，而不可以相无，则功分定矣。以趣观之，因其所然而然之，则万物莫不然；因其所非而非之，则万物莫不非。知尧桀之自然而相非，则趣操睹矣。昔者尧舜让而帝，之哙让而绝；汤武争而王，白公争而灭。由此观之，争让之礼，尧桀之行，贵贱有时，未可以为常也。梁丽可以冲城，而不可以窒穴，言殊器也。骐骥骅骝，一日而驰千里，捕鼠不如狸狌，言殊技也。鸱鸺夜撮蚤，察毫末，昼出，瞋目而不见丘山，言殊性也。故曰，盖师是而无非，师治而无乱乎。是未明天地之理，万物之情者也。是犹师天而无地，师阴而无阳，其不可行明矣。然且语而不舍，非愚则诬也。帝王殊禅，三代殊继，差其时，逆其俗者，谓之篡夫。当其时，顺其俗者，谓之义徒。默默乎河伯，女恶知贵贱之门，大小之家？”河伯曰：“然则我何为乎？何不为乎？吾辞受趣舍，吾终奈何？”北海若曰：“以道观之，何贵何贱，是谓反衍。无拘而志，与道大蹇。何多何少，是谓谢施。无一而行，与道参差。严乎若国之有君，其无私德；繇繇乎若祭之有社，其无私福；泛泛乎其若四方之无穷，其无所畛域。兼怀万物，其孰承翼，是谓无方。万物一齐，孰短孰长。道无终始，物有死生，不恃其成。一虚一满，不位乎其形。年不可举，时不可止，消息虚盈，终则有始。是所以语大义之方，论万物之理也。物之生也，若骤若驰，无动而不变，无时而不移。何为乎？何不为乎？夫固将自化。”河伯曰：“然则何贵于道邪？”北海若曰：“知道者，必达于理。达于理者，必明于权。明于权者，不以物害己。至德者，火弗能热，水弗能溺，寒暑弗能害，禽兽弗能贼。非谓其薄之也，言察乎安危，宁于祸福，谨于去就，莫之能害也。故曰，天在内，人在外，德在乎天。知天人之行，本乎天，位乎德，蹢躅而屈伸，反要而语极。”曰：“何谓天？何谓人？”北海若曰：“牛马四足，是谓天。落马首，穿牛鼻，是谓人。故曰，无以人灭天，无以故灭命，无以得殉名。谨守而勿失，是谓反其真。”

秋天的洪水按照时令到来，百条川流灌入黄河，使河面宽阔，两岸和水中沙洲之间连牛马都不能分辨。于是河伯欣然欢喜，以为天下美好的东西都尽在这里了。河伯顺着水流东行，来到北海，面朝东边一望，看不见海的尽头。于是河伯才旋转面目，望着海洋向北海神若叹息说：“村野的话说，‘听闻道理百条，就认为莫过于自己的’，说的就是我这样的人了。况且我听说看低孔丘的见闻、轻视伯夷的高义，开始我不敢相信；如今我看到了你是这样的浩瀚得难以穷尽，我要不是来到你的门前，真可就危险了，我会永远受到大方之家的耻笑。”北海若说：“井里的青蛙，不可跟它们谈论大海，是因为受到生存空间的限制；夏天的虫子，不可跟它们谈论冰雪，是因为受到生存时间的限制；鄙陋无知的人，不可能跟他们谈论大道，是因为教养的束缚。如今你从河岸边出来，看到了大海，方才知道自己的鄙陋，你将可以参与谈论大道了。天下的水，没有比沧海更大的，百川流归大海，不知道何时停止而大海从不满盈；海底的尾闾泄漏海水，不知道何时停歇而海水却从不曾减少；无论春天秋天都没有变化，无论水涝干旱都没有知觉。这是大海远远超过了江河的水流，不能用数量来计算。而我未尝因此而自以为多，自认为形体得于天地，从元气受于阴阳，我在天地之间，就好像大山之中的一小块石子、一小块木头。正以为自身的存在实在渺小，又哪里会自以为多呢？计算四海存在于天地之间，不就像小小的石间孔穴存在于大泽之中吗？计算中国存在于四海之内，不就像细碎的米粒存在于大粮仓里吗？号称事物的数字叫作万，人类只是万物的一种；人们聚集于九州，粮食在这里生长，舟车在这里通行，人只是众多事物的一种；这比起万物来，不就像是毫毛之末存在于整个马体吗？五帝所续连的，三王所争夺的，仁人所忧虑的，贤才所操劳的，全在于这毫毛之末了！伯夷辞让它而取得名声，孔丘谈论它而显得渊博，这就是他们自以为知道很多了；不就像你先前自以为水很多吗？"河伯说："那么，我把天地看得很大，把毫末看得很小，可以吗？"北海若说："不可以。万物的量无穷无尽，时间没有止境，性分也不是一成不变，事物的终始也不是固定不变的。因此之故，大智慧的人观察远近，看到小的不以为少，看到大的不以为多，因为他知道物量无有穷尽。求证于今古，古事虽远，也看得明白；今事虽近在手头，也有不可理解的地方。他知道时间没有终止，又体察到盈虚消长的规律，故此有所得不以为喜，有所失不以为忧，因为他知道性分没有常态。明白了死生的坦途，故此活着不感到喜悦，死了也不感到是祸灾，知道万物终始的变化也是不固定的。计算人所知道的比不上不知道的那么多；人生存的时间，不如他未生的时间那么长。用自己有限的生命，去穷尽无限大的领域，就会感到迷惑而不会自鸣得意。由此看来，又怎么能知道毫末足以确定为最微小的标准，又怎么能知道天地可以穷尽最大的境域？"河伯说："世人的议论都说，'最精微的东西是无形的，最大的东西是不可围抱的'。这是可信的情况吗？"北海若说："从细小去看大的东西，是看不到尽头的；从庞大的角度去看细微的东西，是看不明晰的。所谓精，是最为微小的；所谓垺，是最为庞大的，故此很方便看出差异，这是形式上具有的区别。

所谓精和粗，都是期待有形的东西来判断。无形的东西，不能用数字来分辨；没有范围的东西，不能用数字来穷尽。可以用语言论述的东西，都是粗大之物；只能意识到的东西，就是精微之物。语言所不能论述，意识所不能觉察到的，就不期待用精粗去衡量了。因此缘故，得道的大人的行为，不会出于害人，但也不多给人仁义恩惠；行动不为求利，不以做门隶奴仆为贱；不争夺财货，也并不多加辞让；做事不假借他人，不多去自食其力，不轻视贪污。行为既与世俗不同，不多做高傲怪僻；行为从众，不轻贱谄佞。世上官爵利禄，起不了鼓励作用；刑罚侮辱，不足以成为羞耻。知道是非不可以区分，大小也不可设定标准。听闻说：'有道的人不求闻达，品德极高的人不自显其德，伟大的人都是忘我无私的。'这些都是规约性分所达到的。"河伯说："那么，在事物的内或外，怎么能够区别贵贱和分别大小呢？"北海若说："从道的观点看，事物无贵贱之分。从事物本体看，都是自以为贵而贱视对方。从世俗观点看，贵贱不在于事物自己。从事物的差别看，就会按照认为大的标准去要求大，那么万物没有不是大的；按照认为小的标准去要求小，那么万物都没有不是小的。知道天地是细米那么小，知道毫末是丘山那么大，那么差别就等量齐观了。从功利的观点看，因由所有就认为有，万物未尝不是有；因由所无就认为无，万物未尝不是无。知道了东和西方向相反，而两者彼此又不能没有，那么功利的性分就确定了。再从志趣看，因由所认为对的就肯定它，那么万物没有不对的；因由所认为不对的就否定它，那么万物没有不可被否定的。知道尧和桀都自以为是而互相否定，那么趋向操守就表现出来了。往昔尧和舜由禅让而取得了帝位，燕王哙禅让给国相子之而身亡国乱；商汤王、周武王都以斗争取得了王位，楚国的白公胜却因斗争而自取灭亡。由此看来，斗争和禅让的礼数，尧和桀的行为，贵贱是由于时势的不同，不可以认为是不变的常态。粗大的梁柱可以用来冲撞城墙，而不能用来堵塞蚁穴鼠洞，这是说不同的器材有不同的用法。骐骥、骅骝，一天奔驰千里，捕捉老鼠却比不上野猫和黄鼠狼，这是说不同的才技有不同的用途。猫头鹰能在黑夜中捕捉跳蚤，能觉察毫末细小的东西，可是在白天，睁大了眼睛看不见山丘，这是说天性能力不同。故此说，如果肯定'是'而否定'非'，自以为能'治'就不否定'乱'吗？这是未明白天地万物变化的道理和情态啊。这正像只尊崇天而没有地，尊崇阴而没有阳，这行不通是明显的。但是，还要坚持辩论而不愿放弃，这不是愚蠢就是欺骗。帝王有不同的禅让方式，夏、商、周三代有不同的继承方法，不适应时势，违反风俗人情的，就称之为篡弑之人。配合时势，顺应世俗人情的，就被称为仗义的革命家。默默不语吧，河伯，你哪里知道贵和贱的门路，大和小的家数呢！"河伯说："那么，我什么应该做？什么不应该做？对于事物的拒绝或接受，求取或放弃，我究竟应该怎么决定？"北海若说："从道的角度看，什么贵什么贱，都是各自向对立的方向发展。不要拘泥你的心志，与大道相为难。哪里多哪里少，那是事物的代谢转化。不要固执你的行为，而与大道参差。严肃得像国君那样，没有偏私的德行；自由自在就像社祭时的土地神，对谁都不偏私福佑；浩荡广大地就像天地四方那样无穷无尽，没有界限。要能包容万物，谁也不受到特殊的偏爱，这就叫作'无方'。天地万物都是齐一的，又有什么谁长谁短？大道无终无始，万物都有死有生，所以它的存在是不足凭恃的。事物时虚时满，形态也是没有定位。年岁不能抬举，时光不能停止，消亡、生长、满盈、亏虚，始终循环。这就可以谈论大道的方式，讨论万物变化的理路。事物的生长，像奔驰一样，没有一个动作不在变化，无时无刻不在转移。什么可以做，什么不可以做？它本身就在不断变化。"河伯说："既然如此，又何必贵重'道'呢？"北海若说："懂得道的人，必然通情达理，通情达理的人，必然明白权宜应变，明白权宜应变的人，就不会因物而伤害自己。有最高道德的人，火不能烫伤他，水不能淹死他，严寒酷暑都不能伤害他，凶禽猛兽不能残害他。这不是说要他触犯水火、寒暑、禽兽，而是说他能够察觉安危，宁静对待祸福，谨慎地处理进退去就，因此外物不能伤害他。故此说：天性是内在的，人为是外在的，道德体现在天性里。知道天性和人为的运行，根本在天性，就位在道德，或退或进，或屈或伸，这就会归结到要点，而谈论到极点。"河伯说："那么，什么是天性？什么是人为？"北海若说："牛和马都有四条腿，这就是天性。给马络上笼头，给牛鼻穿上绳索，就是人为。故此说：不要用人为去毁灭天性，不要因故而忽视天命，不要因获得而牺牲名。谨慎守护不要错失，这才叫作返璞归真。"

　　这则寓言的描写，所谓"秋水时至，百川灌河，两涘渚崖之间，不辩牛马"，是充满着现场感的，当是庄子看到黄河洪水的基础上加以发挥的。根据我的考证，庄子当是在魏地看到"秋水时至，百川灌河"的。魏国是庄子与惠施辩学时常去的国度。至于庄子观察到的"两涘渚崖之间，不辩牛马"的黄河大水，发生于何年，今存的材料只能看到《水经注》卷八所说："《竹书纪年》曰：魏襄王十年十月，大霖雨，疾风，河水溢酸枣郱。"（《水经注校证》卷八）魏襄王十年（公元前 309 年）十月河水溢，九月秋水就灌河了。酸枣郱，在今河南省延津县西南，春秋属郑，战国属魏，在魏国首都大梁西北约数十里之程。魏襄王十年是公元前 309 年，惠施是在这一年被张仪驱逐离开梁相之位的，庄子是来为他送别的吗？回想惠施初为相之时，庄子曾为他无端的搜查讲了鹓雏、鸱与腐鼠的寓言，如今面对浩浩东流的黄河，真是令人心境苍茫。在这种苍茫心境中，庄子于公元前 309 年深秋作《秋水》之篇，庄子此时已是年届六十。河伯与北海若八度辩驳，带点老年人精于说理，好说车轱辘话的特征。

寓言的第七项功能：

　　庄子与惠施的辩论，词锋精微，论辩却散发着君子风范（四则）。

　　之一：实用主义认为，有用就是真理；其实以宇宙眼光来看，无用之中存在着大用，它穿透了有用而更接近真理。

《庄子·外物》说：

惠子谓庄子曰:"子言无用。"庄子曰:"知无用而始可与言用矣。天地非不广且大也,人之所用容足耳。然则厕足而垫之,致黄泉,人尚有用乎?"惠子曰:"无用。"庄子曰:"然则无用之为用也亦明矣。"庄子曰:"人有能游,且得不游乎?人而不能游,且得游乎?夫流遁之志,决绝之行,噫,其非至知厚德之任与!覆坠而不反,火驰而不顾,虽相与为君臣,时也,易世而无以相践。故曰至人不留行焉。夫尊古而悲今,学者之流也。且以狶韦氏之流观今之世,夫孰能不波?唯至人乃能游于世而不僻,顺人而不失己。彼教不学,承意不彼。"目彻为明,耳彻为聪,鼻彻为颤,口彻为甘,心彻为知,知彻为德。凡道不欲壅,壅则哽,哽而不止则跈,跈者众害生。物之有知者恃息,其不殷,非天之罪。天之穿之,日夜无降,人则顾塞其窦。胞有重阆,心有天游。室无空虚,则妇姑勃溪;心无天游,则六凿相攘。大林丘山之善于人也,亦神者不胜。德溢乎名,名溢乎暴,谋稽乎诐,知出乎争,柴生乎守,官事果乎众宜。春雨日时,草木怒生,铫耨于是乎始修,草木之到植者过半,而不知其然。静然可以补病,眦搣可以休老,宁可以止遽。虽然,若是,劳者之务也,非佚者之所未尝过而问焉。圣人之所以骇天下,神人未尝过而问焉;贤人所以骇世,圣人未尝过而问焉;君子所以骇国,贤人未尝过而问焉;小人所以合时,君子未尝过而问焉。

这就是说,惠施对庄子说:"你的言论没有用处。"庄子说:"懂得没有用处才可以谈论有用。天地不能说不是既广且大了,人所用的只是容下脚的一小块罢了。既然如此,侧着脚而挖掘到黄泉,大地对人来说还有用吗?"惠施说:"没有用处。"庄子说:"如此说来,没有用处的用处也就很明白了。"庄子说:"人能够随心而游,那么难道还会不自适自乐吗?人假如不能随心而游,那么难道还能够自适自乐吗?流荡忘的心志,决绝弃世的行为,唉,恐怕不是真知大德之人的任务吧!沉溺于世事而不知反悔,火急追逐外物而不知反顾,即使相互间为君为臣,也是一种时机,时世变化就没有办法相互践踏了。

故此说，道德极高的至人不留滞行程。崇尚古代鄙薄当今，这是学者一流的人。况且用狶韦氏之流的角度观察当今的世事，谁能不在心中引起波动？只有道德极高的至人才能游戏于世而不邪僻，顺随众人而不失掉自己。那些教诲不去学取，秉承其意不必听从于彼。"眼光透彻叫作明，耳朵透彻叫作聪，鼻子透彻叫作颤，口舌透彻叫作甘，心灵透彻叫作智，智慧透彻叫作德。大凡道德不希望有所壅塞，壅塞就会梗阻，梗阻就会出现相互践踏，相互践踏就会残害生命。物类有知觉靠的是气息，气息不盛，那不是天然禀赋的罪过。天然的真性贯穿万物，日夜不沉降，人反而堵塞自身的孔窍。腹腔有许多高门，内心有顺应天然而游乐。屋里没有虚空感，婆媳之间就争吵不休；内心不能游心于天然，那么六种官能就会出现纷扰。森林与山丘善待于人，也会心神不能取胜。品德外溢为名声，名声外溢为火爆，谋略的考究是由于危急，才智的运用是由于争斗，闭塞的出现是由于保守，官府事务处理果决是由于顺应了民众的事宜。春雨应时而降，草木勃然而生，锄地的农具开始修理，田地里杂草锄后再生超过半数，而人们不知道为什么这样。沉静可以补救病体，按摩可以延缓衰老，宁寂安定可以止息内心的急促。虽然如此，仍是操劳的人的事务，不是闲逸的人所未尝过问。圣人用来惊骇天下的办法，神人未尝过问；贤人用来惊骇时世的办法，圣人未尝过问；君子用来惊骇国人的办法，贤人未尝过问；小人用来苟合时世的办法，君子也未尝过问。

这则寓言以庄子和惠施辨析无用之用，乃是大用；无用保留了超越有用的浩渺空间，只有保留空间，才能避免姑嫂吵架，才能心与天游。事物的功能，发生于空白之处。能够由无到有，就是旷世的创造。

之二：庄子与惠施的辩论，折射着两人将天地与人浑然合一，或者物我两分的不同哲学理念。庄子思想很大程度是在与惠施的辩论中展开和深化的。

《庄子·秋水》说：

　　　　庄子与惠子游于濠梁之上。庄子曰："儵鱼出游从容，是鱼之乐也。"惠子曰："子非鱼，安知鱼之乐？"庄子曰："子非我，安知我不知鱼之乐？"惠子曰："我非子，固不知子矣；子固非鱼也，子之不知鱼之乐全矣！"庄子曰："请循其本。子曰汝安知鱼乐云者，既已知吾知之而问我。我知之濠上也。"

　　这里展示了庄子哲学的一个著名故事，说的是庄子和惠施在濠水的石梁上游玩时的对话。庄子说："白儵鱼从容出游，这就是鱼儿的快乐。"惠施说："你不是鱼，怎么知道鱼的快乐？"庄子说："你不是我，怎么知道我不知道鱼儿的快乐？"惠子说："我不是你，固然不知道你了；你固然不是鱼，你不知道鱼的快乐，也是完全可以肯定的。"庄子说："请顺着原本的话来说。你说的'你怎么知道鱼的快乐'的话，就既已知道了我知鱼儿的快乐而问我，而我是在濠水上知道鱼儿快乐的。"

　　濠梁观鱼应该发生在楚威王迎聘庄子，及惠施当梁惠王之相以前，他们这番辩论是心无芥蒂的。濠梁在今安徽凤阳。在濠水的石梁上观鱼，形容悠然自得，寄情物外。惠施的思想是人与物二分，庄子的思想是人与物混融一体，才有这番充满机锋的辩论。唐人李群玉《昼寐》诗云："正作庄生蝶，谁知惠子鱼。"柳宗元《游南亭夜还叙志七十韵》诗云："鹿鸣验食野，鱼乐知观濠。"白居易《池上寓兴二绝》之一云："濠梁庄惠谩相争，未必人情知物情。"钱起《山斋读书寄时校书杜叟》诗云："濠梁时一访，庄叟亦吾徒。"后世的反复吟咏，可见濠梁观鱼，蕴含着庄子诗的哲学，哲学的诗。

　　之三：儒者郑缓、墨翟、杨朱、公孙龙和惠施五子各以自己的是非标准来评判是非，都在射箭，却对着不同的靶子，总是偏离大道的核心。

　　《庄子·徐无鬼》说：

庄子曰："射者非前期而中谓之善射，天下皆羿也，可乎？"惠子曰：
"可。"庄子曰："天下非有公是也，而各是其所是，天下皆尧也，可乎？"
惠子曰："可。"庄子曰："然则儒墨杨秉四，与夫子为五，果孰是邪？或
者若鲁遽者邪？其弟子曰：我得夫子之道矣！吾能冬爨鼎而夏造冰矣！
鲁遽曰：是直以阳召阳，以阴召阴，非吾所谓道也。吾示子乎吾道。于
是为之调瑟，废一于堂，废一于室，鼓宫宫动，鼓角角动，音律同矣！
夫或改调一弦，于五音无当也，鼓之，二十五弦皆动，未始异于声而音
之君已！且若是者邪！"惠子曰："今夫儒墨杨秉，且方与我以辩，相拂
以辞，相镇以声，而未始吾非也，则奚若矣？"庄子曰："齐人蹢子于宋
者，其命阍也不以完；其求钘钟也以束缚；其求唐子也而未始出域：有遗
类矣！夫楚人寄而蹢阍者；夜半于无人之时而与舟人斗，未始离于岑而
足以造于怨也。"

庄子说："射箭的人不是事先瞄准而射中靶的，称他是善于射箭，那么普
天下都成了善射的羿，可以这样说吗？"惠子说："可以。"庄子说："天下没有
公认的正确标准，却各以自己认可的为正确，那么普天下都是唐尧了，可以
这样说吗？"惠子说："可以。"庄子说："既然如此，那么儒、墨、杨朱、公孙
龙四家，跟先生你就是五家，果真谁是正确的呢？或者像是周初的鲁遽那样
吗？鲁遽的弟子说：'我学得了先生的道，我能够在冬天生火烧饭在夏天制出
冰块。'鲁遽说：'这只不过是用阳气来招引阳气，用阴气来招引阴气，不是我
所说的道。我展示给你我所主张的道。'于是为大家调整好瑟弦，放一张瑟在
堂上，放一张瑟在内室，弹奏这张瑟的宫音而那张瑟的宫音就鸣动，弹奏那
张瑟的角音而这张瑟的角音就鸣动，音律调类相同的缘故啊。如果改动调整
一根弦，对于五个音不能和谐，弹奏起来，二十五根弦都发出震颤，却未尝
声相异而成就乐音之王了。而你似乎是鲁遽那样的人吧？"惠子说："如今儒、
墨、杨朱、公孙龙，正跟我一道辩论，相互间用言辞进行指责，相互间用声
望镇压对方，却从不曾非议我，那么将会怎么样呢？"庄子说："齐国有人使
自己跛脚的儿子滞留在宋国，命令守门人守住他而不让他有完整的身形，他

获得一只长颈的小钟包了又包，捆了又捆，他寻找远离家门的儿子却不曾出过郊野，这就像辩论的各家忘掉了跟自己相类似的情况！楚国有人寄居别人家而怒责守门人，半夜无人时走出门来跟船家打斗，还不曾离开岸边就足以结下了怨恨了。"

这则寓言把儒、墨、杨朱、公孙龙和惠施放在一起，他们各有自己的是非标准，都不能契合于道。他们之间的争辩，只能产生怨恨，却不能回归于道，相互产生共鸣。庄子于此强调道大于是非标准，揭示是非标准的相对性和道的一以贯之。对于天下皆羿，这个羿就有各种说法，最有名的就是羿射十日了。《山海经·大荒南经》说："东南海之外，甘水之间，有羲和之国。有女子名曰羲和，方日浴于甘渊。羲和者，帝俊之妻，生十日。"妻子生十日的帝俊就把红色的弓赐给羿，这能够和射落他的十个太阳儿子联系上吗？《山海经·海内经》："帝俊赐羿彤弓素矰，以扶下国，羿是始去恤下地之百艰。"今本《山海经》不见大羿射日的故事，但古本中或有记载。唐人成玄英《庄子·秋水》疏引《山海经》云："羿射九日，落为沃焦。"帝俊一个妻子生十日，另一个妻子生十二个月亮，他好像一个创世主，如《山海经·大荒西经》说："有女子方浴月。帝俊妻常羲，生月十有二，此始浴之。"西汉刘安《淮南子·本经训》就演绎出完整的羿射十日的故事："逮至尧之时，十日并出，焦禾稼，杀草木，而民无所食。猰貐、凿齿、九婴、大风、封豨、修蛇皆为民害。尧乃使羿诛凿齿于畴华之野，杀九婴于凶水之上，缴大风于青邱之泽，上射十日，而下杀猰貐，断修蛇于洞庭，擒封豨于桑林。"羿射十日在唐尧之时，到了夏朝，后羿又称"夷羿"，他仿佛是世代相传的古老部落的一位酋长。屈原《天问》说："帝降夷羿，革孽夏民。胡射夫河伯，而妻彼雒嫔。冯珧利决，封豨是射。何献蒸肉之膏，而后帝不若。浞娶纯狐，眩妻爱谋。何羿之射革，而交吞揆之。"夷羿是夏王朝东方部族有穷氏的首领，善于射箭。当时夏后启的儿子太康，耽于游乐田猎，不理政事，被后羿所逐。太康死后，后羿立太康之弟仲康为夏王，实权操纵于后羿之手。但后羿只顾四出打猎，后来被亲信寒浞所杀。庄子质问天下皆羿，羿本来就是从传说时代到上古历史时代的多重身份的人物，只是撷取羿是神射手这个特点，来阐发道大于是非标准的道理。

　　之四：庄子与惠施的辩论，在《庄子》书中给人留下深刻的印象，但他们之间辩而不破，相互尊重，更是给人留下了君子之辩的典型。

《庄子·徐无鬼》说：

　　庄子送葬，过惠子之墓，顾谓从者曰："郢人垩慢其鼻端若蝇翼，使匠石斫之。匠石运斤成风，听而斫之，尽垩而鼻不伤，郢人立不失容。"宋元君闻之，召匠石曰："尝试为寡人为之。"匠石曰："臣则尝能斫之。虽然，臣之质死久矣！"自夫子之死也，吾无以为质矣，吾无与言之矣！

　　这是庄惠因缘的故事，由庄子或庄子的见证者在惠施身后以寓言方式记述下来。庄子送葬，经过惠施的墓地，回头对跟随的人说："郢地有个人把白垩泥涂抹了鼻尖，薄得就像苍蝇的翅膀，使匠石用斧子砍削它。匠石挥动斧子形成一阵风，听着风声砍削白点，砍掉鼻尖上的白泥而鼻子没有受伤，郢地那人站立着不失容态。宋元君听闻这件事，召见匠石说：'你试给我做这件事。'匠石说：'我确实曾经能够砍掉鼻尖上的小白点。虽然如此，我可以搭配的人质已经死去很久了。'自从惠子离开了人世，我没有可以匹配的人质了！我没有可以与之论辩的人了！"

　　这则寓言彰显了庄子与惠施论辩的风范。如《淮南子·修务训》说："钟子期死而伯牙绝弦破琴，知世莫赏也。惠施死而庄子寝说言，见世莫可为语者也。"匠石运斤的故事，说明挥斧头的人了得，也说明受斧头的人了得，庄子与惠施之间的挥斧头的人和受斧头的人，都属于千载难逢的知音。这种天作之合、艺高人胆大的妙处，是权势者宋元君无法领悟的。

寓言的第八项功能：

庄子的许多身世寓言，敞露了他的言行心迹。逍遥自在，神游太虚，彰显着诗的哲学，哲学的诗（七则）。

之一：庄子对父母之邦楚国的政治和流寓之邦宋国的政治，都保持高度的警惕和疏离感，也就自我放逐到蒙泽湿地的草木虫鱼之间，融入大自然的怀抱。

《庄子·秋水》说：

庄子钓于濮水。楚王使大夫二人往先焉，曰："愿以境内累矣！"庄子持竿不顾，曰："吾闻楚有神龟，死已三千岁矣。王巾笥而藏之庙堂之上。此龟者，宁其死为留骨而贵乎？宁其生而曳尾于涂中乎？"二大夫曰："宁生而曳尾涂中。"庄子曰："往矣！吾将曳尾于涂中。"

这里涉及庄子的楚国国族因缘，说的是庄子在濮水垂钓，楚王派遣两位大夫先行前往致意，说："楚王愿将国家政事劳累你了。"庄子手持钓竿头也不回地说："我听说楚国有一神龟，死时已经三千岁了，楚王用巾箱珍藏在宗庙里。这只神龟，是宁愿死去留下骨骸而显示尊贵呢，还是宁愿活着在泥水里拖着尾巴呢？"两位大夫说："宁愿活着拖着尾巴在泥水里。"庄子说："你们走吧！我将拖着尾巴生活在泥水里。"

这是庄子的身世寓言，他不追慕充满政治风险的荣华富贵，而安于逍遥自适的淡泊生活。身世寓言是有底子的，《史记》"庄子传"将之系于楚威王初年（公元前339年）派两位大夫应聘庄子。

之二：对于惠施当了梁惠王之相，庄子把他看成是获得了一只死老鼠，没有羡慕，只有鄙视。

《庄子·秋水》说：

> 惠子相梁，庄子往见之。或谓惠子曰："庄子来，欲代子相。"于是惠子恐，搜于国中三日三夜。庄子往见之，曰："南方有鸟，其名为鹓雏，子知之乎？夫鹓雏发于南海而飞于北海，非梧桐不止，非练实不食，非醴泉不饮。于是鸱得腐鼠，鹓雏过之，仰而视之曰：吓！今子欲以子之梁国而吓我邪？"

惠施当了梁国的相，庄子前往看望他。有人对惠施说："庄子前来，是想取代你的相位。"于是惠施恐慌起来，在都城内搜寻庄子，整整三天三夜。庄子前往看望惠施，说："南方有一种鸟，它的名字叫鹓雏，你知道吗？鹓雏从南海出发飞到北海，不是梧桐树就不停息，不是竹子的果实不食，不是甘美的泉水不饮用。正在这时猫头鹰得到一只腐烂了的老鼠，鹓雏刚巧从空中飞过，猫头鹰抬头看鹓雏，发出驱赶的声音：'吓！'如今你也想用你的梁国来叱退我吗？"

这也是一则涉及身世的寓言，发生在梁惠王后元元年（公元前334年）。惠施由于协助梁惠王与齐威王会徐州互相承认为王，成了梁惠王的相。但是五年前楚威王派二大夫迎庄子到楚国为卿相，惠施是知道的，因此庄子向惠施讲了凤凰、猫头鹰、死老鼠的寓言，提醒这位老伙计，自己既然拒绝楚国的聘请，又岂会贪图魏国那只死老鼠？

之三：庄子妻死，鼓盆而歌，既是楚国原始风俗，又是由此成了思考气聚而生、气散而死的生存哲学的酵素。

《庄子·至乐》说：

> 庄子妻死，惠子吊之，庄子则方箕踞鼓盆而歌。惠子曰："与人居，长子老身，死不哭亦足矣，又鼓盆而歌，不亦甚乎！"庄子曰："不然。是其始死也，我独何能无概然！察其始而本无生，非徒无生也而本无形，非徒无形也而本无气。杂乎芒芴之间，变而有气，气变而有形，形变而有生，今又变而之死，是相与为春秋冬夏四时行也。人且偃然寝于巨室，而我嗷嗷然随而哭之，自以为不通乎命，故止也。"

这是一个以原始风俗提升为生存哲学的寓言，说的是庄子的妻子死了，惠施前往吊唁，庄子正在分开双腿像簸箕一样坐着，敲打着瓦缶唱歌。惠施说："你跟妻子生活了一辈子，生儿育女直至衰老而死，人死了不哭泣也就算了，又敲打瓦缶唱歌，不也太过分了吧！"庄子说："不对啊。她初死之时，我何尝不感慨伤心呢！然而考察她开始原本没有生命，不只是没有生命，而且原本就没有形体；不只是没有形体，原本就没有气息。夹杂在恍恍惚惚的境域之中，变化而有了气息，气息变化而有了形体，形体变化而有了生命，如今变化又回到死亡，这就跟春夏秋冬四季运行一样。人死去安安稳稳地寝卧在大屋子里，而我却呜呜咽咽地围着她哭泣，自认为这是不能通晓天命，故此就停止了哭泣。"

庄子妻死，鼓盆而歌，这是楚人的原始风俗，庄子从中提升出一种生死哲学，投入元气、形体、生命的大化流行之中。由民俗到哲学，他在生死观中注入了自然辩证法的神髓。《庄子·至乐》中还有这样的话："人之生也，与忧俱生，寿者惛惛，久忧不死，何苦也。"这就是"人生如寄"的思想。

之四：既然人生如寄，那么生死忧乐的感受和意义，就在这个"寄"字中获得新的说明。于是，庄子与骷髅对话了，对质着生死忧乐，以怪诞的方式强化了对乱世人生造成的磨难的批判。

《庄子·至乐》说：

> 庄子之楚，见空髑髅，髐然有形，撽以马捶因而问之，曰："夫子贪生失理，而为此乎？将子有亡国之事，斧钺之诛，而为此乎？将子有不善之行，愧遗父母妻子之丑，而为此乎？将子有冻馁之患，而为此乎？将子之春秋故及此乎？"于是语卒，援髑髅，枕而卧。夜半，髑髅见梦曰："子之谈者似辩士。视子所言，皆生人之累也，死则无此矣。子欲闻死之说乎？"庄子曰："然。"髑髅曰："死，无君于上，无臣于下；亦无四时之事，从然以天地为春秋，虽南面王乐，不能过也。"庄子不信，曰："吾使司命复生子形，为子骨肉肌肤，反子父母妻子闾里知识，子欲之乎？"髑髅深矉蹙额曰："吾安能弃南面王乐而复为人间之劳乎！"

这里以人与骷髅的对话，敞开了一种独特而怪异的生存哲学。说的是庄子去楚国，见到一个头盖骨的髑髅，空枯突露着原形。庄子用马鞭敲打而问道："先生是贪求生命、失却真理，而成了这样呢？或是你遇上了亡国的大事，遭到刀斧的砍杀，而成了这样呢？或是你有了不好的行为，愧恨给父母、妻儿子女留下耻辱，而成了这样呢？或是你遭受寒冷与饥饿的灾祸而成了这样呢？或是你享尽天年而成了这样呢？"庄子说罢，拿过髑髅，用作枕头而睡去。到了半夜，髑髅显梦说："你谈话的情况真像一个辩士。看你所说的话，全属于活人的拘累，人死了就没有这些忧虑了。你愿意听听人死后的说法吗？"庄子说："是的。"髑髅说："人死了，没有国君在上统治，没有官吏在下管辖；也没有四季的事物，从容地把天地看作是春秋的流动，虽然是南面为王的快乐，也不可能超过。"庄子不信，说："我让主管生命的神来恢复你的形体，为你重新长出骨肉肌肤，返回到你的父母、妻子儿女、左右邻里和朋友故交中去，你想这样吗？"髑髅皱眉蹙额地说："我怎么能抛弃南面称王的快乐而再次经历人世的劳苦呢？"

这是一个怪诞的寓言，在梦中采取髑髅的视角，以人世的劳苦与死后的安逸相对照，盛称死后的快乐如南面为王，在超越生死界限中以死亡反观生存，突显一种怪异的生死观。鲁迅为此写了怪诞速写《起死》，收入《故事新编》。在这篇怪诞剧中，庄子揶揄司命神："大神错矣。其实哪里有什么死生。我庄周曾经做梦变了蝴蝶，是一只飘飘荡荡的蝴蝶，醒来成了庄周，是一个忙忙碌碌的庄周。究竟是庄周做梦变了蝴蝶呢，还是蝴蝶做梦变了庄周呢，可是到现在还没有弄明白。这样看来，又安知道这髑髅不是现在正活着，所谓活了转来之后，倒是死掉了呢？请大神随随便便，通融一点罢。做人要圆滑，做神也不必迂腐的。"司命神使骷髅复活后，那个赤条条的汉子向庄子索取衣服、包裹和伞子。汉子是商纣王修鹿台时，在探亲的路上遇到断路强盗，从背后打闷棍死的，已经死了五百多年。他扭着庄子要去见保甲。庄子推托说："慢慢的，慢慢的，我的衣服旧了，很脆，拉不得。你且听我几句话：你先不要专想衣服罢，衣服是可有可无的，也许是有衣服对，也许是没有衣服对。鸟有羽，兽有毛，然而王瓜茄子赤条条。此所谓'彼亦一是非，此亦一是非'，你固然不能说没有衣服对，然而你又怎么能说有衣服对呢？……"庄子只好吹响警笛，赶来的巡士知道他是要去见楚王的漆园吏，就说："咱们的局长这几天就常常提起您老，说您老要上楚国发财去了，也许从这里经过的。敝局长也是一位隐士，带便兼办一点差使，很爱读您老的文章，读《齐物论》，什么'方生方死，方死方生，方可方不可，方不可方可'，真写得有劲，真是上流的文章，真好！您老还是到敝局里去歇歇罢。"巡士驱逐不依不饶的汉子躲进乱树蓬里，庄子才脱身骑马走了。鲁迅的怪诞剧融合着庄子的言论和梦蝶想象，怪诞中夹杂着几分苦涩的幽默和天真。

之五：庄子不仅自己与骷髅对话，而且让列子也和骷髅对话。并且把列子与骷髅的对话，引向超现实、超逻辑的匪夷所思

的生物变化链之中。

《庄子·至乐》说：

> 列子行，食于道，从见百岁髑髅，攓蓬而指之曰："唯予与汝知而未尝死、未尝生也。若果养乎？予果欢乎？"种有几，得水则为继，得水土之际则为蛙蟆之衣，生于陵屯则为陵舄，陵舄得郁栖则为乌足。乌足之根为蛴螬，其叶为胡蝶。胡蝶胥也化而为虫，生于灶下，其状若脱，其名为鸲掇。鸲掇千日为鸟，其名为干余骨。干余骨之沫为斯弥，斯弥为食醯。颐辂生乎食醯，黄軦生乎九猷，瞀芮生乎腐蠸。羊奚比乎不箰，久竹生青宁；青宁生程，程生马，马生人，人又反入于机。万物皆出于机，皆入于机。

这个故事也见于《列子·天瑞篇》：

> 子列子适卫，食于道，从者见百岁髑髅，攓蓬而指，顾谓弟子百丰曰："唯予与彼知而未尝生未尝死也。此过养乎，此过欢乎？种有几：若蛙为鹑，得水为㡭，得水土之际，则为蛙蟆之衣。生于陵屯，则为陵舄。陵舄得郁栖，则为乌足。乌足之根为蛴螬，其叶为蝴蝶。蝴蝶胥也，化而为虫，生灶下，其状若脱，其名曰鸲掇。鸲掇千日化而为鸟，其名曰乾余骨。乾余骨之沫为斯弥。斯弥为食醯颐辂。食醯颐辂生乎食醯黄軦，食醯黄軦生乎九猷。九猷生乎瞀芮，瞀芮生乎腐蠸，羊肝化为地皋，马血之为转邻也，人血之为野火也。鹞之为鹯，鹯之为布谷，布谷久复为鹞也。燕之为蛤也，田鼠之为鹑也，朽瓜之为鱼也，老韭之为苋也，老羭之为猨也，鱼卵之为虫。亶爰之兽自孕而生曰类。河泽之鸟视而生曰鶂。纯雌其名大腰，纯雄其名稚蜂。思士不妻而感，思女不夫而孕。后稷生乎巨迹，伊尹生乎空桑。厥昭生乎湿，醯鸡生乎酒。羊奚比乎不笋。久竹生青宁，青宁生程，程生马，马生人。人久入于机。万物皆出于机，

皆入于机。"

列子外出旅行，在道旁吃东西，看见一个百年骷髅，拔掉周围的蓬草指着髑髅说："只有我和你知道你是不曾死也不曾生的。你果真忧愁吗？我又果真欢乐吗？"物类源起于微细的"几"，得到水的滋养就有作为，得到陆地和水面的交接处就形成蛤蟆衣的青苔，生长在山陵高地就成了车前草，车前草获得粪土的滋养长成乌足草，乌足草的根变成土蚕，乌足草的叶子变成蝴蝶。蝴蝶很快又变成为虫，生活在灶下，那样子就像是蜕皮，它的名字叫作灶马。灶马一千天后变成为鸟，它的名字叫作乾余骨。乾余骨的唾沫长出虫子斯弥，斯弥又生出蠛蠓。颐辂生于蠛蠓，黄轵生于九猷；蠓子生于萤火虫。羊奚草跟不长笋的老竹比配，老竹生出青宁虫；青宁虫生出一种赤虫叫作"程"，程生出马，马生出人，而人又返归造化之初的机制中。万物都产生于自然的机制，又全都回返自然的机制。

这则寓言中，生物链被描述得颠三倒四，奇奇怪怪，生命在草木虫鱼之间变幻莫测，纯然出于超现实、超逻辑的匪夷所思的变化链之中，认为这些都属于自然的契机，自然成了物化之流。尤其可以诧异的是，人也进入了这个超逻辑的生物链之中。这一点渗透了古代的怪异思维。西汉京房《易传》卷二记载：

> 方伯分威，厥妖，牡马生子，亡。天子诸侯相伐，厥妖，马生人。臣易上政，不顺，厥妖，马生角，兹谓贤士不足。〔《汉书·五行志》下之上，《后汉书·五行志》五引：上亡天子，诸侯相伐，厥妖，马生人。《法苑珠林》第七十九，《隋书·五行志》下引：方伯分威，厥妖，牡马生子。诸侯相伐，厥妖，马生人一目，人流亡。

卷四又记载：

> 上无天子，诸侯相伐，民流，百姓劳，厥妖马生人。马生人，一身

有两头以上，邑有反者，兵大作。马生人，一首三颡以上，邑相轼乱。马生人，一首两颡以上，邑有大兵。马生人，一身而两首，无目，一耳居额以上者，邑且有兵。马生人，一身三首以上，三耳以上无目，是谓不祥，天下有兵，民流亡。马生人，一身两首九口，鼻居项，天下大饥，民流亡。马生人，一身两首以上，无耳无口，二鼻以上，一鼻著项，一鼻著颡，天下有兵丧。马生人，一身两首，邑弃主。马生人，一身两面以上，其邑大不祥。马生人，三首以上，邑争凶。马生人，一身三耳以上，其邑乱。马生人，一首二鼻以上，邑民贫。马生人，有臂无首足，邑有兵，不胜，凶。马生人，三臂以上，邑君有恶疾。马生人，三足以上，其邑劳。马生人，三腹以上，无足，邑有大丧。马生人，三阴以上，臣谋其主。马生人，首在掖下，主贼杀其臣。马生人，首在足下，邑君私，社稷亡。马生人，首在背，民大劳苦。马生人，首在阴，其君亡地。马生人，首在阴，其君亡地。马生人，目在掖下，其君丧。马生人，目在背，邑有大兵，流亡。马生人，目在腹若喉颡，人主有亡地。马生人，目在足下，此谓下视，欲谋其上。马生人，口在腹，邑有兵，民且饥。马生人，口在背，邑有大事，民绝食。马生人，鼻在腹下，主令不行。马生人，鼻在足下，民相从哭。马生人，鼻在腹下，其邑谷不成。马生人，鼻在背，邑民劳。马生人，鼻在阴，邑君鬼神不享。马生人，耳在背，民不相从，邑有兵。马生人，耳在腹，其邑弱主，治不行。马生人，耳在阴，贤者不上通。马生人，腹在跨，其邑大饥，君亡地。马生人，阴在上，其君无子。马生人，阴在背腹，民饥，臣下大谋其主。马生人，四肢在首及项，其君失位。马生人，无首，其君大疾。马生人，无目，其国失令，亡。马生人，无口，天下大饥。马生人，无鼻，其邑有丧。马生人，无耳，其邑有鬼，惊人主。马生人，无手足，其邑不谷。马生人，无臂，邑有兵，兵败。马生人，无腹，邑亡，有兵，民饥。马生人，人身而畜面者，民饥，主易。马生人，人面而六畜身者，是不祥，邑有兵。马生人，人面野兽身者，邑有大客及兵。马生人，人身而野兽面，天下有亡邑。马生人，人面鸟身，是谓不祥，邑有兵。马生人，人身而虫蛇面者，邑且亡。马生人，人面而虫蛇身者，谓邑虚及有兵。马生人，人身而蛇龙面者，其邑有弱主，不治。马生人，人面而龙蛇身者，民流亡。〔《开元占经》一百十八〕

东晋干宝《搜神记》卷六也记述：

秦孝公二十一年，有马生人。昭王二十年，牡马生子而死。刘向以为皆马祸也。京房《易传》曰："方伯分威，厥妖牡马生子。上无天子，诸侯相伐，厥妖马生人。"

范晔《后汉书·孝灵帝纪》也记载："京师马生人。"庄子记载的列子"马生人"之说，成为这种怪异思想的发端。

之六：庄子对生物界互相制约、互相损害，是心存畏惧的。庄子的逍遥，也就成了奋翼维艰的逍遥。逍遥实际上成了对无处不在的制约损害的反抗。

《庄子·山木》说：

庄周游于雕陵之樊，睹一异鹊自南方来者，翼广七尺，目大运寸，感周之颡而集于栗林。庄周曰："此何鸟哉，翼殷不逝，目大不睹？"蹇裳躩步，执弹而留之。睹一蝉，方得美荫而忘其身，螳螂执翳而搏之，见得而忘其形；异鹊从而利之，见利而忘其真。庄周怵然曰："噫！物固相累，二类相召也！"捐弹而反走，虞人逐而谇之。庄周反入，三月不庭，蔺且从而问之："夫子何为顷间甚不庭乎？"庄周曰："吾守形而忘身，观于浊水而迷于清渊。且吾闻诸夫子曰：入其俗，从其令。今吾游于雕陵而忘吾身，异鹊感吾颡，游于栗林而忘真，栗林虞人以吾为戮，吾所以不庭也。"

这是生物界充满危机的故事，说的是庄子在雕陵的树林里游玩，有一只奇异的怪鹊从南方飞来，翅膀宽达七尺，眼睛转动着有一寸大，碰着庄子的额头而停歇在栗树林里。庄子说："这是什么鸟呀，翅膀大却不能远飞，眼睛大视力却不济？"于是提起衣裳快步上前，拿着弹弓等待着。又有一只蝉，正在美好的树荫里休息而忘记了自身的安危；一只螳螂用树叶作隐蔽去捕捉蝉，螳螂见到利益而忘掉了自己形体的存在；怪鹊紧随其后把握有利的时机，为了捕到螳螂而又丧失了自身的真性。庄子心惊肉跳地说："啊，世上的物类原本这样相互牵累，两种物类之间也以利相召引！"庄子扔掉弹弓反身而走，看守栗园的人在后面追着责问他。庄子返回家中，三月不出门。弟子蔺且跟随一旁问道："先生为什么这么长时间不出门呢？"庄子说："我守着形体忘记了身体的安危，观赏混浊的水而迷惑于清澈的水潭。而且我从老师那里听说：'进到某种习俗，就要遵从它的吆喝。'如今我来到雕陵栗园便忘了自身的安危，奇异的怪鹊碰上了我的额头，游玩在栗林时又丧失了自身的真性，管栗园的人还羞辱我，这是我不出门的原因。"这篇寓言形容螳螂捕蝉异鹊在后，异鹊又不知人执弹弓在后，执弹弓的人又不知管园人在后，都陷入见眼前之利而忘身后的安危的怪圈之中。陷阱重重，危险累累，只有跳出利害的牵累，才能回复自身的真性。西汉刘向《说苑·正谏》则把"螳螂捕蝉，黄雀在后"的寓言，置于春秋晚期吴、楚、越三国的博弈关系中：

> 吴王欲伐荆，告其左右曰："敢有谏者死。"舍人有少孺子者，欲谏不敢，则怀丸操弹，游于后园，露沾其衣，如是者三旦。吴王曰："子来，何苦沾衣如此？"对曰："园中有树，其上有蝉，蝉高居悲鸣饮露，不知螳螂在其后也。螳螂委身曲附欲取蝉，而不知黄雀在其傍也。黄雀延颈欲啄螳螂，而不知弹丸在其下也。此三者，皆务欲得其前利，而不顾其后之有患也。"吴王曰："善哉。"乃罢其兵。

这则材料可以作为庄子雕陵树林中螳螂故事的铺垫，这种只顾眼前利益，不顾身后祸患的做法，实际上成了春秋战国乱世的国与国、人与人之间互设陷阱的极好象征，可以称为"螳螂捕蝉"的危机哲学。

之七：庄生以儒雅潇洒闻于世，却特著《说剑篇》亮出惊世骇俗的"十步一人，千里不留行"的长剑，这在《庄子》书中独具一格，浩然之气长存。

《庄子·说剑》说：

　　昔赵文王喜剑，剑士夹门而客三千余人，日夜相击于前，死伤者岁百余人。好之不厌。如是三年，国衰。诸侯谋之。太子悝患之，募左右曰："孰能说王之意止剑士者，赐之千金。"左右曰："庄子当能。"太子乃使人以千金奉庄子。庄子弗受，与使者俱往见太子，曰："太子何以教周，赐周千金？"太子曰："闻夫子明圣，谨奉千金以币从者。夫子弗受，悝尚何敢言。"庄子曰："闻太子所欲用周者，欲绝王之喜好也。使臣上说大王而逆王意，下不当太子，则身刑而死，周尚安所事金乎？使臣上说大王，下当太子，赵国何求而不得也！"太子曰："然。吾王所见，唯剑士也。"庄子曰："诺。周善为剑。"太子曰："然吾王所见剑士，皆蓬头突鬓，垂冠，曼胡之缨，短后之衣，瞋目而语难，王乃说之。今夫子必儒服而见王，事必大逆。"庄子曰："请治剑服。"治剑服三日，乃见太子。太子乃与见王。王脱白刃待之。庄子入殿门不趋，见王不拜。王曰："子欲何以教寡人，使太子先。"曰："臣闻大王喜剑，故以剑见王。"王曰："子之剑何能禁制？"曰："臣之剑十步一人，千里不留行。"王大悦之，曰："天下无敌矣。"庄子曰："夫为剑者，示之以虚，开之以利，后之以发，先之以至。愿得试之。"王曰："夫子休，就舍待命，令设戏请夫子。"王乃校剑士七日，死伤者六十余人，得五六人，使奉剑于殿下，乃召庄子。王曰："今日试使士敦剑。"庄子曰："望之久矣！"王曰："夫子所御杖，长短何如？"曰："臣之所奉皆可。然臣有三剑，唯王所用。请先言而后试。"

王曰："愿闻三剑。"曰："有天子剑，有诸侯剑，有庶人剑。"王曰："天子之剑何如？"曰："天子之剑，以燕谿石城为锋，齐岱为锷，晋卫为脊，周宋为镡，韩魏为夹，包以四夷，裹以四时，绕以渤海，带以常山，制以五行，论以刑德，开以阴阳，持以春夏，行以秋冬。此剑直之无前，举之无上，案之无下，运之无旁。上决浮云，下绝地纪。此剑一用，匡诸侯，天下服矣。此天子之剑也。"文王芒然自失，曰："诸侯之剑何如？"曰："诸侯之剑，以知勇士为锋，以清廉士为锷，以贤良士为脊，以忠圣士为镡，以豪桀士为夹。此剑直之亦无前，举之亦无上，案之亦无下，运之亦无旁。上法圆天，以顺三光；下法方地，以顺四时；中和民意，以安四乡。此剑一用，如雷霆之震也，四封之内，无不宾服而听从君命者矣。此诸侯之剑也。"王曰："庶人之剑何如？"曰："庶人之剑，蓬头突鬓，垂冠，曼胡之缨，短后之衣，瞋目而语难，相击于前，上斩颈领，下决肝肺。此庶人之剑，无异于斗鸡，一旦命已绝矣，无所用于国事。今大王有天子之位而好庶人之剑，臣窃为大王薄之。"王乃牵而上殿，宰人上食，王三环之。庄子曰："大王安坐定气，剑事已毕奏矣！"于是文王不出宫三月，剑士皆服毙其处也。

这篇文章在《庄子》中别具一格，说的是往昔赵文王喜欢剑术，剑客登门投靠的三千余人，日夜在庭前相互击剑，死伤的每年百余人，而赵文王兴趣不减。如此三年，国势衰颓，各国诸侯谋划讨伐赵国。太子悝感到忧患，招募左右说："谁能说服国王禁止剑客，就赏赐千金。"左右说："庄周先生能做到。"太子就派使者以千金奉献给庄子。庄子不受，与使者来赵国见太子，问："太子有什么指教庄周吗，赏赐我千金？"太子说："久闻先生高明圣哲，谨奉千金来打发你的随员。先生不受，我怎敢开口呢！"庄子说："听闻太子想用庄周，想断绝国王的爱好吧。使我去说服国王，触犯国王心意，下对不起太子，就身体受刑处死，庄周还怎么能拿到千金！使我上说国王，下合太子心愿，赵国要求什么还不可得到呢？"太子说："是的。我们国王只接见剑客。"庄子说："行。庄周擅长剑术。"太子说："然而我们国王接见的剑客，都是头发髯髯，鬓毛毿毿，钢盔覆额，乱七八糟的帽带套颈，衣衫后面很短，横眉瞋眼，谈吐粗野，国王才喜欢。如今先生穿着儒服去见国王，事情必然悖逆了。"庄子说："请给我缝一套剑装吧。"穿上剑装三天，去见太子，太子才和他去见国王。赵文王抽剑来接待他。庄子进入殿门，不趋步而行，见了国王不下拜。赵文王问："你想用什么教诲我，使太子先来介绍？"庄子说："臣下听说大王喜欢剑术，特以剑术见教大王。"赵文王问："你的剑术有什么禁忌制度？"庄子说："臣下的剑术，十步斩一人，千里不留行。"赵文王大喜说："那就天下无敌啦！"庄子说："做一个剑客，要做出虚假的姿态，再设下诱饵，要后发制人，出剑要抢先。愿得到机会试一试。"赵文王说："先生回宾馆休息待命吧。我下命令设计好戏，再请你来。"赵文王校阅剑士七日，死伤六十多人，挑选出五六个最优秀的剑士，使他们拿着剑在殿下等着，这才召见庄子。赵文王说："今天想请你来论剑。"庄子说："盼望已久了。"赵文王说："先生所用器仗，长短如何？"庄子说："长短剑都行。但我有三种剑，随大王指定使用。请允许我论剑而后试剑。"赵文王说："我愿意听听哪三种剑。"庄子说："有天子剑，有诸侯剑，有庶人剑。"赵文王问："天子剑如何？"庄子说："天子之剑，燕谿、石城做剑锋，齐鲁泰山做剑刃，晋卫两国做中脊，周、宋两国做剑环，韩、魏两国做剑柄，包裹以四夷和四时，环绕以北海，带子就是常山。以五行来锻制，以刑德来论定，用阴阳来开刃，用春夏来保养，用秋冬来试行。天子剑直行无前，举起来无上方，按下去无下方，运转起来无四旁，上可以斩决浮云，下可以绝断地脉。天子剑一经使用，能够匡正诸侯，天下都会敬服。这就是天子之剑。"赵文王茫然若失，问："诸侯剑如何呢？"庄子说："诸侯之剑，以智谋勇敢之士做剑锋，清官廉吏做剑刃，贤良之士做中脊，忠臣圣哲做剑环，以豪杰之士做剑柄。诸侯剑向前直挺，一往无前，举起来没有上方，按下去没有下方，运转起来没有四旁，向上取法圆天，顺应日月星辰三种光芒，向下取法大地，和顺四时，就中和合民意，安定四乡。诸侯剑一用，如雷霆震荡，四境之内无不宾服而听从你的命令。这就是诸侯之剑。"赵文王问："庶人之剑如何？"庄子说："庶人之剑，蓬头、竖起鬓发、低垂头冠，剑带胡乱散漫，后衣很短，瞪着眼睛难以说话，相击在前，上斩脖子，下穿透肝肺。这种庶人之剑，无异于斗鸡，一旦使用就生命断绝，对于国事毫无用处。如今大王有天子之位，而喜好庶人之剑，臣下私自认为大王有些浅薄。"赵文王牵着庄子上殿，厨子奉上食品，国王绕桌三周，供奉庄子。庄子说："大王安坐定气，我的剑事已上奏完毕。"于是，赵文王三月不出宫门，剑士都自杀谢罪。

　　这则寓言是《庄子》书中最有剑胆侠心的一篇，读来令人心旺。以庄子的三剑制服赵文王豢养的三千余剑士，而不需试剑，只凭论剑，带有纵横家之风。天子之剑以中原、山岳、四夷、五行、刑德、阴阳、春夏秋冬为体，一往无前。诸侯之剑次之，庶人之剑更次。

　　这就以天地胸襟，使赵文王坐寝不安，剑士们无地自容。庄子以他的天子之剑"上决浮云，下绝地纪"，一扫世俗喧嚣琐屑的污浊之气，以澄清寰宇。这也是本书"寓言篇"的压卷之作。

五 《庄子》重言的道术秘密

《庄子·寓言》说:"寓言十九,重言十七,卮言日出,和以天倪。"但是寓言十成九,重言十成七,卮言日出,已经超出十分之十的界限,只能说寓言、重言、卮言是相互交叉的。基本上都可以叫作"寓言",但为了突出重言、卮言的独特功能,不妨对它们作出进一步的细分。

《庄子》重言是寓言的特殊形态,特点是借用前辈圣贤,装点他们的言行,来阐释庄子的思想选择和文化批评,尤其是比较道家与儒家及其他思想派别,以别样方式抬举道家的清虚恬淡之态、自然无为之道。重言中的前辈圣贤,据说包括神农、黄帝、尧、舜、禹、商汤、周文王、周武王、周公直至老聃、孔丘,但是最关键的部分还是老聃、孔丘,这是应该着力分析和阐释的。阐释关键,是一种非常有效的方法论。归入重言者,有46则。

重言的第一项功能：

尊崇老聃（四则）

之一：阐明老子之道的根本所在。

《庄子·应帝王》说：

> 阳子居见老聃，曰："有人于此，向疾强梁，物彻疏明，学道不倦。如是者，可比明王乎？"老聃曰："是于圣人也，胥易技系，劳形怵心者也。且也虎豹之文来田，猨狙之便、执斄之狗来藉。如是者，可比明王乎？"阳子居蹴然曰："敢问明王之治。"老聃曰："明王之治，功盖天下而似不自己，化贷万物而民弗恃，有莫举名，使物自喜，立乎不测，而游于无有者也。"

这是老子现身说法，说的是阳子居拜见老聃，说："有这么一个人在这里，他一向强势，对待事物洞察透彻，学道从不厌倦。像这种情形，可以跟明王相匹配吗？"老聃说："这样的人相对于圣人，只不过就像小吏为办事的技能所拘系、劳苦身形担惊受怕的那一流人。况且虎豹因为毛色的花纹而招来猎人的围捕，猕猴跳跃敏捷、狗捕物迅猛而招致绳索的拘缚。像这样的动物，也可以拿来与明王相比吗？"阳子居听了，脸色沮丧地说："冒昧地请教明王怎么治理天下。"老聃说："明王治理天下，功绩普盖天下而像不曾出自自己的努力，教化施及万物而民众不自恃有功；有功德而不求名声，使万事万物自得其乐；立足于高深莫测的神妙之境，而生活在什么也不存在的世界里。"

这则重言借助老聃的权威，讲了一种"明王境界"，功成不居，道高不名，不要作猴子和狗那样的卖弄，把自己的技能修饰得色彩斑斓，招来明里暗里的觊觎和施害。在这则重言中，首先以排除法，排除那种像聪明的小吏为供职办事的技能所拘系、劳苦身躯担惊受怕的那一流人的伎俩。因为他们的聪明就像虎豹由于毛色美丽而招来猎人的围捕，狝猴由于跳跃敏捷、狗由于捕物迅猛而招致绳索的拘缚。然后才由技巧的层面推进到天道的层面，推崇一种"明王境界"：功绩普盖天下却又像什么也不曾出自自己的努力，教化施及万物而百姓却不自恃有功；功德无量没有什么办法称述赞美，使万事万物各居其所而欣然自得；立足于高深莫测的神妙之境，而生活在什么也不存在的世界里。这就趋向老子之道的本质，暗合于《老子》2章："生而弗有，为而弗恃，功成而弗居。"

之二：阐明趋向老子之道的本质的关键所在和基本窍门。

《庄子·在宥》说：

> 崔瞿问于老聃曰："不治天下，安藏人心？"老聃曰："女慎无撄人心。人心排下而进上，上下囚杀，淖约柔乎刚强，廉刿雕琢，其热焦火，其寒凝冰。其疾俯仰之间，而再抚四海之外，其居也渊而静，其动也县而天。偾骄而不可系者，其唯人心乎！昔者黄帝始以仁义撄人之心，尧、舜于是乎股无胈，胫无毛，以养天下之形，愁其五藏以为仁义，矜其血气以规法度。然犹有不胜也。尧于是放讙兜于崇山，投三苗于三峗，流共工于幽都，此不胜天下也夫！施及三王而天下大骇矣。下有桀、跖，上有曾、史，而儒、墨毕起。于是乎喜怒相疑，愚知相欺，善否相非，诞信相讥，而天下衰矣。大德不同，而性命烂漫矣；天下好知，而百姓求竭矣。于是乎釿锯制焉，绳墨杀焉，椎凿决焉。天下脊脊大乱，罪在撄人心。故贤者伏处大山嵁岩之下，而万乘之君忧慄乎庙堂之上。今世殊死者相枕也，桁杨者相推也，刑戮者相望也，而儒墨乃始离跂攘臂乎桎梏之间。意！甚矣

哉！其无愧而不知耻也甚矣。吾未知圣知之不为桁杨接槢也，仁义之不为
桎梏凿枘也，焉知曾、史之不为桀跖嚆矢也！故曰绝圣弃知而天下大治。"

　　这是讥讽尧舜，抨击儒墨。说的是周之贤大夫崔瞿请问老聃说："不治理
天下，怎么能藏得住人心？"老聃回答说："你可要谨慎而不要扰乱人心。人
们的心情总是压抑就消沉颓丧而得志就趾高气扬，这一上一下都会受到拘禁
和伤害，唯有柔弱顺应能软化刚强。锋利的棱角外露容易受到磨损，情绪激
烈时像烧焦的大火，情绪低落时像凝结的寒冰。在俯仰的迅速之间，再去巡
游四海之外，静处时深幽宁寂，活动时腾跃高天。骄矜而不可拘系的，恐怕
就只有人的内心活动吧！往昔黄帝开始以仁义扰乱人心，尧、舜于是疲于奔
波，到了腿上无肉、胫上无毛，用以养育天下众多的形体，愁苦五脏来推行
仁义，耗费心血来制定法度。然而还是未能胜任治理好天下。于是尧将谨兜
放逐到崇山，将三苗放逐到三峗，将共工流放到幽都，这些就是不能胜任治
理天下的明证。延续到夏、商、周三代，天下就大受惊扰了，下有夏桀、盗
跖之流，上有曾参、史鰌之流，而儒家和墨家通通起来争辩。于是或喜或怒
相互猜疑，或愚或智相互欺诈，或善或恶相互非议，或妄或信相互讥讽，因
而天下就衰败了。这与大的德性不同，人类的性命变得烂漫了，天下喜好智
巧，百姓竭力求取。于是用斧锯之类的刑具制裁他们，用绳墨之类的法度残
杀他们，用椎凿之类的肉刑处决他们。天下纷扰大乱，罪过在于扰乱了人
心。故而贤能的人隐居在高山深谷之下，而帝王诸侯忧虑战栗在朝堂之上。
当今之世，横死的人尸体叠压，戴着脚镣手铐的人相互推挤，受到行刑杀戮
的人举目皆是，而儒家、墨家竟然在桎梏中挥手舞臂地争辩。唉，真是太过
分了！他们不知心愧、不识羞耻到了这等地步！我不知道那所谓的圣智不是
连接脚镣手铐的插条，不明白那所谓的仁义不是加固枷锁的木栓，又怎么知
道曾参和史鰌之流不是夏桀和盗跖的先导！故此说，'断绝圣人，抛弃智慧，
天下就会大治'。"值得注意的是，道家有"撄宁"之说，《庄子·大宗师第
六》："其为物无不将也，无不迎也，无不毁也，无不成也，其名为撄宁。撄
宁也者，撄而后成者也。"撄宁，意思是不受外界事物的纷扰，而后保持心境

的宁静。这种经受撄扰也无法撼动的宁静，是返回老子之道的根本措施。鲁迅《摩罗诗力说》有言："老子之辈，盖其枭雄。老子书五千语，要在不撄人心；以不撄人心故，则必先自致槁木之心，立无为之治；以无为之为化社会，而世即于太平。"老子主张"慎无撄人心"，抨击黄帝、尧舜以仁义扰乱人心，出现夏桀、盗跖、曾参、史鳅良莠不齐，引得儒墨相争，喋喋不休，世道由此衰落了。因此老子张扬回到"绝圣弃智"的顺乎自然的境界。这则重言借助老聃之口，高举老庄核心理念的权威。

之三：重申道德高于仁义的信条，夯实《老子》的一系列基本观念，尤其是《道德经》首章的道德仁义序列。

《庄子·天地》说：

> 天地虽大，其化均也；万物虽多，其治一也；人卒虽众，其主君也。君原于德而成于天，故曰：玄古之君天下，无为也，天德而已矣。以道观言而天下之君正，以道观分而君臣之义明，以道观能而天下之官治，以道泛观而万物之应备。故通于天地者，德也；行于万物者，道也。上治人者，事也；能有所艺者，技也。技兼于事，事兼于义，义兼于德，德兼于道，道兼于天。故曰："古之畜天下者，无欲而天下足，无为而万物化，渊静而百姓定。"《记》曰："通于一而万事毕，无心得而鬼神服。"夫子曰："夫道，覆载万物者也，洋洋乎大哉！君子不可以不刳心焉。无为为之之谓天，无为言之之谓德，爱人利物之谓仁，不同同之之谓大，行不崖异之谓宽，有万不同之谓富。故执德之谓纪，德成之谓立，循于道之谓备，不以物挫志之谓完。君子明于此十者，则韬乎其事心之大也，沛乎其为万物逝也。若然者，藏金于山，藏珠于渊，不利货财，不近贵富；不乐寿，不哀夭；不荣通，不丑穷；不拘一世之利以为己私分，不以王天下为己处显。显则明，万物一府，死生同状。"夫子曰："夫道，渊乎其居也，漻乎其清也。金石不得，无以鸣。故金石有声，不考不鸣。万

物孰能定之！夫王德之人，素逝而耻通于事，立于本原而知通于神。故其德广，其心之出，有物采之。故形非道不生，生非德不明。存形穷生，立德明道，非王德者邪！荡荡乎，忽然出，勃然动，而万物从之乎！此谓王德之人。视乎冥冥，听乎无声。冥冥之中，独见晓焉；无声之中，独闻和焉。故深之又深而能物焉，神之又神而能精焉。故其与万物接也，至无而供其求，时骋而要其宿，大小，长短，修远。"

天地虽然大，它的变化却是均衡的；万物虽然多，它们的整治是同一的；人员虽然众多，他们的主宰都是国君。国君本原在德，成功在天，故此说，远古的君主君临天下，采取无为的态度，遵循天德罢了。用道的观点看待称谓，天下的国君是名正言顺的；用道的观点看待职分，君和臣各礼义是分明的；用道的观念来看待才能，官员善于治理；用道的观念广泛观察，万物顺应而完备。故此，贯穿于天地的是德；通行于万物的是道；善于治理众人的，是各尽其能事；能够运用才艺，就是发挥各种技巧。技巧兼容于事务，事务兼容于义理，义理兼容于德，德兼容于道，道兼容于自然天性。故此说：古时蓄养天下的统治者，无欲而天下富足，无为而万物融化，深沉宁寂而人心安定。《记》上说："通晓大道的一，万事自然完毕，无心获得而鬼神敬服。"先生说："道，是覆盖和托载万物的，洋洋洒洒何其盛大啊！君子不可不敞开心胸洗涤杂念。无为而为就叫作天然，无为而言就叫作德性，爱人利物就叫作仁爱，不同的事物回归同一就叫作伟大，行为不划定边界就叫作宽容，拥有万种不同就叫作富有。故此执持自然德性就叫作纲纪，德性形成就叫作站立，遵循于道就叫作完备，不因外物挫折意志就叫作完美。君子明白了这十个方面，也就容纳了事业心的伟大，丰沛啊成为万物的归往。如果像这样，就能藏金在大山，藏珠在深渊，不贪图财货，不亲近富贵；不把长寿看作快乐，不把夭折看作悲哀，不把通达看作荣耀，不把穷困看作羞耻；不拘限举世之利作为私自的职分，不把统治天下看作自己处于显达。显达就彰明，万物终归在一个仓库，死与生存在着相同的状态。"先生还说："道，幽深的渊海是居处，幽深的渊海是一股清流。金石制成钟、磬不得道，无法鸣响。万物与道的关系谁能确定！盛德的人，持守素朴的真情而以通晓琐细事务为耻，立足于本原而智慧通达于神境。故此他的德行广大，他的心志突出，有事物给增添光彩。故此，形体如不凭借道就不能产生，生命不顺应德性就不能明达。保全形体维系生命，建立德性彰明大道，这岂不是王者的德性吗？浩浩荡荡啊！忽然突出，勃然行动，而万物都紧紧地跟从着啊！这就是具有盛德的王者。看上去是冥冥漠漠，听起来又寂然无声。冥冥漠漠之中却能见到晓光，寂然无声之中却能听到万窍的和鸣，神之又神而达到精微。故此，道与万物相接，虚无却能满足万物需求，时时驰骋却能联合万物成其归宿，无论是大是小，是长是短，是高是远。"

这篇重言以"夫子"反复谈论道体和德性，这个"夫子"是谁，众说纷纭，但从行文中的《记》曰："通于一而万事毕，无心得而鬼神服。"清人王先谦《集解》引《释文》曰："（《记》）书名，老子所作。"由此引导出来的夫子，应是老子才能贯通无碍。老子把覆载万物的道，推广到"无为为之之谓天，无为言之之谓德，爱人利物之谓仁，不同同之之谓大，行不崖异之谓宽，有万不同之谓富"。这种道与德相互为用，"形非道不生，生非德不明"，"深之又深而能物焉，神之又神而能精"。在这里，道、德与精气神，是贯通无碍的。由此可知，老子的思想枢纽就是"以道泛观万物"，道通过一二三的程序生长万物，养育万物，成为万物之根和统辑。

之四：要做到道、德与精气神贯通无碍，就要强调一个"忘"字，以"忘"去除干扰，以"忘"去除心灵的遮蔽，求其放心，容其放手，不是放失，而是一切都存在于逍遥自在之中。

《庄子·天地》说：

大子问于老聃曰："有人治道若相放，可不可，然不然。辩者有言曰：离坚白若县寓。若是则可谓圣人乎？"老聃曰："是胥易技系，劳形怵心者也。执留之狗成思，猿狙之便自山林来。丘！予告若，而所不能闻与而所不能言。凡有首、有趾、无心、无耳者众，有形者与无形无状而皆存者尽无。其动，止也；其死，生也；其废，起也。此又非其所以也。有治在人，忘乎物，忘乎天，其名为忘己。忘己之人，是之谓入于天。"

孔子请问老聃说："有人研治大道却好像放失大道，认可那些不可的，肯定那些不能肯定的。辩士中有人说：'离析石的质坚和色白就好像高悬于天宇那么清楚醒目。'像这样可以称作圣人吗？"老聃说："这只不过是小吏为技艺所拘系，弄到劳苦身形担惊受怕。拘系捕猎竹鼠的狗而愁思，猿猴的便捷而被人从山林里捕捉来。孔丘，我告诉你，那是你听不见而又说不出的道。凡是有头、有脚、无心、无耳的东西相当众多，有形体的与没有形体形状的，都存在于全无。运动，意味着停止；死亡，意味着生存；废弛意味着兴起，这又不是它的所以然。有治理在于治理的人，忘掉外物，忘掉天然，它的名字就叫作忘掉自己。忘掉自己的人，这就可以说是融入天然了。"

值得注意的是，历史上孔子曾经问礼于老聃，这里问的却是道。老子讲道，强调一个"忘"字，忘掉外物，忘掉天道，忘掉自己，以这个"忘"字把内心洗涤干净，虚怀以待，道才能无形无状地进入。这则重言就是借助老聃和孔丘的权威，讨论人是怎样融入天道的。

重言的第二项功能：

扬老抑孔（六则）

之一：在老孔比较中，以老子与孔子的评议，指明孔子的核心思想离道很远。

如果要弄清老子与孔子的区别，就需要从他们思想的真实内涵中寻找。

《庄子·天道》说：

> 孔子西藏书于周室。子路（仲由）谋曰："由闻周之征藏史有老聃者，免而归居，夫子欲藏书，则试往因焉。"孔子曰："善。"往见老聃，而老聃不许，于是繙十二经以说。老聃中其说，曰："大谩，愿闻其要。"孔子曰："要在仁义。"老聃曰："请问，仁义，人之性邪？"孔子曰："然。君子不仁则不成，不义则不生。仁义，真人之性也，又将奚为矣？"老聃曰："请问，何谓仁义？"孔子曰："中心物恺，兼爱无私，此仁义之情也。"老聃曰："意，几乎后言。夫兼爱，不亦迂乎。无私焉，乃私也。夫子若欲使天下无失其牧乎？则天地固有常矣，日月固有明矣，星辰固有列矣，禽兽固有群矣，树木固有立矣。夫子亦放德而行，循道而趋，已至矣。又何偈偈乎揭仁义，若击鼓而求亡子焉。意，夫子乱人之性也。"

这里触及仁义思想的评判，说的是孔子西去想把书保藏到周王室。子路出主意说："我听说周王室管理藏书的史官老聃，已经免职回家乡隐居，先生想藏书，不妨尝试往他家问一问。"孔子说："好。"孔子前往拜见老聃，老聃对孔子的要求不予许诺，孔子于是翻检十二经加以解释。老聃中止孔子的解释，说："你说得太繁漫，愿意听到有关这些书的简要说明。"孔子说："要旨就在于仁义。"老聃说："请问，仁义是人的本性吗？"孔子说："是的。君子不仁就不能成功，不义就不能生长。仁义真是人的本性，又还能做些什么呢？"老聃说："请问什么叫作仁义？"孔子说："内心追求事物的和乐，兼爱没有偏私，这就是仁义的实情。"老聃说："噫！几乎都是一些落后的话！兼爱天下，不是太迂腐了吗？无私，其实是一种私心。先生是要使天下都不失去牧养吗？那么，天地固然有常态，日月固然有明亮，星辰固然有序列，禽兽固然有群体，树木固然直立于地面。先生也放任德性行事，遵循规律去趋取，这就极好的了。又何必急切地标榜仁义，就像打着鼓去寻找逃亡的人。噫！先生扰乱了人的本性啊！"

老子要求寻找人性，应该"放德而行，循道而趋"，而无须敲锣打鼓地寻找，那样就会锣鼓声越大人就逃跑得越远。老子以道泛观万物，认为"天地固有常矣，日月固有明矣，星辰固有列矣，禽兽固有群矣，树木固有立矣"。而《论语·阳货》记述："子曰：'予欲无言。'子贡曰：'子如不言，则小子何述焉？'子曰：'天何言哉？四时行焉，百物生焉，天何言哉？'"孔子面对捷口利舌的子贡，说出了这番话，只要略作参照，是可以发现它带有老子之道的风范的。

之二：清理二人所处的道的层次，从而区分了天性自然之人与"天之戮民"。

《庄子·天运》说：

孔子行年五十有一而不闻道，乃南之沛见老聃。老聃曰："子来乎？吾闻子，北方之贤者也！子亦得道乎？"孔子曰："未得也。"老子曰："子恶乎求之哉？"曰："吾求之于度数，五年而未得也。"老子曰："子又恶乎求之哉？"曰："吾求之于阴阳，十有二年而未得也。"老子曰："然，使道而可献，则人莫不献之于其君；使道而可进，则人莫不进之于其亲；使道而可以告人，则人莫不告其兄弟；使道而可以与人，则人莫不与其子孙。然而不可者，无它也，中无主而不止，外无正而不行。由中出者，不受于外，圣人不出；由外入者，无主于中，圣人不隐。名，公器也，不可多取。仁义，先王之蘧庐也，止可以一宿而不可久处。觏而多责。古之至人，假道于仁，托宿于义，以游逍遥之虚，食于苟简之田，立于不贷之圃。逍遥，无为也；苟简，易养也；不贷，无出也。古者谓是采真之游。以富为是者，不能让禄；以显为是者，不能让名。亲权者，不能与人柄，操之则栗，舍之则悲，而一无所鉴，以窥其所不休者，是天之戮民也。怨、恩、取、与、谏、教、生杀八者，正之器也，唯循大变无所湮者为能用之。故曰：正者，正也。其心以为不然者，天门弗开矣。"

孔子年纪五十一岁而没有领悟大道，于是往南去沛地拜见老聃。老聃说：
"你来了吗？我听说你是北方的贤者，你也领悟了大道吧？"孔子说："还未能
得到。"老子说："你是怎样寻得大道的？"孔子说："我在法度上寻求大道，用
了五年的工夫还未得到。"老子说："你后来又怎样寻求大道呢？"孔子说："我
又从阴阳的变化上寻求，十二年还未能得到。"老子说："是的。假使道可以用
来进献，那么人们没有不进献给国君的；假使道可以用来进奉，那么人们没
有不进奉给自己的双亲的；假使道可以传告他人，那么人们没有谁不传告给
自己的兄弟的；假使道可以给予别人，那么人们没有不与自己的子孙的。然
而不可以这样做的原因，没有别的，心中无主心骨大道就不能停止，外无中
正的途径大道就不能推行。从心中发出的东西，不能为外者接受，圣人也就
不会出现；从外部进入心中的东西，心中没有主见，圣人也就不会隐藏起来。
名声，是公器，不可过多获取。仁义，乃是先王的馆舍，可以住上一宿而不
可以久居，多次交往就会生出许多责难。古代道德高的至人，在仁上借路，
在义上寄宿，而游乐于逍遥的境域，求食于苟且简陋的田地，立身于不施与
的园圃。逍遥，就是无为；苟且简陋，就易于抚养；从不施与，就不会流出。
古代称这种情况叫作采纳真性情的遨游。以财富看作唯一的，就不会推让利
禄；把显赫看作唯一的，就不会推让名声；亲近权势的人，不会授人权柄。掌
握了财富、显赫和权势就会整日战栗不安，而放弃这些东西又会悲苦不堪，
而心中全无一点鉴识，只窥视着无休止追逐，这只能是天所刑戮的人。怨恨、
恩惠、获取、施与、谏诤、教化、生存、杀戮，这八种做法全是用来纠正他
人的工具，只有遵循自然的变化而无所阻塞滞留的人才能够运用它。故此说，
所谓正，就是使人端正。内心里认为不是这样，那么天门就不可能打开。"其
实，五十一岁的孔子迅速由中都宰晋居鲁司寇高位，是不可能放下重任去向
老子请教玄妙的天道的。而且孔子说"五十而知天命"，但《庄子》以重言的
方式，嘲讽"孔子行年五十有一而不闻道"，并且让老子以无为贬抑仁义，将
孔子奚落一番。这是扬道家而贬儒家，以怨、恩、取、与、谏、教、生、杀
八者，端正人心的器具，斥责儒家是"天之戮民"。老孔比较，把孔子降为
"天之戮民"，是对孔子严重的嘲弄。

之三：通过老孔比较，否定孔子的核心理念，在否定中确立老子"总德而立"的理念。

《庄子·天运》说：

> 孔子见老聃而语仁义。老聃曰："夫播糠眯目，则天地四方易位矣；蚊虻嚼肤，则通昔不寐矣。夫仁义憯然，乃愤吾心，乱莫大焉。吾子使天下无失其朴，吾子亦放风而动，总德而立矣！又奚杰然若负建鼓而求亡子者邪！夫鹄不日浴而白，乌不日黔而黑。黑白之朴，不足以为辩；名誉之观，不足以为广。泉涸，鱼相与处于陆，相呴以湿，相濡以沫，不若相忘于江湖。"

这里依然抨击儒家的核心观念仁义，说的是孔子拜见老聃而讨论起仁义。老聃说："播扬的米糠迷了眼睛，就会天地四方变位；蚊虻小虫叮咬皮肤，就会通宵不能入睡。仁义给人忧痛，乃至昏愦心志，祸乱没有更大的了。你要使天下不丧失淳厚质朴，就该纵任风起风落自由行动，总归天德而立事，又何必决然像击鼓而寻求丢失的儿子啊？白天鹅不用天天沐浴而毛色自然洁白，黑老鸹不用天天用黑色浸染而毛色自然乌黑。黑和白的朴质，不足以分辨谁优谁劣；名声荣誉的外观，不足以广泛播扬。泉水干涸了，鱼儿相互依偎在陆地上，相互哈气来取得一点儿湿气，相互靠唾沫来得到一点儿润湿，与其这样，不如在江河湖海中畅游而相互忘却。"这里抨击仁义扰乱人心，以重言的方式揭示白天鹅之白、乌鸦之黑，是本性使然，与其像鱼儿在干涸陆上以沫相濡，不如自由自在地在江河湖海中忘情游泳。老聃强调的还是"总德而立"，也就是顺乎自然、清静无为的思想。

之四：老子非议孔子对道的隔膜，牵连着评议上古历史，评议"三皇五帝之治天下，名曰治之，而乱莫甚焉"，而上古三代更

是江河日下。这就解构了儒家的"理想国"图景。

《庄子·天运》说:

> 孔子见老聃归,三日不谈。弟子问曰:"夫子见老聃,亦将何规哉?"孔子曰:"吾乃今于是乎见龙。龙,合而成体,散而成章,乘乎云气而养乎阴阳。予口张而不能嗋。予又何规老聃哉?"子贡曰:"然则人固有尸居而龙见,雷声而渊默,发动如天地者乎?赐亦可得而观乎?"遂以孔子声见老聃。老聃方将倨堂而应,微曰:"予年运而往矣,子将何以戒我乎?"子贡曰:"夫三皇五帝之治天下不同,其系声名一也。而先生独以为非圣人,如何哉?"老聃曰:"小子少进!子何以谓不同?"对曰:"尧授舜,舜授禹。禹用力而汤用兵,文王顺纣而不敢逆,武王逆纣而不肯顺,故曰不同。"老聃曰:"小子少进,余语汝三皇五帝之治天下:黄帝之治天下,使民心一。民有其亲死不哭而民不非也。尧之治天下,使民心亲。民有为其亲杀其杀而民不非也。舜之治天下,使民心竞。民孕妇十月生子,子生五月而能言,不至乎孩而始谁,则人始有夭矣。禹之治天下,使民心变,人有心而兵有顺,杀盗非杀人。自为种而天下耳。是以天下大骇,儒墨皆起。其作始有伦,而今乎妇女,何言哉!余语汝:三皇五帝之治天下,名曰治之,而乱莫甚焉。三皇之知,上悖日月之明,下睽山川之精,中堕四时之施。其知憯于蛎虿之尾,鲜规之兽,莫得安其性命之情者,而犹自以为圣人,不可耻乎?其无耻也!"子贡蹴蹴然立不安。

这里重新解释三皇五帝上古三代的历史,说的是孔子拜见老聃归来,三天都不讲话。弟子问道:"先生见到老聃,也将听从什么规劝吗?"孔子说:"我到如今竟然见到了龙!龙,合成一个整体,分散成为华美的文采,乘驾云气而养息于阴阳之间。我大张着口久久不能合拢,我又哪能听从老聃的规劝呢!"子贡说:"这样说,那么人难道有像尸体一样安稳而又像龙一样神情飞扬，像雷声震响而又像深渊静默，发动犹如天地变化吗？我端木赐也可以亲自去观察吗？"于是就以孔子的名义拜见老聃。老聃正叉着两腿坐在堂上，轻声说："我年岁运行得老了，你将用什么来告诫我呢？"子贡说："三皇五帝治理天下各不相同，都一样有好的名声，唯独先生以为他们不是圣人，这是为什么呢？"老聃说："年轻人，稍稍近前些！你为何说他们各不相同？"子贡对答说："尧让位给舜，舜让位给禹，禹用力治水而汤用兵征伐，文王顺从商纣不敢悖逆，武王悖逆商纣而不肯顺服，故此说各不相同。"老聃说："年轻人，你再稍微靠前些！我对你说说三皇五帝治理天下的事。黄帝治理天下，使民心归一于本真，民众有谁死了双亲不哭泣，民众也不会非议。唐尧治理天下，使民众的心亲近，民众有谁为了双亲杀掉该杀的人，民众也不会非议。虞舜治理天下，使民众心存竞争，孕妇十个月生下孩子，孩子生下五个月就张口学话，不等长到两三岁就开始识人，于是人开始有夭折短命的现象。夏禹治理天下，使民心变诈，人有此心因而发动兵乱就顺理成章，杀死盗贼不算杀人，各自成帮结伙而肆行天下，所以天下大受惊扰，儒家、墨家都纷纷而起。他们初始时还有伦有理，可是至今以女为妇，还有什么可说呢！我告诉你：三皇五帝治理天下，名义上叫作治理，而扰乱人性人心没有比他们更严重的了。三皇的心智，对上违背了日月的光明，对下乖离了山川的精粹，就中毁坏了四时的推移。他们的心智比蛇蝎之尾还惨毒，就连小小的野兽，也不能使性命得到安宁，可是还自以为是圣人，这不可耻吗，还是不知道可耻呢？"子贡听了惊悚得站立不安。

可注意的是，孔子把老子视为"犹龙"，也见于《史记·孔子世家》，在这里又重复了这种观感。子贡想弄清其中的奥秘，却被老子批评三皇五帝的治世而世风日下，尤其批评儒墨并起举世惊骇，竟然自称圣人，简直是无耻之尤。从学术流派来说，这是扬道家而贬儒墨的。

之五：通过老子、孔子的对话，不仅否定了儒家的核心理念，改写了儒家的历史观，而且还要重新审视儒家的主要经典，消解了笼罩在这些经典上的光环。这种批评覆盖了儒家的全部精

华，属于致命的一击。

《庄子·天运》说：

> 孔子谓老聃曰："丘治《诗》《书》《礼》《乐》《易》《春秋》六经，自以为久矣，孰知其故矣，以奸者七十二君，论先王之道而明周、召之迹，一君无所钩用。甚矣！夫人之难说也？道之难明邪？"老子曰："幸矣，子之不遇治世之君也！夫六经，先王之陈迹也，岂其所以迹哉！今子之所言，犹迹也。夫迹，履之所出，而迹岂履哉！夫白鶂之相视，眸子不运而风化；虫，雄鸣于上风，雌应于下风而风化。类自为雌雄，故风化。性不可易，命不可变，时不可止，道不可壅。苟得于道，无自而不可；失焉者，无自而可。"孔子不出三月，复见，曰："丘得之矣。乌鹊孺，鱼傅沫，细要者化，有弟而兄啼。久矣，夫丘不与化为人！不与化为人，安能化人。"老子曰："可，丘得之矣！"

这里批评儒家六经，说的是孔子对老聃说："我孔丘研治《诗》《书》《礼》《乐》《易》《春秋》六部经书，自认为很久了，熟知其中的故实。用以干谒七十二个国君，论述先王治世的方略和彰明周公、召公的政绩，可是一个国君也没有取用我的主张。实在太过分了！是人难以游说，还是大道难以彰明呢？"老子说："幸运啊，你不曾遇到过治世的国君！六经，乃是先王留下的陈旧遗迹，岂是先王遗迹的本原！如今你所说的东西，还是足迹；足迹是鞋子踩出来的，足迹岂是鞋子啊！形似鸬鹚的水鸟白鶂相互而视，眼珠子一动也不动便相诱而孕；白色鱼鹰互相对视，眼睛不转动就感染；虫子，雄的在上风鸣叫，雌的在下风相应而诱发生子；同一种类自为雌雄两性，故而闻风生子。本性不可变易，天命不可变更，时光不可停止，大道不可壅塞。假若获得了道，无论去哪里都不可能行不通；失了这些，无论去到哪里都不可以通行。"孔子三月不出门，再次见老聃说："我孔丘获得道了。乌鸦喜鹊在巢里交尾孵化，鱼儿借助水里的泡沫生育，细腰蜂自化而生，生下弟弟，哥哥就啼哭。很久了，我孔丘没有与造化融合为一人，不能与造化融合为一人，又怎么化生他人！"老子听了后说："可以了，孔丘获得道了！"在这里，老子批评孔子的六经只是鞋子的痕迹，而不是鞋子本身，属于第二义而不是第一义，是不能从本源上治理天下的。这种重言式的批评是直截儒家的典籍要害的，具有颠覆性的。说理虽然有些玄奥神秘，但扬道贬儒是一点情面也不留的。庄子所谓"天运"，重点在于反驳儒家而归本道家。

之六：强调以道家的无为思想治世，才能"得至美而游乎至乐"，明白天地的大全之道。对于这种大全之道，使得孔子感到自己就像酒瓮中的酒虫一样懵然无知，以孔子自贬的方式来贬低儒学。

《庄子·田子方》说：

孔子见老聃，老聃新沐，方将被发而干，蛰然似非人。孔子便而待之。少焉见，曰："丘也眩与？其信然与？向者先生形体掘若槁木，似遗物离人而立于独也。"老聃曰："吾游心于物之初。"孔子曰："何谓邪？"曰："心困焉而不能知，口辟焉而不能言。尝为汝议乎其将：至阴肃肃，至阳赫赫。肃肃出乎天，赫赫发乎地。两者交通成和而物生焉，或为之纪而莫见其形。消息满虚，一晦一明，日改月化，日有所为而莫见其功。生有所乎萌，死有所乎归，始终相反乎无端，而莫知乎其所穷。非是也，且孰为之宗！"孔子曰："请问游是。"老聃曰："夫得是至美至乐也。得至美而游乎至乐，谓之至人。"孔子曰："愿闻其方。"曰："草食之兽，不疾易薮；水生之虫，不疾易水。行小变而不失其大常也，喜怒哀乐不入于胸次。夫天下也者，万物之所一也。得其所一而同焉，则四支百体将为尘垢，而死生终始将为昼夜，而莫之能滑，而况得丧祸福之所介乎！弃隶者若弃泥涂，知身贵于隶也。贵在于我而不失于变。且万化而未始有极也，夫孰足以患心！已为道者解乎此。"孔子曰："夫子德配天地，而犹

假至言以修心。古之君子，孰能脱焉！"老聃曰："不然。夫水之于汋也，
无为而才自然矣；至人之于德也，不修而物不能离焉。若天之自高，地
之自厚，日月之自明，夫何修焉！"孔子出，以告颜回曰："丘之于道也，
其犹醯鸡与！微夫子之发吾覆也，吾不知天地之大全也。"

孔子拜见老聃，老聃新洗了头，正在纷披着头发晾干。蛰伏着不动，不
像个活人。孔子顺便退到室外等待。过一会儿才进来说："到底我孔丘眼花了
呢，还是真是这样呢？刚才先生肢体僵倨就像枯树，仿佛已经辞别人世，独
自呆立在神秘的境界中。"老聃说："我游心在宇宙的初始状态。"孔子说："你
说的啥呀？"老聃说："宇宙的初始状态，内心困惑不能知晓，闭上口来不能
言说，尝试着为你说一说吧。纯阴之气冷飕飕，纯阳之气热烘烘。冷飕飕的
气从天上出来，热烘烘的气从地上发生，二者交通融合，生出万物。或成为
秩序，而看不见它的形相。消长盈虚，时暗时明，日日月月地变化，每日都
有作为，却看不见它的功效。生有所萌发，死有所皈依，始终相反相成，没
有端绪，不知它的穷尽。不是这样，那么谁是它的本宗呢！"孔子说："请问
怎么才能游心于道。"老聃说："获得道，是至美至乐的事情。得到至美而遨
游于至乐，这叫作至人了。"孔子说："我想了解至人的方法。"老聃说："草
食动物不忧虑变换草地，水生虫类不忧虑变换水域，进行小变化不会丧失大
的常规，喜怒哀乐不侵入胸中。所谓天下，万物与它是同一的。获得道而同
一，四肢百体的动物将变成尘垢，死生始终将像白天黑夜的交替，何况处在
得失祸福之际。抛弃所属的物类就像抛弃泥巴，是知道身心比所属的物类更
宝贵。宝贵在于我的性命而不丧失在变化中。况且千变万化未尝有终极，怎
么足以产生忧患心！已经达到道的境界，就了解这一点。"孔子说："先生德配
天地，还要假借至理名言来修养心灵，古时的君子，谁能超脱这一点呢？"老
聃说："不是这样。井水自然涌出，无为才能达到自然。至人对于德性，不去
修炼也不会偏离。有如天自然高旷，地自然浑厚，日月自然明亮，它们何尝
修炼呢！"孔子出来后，告诉颜回说："我孔丘对于道，就像酒瓮中的酒虫罢
了。没有老聃先生启发我的蒙蔽，我就不知天地的大全。"这则重言强调"游

心于物之初"，"得至美而游乎至乐"。而孔子却拘泥于自己的物类，为不能千变万化至于无穷而操心。其中借孔子自贬，叹息没有老聃的点拨，就不能知道天地大全之道，对于道，只能做酒瓮中的酒虫了。这里强调的是老庄之道的核心理念，"得至美而游乎至乐，谓之至人"，叹息和针砭的是儒家没有达到道家的精神文化层次。

重言的第三项功能：

以学生或倾慕者为铺垫，尊崇老聃（五则）

之一：以一山更比一山高的叙事方式，烘托出老子思想的无可比拟的高明。

《庄子·庚桑楚》说：

老聃之役有庚桑楚者，偏得老聃之道，以北居畏垒之山，其臣之画然知者去之，其妾之挈然仁者远之；拥肿之与居，鞅掌之为使。居三年，畏垒大壤。畏垒之民相与言曰："庚桑之子始来，吾洒然异之。今吾日计之而不足，岁计之而有余。庶几其圣人乎！子胡不相与尸而祝之，社而稷之乎？"庚桑子闻之，南面而不释然。弟子异之。庚桑子曰："弟子何异于予？夫春气发而百草生，正得秋而万宝成。夫春与秋，岂无得而然哉？天道已行矣。吾闻至人，尸居环堵之室，而百姓猖狂不知所如往。今以畏垒之细民而窃窃焉欲俎豆予于贤人之间，我其杓之人邪！吾是以不释于老聃之言。"弟子曰："不然。夫寻常之沟，巨鱼无所还其体，而鲵鳅为之制；步仞之丘陵，巨兽无所隐其躯，而孽狐为之祥。且夫尊贤授能，先善与利，自古尧、舜以然，而况畏垒之民乎！夫子亦听矣！"庚桑子曰："小子来！夫函车之兽，介而离山，则不免于网罟之患；吞舟之鱼，砀而失水，则蚁能苦之。故鸟兽不厌高，鱼鳖不厌深。夫全其形生之人，藏其身也，不厌深眇而已矣。且夫二子者，又何足以称扬哉！是其于辩也，将妄凿垣墙而殖蓬蒿也。简发而栉，数米而炊，窃窃乎又何足以济世哉！举贤则民相轧，任知则民相盗。之数物者，不足以厚民。民之于利甚勤，子有杀父，臣有杀君，正昼为盗，日中穴阫。吾语女，大乱之本，必生于尧、舜之间，其末存乎千世之后。千世之后，其必有人与人相食者也！"南荣趎蹴然正坐曰："若趎之年者已长矣，将恶乎托业以及此言邪？"庚桑子曰："全汝形，抱汝生，无使汝思虑营营。若此三年，则可以及此言矣。"南荣趎曰："目之与形，吾不知其异也，而盲者不能自见；耳之与形，吾不知其异也，而聋者不能自闻；心之与形，吾不知其异也，而狂者不能自得。形之与形亦辟矣，而物或间之邪，欲相求而不能相得？今谓趎曰：全汝形，抱汝生，勿使汝思虑营营。趎勉闻道达耳矣！"庚桑子曰："辞尽矣。曰奔蜂不能化藿蠋，越鸡不能伏鹄卵，鲁鸡固能矣。鸡之与鸡，其德非不同也，有能与不能者，其才固有巨小也。今吾才小，不足以化子。子胡不南见老子！"南荣趎赢粮，七日七夜至老子之所。老子曰："子自楚之所来乎？"南荣趎曰："唯。"老子曰："子何与人偕来之众也？"南荣趎惧然顾其后。老子曰："子不知吾所谓乎？"南荣趎俯而惭，仰而叹曰："今者吾忘吾答，因失吾问。"老子曰："何谓也？"南荣趎曰："不知乎？人谓我朱愚。知乎？反愁我躯。不仁则害人，仁则反愁我身；不义则伤彼，义则反愁我己。我安逃此而可？此三言者，趎之所患也，愿因楚而问之。"老子曰："向吾见若眉睫之间，吾因以得汝矣，今汝又言而信之。若规规然若丧父母，揭竿而求诸海也。女亡人哉，惘惘乎！汝欲反汝性情而无由入，可怜哉！"南荣趎请入就舍，召其所好，去其所恶，十日自愁，复见老子。老子曰："汝自洒濯，熟哉郁郁乎！然而其中津津乎犹有恶也。夫外韄者不可繁而捉，将内捷；内韄者不可缪而捉，将外捷。外内韄者，道德不能持，而况放道而行者乎！"

南荣趎曰:"里人有病,里人问之,病者能言其病,然其病,病者犹未病也。若趎之闻大道,譬犹饮药以加病也。趎愿闻卫生之经而已矣。"老子曰:"卫生之经,能抱一乎?能勿失乎?能无卜筮而知吉凶乎?能止乎?能已乎?能舍诸人而求诸己乎?能翛然乎?能侗然乎?能儿子乎?儿子终日嗥而嗌不嗄,和之至也;终日握而手不掜,共其德也;终日视而目不瞚,偏不在外也。行不知所之,居不知所为,与物委蛇,而同其波。是卫生之经已。"南荣趎曰:"然则是至人之德已乎?"曰:"非也。是乃所谓冰解冻释者,能乎?夫至人者,相与交食乎地而交乐乎天,不以人物利害相撄,不相与为怪,不相与为谋,不相与为事,翛然而往,侗然而来。是谓卫生之经已。"曰:"然则是至乎?"曰:"未也。吾固告汝曰:能儿子乎?儿子动不知所为,行不知所之,身若槁木之枝而心若死灰。若是者,祸亦不至,福亦不来。祸福无有,恶有人灾也!"宇泰定者,发乎天光。发乎天光者,人见其人,物见其物。人有脩者,乃今有恒;有恒者,人舍之,天助之。人之所舍,谓之天民;天之所助,谓之天子。学者,学其所不能学也;行者,行其所不能行也;辩者,辩其所不能辩也。知止乎其所不能知,至矣;若有不即是者,天钧败之。备物以将形,藏不虞以生心,敬中以达彼,若是而万恶至者,皆天也,而非人也,不足以滑成,不可内于灵台。灵台者有持,而不知其所持,而不可持者也。不见其诚己而发,每发而不当,业入而不舍,每更为失。为不善乎显明之中者,人得而诛之;为不善乎幽闲之中者,鬼得而诛之。明乎人,明乎鬼者,然后能独行。券内者,行乎无名;券外者,志乎期费。行乎无名者,唯庸有光;志乎期费者,唯贾人也,人见其跂,犹之魁然。与物穷者,物入焉;与物且者,其身之不能容,焉能容人!不能容人者无亲,无亲者尽人。兵莫憯于志,镆铘为下;寇莫大于阴阳,无所逃于天地之间。非阴阳贼之,心则使之也。道通,其分也,其成也毁也。所恶乎分者,其分也以备;所以恶乎备者,其有以备。故出而不反,见其鬼;出而得,是谓得死。灭而有实,鬼之一也。以有形者象无形者而定矣。出无本,入无窍,有实而无乎处,有长而无乎本剽,有所出而无窍者有实。有实而无乎处者，宇也。有长而无本剽者，宙也。有乎生，有乎死，有乎出，有乎入，入出而无见其形，是谓天门。天门者，无有也，万物出乎无有。有不能以有为有，必出乎无有，而无有一无有。圣人藏乎是。古之人，其知有所至矣。恶乎至？有以为未始有物者，至矣，尽矣，弗可以加矣。其次以为有物矣，将以生为丧也，以死为反也，是以分已。其次曰始无有，既而有生，生俄而死；以无有为首，以生为体，以死为尻；孰知有无死生之一守者，吾与之为友。是三者虽异，公族也。昭景也，著戴也；甲氏也，著封也，非一也。有生，黬也，披然曰移是。尝言移是，非所言也。虽然，不可知者也。腊者之有膍胲，可散而不可散也；观室者周于寝庙，又适其偃焉，为是举移是。请常言移是。是以生为本，以知为师，因以乘是非；果有名实，因以己为质；使人以为己节，因以死偿节。若然者，以用为知，以不用为愚，以彻为名，以穷为辱。移是，今之人也，是蜩与学鸠同于同也。蹍市人之足，则辞以放骜，兄则以妪，大亲则已矣。故曰，至礼有不人，至义不物，至知不谋，至仁无亲，至信辟金。彻志之勃，解心之谬，去德之累，达道之塞。贵富显严名利六者，勃志也。容动色理气意六者，谬心也。恶欲喜怒哀乐六者，累德也。去就取与知能六者，塞道也。此四六者不荡胸中则正，正则静，静则明，明则虚，虚则无为而无不为也。道者，德之钦也；生者，德之光也；性者，生之质也。性之动，谓之为；为之伪，谓之失。知者，接也；知者，谟也；知者之所不知，犹睨也。动以不得已之谓德，动无非我之谓治，名相反而实相顺也。羿工乎中微而拙乎使人无己誉。圣人工乎天而拙乎人。夫工乎天而俍乎人者，唯全人能之。唯虫能虫，唯虫能天。全人恶天？恶人之天？而况吾天乎人乎！一雀适羿，羿必得之，威也；以天下为之笼，则雀无所逃。是故汤以胞人笼伊尹，秦穆公以五羊之皮笼百里奚。是故非以其所好笼之而可得者，无有也。介者拸画，外非誉也；胥靡登高而不惧，遗死生也。夫复谓不馈而忘人，忘人，因以为天人矣。故敬之而不喜，侮之而不怒者，唯同乎天和者为然。出怒不怒，则怒出于不怒矣；出为无为，则为出于无为矣。欲静则平气，欲神则顺心。有为也欲当，则缘于不得已。不得已之类，圣人之道。

老聃的弟子中有个叫庚桑楚的，独得老聃之道，居住在北边的畏垒山，臣仆中炫耀才智的都被他辞去，妾婢中执意标榜仁义的就让她们远离；只有相貌臃肿的人跟他住在一起，只有劳苦奔走的人供他的役使。居住三年，畏垒山一带大丰收。畏垒山一带的民众相互传话："庚桑楚刚来畏垒山，我们都微微吃惊感到诧异。如今我们一天天地计算收入虽然还嫌不足，但一年总的计算收益也还富足有余。庚桑楚大概就是圣人了吧！大家何不共同像供奉神灵一样供奉他，以社稷托付给他？"庚桑楚听闻到这些谈论，坐朝南方心里不能释然。弟子们感到怪异。庚桑楚说："弟子们对我为什么怪异呢？春天阳气勃发百草生长，到了秋天庄稼成熟就果实累累。春天与秋天，岂是没有获得就这样吗？这是天道已经运行了。我听说道德极高的至人，空占着徒有四壁的斗室里，而百姓狂纵不羁不知道天道的运发生了什么。如今畏垒山的庶民窃窃私语把我列入贤人的行列供奉，我是北斗的杓柄引人瞻仰吗？我为此对老聃的话不能释然。"弟子说："不是这样的。寻常的水沟里，大鱼没有办法回转身体，小泥鳅却是定体量制；矮小的山丘，大野兽没有办法隐藏身躯，妖狐却把它看作祥和。况且尊重贤才授任能人，先给善人利禄，自从尧舜时代就是这样，何况畏垒山民众呢！先生你还是听从大家吧！"庚桑楚说："小子你过来！口能含车的巨兽，孤零零离开山野，那就不能免于罗网的灾患；口能吞舟的大鱼，被水冲荡失水，小蚂蚁也使它困苦不堪。故而鸟兽不厌山高，鱼鳖不厌水深。保全身形本性的人，隐匿身形，不厌深幽高远罢了。至于尧与舜二人，又哪里值得称赞和褒扬呢！尧舜分辨世上的善恶贤愚，是在胡乱地毁坏垣墙而去种植乱糟糟的蓬蒿。选择头发来梳理，点数米粒来炊煮，区区小事又何足以救济人世啊！举荐贤才民众就会相互倾轧，任用智能民众就会相互偷盗。这数种做法，不足以丰厚民众。民众追求私利向来勤快，儿子有杀了父亲的，臣子有杀了国君的，大白天做强盗，光天化日在别人墙上打洞。我告诉你，天下大乱的根源，必定产生于尧舜的时代，而它的贻害又会留存于千世之后。千世之后，必将出现人与人相食的情况哩！"弟子南荣趎敬地端坐，说："像我这样年纪已经大了，将怎样学习才能达到你所说的境界呢？"庚桑楚说："保全你的形体，护养你的生命，不要使你的思虑躁急不安。像这样三年时间，就可以达到我所说的境界了。"南荣趎说："眼睛对于形状，我不知道有什么差异，而盲人的眼睛却看不见东西；耳朵对于声音，我不知道有什么差异，而聋子的耳朵却听不见声音；内心对于情境，我不知道有什么差异，而疯狂人却不能把持自己。形体与形体之间本是相通，而外物有时使之区别，想相求而不能相得。如今先生对我说：'保全你的身形，护养你的生命，不要使你的思虑躁急不安。'我勉强听到耳里了！"庚桑楚说："我的话说尽了。飞奔的土蜂不能生化出豆叶虫，越鸡不能孵化天鹅蛋，而鲁鸡却能够做到。鸡与鸡，它们的德性并没有不同，能做到还是不能做到，是因为它们的才能固然有大有小。现今我的才干就很小，不足以感化你，你何不到南方去拜见老子？"南荣趎带着干粮，七天七夜走到老子的住所。老子说："你是从庚桑楚那儿来的吧？"南荣趎说："是啊。"老子说："跟你一块儿来的人怎么如此多呢？"南荣趎惊惧地回过头来看看身后。老子说："你不知道我所说的意思吗？"南荣趎低头惭愧，仰头叹息说："如今我忘记了应该怎样回答，因为我失掉我的问题。"老子说："什么意思呢？"南荣趎说："不聪明吗？人们说我愚昧。聪明吗？反而愁苦我的身体。不仁爱就会伤害他人，仁爱反而愁苦自身。不义就会伤害他人，信义反而愁苦了自己。我怎么才能逃离？这三句话所说的情况，正是我忧患的事，但愿因为庚桑楚的引介而请问于你。"老子说："刚来时我察看你眉宇之间，我借此了解了你的心思。如今你的谈话证明了我的观察。你失神落魄好像是丧失父母，又好像在举着竹竿探测大海。你是一个丧失真性的人啊，是那么迷惘而又昏昧！你想返归你的真情与本性而不知道从哪里入手，实在是可怜啊！"南荣趎请回寓所，征召自己所喜好的东西，去除自己所讨厌的东西，十天愁思苦想，再去拜见老子。老子说："你做了反省洗澡，郁郁不安的心情实在是沉重啊！然而你心中津津有味的还是邪恶。受到外物的束缚不可繁杂把捉，于是内心将堵塞不通；内心受到束缚不可荒谬地把捉，于是外部就闭塞不通。外部感官和内心世界都被束缚缠绕，道德不能把持，何况是初学道仿行的人呢！"南荣趎说："乡里的人有病，乡里的人慰问他，病人能够说明病情，说清楚自己的病情的人，病人还是未病。像我这样听闻大道，譬如服药加重了病情，我但愿听到养卫生命的常规罢了。"老子说："养卫生命的常规，能使形体与精神浑一谐合吗？能不失却真性吗？能不求助于卜筮而知道吉凶吗？能停止病笃乱投医吗？能终止向往求索吗？能舍弃求人而寻求取自身的完善吗？能够超脱而自由自在吗？能通达而无障碍吗？能够像初生的婴儿那样纯真、朴质吗？婴儿整天啼哭咽喉却不会嘶哑，这是因为声音谐和到了顶点；婴儿整天握着小手而不松开，这是因为听任握着乃是婴儿的天然德性；婴儿整天瞪着小眼睛不眨眼，这是因为内心世界不偏执于外物。行走不知道去哪里，居处不知道做什么，接触外物随顺应合，如同随波逐流。这就是养卫生命的常规了。"南荣赵说："那么这就是至人的最高道德境界吗？"老子回答："不是的。这只是所谓冰解冻消释的本能吧？道德高尚的至人，跟人在大地寻食而又向苍天寻乐，不以人物利害而扰乱自己，不参与怪异，不参与图谋，不参与尘俗的事务，无拘无束又随顺应合地往来。这就是所说的养卫生命的常规了。"南荣赵说："那么这就达到最高的境界吗？"老子说："没有。我固然告诉过你：'能像初生的婴儿那样纯真、朴质吗？'婴儿不知道在干什么，不知道行走到哪里去，身形像枯槁的树枝而心境像熄尽了死灰。像这种人，灾祸不会到来，幸福也不会降临。祸福都不存在，怎么还会有人间的灾祸呢！"安泰镇定的人，就发出天然的光芒。发出天然光芒的，人就看见他的真人，物就显示它的真物。人有修炼，才能保持恒定的道德；保持恒定的道德，人舍得他，天也会帮助他。人舍得他，称他作天民；天帮助他，称他作天子。学习，是学习不能学到的东西；行走，是行到不能去到的地方；分辨，是分辨不能辨清的事物。知道停止于不知道的领域，就达到极致了。假如不是这样，天然的禀性会使他挫败。备足事物而顺应成形，藏起不作任何思虑的情感以激活心灵，敬肃内心中以通达外物，像这样做而各种灾祸还纷至沓来，那就是天的安排，而不是人为所造成，不足以扰乱成性，也不可以纳入灵台（心）。灵台，有所持守却不知道持守什么，并且不可以着意去持守。不能表现真诚的自我而任随情感发扬，每每发扬不当，外事侵扰心中不能舍弃，每次更动都是错失。做坏事显露出来，人人得而诛杀他；做坏事隐蔽在昏暗处，鬼神得而诛杀他。清白光明地对于人群，清白光明地对于鬼神，然后能够独行于世。契合于内心，行事就不显露名声；契合于外求，心思总在期待耗费。行事就不显露名声，即使平庸也有光辉；心思总在期待耗费，只不过是商人而已，人已经看清他在奋力追求分外的东西，他还魁然昂首于市井。与事物顺应相穷通的人，事物必将归依于他；跟事物苟且的人，他自身都不能相容，又怎能容纳他人！不能容人的人没有亲近，没有亲近的人就为人们所弃绝。兵器不能伤害人的心志，良剑莫邪也只能算是下等；寇敌不能大于阴阳，没有办法逃脱天地之间。不是阴阳残贼他人，是人心使自己受伤害。大道通达，事物各守其分，成形了就毁灭了。厌恶各守其分，分位就是完备；所以厌恶完备，是在完备求取更完备。故此心神散出而不能返归，就见到鬼形；心神离出有所得，就叫作得到死亡。迷灭本性而徒有实形，也就跟鬼一个样。把有形的看作无形的，那么内心就会安定。出没有所本，入没有孔窍。具有实在的形体而没有处所，有成长却没有成长的始末，有出而没有孔窍又是事实。有事实而没有确切的处所，是因为处在"宇"这个四方上下没有边际的空间中。有生长却没有生长的始末，是因为处在"宙"这个古往今来没有极限的时间里。有生，有死，有出，有入，入与出都见不到具体的形迹，这就叫作天门。所谓天门，就是不存在的门，万物都出自这种以"无有"做成的门。"有"不能用"有"来产生"有"，必定出自"无有"，而"无有"就是一切全都没有。圣人就藏身在这样的境域。古时的人，他们的智慧达到很高的境界。什么样的很高境界呢？有认为宇宙初始是不曾有物的，这种观点到达了极致，达到了穷尽，无可复加了。次一等认为宇宙初始已经存在事物，把产生看作是另一种事物的丧失，把丧失看作是返归自然，这种观点已经对事物有了区分。再次一等认为宇宙初始确实没有什么，既已产出了生物，有生命的东西又很快地死去；他们把虚无看作是头，把生命看作躯体，把死亡看作是尻尾。谁知道得有、无、死、生归结为一体，我就跟他交上朋友。以上三种认识虽然各有差异，但都可以看成是公族，犹如楚国公族中昭、景二姓，以世代为官而著显，屈姓甲氏，又以世代封赏而著显，只不过是姓氏不同罢了。生命乃是锅底一抹黑，彼与此、是与非就在不停地转移而不易分辨。曾经说过转移和分辨，不是所要说的。虽然如此，谈论了也不可以明了。年终时腊祭备有牛牲的内脏和四肢，可以分别陈列却又不可以离散牛牲的整体；游观王室的人周旋于整个宗庙，又必须上厕所。请经常说说"移是"的意思，全都说明白彼此，以生命为本，以智慧为师，因以分辨是非；果真有名实，因以己为抵押；使人以为自己的节操，因而以死来抵偿节操。如果是这样，以有用为智慧，以不用为愚蠢，以透彻为名誉，以词穷为耻辱。这种"移是"，今人是蝉与斑鸠，是现今人们的认识，这就跟蝉与斑鸠共同讥笑大鹏那样。踩了市面上行人的脚，就道歉说不小心得罪了，兄长踩了弟弟的脚就怜惜抚慰，父母踩了子女的脚也就算了。故此说，最好的礼仪是不分彼此视人如己，最好的道义是不分物我各得其宜，最高的智慧是无须谋虑，最大的仁爱是对任何人也不表示特别的亲近，最大的诚信是无须用贵重的金子作为凭证。撤去意志的勃谬，解除心性的荒唐，去掉德性的拖累，抵达大道的堵塞。高贵、富有、荣显、尊严、名誉、利益这六者，是违背心志的。尊容、躁动、颜色、事理、意气、意念这六者，是扭曲心志的。厌恶、欲望、喜欢、悲哀、愤怒、欢乐这六者，是拖累德行的。去就取舍和智能这六者，是堵塞大道的。这四个六者不激荡在胸中，就是正；正就能静，静就能明，明就能虚，虚就无为而无不为。大道，是德性的钦佩；生命，是德性的光彩；禀性，是生命的本质。本性的驱动，称之为率真的作为；受伪情驱动，称之为失却本性。知识，出自与事物的应接；智慧，出自内心的谋划；具有智慧的人也有不了解的知识，就像斜着眼睛看。有所举动出于不得已叫作德，有所举动不是为了自我叫作治，名声相反，实际说事事顺应。后羿能射中细微的东西而拙于使人不要夸奖自己。圣人精巧于天道而拙于人事。精巧于天道而擅长于人事的，只有全人能做到。只有虫子能够成为虫子，只有虫子能够具有天性。全人厌恶天吗？那是恶人的天。况且是我的天和人呢！一只小雀迎着羿飞来，羿必然会射中它，这是羿的威力；把整个天下当作雀笼，鸟雀就没有一只能够逃脱。因此之故，商汤王用庖厨来笼络伊尹，秦穆公用五张羊皮来笼络百里奚。故此说，不用其所好来笼络人心而可以成功的，不曾有过。砍断了脚的人不求修饰，已把毁誉置之度外；服役的囚徒登高不存恐惧，已经忘掉了死生。对于谦卑的言语不愿作出回报而忘掉了他人，忘掉他人，就可称作合于天然之理的"天人"了。故此，敬重他不感到欣喜，侮辱他不会愤怒的人，只有混同于天然和顺之气的人才能够这样。发出了怒气但不是有心发怒，怒气也就出于不怒；有所作为出于无心作为，作为也就出于无为了。想宁静就平和气息，想凝神就得顺应心志，有为都要做得如此得当，不能说是缘于不得已。不得已的做法，是圣人之道。

这则重言以老聃、庚桑楚、南荣趎讨论如何顺应天道、不求名声显耀，而身如槁木、心如死灰，出入于万物之源的无有之门，回归天然的本性，锤炼生死、心性于大道之中。他们师徒之间的言行应对，相当充分地展示了老子学派的哲学。比如"婴儿"是老子哲学体系的"关键词"。这则重言中老子说："卫生之经，能抱一乎? ……能儿子乎? 儿子终日嗥而嗌不嗄，和之至也；终日握而手不掜，共其德也；终日视而目不瞚，偏不在外也。"这应和着《老子》五十五章："含德之厚，比于赤子。毒虫不螫，猛兽不据，攫鸟不搏。骨弱筋柔而握固，未知牝牡之合而全作，精之至。终日号而不嗄，和之至也。知和曰常，知常曰明，益生曰祥，心使气曰强。物壮则老，谓之不道，不道早已。"《老子》四十九章又说："圣人无常心，以百姓心为心。……圣人在天下，歙歙焉为天下浑其心。百姓皆注其耳目，圣人皆孩之。"二十八章还强调："知其雄，守其雌，为天下溪。为天下溪，常德不离，复归于婴儿。"二十章，老子反观自己："众人熙熙，若享太牢，若春登台。我魄未兆，若婴儿未孩。"婴儿赤子，未被世俗社会污染和异化，因而未失天性，对于人世间的是是非非没有分别心，其心是浑然一体的，这样才能精气神饱满，几近于道。

之二：以向老子学道者的见闻，以折光的方式显示老子之道的无所弗届，博大高明。

《庄子·则阳》说：

柏榘学于老聃，曰："请之天下游。"老聃曰："已矣! 天下犹是也。"

又请之，老聃曰："汝将何始？"曰："始于齐。"至齐，见辜人焉，推而强之，解朝服而幕之，号天而哭之，曰："子乎！子乎！天下有大菑，子独先离之。曰莫为盗，莫为杀人。荣辱立然后睹所病，货财聚然后睹所争。今立人之所病，聚人之所争，穷困人之身，使无休时。欲无至此得乎？古之君人者，以得为在民，以失为在己；以正为在民，以枉为在己。故一形有失其形者，退而自责。今则不然，匿为物而愚不识，大为难而罪不敢，重为任而罚不胜，远其涂而诛不至。民知力竭，则以伪继之。日出多伪，士民安取不伪。夫力不足则伪，知不足则欺，财不足则盗。盗窃之行，于谁责而可乎？"

柏矩就学于老聃，说："请求老师同意我到天下去游历。"老聃说："算了吧，天下就像这里一般。"柏矩再次请求，老聃说："你将要先去哪里？"柏矩说："先从齐国开始。"柏矩到了齐国，见到一个处以死刑徒抛尸示众，推推尸体把他勉强摆正，再解下朝服覆盖上面，仰天大哭说："你呀你呀！天下出现如此大的灾祸，你独自先碰上了。常说不要做强盗，不要杀人！世间一旦有了荣辱，就出现各种弊端；财货聚积，然后看到各种争斗。如今树立人们所厌恶的弊端，聚积人们所争夺的财物，贫穷困厄的人疲于奔命便没有休止之时，想不出现这样的遭际，能够得到吗？古时统治民众的人，把所得归于民众，以所失归于自己；把正确归于百姓，把过错归于自己；所以有人其身形体受到损害，就退而责备自己。如今却不是这样。隐匿事物的真情却责备人们愚蠢没有见识，扩大办事的困难却归罪于不敢克服困难，加重责任却责罚别人不能胜任，加远路途而诛杀不能达到的人。人民竭尽了智慧和力量，就用虚伪来继续应付，天天出现那么多虚伪的事情，百姓怎么能不弄虚作假！力量不够就作伪，智巧不足就欺诈，财力不济便盗窃。盗窃的行径，对谁加以责备才合理呢？"这则重言叙写向老子问学的人周游天下，在齐国却看到因为争夺荣辱和财货招致杀身暴尸的人，进而思考统治者以伪诈要求世人，而不反省自己苛求世人的责任。这种社会逻辑，折射了老子"知人者智，自知者明。胜人者有力，自胜者强"的思想，治理国家要从自己做起。1974 年北京琉璃河出土了西周早期的伯矩鬲，铭文说："才（在）戊辰匽侯赐伯矩贝用作父乙宝尊彝"。大意是在戊辰时，燕侯赐贵族伯矩一笔钱，伯矩用这笔钱铸造了这件铜器，以此表示对其父的纪念。向老子问学的伯矩，大概是这个伯矩的后人，属于疏远的贵族。

之三：为了彰显老子之道，采取了反彰显的方法，展示向老子请教道的人难以达到道的境界，从而折射出老子之道的境界之高明。

《庄子·寓言》说：

> 阳子居南之沛，老聃西游于秦，邀于郊，至于梁，而遇老子。老子中道仰天而叹曰："始以女为可教，今不可也。"阳子居不答。至舍，进盥漱巾栉，脱屦户外，膝行而前，曰："向者弟子欲请夫子，夫子行不闲，是以不敢。今闲矣，请问其过。"老子曰："而睢睢盱盱，而谁与居？大白若辱，盛德若不足。"阳子居蹴然变容曰："敬闻命矣！"其往也，舍者迎将其家，公执席妻执巾栉，舍者避席，炀者避灶。其反也，舍者与之争席矣。

这个故事也见于《列子·黄帝篇》："杨朱南之沛，老聃西游于秦，邀于郊。至梁而遇老子。老子中道仰天而汉曰：'始以汝为可教，今不可教也。'杨朱不答。至舍，进涫漱巾栉，脱履户外，膝行而前，曰：'向者夫子仰天而叹曰：始以汝为可教，今不可教。弟子欲请夫子辞，行不间，是以不敢。今夫子间矣，请问其过？'老子曰：'而睢睢而盱盱，而谁与居？大白若辱，盛德若不足。'杨朱蹴然变容曰：'敬闻命矣。'其往也，舍迎将家，公执席，妻执巾栉。舍者避席，炀者避灶。其反也，舍者与之争席矣。"

阳子居（杨朱）南下到沛地去，老子西行去秦国，邀约在郊野，到了梁地，而遇见老子。老子在半途中仰天长叹说："起初我以为你是可以教导的，如今看来不可以了。"阳子居不答话。到了旅舍，阳子居送进洗漱用品，把鞋脱在门外，跪着爬行向前，说："刚才弟子想请教先生，先生却出行不得闲，因此没敢请教。现在有闲了，请指出我的过错。"老子说："你仰目而视张目而望，一副傲慢、横暴的样子，谁能与你共处呢？最清白的人就像污浊，盛德的人就像不足。"阳子居蹴然变了容貌说："敬听先生的教诲了！"他来时，旅舍的人都迎送他到家中，男主人安排座席，女主人拿出梳洗用具，居住的人让出席位，烤火的人回避炉灶。他回去时，旅舍的人就与他互争席位而不分彼此了。这则重言中，老聃认为杨朱不可教，因为他满身傲气，使人不敢接近。只有达到清白的人就像污浊，尚德的人就像不足，才能够与大家打成一片。这是老子的高人不露真容的韬晦哲学。"大白若辱，盛德若不足"一语出自《老子》四十一章："上士闻道，勤而行之。中士闻道，若存若亡。下士闻道，大笑之。不笑不足以为道。故《建言》有之：明道若昧，进道若退，夷道若纇，上德若谷，大白若辱，广德若不足，建德若偷，质真若渝，大方无隅，大器晚成，大音希声，大象无形。道隐无名。夫唯道，善贷且成。"意思是，上士听了道，勤奋去实行；中士听了道，将疑而将信；下士听了道，反加以讥笑——不被他们笑，不成其为道。故此《建言》古书说：光明的道好像暗昧，前进的道好像后退，平坦的道好像崎岖；高尚的德好像河谷，最洁白的好像污浊，广大的德好像不足，刚强的德好像懦弱，充实的德好像空虚；最方正的没有棱角，最大的器具最后完成，最大的音乐没有声响，最大的景象没有形体。大道隐匿，没有名称，却唯有道善于始生万物，又善于去完成。"大白若辱"的"辱"字，指黑色的污垢。意思是说真正纯洁的人，表现出来却有些污点，他从不以纯洁来张扬或炫耀自己。在老子看来，放低身段的人，才是真正的强者。

之四：庄子虚构某些人物，在老聃与之对话中展示老聃的思想，即叫我牛我就称作牛，叫我马我就称作马，以恬淡之心舍下形骸而趋于道的本体。

比如虚构了士成绮这个人物，就有点奇怪，把这个人名直译出来，就是一个读书人把自己装扮得非常华丽，这似乎有点不伦不类。

《庄子·天道》说：

> 士成绮见老子而问曰："吾闻夫子圣人也，吾固不辞远道而来愿见，百舍重趼而不敢息。今吾观子，非圣人也。鼠壤有余蔬，而弃妹之者，不仁也，生熟不尽于前，而积敛无崖。"老子漠然不应。士成绮明日复见，曰："昔者吾有刺于子，今吾心正却矣，何故也？"老子曰："夫巧知神圣之人，吾自以为脱焉。昔者子呼我牛也而谓之牛，呼我马也而谓之马。苟有其实，人与之名而弗受，再受其殃。吾服也恒服，吾非以服有服。"士成绮雁行避影，履行遂进而问："修身若何？"老子曰："而容崖然，而目冲然，而颡頯然，而口阚然，而状义然，似系马而止也。动而持，发也机，察而审，知巧而睹于泰，凡以为不信。边竟有人焉，其名为窃。"夫子曰："夫道，于大不终，于小不遗，故万物备。广广乎其无不容也，渊乎其不可测也。形德仁义，神之末也，非至人孰能定之。夫至人有世，不亦大乎。而不足以为之累。天下奋柄而不与之偕，审乎无假而不与利迁，极物之真，能守其本，故外天地，遗万物，而神未尝有所困也。通乎道，合乎德，退仁义，宾礼乐，至人之心有所定矣。"

士成绮见到老子而请问说："我听说先生是个圣人，我便不辞路途遥远，但愿能见到你，走了上百天，脚掌结上厚厚的老茧，也不敢停息。如今我观察先生，竟不是圣人。老鼠洞中有许多余剩的食物，看轻并随意抛弃这些物品，不合乎仁的要求；生的熟的食物享用不尽，尚且聚敛不止。"老子漠然不作回应。第二天士成绮再次见到老子，说："昨日我用言语刺伤了先生，今天我的心端正却删除了，是何缘故呢？"老子说："巧智神圣的人，我自以为早已超脱这个行列。过去叫我是牛我就是牛，叫我是马我就是马。假如存在那样的实情，人给他相应的称呼而不接受，名和实会受到双重灾殃。我所做的，是我经常所做；并不是特意这样做给人家看的。"士成绮像雁一样侧身回避自己羞愧的身影，蹑手蹑脚进前问道："修身之道是怎样的呢？"老子说：

"你容颜高傲，目光很冲，头额高亢，言语夸张，身形壮大，好像奔马被拴住
而休止。行为有所控制，发射就像机器，你明察而精审，自持智巧而眼神骄
泰，凡此种种都是不足取信的。边远闭塞的地方有这样的人，名字就叫作窃
贼。"老聃夫子说："道，大而没有穷尽，小而没有遗缺，故此具备万物。广大
啊，道没有什么不包容，深邃啊，道不可以探测。刑罚德化与仁义，是精神
微末，不是道德高尚的至人能判定它！道德高尚的至人拥有的人世，不是很
广大吗？却不足以成为他的拖累。天下人争夺权柄而不与他偕同，审慎假借
外物而不为私利所动，深究事物的真谛，能够持守事物的根本，所以置身于
天地之外，遗弃万物，而精神不曾受过困扰。通晓大道，合乎大德，辞退仁
义，摈弃礼乐，这是至人的内心的定性啊。"

这则重言中，老子以淡定的心态面对"呼我牛也，而谓之牛，呼我马也，
而谓之马"，不计较别人的赞誉和轻薄，聪明透顶的人，从不活在别人眼光和
唇舌中。

之五：老子之道，薪火相传。

老子薪火相传的弟子有关尹（见《庄子·天下》），庚桑楚、南荣趎（见
《庄子·庚桑楚》）。著名的还有文子，姓辛氏，号计然，与孔子同时，著有
《文子》一书，常游于海泽，越大夫范蠡尊之为师，授范蠡七计。范蠡辅佐越
王勾践，用其五计而灭吴。《汉书·艺文志》道家类著录《文子》九篇，原注
曰："老子弟子，与孔子同时。"文子，还有范蠡又游学到齐国，彭蒙、田骈、
慎到、环渊等皆师事之，三晋之地的文子学派和齐国的黄老学派共同形成了
北方道家。

《庄子·养生主》未及老子这些大弟子，而是说：

> 老聃死，秦失吊之，三号而出。弟子曰："非夫子之友邪？"曰：
> "然。""然则吊焉若此，可乎？"曰："然。始也吾以为其人也，而今非
> 也。向吾入而吊焉，有老者哭之，如哭其子。少者哭之，如哭其母。彼

其所以会之，必有不蕲言而言，不蕲哭而哭者。是遁天倍情，忘其所
受，古者谓之遁天之刑。适来，夫子时也。适去，夫子顺也。安时而处
顺，哀乐不能入也，古者谓是帝之县解。"指穷于为薪，火传也，不知
其尽也。

老聃死，秦失去吊唁他，三次号啕痛哭出来。老聃的弟子说："你不是我
们老师的朋友吗？"秦失说："是的。""那么这样吊唁，行吗？"秦失说："行
的。开始时我以为他是人，如今看来并非如此。刚才我进去吊唁时，看见有
年老的哭他，像哭自己的孩子；年少的哭他，像哭自己的父母。他们所以会
合在这里，必定有不想说的话要说，不想哭的事要哭。这是逃避天性背离性
情，忘却所受的道，古人称之为逃遁天的刑罚。适时到来，是老先生的应时；
适时离去，是老先生顺乎自然。安于时令，顺乎自然，那么哀乐就不能侵入
身心，古人称这是上达天帝的困境中得到了悟的拯救。"

这里传达了手掰薪柴可以穷尽，但火种流传却不穷尽。在这则重言中，
弟子提问两次：一、"非夫子之友邪？"二、"然则吊焉若此，可乎？"而秦失
回答了两次"然"，显然弟子与秦失对于吊唁的概念存在着差异，秦失的回答
中有三种时间次序：一、"始"也吾以为其人也；二、"向"吾入而吊焉；三、
而"今"非也。在不同的时序中包含了秦失吊唁前后态度的转变，其中包含
着有情与无情。秦失在吊唁过程"始→向→今"的心态变化，最终到达"安
时而处顺，哀乐不能入"的"悬解"。悬解就是天然的解脱，谓于生死忧乐
无所动心，从而达到高超深入的理解。秦失叹老聃大圣，妙达本源，故适尔
生来，皆应时而降诞；萧然死去，亦顺理而反真耳，达到了精神困境中得到
了悟的拯救。由于老聃大圣，冥一死生，超越天的刑罚，最终提出了"指穷
于为薪，火传也，不知其尽也"的道门薪火相传的命题。无论是安时而处顺，
哀乐不能入，还是指穷于为薪，火传也，不知其尽，涉及了老聃思想的形态
和命运。这正是庄子归本于老子的根本所在。

重言的第四项功能：

将孔子道家化（三则）

之一：借助他人之口阐释老庄思想的根本理念。

《庄子·天运》说：

北门成问于黄帝曰："帝张咸池之乐于洞庭之野，吾始闻之惧，复闻之怠，卒闻之而惑，荡荡默默，乃不自得。"帝曰："汝殆其然哉！吾奏之以人，徵之以天，行之以礼义，建之以大清。夫至乐者，先应之以人事，顺之以天理，行之以五德，应之以自然。然后调理四时，太和万物。四时迭起，万物循生。一盛一衰，文武伦经。一清一浊，阴阳调和，流光其声。蛰虫始作，吾惊之以雷霆。其卒无尾，其始无首。一死一生，一偾一起，所常无穷，而一不可待。汝故惧也。吾又奏之以阴阳之和，烛之以日月之明。其声能短能长，能柔能刚，变化齐一，不主故常。在谷满谷，在坑满坑。涂郤守神，以物为量。其声挥绰，其名高明。是故鬼神守其幽，日月星辰行其纪。吾止之于有穷，流之于无止。子欲虑之而不能知也，望之而不能见也，逐之而不能及也。傥然立于四虚之道，倚于槁梧而吟：目知穷乎所欲见，力屈乎所欲逐，吾既不及，已夫！形充空虚，乃至委蛇。汝委蛇，故怠。吾又奏之以无怠之声，调之以自然之命。故若混逐丛生，林乐而无形，布挥而不曳，幽昏而无声。动于无方，居于窈冥，或谓之死，或谓之生；或谓之实，或谓之荣。行流散徙，不主常声。世疑之，稽于圣人。圣也者，达于情而遂于命也。天机不张而

五官皆备。此之谓天乐，无言而心说。故有焱氏为之颂曰：听之不闻其
声，视之不见其形，充满天地，苞裹六极。汝欲听之而无接焉，而故惑
也。乐也者，始于惧，惧故崇；吾又次之以怠，怠故遁；卒之于惑，惑故
愚；愚故道，道可载而与之俱也。"

北门成问黄帝说："你在洞庭的原野上演奏《咸池》乐曲，我起初听起来
感到惊惧，再听下去就逐步懈怠，听到最后却又感到迷惑不解，心神恍恍惚
惚无知无识，竟而不能自得。"黄帝说："你大概会有那种感觉吧！我因循人
情演奏乐曲，取法天然的旋律，用礼义加以推行，用太清的元气来确立。最
美妙的乐曲，总是顺应着人情事理，又顺从着天理，用五德来推行，用自然
来应合，然后调理着四季的序列，跟万物同和。乐声犹如四季更迭而起，万
物都遵循这一节奏而生长；一盛一衰，文武更迭；一清一浊，阴阳相互调和，
流布光辉于相应的声响；犹如解除冬眠的虫豸开始活动，我用雷霆使它们惊
醒。乐声的终结没有结尾，乐声的开始没有起头；时而消逝时而兴起，时而
偃息时而亢进；变化经常无穷无尽，全不可以期待。你故此感到惊恐不安。
我又以阴阳的调和来演奏，以日月的光辉来烛照。于是乐声能短能长，能柔
能刚，变化遵循着齐一的条理，却不拘泥于故态和常规；流播在山谷就山谷
满盈，流播在坑凹就坑凹充实；堵塞心灵的孔隙而持守宁静的精神，又以事
物来度量。乐声悠扬广播，称得上高明。故而连鬼神持守幽暗，日月星辰运
行在各自的轨道上。我止于有穷的境界，流播在无止境。你想思虑而不能知
晓，观望却不能看见，追逐却赶不上；怅然自失地伫立在通达四方的衢道上，
依着枯槁的梧桐吟咏。目光和智慧穷困于想要见到的事物，力气屈服于想要
追逐的东西。我既然赶不上了啊！形体充盈又空虚，才至于随应变化。你随
应变化，因此情绪慢慢懈怠下来。我又奏响起毫无懈怠的乐声，调协以自然
的节奏。故而乐声像是混同驰逐相辅相生，犹如风吹丛林又无有形迹；传播
和振动而无外力引曳，幽幽暗暗而没有声响。乐声响动于不可探测的地方，
居留于深远幽暗的境界；或说它已经死去，或说它开始生长；或说它实在，
或说它荣华；流播飘散游徙，不固守通常的声调。世人怀疑它，向圣人问询

查考。所谓圣，就是通达情理而顺应于命运。天然的枢机没有启张而五官俱全，这可以称之为天然的乐声，未尝说话就内心喜悦。所以有焱氏（神农）为它颂扬说：'听不到声音，看不见形迹，充满天地，包容了六极。'你想听而无法衔接连贯，故而迷惑不解。这样的乐章，初听时始于惊惧，恐惧是祸祟；我接着又奏响了使人懈怠的旋律，懈怠而消除了恐惧；最后乐声在迷惑不解中终结，迷惑故而愚拙；愚拙故而接近大道，大道就可以承载而融合相通了。"

在这则重言中，音乐通神又浸润心灵，黄帝对其臣子的解说，最终使音乐通过愚拙的心态，与大道融合，这是道家的音乐观。宋朝苏东坡晚年遇赦北还时所写的一首七言律诗《六月二十日夜渡海》说："参横斗转欲三更，苦雨终风也解晴。云散月明谁点缀？天容海色本澄清。空余鲁叟乘桴意，粗识轩辕奏乐声。九死南荒吾不恨，兹游奇绝冠平生。"所谓轩辕奏乐声，就是用了《庄子·天运》中的典故："北门成问于黄帝曰：'帝张咸池之乐于洞庭之野，吾始闻之惧，复闻之怠，卒闻之而惑，荡荡默默，乃不自得。'"苏东坡以黄帝奏咸池之乐形容大海波涛之声，和《论语·公冶长篇》孔子说"道不行，乘桴浮于海"相呼应、相交融。

之二：把颜回、子路、子贡、琴牢等孔门弟子拉进来，一道言说庄子的核心理念和得意的言说方式。

《庄子·人间世》说：

颜回见仲尼，请行。曰："奚之？"曰："将之卫。"曰："奚为焉？"曰："回闻卫君，其年壮，其行独。轻用其国，而不见其过。轻用民死，死者以国量乎泽若蕉。民其无如矣。回尝闻之夫子曰：治国去之，乱国就之，医门多疾。愿以所闻思其则，庶几其国有瘳乎！"仲尼曰："嘻！若殆往而刑耳。夫道不欲杂，杂则多，多则扰，扰则忧，忧而不救。古之至人，先存诸己而后存诸人。所存于己者未定，何暇至于暴人之所行？且若亦知夫德之所荡而知之所为出乎哉！德荡乎名，知出乎争。名也者，相轧也。智也者，争之器也。二者凶器，非所以尽行也。且德厚信矼，未达人气，名闻不争，未达人心。而强以仁义绳墨之言术暴人之前者，是以人恶有其美也，命之曰菑人。菑人者，人必反菑之，若殆为人菑夫！且苟为悦贤而恶不肖，恶用而求有以异？若唯无诏，王公必将乘人而斗其捷。而目将荧之，而色将平之，口将营之，容将形之，心且成之。是以火救火，以水救水，名之曰益多，顺始无穷。若殆以不信厚言，必死于暴人之前矣。且昔者桀杀关龙逢，纣杀王子比干，是皆修其身以下伛拊人之民，以下拂其上者也，故其君因其修以挤之。是好名者也。昔者尧攻丛枝、胥敖，禹攻有扈，国为虚厉，身为刑戮，其用兵不止，其求实无已。是皆求名实者也，而独不闻之乎？名、实者，圣人之所不能胜也，而况若乎？虽然，若必有以也，尝以语我来。"颜回曰："端而虚，勉而一，则可乎？"曰："恶，恶可？夫以阳为充孔扬，采色不定，常人之所不违，因案人之所感，以求容与其心。名之曰日渐之德不成，而况大德乎？将执而不化，外合而内不訾，其庸讵可乎？""然则我内直而外曲，成而上比。内直者，与天为徒。与天为徒者，知天子之与己皆天之所子，而独以己言蕲乎而人善之，蕲乎而人不善之邪？若然者，人谓之童子，是之谓与天为徒。外曲者，与人之为徒也。擎跽曲拳，人臣之礼也，人皆为之，吾敢不为邪？为人之所为者，人亦无疵焉，是之谓与人为徒。成而上比者，与古为徒。其言虽教，谪之实也。古之有也，非吾有也。若然者，虽直而不病，是之谓与古为徒。若是则可乎？"仲尼曰："恶，恶可？大多政，法而不谍，虽固亦无罪。虽然，止是耳矣，夫胡可以及化！犹师心者也。"颜回曰："吾无以进矣，敢问其方？"仲尼曰："斋，吾将语若。有而为之，其易邪？易之者，皞天不宜。"颜回曰："回之家贫，唯不饮酒不茹荤者数月矣。如此，则可以为斋乎？"曰："是祭祀之斋，非心斋也。"回曰："敢问心斋？"仲尼曰："若一志，无听之以耳而听之以心，无听之以心而听之以气。听止于耳，心止于符。气也者，虚而待物者也。唯道集虚，虚者，心斋也。"颜回曰："回之未始得使，实自回也。得使之也，未始有回也。可谓虚乎？"夫子曰："尽矣。吾语若，若能入游其樊而无感其名，入则鸣，不入则止。无门无毒，一宅而寓于不得已，则几矣。绝迹易，无行地难。为人使，易以伪；为天使，难以伪。闻以有翼飞者矣，未闻以无翼飞者也。闻以有知知者矣，未闻以无知知者也。瞻彼阕者，虚室生白，吉祥止止。夫且不止，是之谓坐驰。夫徇耳目内通而外于心知，鬼神将来舍，而况人乎！是万物之化也，禹、舜之所纽也，伏羲、几蘧之所行终，而况散焉者乎！"

颜回见孔子，向他辞行。孔子问："到哪里去？"颜回说："将到卫国去。"仲尼问："去做什么？"颜回说："我听闻卫国的国君，年纪少壮，行为独断。轻率处理国事，还不知道自己的过错；轻易动用民众的死亡，死亡的人堆满国中的山泽，就像芭蕉树一样，人民无所适从了。我曾听夫子说：'大治之国可以离去，危乱之国可以前往，医生的门前多病人。'但愿以所闻的，思考如何去实行，大概这个国家可以免于疾苦吧！"孔子说："唉！你去了恐怕会遭到刑罚吧！道是不宜驳杂，驳杂就多事，多事就扰乱，扰乱就忧患，忧患一来就不可救了。古时的至人，是先充实自己，然后才去保存他人，先充实自己还未能定，哪有闲暇去管暴人的行为呢！况且你知道德之所以流荡，而智之所以横出逾分的原因吗？德流荡是由于好名，智横出逾分是由于争胜。所谓名，是相互倾轧的工具；所谓智，是相互斗争的器物。二者都是凶器，是不可尽行于世的。而且德性纯厚信行坚实，还不能达到人的气息，名声闻达不和人争，无法达到人心之中。而强行以仁义规矩的言论应用在暴人面前，是以人的恶行来显扬美德，这叫作灾祸人。灾祸人的人，别人必定反过来灾祸他，你恐怕要被人灾祸了！况且假如卫君悦爱贤人憎恶不肖，又何必用你来求得和别人不同呢？你只有不直谏争辩，卫国王公必将乘人之危与之争斗捷才。而你的眼目会眩惑，容色将会平和，口里只顾营救自己，容貌将会俯就，内心且要促使成功。这是用火去救火，用水去救水，这叫作增益势头，开始顺从无穷。如果不相信厚言谏诤，就必定死在暴人面前了。况且往昔夏桀杀关龙逢，商纣杀王子比干，是他们都修其身怜爱抚养人民，以臣下拂逆了君上，所以国君因他们的修身爱民而排挤他们，这就是好名的结果。往昔尧攻丛枝、胥敖，禹攻有扈，这三国化为废墟厉鬼，身遭杀戮，这是他们用兵不止，贪利不已的结果。这都是求名好利的下场，你唯独没听说过吗？名利这东西，连圣人都无法战胜，何况是你呢！虽然如此，你必然有什么办法，试说给我听听。"颜回说："外表端正而内心虚静，勉力行事而专心一致，这样可以吗？"仲尼说："唉！怎么可以呢！以刚愎跋扈、骄气张扬，脸色无常，平常人不敢违逆他，抑制人的感受，以求内心的快意。这叫作每日用小德渐渐感化他都不成，何况大德的规劝哩！固执己见而不化，表面附和而内心不去计量，岂是可以吗？"颜回说："那么我内心耿直而外表委曲，成就了就比附古人。内心诚直，是与天为徒，与天为徒的人，知道国君与自己都是天的儿子，唯独以自己的话而求人称善，求人称不善吗？若是如此，人称之赤子之心，这就叫作与天为徒。外表委曲，就是与人为之徒。举手跪膝，俯仰拜伏，是为人臣的礼节，大家都这么做，我敢不这么做吗？做众人所做的，别人也无从指责，这就叫作与人为徒。成功了就比附古人，就是与古为徒。他的话虽然有教化作用，指责都是实在的，古时候就有的，不是我才有的。像这样，虽然直率也不会遭到诟病，这就叫作与古为徒。若是这样可以吗？"孔子说："不可！这怎么可以！太多政务，依据法律而非谍探，虽然固陋也没有罪责。虽然如此，不过是止于此而已，怎能感化他呢！还是师心自用执着于己见了。"颜回说："我没有更进一步的方法了，请问有什么方法？"孔子说："斋戒吧，我再告诉你吧！有了成见去做，怎会容易呢？如果很容易，昊天就不合宜。"颜回说："我家里贫穷，不喝酒不吃荤已经好几个月了。像这样子，可以算是斋戒吗？"孔子说："这是祭祀的斋戒，不是心的斋戒。"颜回说："冒昧请问什么是心斋？"孔子说："心志专一，不要用耳去听，而要用心去听；不要用心去听，而要用气去听。聆听止于耳朵，心止于征兆。而气呢，是空虚而接待万物。唯有道聚集在空虚中，这种空虚，就是心斋。"颜回说："我未曾获得心斋的道理时，实在有我；听到心斋的道理时，就未曾有我颜回。这可算是空虚的心吗？"孔子说："尽于此了。我告诉你，你能进入游玩它的藩篱而没有感觉它的名分，进入就发声，不进入就停止。没有门径就不能高度集聚门路，不能高度集聚门路就会招摇，集聚在一间屋子里而寄托着不得已，这样就差不多了。不走路容易，不借地而行就难了。被别人支使，变换出虚伪；被天使唤，就难以作伪了。听闻有翅膀能飞的，没听闻无翅膀能飞的；听闻用心智去求得知识的，没听闻不用心智去求得知识的。瞻望那空隙的地方，虚空之室能生出白色的光明来，这就是吉祥所聚集留止之处。如果无法留止，就是形坐而心驰。如果依从耳目内通而外任于心智，鬼神将要来居住，何况是人呢！如是万物都会感化，是为尧舜的枢纽，伏羲、几蘧的行为终点，何况那众人呢！"

　　这则重言以一百多年前的圣贤孔子、颜回来烘托庄子的核心理念，实际上是把孔子道家化，所谓"心斋"，就是摒除杂念，使心境虚静纯一，而明大道。意为打扫屋子里的杂物才可以放下更多的东西，放下只为更好地拿起。唯有大道聚集在虚空之中。"唯道集虚"，是庄子的名言，庄子以"气"说"虚"，荀子以"心"说"虚"。又根据纵向维度，说明"虚"概念具有不断的发展性，论述从庄子"唯道集虚"到荀子"虚壹而静"，"虚"概念的演变过程具有辩证性，关联着庄子"气"虚与荀子"心"虚的实质差异。荀子的思想与孔孟的思想，中间有一道庄子思想的隔断。庄子是把孔子思想道家化，来增加自己的权威性的。需要补充说明的是，颜回引用的孔子之言"医门多疾"，可以参看西汉刘向《说苑·杂言》的记载："东郭子惠问于子贡曰：'夫子之门，何其杂也？'子贡曰：'夫隐括之旁多枉木，良医之门多疾人，砥砺之旁多顽钝。夫子修道以俟天下，来者不止，是以杂也。'《诗》云：'苑彼柳斯，鸣蜩嘒嘒。有漼者渊，萑苇淠淠。'言大者之旁，无所不容。"

　　《庄子·人间世》接着说：

　　　　叶公子高将使于齐，问于仲尼曰："王使诸梁也甚重，齐之待使者，盖将甚敬而不急。匹夫犹未可动，而况诸侯乎？吾甚慄之。子常语诸梁也曰：凡事若小若大，寡不道以懽成。事若不成，则必有人道之患。事若成，则必有阴阳之患。若成若不成而后无患者，唯有德者能之。吾食也执粗而不臧，爨无欲清之人。今吾朝受命而夕饮冰，我其内热与！吾未至乎事之情，而既有阴阳之患矣！事若不成，必有人道之患。是两也，为人臣者不足以任之，子其有以语我来。"仲尼曰："天下有大戒二：其一，命也。其一，义也。子之爱亲，命也，不可解于心。臣之事君，义也，无适而非君也，无所逃于天地之间。是之谓大戒。是以夫事其亲者，不择地而安之，孝之至也。夫事其君者，不择事而安之，忠之盛也。自事其心者，哀乐不易施乎前，知其不可奈何而安之若命，德之至也。为人臣、子者，固有所不得已。行事之情而忘其身，何暇至于悦生而恶死。夫子其行可矣。丘请复以所闻：凡交近则必相靡以信，远则必忠之以言，言必或传之。夫传两喜两怒之言，天下之难者也。夫两喜必多溢美之言，两怒必多溢恶之言。凡溢之类妄，妄则其信之也莫，莫则传言者殃。故《法言》曰：传其常情，无传其溢言，则几乎全。且以巧斗力者，始乎阳，常卒乎阴，泰至则多奇巧。以礼饮酒者，始乎治，常卒乎乱，泰至则多奇乐。凡事亦然。始乎谅，常卒乎鄙。其作始也简，其将毕也必巨。言者，风波也。行者，实丧也。夫风波易以动，实丧易以危。故忿设无由，巧言偏辞。兽死不择音，气息茀然，于是并生心厉。克核大至，则必有不肖之心应之，而不知其然也。苟为不知其然也，孰知其所终。故《法言》曰：无迁令，无劝成，过度益也。迁令劝成殆事，美成在久，恶成不及改，可不慎与！且夫乘物以游心，托不得已以养中，至矣。何作为报也！莫若为致命。此其难者。"

叶公子高（名诸梁）将要出使齐国，他请问孔子说："楚王派我诸梁出使，责任重大。齐国接待外来使节，总是表面恭敬而内心怠慢。平常匹夫尚且不易说动，何况是诸侯呢！我心里十分害怕。您常对我说：'事情无论大小，很少有不通过道来获得皆大欢喜的成功的。事情如果办不成功，那么必定会有人道上的祸患；事情如果办成功了，那又一定会忧喜交集酿出祸患。事情办成功或者办不成功都不留下祸患，只有道德高尚的人才能做到。'我每天吃的都是粗糙不精美的食物，烹饪食物的人也就无须解凉散热。我今天早上接受国君诏命到了晚上就得饮用冰水，是因为我内心发热啊！我还未曾接触到事件的真情，就已经有阴阳相攻的病患；事情假如办不成，还必有人道上的祸患。成与不成这两种结果，做臣子的我都不足以胜任，先生你有什么可以教导我的！"孔子说："天下有两个大戒：一是天命，一是道义。做儿女的敬爱双亲，这是天命，是无法从内心解脱的；臣子侍奉国君，这是道义，无论到什么地方都不会没有国君的势力范围，这是无法逃避于天地之间的。这就叫作大戒。所以侍奉双亲的人，无论什么样的境遇都要使双亲安适，这是孝心的极致；侍奉国君的人，无论办什么样的事都要让国君安逸，这是忠心的盛宴。注重自我修心的人，悲哀和欢乐都不容易施行在他的面前，知道世事无可奈何而安然处之如命运，这是德性的极致。做臣子的固然有不得已的地方，行事的真情而忘掉自身，哪里还有闲暇欢悦生存、厌恶死亡呢！你这样去做就可以了！我孔丘还有一些见闻：大凡与邻近国家交往必须用诚信相互切磋，而与远方国家交往则必定要用语言来表达忠诚，语言必然流传下来。传递两国国君喜怒的言辞，乃是天下难事。两国国君喜欢的言辞必定添加了溢美之词，两国国君愤怒的言辞必定添加了溢恶之词。大凡溢出来的话语都类似虚妄，虚妄言辞的可信度是不高的，不可信会使传言的人遭殃。所以古书《法言》说：'传达平实的言辞，不要传达过分的话语，就差不多可以保全自己了。'况且以智巧相互斗力的人，开始时用阳谋，常常最后使用阴谋，达到极点时则大耍奇谋巧计。按照礼节饮酒的人，开始时安定，常常终止于混乱，达到极点时则荒诞淫乐。凡事情都是这样：开始时相互体谅，常常终止于卑鄙；开始时简单，临近结束时就变得纷繁巨大。言语，是风波，传达言语实际上有丧失。风波容易动荡，实际丧失容易出现危险。故而愤怒发作没有别的什么缘由，就是因为言辞巧饰而又偏颇失当。野兽临死时不选择声音，气息急促，于是迸发伤人害命的恶念。过分苛刻，必然产生不好的念头来应付，还不知道这是怎么回事。假如不知其然，谁知道会有怎样的收场！所以古代《法言》中的格言说：'不要改变已经下达的命令，不要劝勉做力不从心的事，说话过头一定是多余的。'改变成命强人所难都是危险，成就美事要经历很长的时间，恶事做成连悔改是来不及的。行为处世能不审慎吗！至于顺应万物而游翔心志，寄托不得已来养蓄神智，这就做到家了。何必要回报！不如原原本本地传达使命，这就够困难了！"

在这则重言中，孔子以"命"和"义"为天下的大戒，劝解出使齐国的叶公子高，如何忠实于事实，慎于增减，才能安身立命。这种言论，是融合了道家的理念，或者说是将孔子道家化了。需要分辨的第一点是，叶公子高是何许人也？他是楚国北境的重臣、贤臣，对于国家的安危有中流砥柱之风。《国语·楚语下》记载叶公子高预知白公胜必乱楚国：

子西使人召王孙胜，沈诸梁（即叶公子高）闻之，见子西曰："闻子召王孙胜，信乎？"曰："然。"子高曰："将焉用之？"曰："吾闻之，胜直而刚，欲置之境。"子高曰："不可。其为人也，展而不信，爱而不仁，诈而不智，毅而不勇，直而不衷，周而不淑。复言而不谋身，展也；爱而不谋长，不仁也；以谋盖人，诈也；强忍犯义，毅也；直而不顾，不衷也；周言弃德，不淑也。是六德者，皆有其华而不实者也，将焉用之？彼其父为戮于楚，其心又狷而不洁。若其狷也，不忘旧怨，而不以洁悛德，思报怨而已。则其爱也足以得人，其展也足以复之，其诈也足以谋之，其直也足以帅之，其周也足以盖之，其不洁也足以行之，而加之以不仁，奉之以不义，蔑不克矣。夫造胜之怨者，皆不在矣。若来而无宠，速其怒也。若其宠之，毅贪无厌，既能得入，而耀之以大利，不仁以长之，思旧怨以修其心，苟国有衅，必不居矣。非子职之，其谁乎？彼将思旧怨而欲大宠，动而得人，怨而有术，若果用之，害可待也。余爱子与司马，故不敢不言。"子西曰："德其忘怨乎！余善之，夫乃其宁。"子高曰："不然。吾闻之，唯仁者可好也，可恶也，可高也，可下也。好之不偪，恶之不怨，高之不骄，下之不惧。不仁者则不然。人好之则偪，恶之则怨，高之则骄，下之则惧。骄有欲焉，惧有恶焉，欲恶怨偪，所以生诈谋也。子将若何？若召而下之，将戚而惧；为之上者，将怒而怨。诈谋之心，无所靖矣。有一不义，犹败国家，今壹五六，而必欲用之，不亦难乎？吾闻国家将败，必用奸人，而嗜其疾味，其子之谓乎？夫谁无疾眚！能者早除之。旧怨灭宗，国之疾眚也，为之关籥蕃篱而远备闲之，犹恐其至也，是之为日惕。若召而近之，死无日矣。人有言曰：狼子野心，怨贼之人也。其又何善乎？若子不我信，盍求若敖氏与子干、子皙之族而近之？安用胜也，其能几何？昔齐驹马繻以胡公入于具水，邴歜、阎职戕懿公于囷竹，晋长鱼矫杀三郤于榭，鲁圉人荦杀子般于次，夫是谁之故也，非唯旧怨乎？是皆子之所闻也。人求多闻善败，以监戒也。今子闻而弃之，犹蒙耳也。吾语子何益，吾知逃也已。"子西笑曰："子之尚胜也。"不从，遂使为白公。子高以疾闲居于蔡。及白公之乱，子西、子期死。叶公闻之，曰："吾怨其弃吾言，而德其治楚国，楚国之能平均以复先王之业者，夫子也。以小怨置大德，吾不义也，将入杀之。"帅方城之外以入，杀白公而定王室，葬二子之族。

需要弄明白的第二点是，孔子到楚国北境时，与叶公子高的交往。《论语》中记录了三条材料，《述而篇》："叶公问孔子于子路，子路不对。子曰：'女奚不曰，其为人也，发愤忘食，乐以忘忧，不知老之将至云尔！'"这是孔子老当益壮之语。《论语·子路篇》有记载："叶公问政。子曰：'近者说，远者来。'"这是孔子提出为政以德，使社会和谐而有感召力。《子路篇》还记载："叶公语孔子曰：'吾党有直躬者，其父攘羊，而子证之。'孔子曰：'吾党之直者异于是，父为子隐，子为父隐。直在其中矣。'"这是从政治上阐发孝道高于刑政。庄子改写孔子对叶公子高的指点，把一条儒家政治学的思路，扭转到道家的轨道上了。

之三：借用楚狂接舆的放纵言行，对孔子"知其不可为而为之"的政治态度加以嘲讽，认为孔子的这种淑世思想不合时宜。

《庄子·人间世》说：

孔子适楚，楚狂接舆游其门曰："凤兮凤兮，何如德之衰也。来世不可待，往世不可追也。天下有道，圣人成焉。天下无道，圣人生焉。方今之时，仅免刑焉。福轻乎羽，莫之知载。祸重乎地，莫之知避。已乎已乎！临人以德。殆乎殆乎！画地而趋。迷阳迷阳，无伤吾行。吾行郤曲，无伤吾足。"

　　这里以狂人论世，极言世道难为。说的是孔子到了楚国，楚国的狂人接舆游荡到孔子门前，说："凤鸟啊，凤鸟啊！为什么德行这样衰败！来世不可期待，往世不可追回。天下有道，圣人就成全道的事业；天下无道，圣人就保全自己的生命。当今时世，仅是免遭刑戮。福分轻于羽毛，不知怎么承载；祸患重于大地，不知怎么回避。罢了，罢了！降临人们以德行！危险啊，危险啊！画地为界去趋从！荆棘啊荆棘啊，不要伤害我的行走！曲曲弯弯的道路啊，不要伤害我的双脚！"这里嘲讽了孔子为政以德的政治理想，在春秋战国乱世不合时宜。由此《庄子·人间世》的行文进一步宣扬无用之用，而贬斥有用招祸：

　　　　山木自寇也，膏火自煎也。桂可食，故伐之。漆可用，故割之。人皆知有用之用，而莫知无用之用也。

　　生命的保全，在于不张扬自己的用处，而在于隐藏用处而达到更大的保存生命的用处。
　　《论语·微子》也记载：

　　　　楚狂接舆歌而过孔子曰："凤兮凤兮！何德之衰？往者不可谏，来者犹可追。已而已而！今之从政者殆而！"孔子下，欲与之言，趋而辟之，不得与之言。

　　《庄子·人间世》中的这首同名的歌，由《论语·微子》的6句增至28句，批评"天下有道，圣人成焉。天下无道，圣人生焉"，对于"临人以德，画地而趋"，比拟为多刺的藤蔓，不要损伤我走路、不要损伤我的脚。也就是说，它加强了对儒家为政以德的核心思想行为的批判。

重言的第五项功能：

以特殊的形态将孔子道家化（五则）

《庄子》借助肢体不全而道性精明的怪异人物，让孔子作出有道家色彩的评议。孔子经过这种换装术，成了并非本来面目的孔子，而是道家气息扑人的孔子。

《庄子·德充符》强调"德充于内，自有形外之符验"，讲了内德和外形的特殊的符验方式，往往叙写外形残缺丑陋，以隐藏和反衬内德的超越形体进入道境。全篇一口气讲了五个兀者（瘸腿的人），即兀者王骀、申徒嘉、叔山无趾、恶人哀骀它、阐跂支离无脤。

之一：兀者王骀

《庄子·德充符》说：

> 鲁有兀者王骀，从之游者与仲尼相若。常季问于仲尼曰："王骀，兀者也，从之游者与夫子中分鲁。立不教，坐不议，虚而往，实而归。固有不言之教，无形而心成者邪。是何人也？"仲尼曰："夫子，圣人也，丘也直后而未往耳。丘将以为师，而况不若丘者乎？奚假鲁国，丘将引天下而与从之。"常季曰："彼兀者也，而王先生，其与庸亦远矣。若然者，其用心也独若之何？"仲尼曰："死生亦大矣，而不得与之变。虽天地覆坠，亦将不与之遗。审乎无假而不与物迁，命物之化而守其宗也。"常季曰："何谓也？"仲尼曰："自其异者视之，肝胆楚越也；自其同者视

之，万物皆一也。夫若然者，且不知耳目之所宜，而游心乎德之和。物视其所一而不见其所丧，视丧其足犹遗土也。"常季曰："彼为己以其知，得其心以其心。得其常心，物何为最之哉？"仲尼曰："人莫鉴于流水而鉴于止水，唯止能止众止。受命于地，唯松柏独也在冬夏青青。受命于天，唯舜独也正，幸能正生，以正众生。夫保始之征，不惧之实。勇士一人，雄入于九军。将求名而能自要者，而犹若是，而况官天地，府万物，直寓六骸，象耳目，一知之所知，而心未尝死者乎！彼且择日而登假，人则从是也。彼且何肯以物为事乎！"

鲁国有个被砍掉一只脚的人，名叫王骀，可是跟从他游学的人却跟孔子的门徒相当。孔子的学生常季向孔子问道："王骀是个被砍去了一只脚的人，跟从他学习的人在鲁国却和先生的弟子相当。他站着不能教诲，坐着不能议论；弟子们却虚怀而来，实学而归。固然有不用言表的教导，没有身形而心有所成的境界吗？这是什么样的人呢？"孔子说："王骀先生是一位圣人，我的学识品行都落后于他。我将以他为师，何况学识品行不如我孔丘的人呢！何止鲁国，我将引领天下的人跟从他。"常季说："他是被砍掉了一只脚的人，而超过了先生，跟平常人相比相差就更远了。像这样的人，他运用心智是怎样与众不同的呢？"孔子说："死生是人生大事，而不能使他跟随变化；虽然天翻地覆，他也不会遗失。他精审没有假借而不随物变迁，听任事物变化而信守自己的宗旨。"常季说："这是什么意思呢？"孔子说："从事物差异的一面去看，肝胆同处于一体也像是楚国和越国那么遥远；从事物相同的一面去看，万物都是同一的。像这样的人，尚且不知道耳朵眼睛最适宜何种声音色彩，而让心思邀游在德性和悦之中。事物看到了它同一的方面却看不到它所丧失的一面，看到丧失了一只脚就像是失落了一块土。"常季说："他为自己运用智慧，以心得到心。得到通常心，事物怎么达到最高境界呢？"孔子说："人不要在流动的水面照见自己而是要面向静止的水面，只有静止的事物才能使别的事物也静止下来。树木都受命于地，只有松树、柏树冬夏常青；人都受命于天，只有虞舜道德品行最为端正。幸而能够端正品行，就能端正他人的品行。保全初始的征象，就不畏惧事实；勇士一人，称雄于千军万马。追逐名利而自我索求的人，尚且能够如此，何况管理天地，包藏万物，寄寓躯体，把耳目当作表象，齐一智慧所通解的智慧，而心未尝死寂的人呢！他定将选择好日子升登最高的境界，人们将紧紧地跟随着他。他还怎么肯把万物当成一回事呢！"在这则重言中，孔子愿以兀者王骀为师，还要带领天下人拜他为师，因为兀者王骀是能够鉴人的止水，冬夏常青的松柏，他不言之教，无形而心成，是以保全本初精神的征象来吸引众人的追从的。孔子赞扬兀者王骀，竟然用了类似于《论语·子罕》中的"岁寒然后知松柏之后凋也"的话。孔子所持的理由其实是庄子德性高于形体，大道滋生德性的理念，张扬道、德与生命本性的谐和，庄子借助儒家名人的权威，来推出自己的道家核心理念。

之二：兀者申徒嘉

《庄子·德充符》说：

　　申徒嘉，兀者也，而与郑子产同师于伯昏无人。子产谓申徒嘉曰："我先出则子止，子先出则我止。"其明日，又与合堂同席而坐。子产谓申徒嘉曰："我先出则子止，子先出则我止。今我将出，子可以止乎，其未邪？且子见执政而不违，子齐执政乎？"申徒嘉曰："先生之门，固有执政焉如此哉。子而说子之执政而后人者也。闻之曰：鉴明则尘垢不止，止则不明也。久与贤人处则无过。今子之所取大者，先生也，而犹出言若是，不亦过乎！"子产曰："子即若是矣，犹与尧争善，计子之德不足以自反邪？"申徒嘉曰："自状其过以不当亡者众，不状其过以不当存者寡。知不可奈何而安之若命，唯有德者能之。游于羿之彀中。中央者，中地也。然而不中者，命也。人以其全足笑吾不全足者多矣，我怫然而怒。而适先生之所，则废然而反。不知先生之洗我以善邪！吾与夫子游十九年矣，而未尝知吾兀者也。今子与我游于形骸之内，而子索我于形骸之外，不亦过乎？"子产蹴然改容更貌曰："子无乃称。"

申徒嘉是个被砍掉了一只脚的兀者，跟郑国的子产同拜伯昏无人为师。子产对申徒嘉说："我先出去那么你就留下，你先出去那么我就留下。"到了第二天，子产和申徒嘉同在一个屋子的一条席子上坐着。子产又对申徒嘉说："我先出去那么你就留下，你先出去那么我就留下。现在我将出去，你可以留下吗，或是不留下呢？你见了我这执政大臣却不知道回避，你把自己看得跟我执政大臣一样吗？"申徒嘉说："伯昏无人先生的门下，哪有执政大臣拜师从学的呢？你喜悦执政大臣的地位而看低别人。我听闻说：'镜子明亮就没有尘垢停留在上面，尘垢落在上面镜子也就不会明亮。长久地跟贤人相处就没有过错。'如今你拜师求取大见识，正是先生所倡导的大道。而你说出这种话，不是过错吗！"子产说："你已经如此形体残缺，还要跟唐尧争比善心，估计你的德行不足以使你有所反省吧？"申徒嘉说："自己辩解自己的过错，认为不应当亡失的人很多；不辩解自己的过错，认为不应当存在的人很少。知道事物之无可奈何，而安于命运安排，只有有德的人才能做到。游耍在后羿张弓搭箭的射程之内，中央的地方也就是最容易射中的地方，然而却没有射中，这就是命。用完整的双脚取笑我缺一只脚的人很多，我陡变怒气填膺；而到了伯昏无人先生的寓所，我便怒气弛废而回来。真不知道先生用什么善道洗刷我呢？我跟随先生十九年了，而先生从不曾感到我是个断了脚的人。如今你跟我交游于形骸之内，却计较我形骸之外，这岂不是过分了吗？"子产听了申徒嘉一席话顿然改变脸色说："你不要再说下去了！"这则寓言归入重言，是因为子产被孔子视为师长辈的君子，因而也就具有古圣先贤的分量，与子产同门学道的兀者申徒嘉认为"镜子明亮就没有尘垢停留在上面，尘垢落在上面镜子也就不会明亮"，子产总是以执政大臣自居，就是被世俗的尘垢遮蔽了道的镜子。兀者申徒嘉这种明镜自明，不受尘埃遮蔽，毋庸拂拭尘埃的思想，比起唐朝的禅宗神秀说"身是菩提树，心如明镜台，时时勤拂拭，勿使惹尘埃"与惠能说"菩提本无树，明镜亦非台，本来无一物，何处惹尘埃"的公案，早了一千年。可见禅宗是佛、庄兼取的。《论语·公冶长篇》有言："子谓子产，'有君子之道四焉：其行己也恭，其事上也敬，其养民也惠，其使民也义。'"因而申徒嘉与子产的对话，也可以当作重言来看。

之三：叔山无趾

《庄子·德充符》说：

> 鲁有兀者叔山无趾，踵见仲尼。仲尼曰："子不谨，前既犯患若是矣。虽今来，何及矣？"无趾曰："吾唯不知务而轻用吾身，吾是以亡足。今吾来也，犹有尊足者存，吾是以务全之也。夫天无不覆，地无不载，吾以夫子为天地，安知夫子之犹若是也。"孔子曰："丘则陋矣。夫子胡不入乎，请讲以所闻。"无趾出。孔子曰："弟子勉之。夫无趾，兀者也，犹务学以复补前行之恶，而况全德之人乎！"无趾语老聃曰："孔丘之于至人，其未邪？彼何宾宾以学子为。彼且蕲以诚诡幻怪之名闻，不知至人之以是为己桎梏邪。"老聃曰："胡不直使彼以死生为一条，以可不可为一贯者，解其桎梏，其可乎！"无趾曰："天刑之，安可解？"

鲁国有个被砍去一只脚的兀者，名叫叔山无趾，用脚后跟走路去会见孔子。孔子对他说："你不谨慎，早先犯了这样的祸患。虽然今天你来到我这里，可是怎么能够追回以往呢！"叔山无趾说："我只因不识事理而轻率作践自身，我因此失掉了一只脚。如今我的到来，还尊重存有双脚的人，我因此务必保全它。苍天没有什么不覆盖，大地没有什么不承载，我把先生看作天地，哪知先生竟是这样的人！"孔子说："我孔丘实在浅陋。先生怎么不进来呢，请讲一讲你的见闻。"叔山无趾出去了。孔子对弟子说："弟子们要努力啊。叔山无趾是一个被砍掉一只脚的人，还努力进学来补救先前做过的恶行，何况完全德性的人呢！"叔山无趾对老聃说："孔子对比道德高尚的至人，还未能达到吧？他为什么频繁地向你求教呢？他还在祈求奇异虚妄的名声能传扬于外，难道不知道道德高尚的至人把这一切看作是束缚自己的枷锁吗？"老聃说："怎么不径直让他把生死看成一样，把可以与不可以看作是齐一的，从而解脱他的枷锁，这样也就可以了吧？"叔山无趾说："这是上天加给他的刑罚，怎么可以解脱！"这则重言以孔子对形体残缺者的态度，评议孔子尽管频繁请教于老子，却不能把死和生、可和不可，用"道"贯通齐一起来。这也是推崇老子的高明而贬抑孔子未悟道。

之四：恶人哀骀它

《庄子·德充符》说：

鲁哀公问于仲尼曰："卫有恶人焉，曰哀骀它。丈夫与之处者，思而不能去也。妇人见之，请于父母曰与为人妻宁为夫子妾者，十数而未止也。未尝有闻其唱者也，常和人而已矣。无君人之位以济乎人之死，无聚禄以望人之腹。又以恶骇天下，和而不唱，知不出乎四域，且而雌雄合乎前，是必有异乎人者也。寡人召而观之，果以恶骇天下。与寡人处，不至以月数，而寡人有意乎其为人也。不至乎期年，而寡人信之。国无宰，寡人传国焉。闷然而后应，氾若辞。寡人丑乎，卒授之国。无几何也，去寡人而行，寡人恤焉若有亡也，若无与乐是国也。是何人者也？"仲尼曰："丘也尝使于楚矣，适见独子食于其死母者，少焉眴若皆弃之而走。不见己焉尔，不得类焉尔。所爱其母者，非爱其形也，爱使其形者也。战而死者，其人之葬也不以翣资。刖者之屦，无为爱之，皆无其本矣。为天子之诸御，不爪翦，不穿耳。取妻者止于外，不得复使。形全犹足以为尔，而况全德之人乎！今哀骀它未言而信，无功而亲，使人授己国，唯恐其不受也，是必才全而德不形者也。"哀公曰："何谓才全？"仲尼曰："死生、存亡，穷达、贫富，贤与不肖、毁誉，饥渴、寒暑，是事之变，命之行也。日夜相代乎前，而知不能规乎其始者也。故不足以滑和，不可入于灵府。使之和豫，通而不失于兑。使日夜无郤而与物为春，是接而生时于心者也。是之谓才全。""何谓德不形？"曰："平者，水停之盛也。其可以为法也，内保之而外不荡也。德者，成和之脩也。德不形者，物不能离也。"哀公异日以告闵子曰："始也吾以南面而君天下，执民之纪而忧其死，吾自以为至通矣。今吾闻至人之言，恐吾无其实，轻用吾身而亡其国。吾与孔丘非君臣也，德友而已矣。"

　　这里还是以外形丑陋、德行高尚的人物为案例，说的是鲁哀公请问孔子说："卫国有个丑恶的人，名叫哀骀它。男人跟他相处，思念他而不能离去。女人见到他，就向父母请求说'与其做别人的妻子，不如做哀骀它先生的妾'，这样的人已经十多个了而且还在增多。从不曾听说哀骀它倡导什么，只是常常附和别人罢了。他没有居于统治者的地位而拯救他人于死境，没有聚敛大量的财物而满足他人的口腹。他面貌丑恶使天下人吃惊，总是附和而从没有首倡，知识超不出他所生活的四境，无论男女都乐于亲近他。这样的人一定有异乎常人的地方。我把他召来看了看，果真丑恶惊骇天下。跟我相处不到一个月，我就注意他的为人；不到一年，我就信任他了。国家没有主宰政务的官员，我就把国事委托给他。他沉闷地回答，漫不经心又好像在推辞。我深感羞愧，终于把国事交给他。没过多久，他就离开我走掉了，我内心忧虑像丢失了什么，好像这个国家没有谁与我共欢乐。这究竟是什么样的人呢？"孔子说："我孔丘也曾出使到楚国，刚好看见一群小猪在吮吸死去的母猪的乳汁，不一会儿又惊惶地丢弃母猪逃跑了。因为不知道自己的同类已经死去，母猪不能像先前活着时那样哺育它们。看不见自己，得不到自己的同类。小猪爱它们的母亲，不是爱它的形体，而是爱支配那个形体的精神。战死沙场的人，他们埋葬时无须用棺木上的饰物来送葬，砍掉了脚的人对于原来穿过的鞋子，没有理由再去爱惜它，这都是没有了根本。做天子的御女，不剪指甲不穿耳眼；婚娶之人停止在外面，不能再供使唤。形体完全还能够做到这一点，何况德性完美的人呢？如今哀骀它不说话也能取信于人，没有功绩也能赢得亲近，使人乐意授给他国事，唯恐他不接受，这必定是才智完备而德不外露的人。"鲁哀公问："什么叫作才智完备呢？"孔子说："死生、存亡，穷达、贫富，贤能与不肖、诋毁与称誉，饥渴、寒暑，这是事物的变动、生命的运行；日夜更替于我们的面前，而人的智慧却不能窥见它们的起始。故此它们不足以搅乱本性的谐和，也不可以侵扰人们的心灵。要使心灵平和安适，通畅而不失怡悦。要使日夜没有空隙而跟同万物融会在春光里，这样就是交接万物而萌生顺应四时的感情。这就叫作才智完备。"鲁哀公问："什么叫作德不外露呢？"孔子说："均平是水停止时的最佳状态。它可以作为法则，内里充满蕴涵而外表不浪荡。所谓德，就是成功和顺的修炼。德不露形，事物就不能离开了。"另一天鲁哀公把这番谈话告诉闵子，说："起初我认为南面坐朝君临天下，掌执民众的纲纪而忧心他们的死活，我自以为是最通达的了，如今我听到至人的言论，就忧虑我没有实绩，轻率使用自身而使国家危亡。我跟孔丘不是君臣关系，而是以德相交的朋友呢。"这则重言以丑陋的哀骀它招引天下男男女女的崇拜，鲁哀公也把国事委托他，但他不愿吮吸死母猪的乳汁，但愿保存自己的德性而不外露。把谋取功名利禄形容为吮吸死母猪的乳汁，是非常锐利而俏皮的。如果这真是孔子讲话的方式，他就是一个更有趣的智者了，但这已经是庄子把他道家化了。

之五：阐跂支离无脤

《庄子·德充符》说：

> 阐跂支离无脤说卫灵公，灵公说之。而视全人，其脰肩肩。瓮㼜大瘿说齐桓公，桓公说之。而视全人，其脰肩肩。故德有所长，而形有所忘。人不忘其所忘，而忘其所不忘，此谓诚忘。故圣人有所游，而知为孽；约为胶；德为接；工为商。圣人不谋，恶用知？不斫，恶用胶？无丧，恶用德？不货，恶用商？四者，天鬻也；天鬻者，天食也。既受食于天，又恶用人！有人之形，无人之情。有人之形，故群于人。无人之情，故是非不得于身。眇乎小哉，所以属于人也！謷乎大哉，独成其天！

阐跂支离无脤这个跛脚、伛背、缺嘴的人游说卫灵公，卫灵公喜欢他；

再看那些体形完整的人，他们的脖子实在是太细了。瓮盎大瘿这个颈瘤大如瓮盎的人游说齐桓公，齐桓公喜欢他；再看那些体形完整的人，他们的脖子实在是太细太细了。故此，在德行方面有所长，形体方面就有所遗忘，人们不会忘记所应当忘记的东西，而忘记了所不应当忘记的东西，这就叫作真正的遗忘。故而圣人出游，把智慧看作罪孽，把盟约看作禁锢，把德行看作交接，把工巧看作是商贾的行为。圣人不谋虑，哪里用得着智慧？不砍削，哪里用得着胶带？不丧失，哪里用得着德行？不买卖，哪里用得着经商？这四种情形叫作天养。所谓天养，就是禀受天然的饲养。既然受食于天，又哪里用得着人为！有了人的形貌，就没有人内在的真情。有了人的形体，所以与人结成群体；没有人的真情，所以是与非都不能交集于身。渺小啊，跟人同类的东西！傲然高大呀，只有浑同于自然。值得注意的是，这里提出了"诚忘""天鬻（育）"的概念，以德行为长，就会遗忘形体的缺陷，不忘记所应当忘记的东西，而忘记了所不应当忘记的东西，这就使忘达到无的境界，也就得到天的养育了。由"诚忘"达到"天鬻"，是一条舍弃人为而"独成其天"的践履道性的途径。

重言的第六项功能：

借助孔子师徒的对话，阐释老庄思想的根本理念（五则）

之一：《庄子》在一些道性高明的人物的言论行为之间，插入孔子的弟子和道家化的孔子。

《庄子·大宗师》说：

子桑户、孟子反、子琴张三人相与友，曰："孰能相与于无相与，相为于无相为？孰能登天游雾，挠挑无极，相忘以生，无所终穷。"三人相视而笑，莫逆于心，遂相与为友。莫然有间而子桑户死，未葬。孔子闻之，使子贡往侍事焉。或编曲，或鼓琴，相和而歌曰："嗟来桑户乎！嗟来桑户乎！而已反其真，而我犹为人猗！"子贡趋而进曰："敢问临尸而歌，礼乎？"二人相视而笑曰："是恶知礼意！"子贡反，以告孔子，曰："彼何人者邪？修行无有，而外其形骸，临尸而歌，颜色不变，无以命之。彼何人者邪？"孔子曰："彼，游方之外者也。而丘，游方之内者也。外内不相及，而丘使女往吊之，丘则陋矣。彼方且与造物者为人，而游乎天地之一气。彼以生为附赘县疣，以死为决疣溃痈。夫若然者，又恶知死生之先后之所在！假于异物，托于同体，忘其肝胆，遗其耳目，反复终始，不知端倪。芒然彷徨乎尘垢之外，逍遥乎无为之业。彼又恶能愦愦然为世俗之礼，以观众人之耳目哉！"子贡曰："然则夫子何方之依？"孔子曰："丘，天之戮民也。虽然，吾与汝共之。"子贡曰："敢问其方。"孔子曰："鱼相造乎水，人相造乎道。相造乎水者，穿池而养给；相造乎道者，无事而生定。故曰，鱼相忘乎江湖，人相忘乎道术。"子贡曰："敢问畸人。"曰："畸人者，畸于人而侔于天。故曰，天之小人，人之君子；人之君子，天之小人也。"颜回问仲尼曰："孟孙才，其母死，哭泣无涕，中心不戚，居丧不哀。无是三者，以善处丧盖鲁国。固有无其实而得其名者乎？回壹怪之。"仲尼曰："夫孟孙氏尽之矣，进于知矣。唯简之而不得，夫已有所简矣。孟孙氏不知所以生，不知所以死，不知就先，不知就后。若化为物，以待其所不知之化已乎！且方将化，恶知不化哉？方将不化，恶知已化哉？吾特与汝，其梦未始觉者邪！且彼有骇形而无损心，有旦宅而无情死。孟孙氏特觉，人哭亦哭，是自其所以乃。且也，相与吾之耳矣，庸讵知吾所谓吾之乎？且汝梦为鸟而厉乎天，梦为鱼而没于渊。不识今之言者，其觉者乎，其梦者乎？造适不及笑，献笑不及排，安排而去化，乃入于寥天一。"

　　重言与一般寓言的区别，就看有无圣贤人物的介入。这则重言说的是子桑户、孟子反、子琴张三人结交为朋友，谈道："谁能够相互交往于无心交往之中，相互有所作为于没有作为？谁能登上高天巡游雾里，婉转升登到无穷的太空，忘掉自己的生存，而永远没有终结和穷尽？"三人相视而笑，心中结成莫逆之交。过不多久子桑户死了，还没有下葬。孔子知道了，派弟子子贡前去帮助料理丧事。孟子反和子琴张却在编曲，在弹琴，相互应和着唱歌："哎呀，子桑户啊！哎呀，子桑户啊！你已经返归本真，而我们还是人呀！"子贡快步走到他们近前，说："我冒昧地请教，对着死人的尸体唱歌，这是礼仪吗？"二人相视笑了笑，说："这种人怎么会知道'礼'的真实含义？"子贡回来，告诉给孔子，说："他们都是些什么样的人呢？德行的修养都没有，把形骸置于度外，面对着死尸唱歌，容颜脸色一点也不改变，没有可以称述他们的。他们究竟是些什么样的人呢？"孔子说："他们都是逍遥于人世之外的人，我孔丘是生活在世俗中的人。人世之外和人世之内彼此不相及，而我却让你前去吊唁，我实在是浅陋呀！他们正跟造物者结为伴侣，而漫游于天地浑一的元气之中。他们把人的生命看作赘瘤一样多余，把死亡看作是毒痈化脓后的溃破，像这样的人，又怎么会知道死生的先后所在！凭借于不同的物类，寄托于同一的本体；忘掉了肝胆，遗弃了耳目；反复着终结和开始，不知道它们的端绪；茫茫然彷徨于尘世之外，逍遥在无为的境界中。他们又怎么会烦乱地去制造世俗的礼仪，用来炫耀于众人的耳目呢！"子贡说："既然如此，那么先生将遵循什么准则呢？"孔子说："我孔丘，是天之戮民。虽然这样，我和你共同承担这个罪名。"子贡问："请问承担罪名的方法。"孔子回答："鱼争相投入水，人争相追求道。争相投入水的鱼，挖池而给养；争相追求道的人，无所作为而生命安定。故此说，鱼相忘于江湖里，人相忘于道术中。"子贡说："再冒昧地请教'畸人'的问题。"孔子说："所谓'畸人'，就是不同于世俗而等同于天然的人。故此说，天然的小人就是人世间的君子；人世间的君子就是天然的小人。"颜回请问孔子说："孟孙才的母亲死了，哭泣时没有眼泪，心中不悲伤，居丧不哀痛。这三个方面没有悲哀的表现，却因为善于处理丧事而名扬鲁国。难道有无其实而得其名的情况吗？颜回实在觉得奇怪。"孔子说："孟孙才处理丧事确实是尽善尽美了，超过了懂得丧葬礼仪的人。唯独从简治丧不能办到，孟孙才已经做到从简办理丧事了。孟孙才不知道人因为什么而生，不知道人因为什么而死；不知道迁就先，不知道迁就后；顺应自然的变化而成为物类，以期待那些自己所不知道的变化！况且即将变化，怎么知道不变化呢？即将不变化，又怎么知道已经变化呢！只有我和你才是做梦没有觉醒的人呢！那些死去了的人形骸会变化，但心性却不会死去。唯独孟孙才觉醒，人们哭他也哭，这就是他如此居丧的原因。况且交往我了，又怎么知道我一定是我呢？况且你梦中变成鸟就直飞蓝天，梦中变成鱼就潜没在深渊。不知道今天说话的人，是觉醒的人呢，还是做梦的人呢？心境快适来不及发笑，献上笑声却来不及排解和消解，安于自然的推移而且忘却变化，就进入到寂寥虚空的天然浑一的境界。"

值得注意的是，同在《庄子·大宗师篇》，前面子祀、子舆、子犁、子来四人在一块交谈，不涉及前辈圣贤名流，属于一般的寓言；而子桑户、孟子反、子琴张三人交谈，扯进来孔子、颜回、子贡，借助前辈圣贤名流，就变成特殊的重言了。这里讨论"畸人者，畸于人而侔于天。故曰，天之小人，人之君子；人之君子，天之小人也"，这种君子、小人之辨，是以天作为标准的。孔子自贬为"丘，天之戮民也"，也是以天作为标准，其档次在小人之下；却以寓言人物畅谈梦中变成鸟便振翅直飞蓝天，梦中变成鱼便摇尾潜入深渊。不知道今天我们说话的人，算是觉醒的人呢，还是做梦的人呢？心境快适却来不及笑出声音，表露快意发出笑声却来不及排解和消泄，安于自然的推移而且忘却死亡的变化，于是就进入到寂寥虚空的天然而浑然成为一体。这就把孔子看成"天之小人"，自然也就使道家宗师成为"天之大人"了。尚须补充的是，这里的生死体验可以参看《庄子·至乐》："庄子妻死，惠子吊之，庄子则方箕踞鼓盆而歌。惠子曰：'与人居，长子老身，死不哭亦足矣，又鼓盆而歌，不亦甚乎！'庄子曰：'不然。是其始死也，我独何能无概然！察其始而本无生，非徒无生也而本无形，非徒无形也而本无气。杂乎芒芴之间，变而有气，气变而有形，形变而有生，今又变而之死，是相与为春秋冬夏四时行也。人且偃然寝于巨室，而我噭噭然随而哭之，自以为不通乎命，故止也。'"子桑户死，孟子反、子琴张或编曲，或鼓琴，相和而歌，遵循的乃是庄子妻死、鼓盆而歌的风俗思想逻辑。

之二：丧礼是儒家最为重视的礼仪，以此作为议论的焦点，是从要害处入手的。

丧礼是古代凶礼之一。《周礼·大宗伯》："以丧礼哀死亡。"古人把办理亲人特别是父母的丧事看作是极为重要的大事，形成了一套严格的丧礼制度。《仪礼》中的《丧服》《士丧礼》《既夕礼》《士虞礼》四篇专门讲丧礼，《周礼》和《礼记》中也多有记载。从丧礼消解儒家的仪轨，可谓一击中其要害。

《庄子·大宗师》说：

> 颜回问仲尼曰："孟孙才，其母死，哭泣无涕，中心不戚，居丧不哀。无是三者，以善处丧盖鲁国。固有无其实而得其名者乎？回壹怪之。"仲尼曰："夫孟孙氏尽之矣，进于知矣。唯简之而不得，夫已有所简矣。孟孙氏不知所以生，不知所以死；不知就先，不知就后；若化为物，以待其所不知之化已乎！且方将化，恶知不化哉？方将不化，恶知已化哉？吾特与汝，其梦未始觉者邪！且彼有骇形而无损心，有旦宅而无情死。孟孙氏特觉，人哭亦哭，是自其所以乃。且也相与吾之耳矣，庸讵知吾所谓吾之乎？且汝梦为鸟而厉乎天，梦为鱼而没于渊。不识今之言者，其觉者乎，其梦者乎？造适不及笑，献笑不及排，安排而去化，乃入于寥天一。"

这条材料，前面已经讲到，颜回请问孔子说："孟孙才的母亲死了，他哭泣没有眼泪，心中不悲伤，居丧也不哀痛。这三个方面没有悲哀的表现，却因善于处理丧事而名扬鲁国。难道真有无其实而有其名的情况吗？颜回我实在觉得奇怪。"孔子说："孟孙才处理丧事确实是尽善尽美了，超过了知道丧葬礼仪的人。从简治丧不易办到，而孟孙才已经做到从简办理丧事了。孟孙才不知道人为什么而生，也不知道人为什么而死；不知道先，也不知道后；他顺应自然的变化而成为物类，期待那些自己所不知道的变化！况且即将出现变化，怎么知道不变化呢？即将不再发生变化，又怎么知道已经有了变化呢！只有我和你，才是做梦没有觉醒的人呢！那些死去了的人惊扰于形骸而无损于心性，心性早上寄寓不是死亡。况且交往我了，又怎么知道我一定是我呢？况且你梦中变成鸟就直飞蓝天，梦中变成鱼就潜没在深渊。不知道今天说话的人，是觉醒的人呢，还是做梦的人呢？心境快适来不及发笑，献上笑声却来不及排解和消解，安于自然的推移而且忘却变化，就进入到寂寥虚空的天然浑一的境界。"这则重言叙写孟孙才居丧没有悲哀，简易办理母亲的丧事，受到孔子对他办丧事尽善尽美的赞扬。

这种叙写与孔子原本的思想行为不符，《礼记·檀弓上》子路曰："吾闻诸夫子：丧礼，与其哀不足而礼有余也，不若礼不足而哀有余也。祭礼，与其敬不足而礼有余也，不若礼不足而敬有余也。"因此庄子在这里把孔子道家化，进一步阐发道家的生命观和生死观，让这位只知"梦周公"的圣人来说梦，梦中变成鸟就振翅直飞蓝天，梦中变成鱼就摇尾潜入深渊；不知道今天我们说话的人，算是觉醒的人，还是做梦的人呢？追求安于自然的推移而且忘却死亡的变化，进入到寂寥虚空的自然而浑然成为一体的境界。

之三：孔子与他的首席弟子颜回谈论什么是进益，怎样才能达到庄子所说的"坐忘"的境界，这就以儒家圣贤的权威，增加庄子思想的权威。

"坐忘"，以静坐的姿态达至"忘"的心理状态。"心不动故"，"形都泯故"，以实现心灵之清净，是一种超越自我、回归生命超越境界、完美境界，既是艺术境界，也是宗教境界。

《庄子·大宗师》说：

颜回曰："回益矣。"仲尼曰："何谓也？"曰："回忘仁义矣。"曰："可

矣，犹未也。"他日，复见，曰："回益矣。"曰："何谓也？"曰："回忘礼
乐矣。"曰："可矣，犹未也。"他日，复见，曰："回益矣。"曰："何谓也？"
曰："回坐忘矣。"仲尼蹴然曰："何谓坐忘？"颜回曰："堕肢体，黜聪明，
离形去智，同于大通，此谓坐忘。"仲尼曰："同则无好也，化则无常也。
而果其贤乎！丘也请从而后也。"

这里勾勒了颜回步步登高的精神境界，说的是颜回说："我进步了。"孔子
说："这是什么意思？"颜回说："我已经忘掉仁义了。"孔子说："可以哇，但
还不够。"过了几天颜回再次拜见孔子，说："我又进步了。"孔子问："这又
是什么意思？"颜回说："我忘掉礼乐了。"孔子说："可以哇，但还是不够。"
过了几天颜回又再次拜见孔子，说："我又进步了。"孔子问："这又是什么意
思？"颜回说："我'坐忘'了。"孔子惊惭不安地问："什么叫'坐忘'？"颜
回说："毁坏肢体，废黜聪明，脱离身形去除心智，与大道浑然相通，这就是
'坐忘'。"孔子说："与万物同一就没有偏好，顺应变化就不执着常理。你果真
成了贤人啊！我孔丘请跟从你的后尘。"在这则重言中，颜回谈论进益的境界
和步骤，从忘仁义→忘礼乐→坐忘，"堕肢体，黜聪明，离形去智，同于大通，
此谓坐忘"，这是以庄子的核心理念"坐忘"为终极步骤和最高境界，借助孔
门圣贤来抬高庄子的学理地位。

之四：以孔子弟子中智商最高的子贡与楚国灌园老叟关于机心、机械、机事的对话，彰显庄子的族源文化的浑沌氏之术。

《庄子·天地》说：

子贡南游于楚，反于晋，过汉阴，见一丈人方将为圃畦，凿隧而入
井，抱瓮而出灌，搰搰然用力甚多而见功寡。子贡曰："有械于此，一
日浸百畦，用力甚寡而见功多，夫子不欲乎？"为圃者卬而视之曰："奈
何？"曰："凿木为机，后重前轻，挈水若抽，数如泆汤，其名为槔。"

为圃者忿然作色而笑曰："吾闻之吾师：有机械者必有机事，有机事者必有机心。机心存于胸中，则纯白不备；纯白不备，则神生不定；神生不定者，道之所不载也。吾非不知，羞而不为也。"子贡瞒然惭，俯而不对。有间，为圃者曰："子奚为者邪？"曰："孔丘之徒也。"为圃者曰："子非夫博学以拟圣，於于以盖众，独弦哀歌以卖名声于天下者乎？汝方将忘汝神气，堕汝形骸，而庶几乎！而身之不能治，而何暇治天下乎？子往矣，无乏吾事！"子贡卑陬失色，顼顼然不自得，行三十里而后愈。其弟子曰："向之人何为者邪？夫子何故见之变容失色，终日不自反邪？"曰："始吾以为天下一人耳，不知复有夫人也。吾闻之夫子：事求可，功求成；用力少，见功多者，圣人之道。今徒不然。执道者德全，德全者形全，形全者神全。神全者，圣人之道也。托生与民并行而不知其所之，汒乎淳备哉！功利机巧，必忘夫人之心。若夫人者，非其志不之，非其心不为。虽以天下誉之，得其所谓，謷然不顾；以天下非之，失其所谓，傥然不受。天下之非誉，无益损焉，是谓全德之人哉！我之谓风波之民。"反于鲁，以告孔子。孔子曰："彼假修浑沌氏之术者也：识其一，不知其二；治其内，而不治其外。夫明白入素，无为复朴，体性抱神，以游世俗之间者，汝将固惊邪？且浑沌氏之术，予与汝何足以识之哉！"

子贡到南方楚国游历，返回晋国，经过汉水的南岸，看见一个老丈正在菜园里整地开畦，打了一条隧道进入井里，抱着水瓮出来浇水灌地，呼哧呼哧地用力甚多而功效甚少。子贡说："这里有一种机械，每天可以浇灌上百个菜畦，用力很少而功效颇多，先生不想试试吗？"种菜的老人仰起头来看着子贡说："应该怎么做呢？"子贡说："凿取木料为机械，后面重而前面轻，提水就像从井中抽水，快速犹如沸腾的水向外溢出，它的名字叫作桔槔。"种菜的老人愤然变了脸色讥笑着说："我听我的老师说：'有了机械必定有机巧的事，有了机巧的事必定有机变之类的心思。'机变的心思存留在胸中，不纯白的心就不完备；纯白的心就不完备，精神就产生不安定；精神产生不安定的人，大道也就不充载他的心田。我不是不知道你所说的，是感到羞愧而不愿那样做呀。"子贡满面羞愧，低头不能对答。隔了一会儿，种菜的老人说："你是干什么的呀？"子贡说："我是孔丘的门徒。"种菜的老人说："你不就是那位博学识并仿效圣人，夸诞矜持盖过众人，独自弹唱以卖弄名声于天下的人吗？你要抛弃你的精神意气，毁弃你的身形体骸，恐怕就可以逐步接近于道了吧！你自身都不能整治，哪里还有闲暇去整治天下呢！你走吧，不要耽误我的事情！"子贡惭愧得神色顿改，怅然若失而不能自持，走出三十里外才恢复常态。子贡的弟子问道："刚才碰到的那个人是干什么的呀？先生为什么见到他面容大变顿然失色，一整天都不能恢复常态呢？"子贡说："起初我以为天下圣人只有我的老师孔丘一人罢了，不知道还会有刚才碰上的那样的人。我从老师那里听说：'办事寻求可行，功业寻求成就，用的力气少，获得的功效多，这就是圣人之道。'如今竟然不是这样。执持大道的人德性才完备，德性完备的人身形才完整，身形完整的人精神才健全。精神健全，才是圣人之道。这种人寄托生命给民众生活在一起，而不知道应该去到哪里，迷茫到德性淳厚而完备啊！功利机巧必定不放在那种人的心上。像那样的人，不合心志不会去追求，不合心思不去做。虽然天下人都称誉他，获得他认可的，也傲然不顾；天下人都非议他，失掉他认可的，也无动于衷不予理睬。天下人的非议和赞誉，既无增益又无损害，这就叫作德性完备的人啊！我只能称作心神不定、随风逐波的人。子贡回到鲁国，把路上遇到的情况告诉给孔子。孔子说："那是研修浑沌氏道术的人：他们认识浑沌无别的一，不追求顺时变化的二，修养内在精神，不计治理外部世界。明澈白静到如此素洁，清虚无为朴质，体悟真性抱持精神，优游自得地生活在世俗之中的人，你怎么会不感到惊异呢？况且浑沌氏的道术，我和你又怎么能够了解呢？"值得注意的是，《左传·鲁文公十八年》说："舜臣尧，宾于四门，流四凶族浑敦、穷奇、梼杌、饕餮，投诸四裔，以御魑魅。"这是中原正统的观点，把浑沌作为四凶之首来对待；然而根据高诱注《吕氏春秋》，浑沌氏却是楚地少数民族的祖源。这篇重言借助孔子、子贡的权威，高扬浑沌氏之术，讥讽"有机械者必有机事，有机事者必有机心"，要保持浑朴之心，使子贡感到孔丘之外还有道术更高的圣人；而孔子对浑沌氏之术，也自称本人与子贡都不能了解它的精蕴和奥秘。这就是庄子作为楚人，借重言来弘扬楚地精神的精妙之处。

之五：庄子有一个重要的思想，就是"嘉孺子而哀妇人"，这是对弱势群体的嘉许和哀悯，对儒家男尊女卑、"唯女子与小人为难养也"教条的反驳。

《庄子·天道》说：

> 昔者舜问于尧曰："天王之用心何如？"尧曰："吾不敖无告，不废穷民，苦死者，嘉孺子而哀妇人。此吾所以用心已。"舜曰："美则美矣，而未大也。"尧曰："然则何如？"舜曰："天德而出宁，日月照而四时行，若昼夜之有经，云行而雨施矣。"尧曰："胶胶扰扰乎？子，天之合也。我，人之合也。"夫天地者，古之所大也，而黄帝、尧、舜之所共美也。故古之王天下者，奚为哉？天地而已矣。

往昔舜曾问尧说："你作为天子用心怎么样？"尧说："我从不侮慢无处投告的人，也不废弃穷苦的民众，哀苦死者，嘉许幼子而哀悯妇人。这是我用心的方式。"舜说："好当然是很好了，不过还说不上伟大。"尧说："既然如此，将怎么办呢？"舜说："天德生出安宁，日月照耀而四季运行，像昼夜交替，形成常规，像云彩随风飘动，雨点布施万物。"尧说："整日里纷纷扰扰啊！你，与天相合；我，与人相合。"天和地，自古以来是最为伟大的，黄帝、尧、舜都共同赞美它。所以，古时候统治天下的人，做些什么呢？遵从天地罢了。这则重言以尧舜的权威，既主张慈悲待人，又强调顺应天道高于慈悲待人，提出"嘉孺子而哀妇人"的思想，申述了庄子的新鲜理念，给人留下了深刻的印象。在那个"天有十日，人有十等"的时代，是难能可贵的。

重言的第七项功能：

以贤者的评议贬抑孔子思想（七则）

之一：嘲讽孔子之法先王乃是拾取先王祭祀以后的刍狗，只配行路人践踏它的脑袋和脊背，拾柴草的人捡回去用于烧火煮饭。孔子这种法先王的思想行为的社会效果，就像推着船在陆上行走，驾着车在水上航行一样不合时宜，这是其一。

《庄子·天运》说：

孔子西游于卫，颜渊问师金曰："以夫子之行为奚如？"师金曰："惜乎！而夫子其穷哉！"颜渊曰："何也？"师金曰："夫刍狗之未陈也，盛以箧衍，巾以文绣，尸祝齐戒以将之。及其已陈也，行者践其首脊，苏者取而爨之而已。将复取而盛以箧衍，巾以文绣，游居寝卧其下，彼不得梦，必且数眯焉。今而夫子亦取先王已陈刍狗，聚弟子游居寝卧其下。故伐树于宋，削迹于卫，穷于商周，是非其梦邪？围于陈蔡之间，七日不火食，死生相与邻，是非其眯邪？夫水行莫如用舟，而陆行莫如用车。以舟之可行于水也，而求推之于陆，则没世不行寻常。古今非水陆与？周鲁非舟车与？今蕲行周于鲁，是犹推舟于陆也！劳而无功，身必有殃。彼未知夫无方之传，应物而不穷者也。且子独不见夫桔槔者乎？引之则俯，舍之则仰。彼，人之所引，非引人者也。故俯仰而不得罪于人。故夫三皇五帝之礼义法度，不矜于同而矜于治。故譬三皇五帝之礼义法度，其犹柤梨橘柚邪！其味相反而皆可于口。故礼义法度者，应时而变者也。

今取猨狙而衣以周公之服，彼必龁啮挽裂，尽去而后慊。观古今之异，犹猨狙之异乎周公也。故西施病心而颦其里，其里之丑人见之而美之，归亦捧心而颦其里。其里之富人见之，坚闭门而不出；贫人见之，挈妻子而去之走。彼知颦美而不知颦之所以美。惜乎，而夫子其穷哉！"

　　这则重言善于设计比喻，说的是孔子从鲁国向西游历到卫国。颜渊问鲁太师师金说："夫子此次卫国之行怎么样？"师金说："可惜呀，你的先生一定会遭遇困厄啊！"颜渊说："为什么呢？"师金说："用草扎成的狗还没有用于祭祀，会用竹制的箱笼装着，用绣有图纹的饰物来披着，祭祀主持人斋戒后迎送着。等到它已用于祭祀，行路人踩踏它的头颅和脊背，拾柴草的人捡回去用于烧火煮饭罢了；想要再次取来拿竹筐装着它，拿绣有图纹的饰物披着它，主人游居寝卧在它的床下，它不是在做梦，也会一再地感到梦魇似的压抑。如今你的先生，取法先王已经用于祭祀的草扎之刍狗，聚集弟子游居寝卧在它的床下。故此在宋国大树下习礼而大树被砍伐，在卫国游说而被铲掉了足迹，在殷地和东周游历遭到困厄，这不就是那样的噩梦吗？在陈国和蔡国之间遭到围困，七天没有生火就食，与死生成了近邻，这又不就是那种梦魇吗？在水上航行没有什么比得上用船，在陆地上行走没有什么比得上用车。船可以在水中航行而追求在陆地上推着船走，那么终身也不能行走多远。古今的不同不就是水面和陆地的差异吗？周和鲁的差异不就是船和车的不同吗？如今想在鲁国推行周王室的治理办法，这就像是在陆地上推船而行，徒劳而无功，自身也遭受祸殃。他们不知道运动变化并无限定，只能顺应事物于无穷的道理。况且，你唯独不见那桔槔汲水的情景吗？拉起它的一端而另一端便俯身临近水面，放下它的一端而另一端就高高仰起。那桔槔，是因为人在牵引，并非它牵引了人，所以或俯或仰而不得罪人。故而三皇五帝时代的礼义法度，不矜夸于相同而矜夸于治理。拿三皇五帝时代的礼义法度来打比方，恐怕就像柤、梨、橘、柚四种酸甜不一的果子吧，它们的味道不同而都很可口。所以，礼义法度，都是顺应时代而变化的。如今捕取猿猴给它穿上周公的衣服，它必定会咬碎或撕裂，全部剥光身上的衣服方才心满意足。

观察古今的差异，就像猿猴不同于周公。故而西施心口疼痛而皱着眉头在乡
邻里行走，邻里的一个丑女人看见了认为皱着眉头很美，回去后也在捂着胸
口皱着眉头。邻里的富人看见了，紧闭家门而不出；贫穷的人看见了，带着
妻儿子女远远地跑开了。那个丑女人只知道皱着眉头好看却不知道皱着眉头
好看的原因。可惜呀，你的先生一定会遭遇厄运啊！"

　　这里以陆地行舟、水上行车，以重言的方式嘲讽孔子不知因应时代的变
化，又以沐猴而冠、西施效颦，嘲讽孔子的处世方式的悖谬。行文用了许多
精彩的比喻，强调的是要顺应时势，采取合理的处世方式。精彩的比喻，又
在时代运用中，增添内涵，激发智慧。

之二：针对孔子思想行为的不合时宜，庄子经常提到孔子周游列国所遭遇的艰难险厄，哪怕是误会带来的艰难险厄。

　　《庄子·秋水》说：

　　　　孔子游于匡，宋人围之数匝，而弦歌不辍。子路入见，曰："何夫子之
　　娱也？"孔子曰："来！吾语女。我讳穷久矣，而不免，命也；求通久矣，
　　而不得，时也。当尧、舜而天下无穷人，非知得也；当桀、纣而天下无通
　　人，非知失也，时势适然。夫水行不避蛟龙者，渔父之勇也；陆行不避兕
　　虎者，猎夫之勇也；白刃交于前，视死若生者，烈士之勇也；知穷之有命，
　　知通之有时，临大难而不惧者，圣人之勇也。由，处矣！吾命有所制矣！"
　　无几何，将甲者进，辞曰："以为阳虎也，故围之；今非也，请辞而退。"

　　这里孔子谈论时势和命运，说的是孔子周游到匡地（今河南睢县匡城），
宋人把他围了好几圈，而孔子依然弹琴唱歌不停。弟子子路（仲由）进来见
孔子，说："夫子为何这样快乐？"孔子说："你过来！我告诉你。我陷入穷困
已经很久了，却不能避免，这是命啊；我追求通达也很久了，而不能通达，
这就是时势啊。当尧、舜的时候天下没有穷人，这不是靠智慧获得的；当桀、

纣的时候天下没有通达的人，这不是智慧消失了，是时势碰上了。在水上行走，不回避蛟龙，这是渔父的勇敢；在陆上行走，不回避犀牛、老虎，这是猎人的勇敢；雪白的刀子交错在面前，把死看成生，这是烈士的勇敢；知道穷困是命里带来的，知道通达是时势造成的，面临大灾大难而不畏惧，这是圣人的勇敢。仲由啊，你安顿一些吧，我的命运是受制于天的。"过了不久，宋人的甲士进来，辞谢说："我们以为你是阳虎，所以把你围困起来；现在知道不是阳虎，请辞谢告退了。"这则重言，让孔子在被围困的危险时刻，把命运交给时势，依然弹琴唱歌，对孔子是贬中有褒，却也留下几分尴尬。

之三：孔子弟子出游，也使得孔子忧心忡忡，因为普天下竟然有那么多的权势者，不能按照事物的本性来处理事情，给人们造成惊恐和滋扰。

《庄子·至乐》说：

> 颜渊东之齐，孔子有忧色。子贡下席而问曰："小子敢问：回东之齐，夫子有忧色，何邪？"孔子曰："善哉汝问。昔者管子有言，丘甚善之，曰褚小者不可以怀大，绠短者不可以汲深。夫若是者，以为命有所成而形有所适也，夫不可损益。吾恐回与齐侯言尧、舜、黄帝之道，而重以燧人、神农之言。彼将内求于己而不得，不得则惑，人惑则死。且女独不闻邪？昔者海鸟止于鲁郊，鲁侯御而觞之于庙，奏《九韶》以为乐，具太牢以为膳。鸟乃眩视忧悲，不敢食一脔，不敢饮一杯，三日而死。此以己养养鸟也，非以鸟养养鸟也。夫以鸟养养鸟者，宜栖之深林，游之坛陆，浮之江湖，食之鰍鲦，随行列而止，委蛇而处。彼唯人言之恶闻，奚以夫谯谯为乎！《咸池》《九韶》之乐，张之洞庭之野，鸟闻之而飞，兽闻之而走，鱼闻之而下入，人卒闻之，相与还而观之。鱼处水而生，人处水而死。彼必相与异，其好恶故异也。故先圣不一其能，不同其事。名止于实，义设于适，是之谓条达而福持。"

颜回向东去齐国，孔子脸上有忧虑的颜色。子贡离开座席问道："学生冒昧地请问，颜回往东去齐国，先生面呈忧色，这是为什么呢？"孔子说："你问得好啊！过去管仲有句话，我认为说得很好：'布袋小的不可能包容大东西，水桶上的绳索短了不可能汲取深井里的水。'如果真是对的，认为禀受天命有所成就而形体有所适应，这是不可以随意增减改变的。我担忧颜回跟齐侯谈论尧、舜、黄帝治理国家的道理，而进一步地推重燧人氏、神农氏的言论。齐侯必将要求自己而不可得，不可得就会疑惑，一旦人疑惑了就会死。况且你不曾听说过吗？从前，一只海鸟停止在鲁国都城郊外，鲁国国君把海鸟接到太庙里供养献酒，奏《九韶》之乐使它快乐，用'太牢'作为膳食。海鸟竟至于眼花缭乱忧心伤悲，不敢吃一块肉，不敢饮一杯酒，三天就死了。这是按自己的生活习性来养鸟，不是按鸟的习性来养鸟。按鸟的习性来养鸟，就应该让鸟栖息于深山老林，游戏于水中沙洲，浮游于江河湖泽，啄食泥鳅和小鱼，随着鸟群的队列而止息，从容自得、自由自在地生活。海鸟最厌恶听到人的声音，又为什么还要那么喧闹嘈杂呢？《咸池》《九韶》的著名乐曲，演奏于洞庭的原野，鸟儿听见了腾身高飞，野兽听见了惊惶逃走，鱼儿听见了潜下水底，人听见了，相互围着观看不休。鱼儿在水里生存，人在水里就会死去，人和鱼彼此间必定有不同之处，他们的好恶因而也有差异。故而先前的圣王不划一他们的能力，也不等同他们所做的事情。名止于实际，合宜止于适应，这就叫条理通达而福分得到保持。"

这则重言，借孔子之口谈论养鸟必须因应鸟性，不能根据人性去养鸟。这也就是以孔子的口，推崇道家顺应自然，适性行事的理念。它脱下了孔子的儒服，给孔子披上道冠道袍。

之四：本来孔子有"三人行必有我师"的名言，问题是"我师"何处寻找？庄子则把孔子引向空旷的山林川流之间，求师于自然的人性而几于道的场合。

《庄子·达生》说：

仲尼适楚，出于林中，见痀偻者承蜩，犹掇之也。仲尼曰："子巧乎！有道邪？"曰："我有道也。五六月累丸二而不坠，则失者锱铢；累三而不坠，则失者十一；累五而不坠，犹掇之也。吾处身也，若厥株拘；吾执臂也，若槁木之枝；虽天地之大，万物之多，而唯蜩翼之知。吾不反不侧，不以万物易蜩之翼，何为而不得！"孔子顾谓弟子曰："用志不分，乃凝于神，其痀偻丈人之谓乎！"

孔子去楚国，出了树林，就看见一个驼背老人正用竿子粘蝉，就好像随手拾取一样。孔子说："你真是巧啊！有门道吗？"驼背老人说："我有我的道。经过五六个月的练习，在竿头累叠起两个石头丸子而不会坠落，十次只是失手二三次；叠起三个丸子而不坠落，那么十次不会失手一次了；叠起五个丸子而不坠落，也就像随手拾取一样容易。我处理身子，犹如枯树根；我执持手臂，犹如举着枯槁的树枝，虽然天地广大，万物繁多，而只知道蝉的翅膀，我不思前想后左顾右盼，不把万物而变易蝉翼，为什么不能获得呢！"孔子回头对弟子们说："运用心志不分散，高度凝聚精神，恐怕说的就是这位驼背的老人吧！"这则重言以孔子之口，赞赏楚国驼背老人的凝神悟道的境界，从而把孔子思想旷野化、道家化了。引起孔子景仰和深思的驼背老人，是楚国得道的人，融合着庄子的乡愁。

之五：不仅是凝神悟道获得旷野上的自由，而且熟悉水性到了忘掉水性的境地，就获得自由出入水中的能力。

《庄子·达生》说：

颜渊问仲尼曰："吾尝济乎觞深之渊，津人操舟若神。吾问焉，曰：操舟可学邪？曰：可。善游者数能。若乃夫没人，则未尝见舟而便操之也。吾问焉而不吾告，敢问何谓也？"仲尼曰："善游者数能，忘水也。

若乃夫没人之未尝见舟而便操之也，彼视渊若陵，视舟之覆犹其车却也。覆却万方陈乎前而不得入其舍，恶往而不暇！以瓦注者巧，以钩注者惮，以黄金注者殙。其巧一也，而有所矜，则重外也。凡外重者内拙。"

颜回问孔子说："我曾经在宋国水深而形似酒杯的觞深水潭过渡，摆渡人驾船的技巧如有神助。我问他：'驾船可以学习吗？'摆渡人说：'可以的。善于游泳的人很快就能驾船。假如是善于潜水的人，他不曾见过船就会熟练地驾驶船。'我进一步问他而他却不再回答我。请问这是什么意思呢？"孔子说："善于游泳的人很快就能学会驾船，这是因为忘掉了水。至于那善于潜水的人不曾见过船就能熟练地驾驶船，是因为他们看到深渊就像是陆地上的小丘，看待船翻就像车子倒退一样。船的颠覆各种景象展现在眼前而不能扰乱他们的内心，到哪里不从容自得！用瓦器作为赌注的人心地坦然而技艺巧妙，用金属带钩作为赌注的人而心存疑惧，用黄金作为赌注的人就头脑发昏。赌博的技巧本是一样的，而有所矜持，是以身外之物为重了。凡是对外物看得过重的人内心就会笨拙。"

这则重言以游泳、潜水而熟习水性，忘掉一切外物的干扰，专心致志于驾驶船只，这就能够达到出神入化的境界。如果顾虑外物的贵重而疑虑重重，心窍就会堵塞而心劳日拙。人与自然融为一体，就能达到忘我的境界。在这里，孔子对颜渊的点拨，也被旷野化、道家化了。这是一个经过改造了的孔子。

之六：道家化了的孔子，也乐于谈论道家的养生命题，而且得出了"善养生者，若牧羊然，视其后者而鞭之"的妙论。

《庄子·达生》说：

田开之见周威公。威公曰："吾闻祝肾学生，吾子与祝肾游，亦何闻焉？"田开之曰："开之操拔篲以侍门庭，亦何闻于夫子！"威公曰："田子无让，寡人愿闻之。"开之曰："闻之夫子曰：'善养生者，若牧羊然，视其后者而鞭之。'"威公曰："何谓也？"田开之曰："鲁有单豹者，岩居而水饮，不与民共利，行年七十而犹有婴儿之色；不幸遇饿虎，饿虎杀而食之。有张毅者，高门县薄，无不走也，行年四十而有内热之病以死。豹养其内而虎食其外，毅养其外而病攻其内，此二子者，皆不鞭其后者也。"仲尼曰："无入而藏，无出而阳，柴立其中央。三者若得，其名必极。夫畏涂者，十杀一人，则父子兄弟相戒也，必盛卒徒而后敢出焉，不亦知乎！人之所取畏者，衽席之上，饮食之间；而不知为之戒者，过也。"

田开之见到周威公。周威公说："我听闻祝肾在学习养生，你跟祝肾交游，从他那儿听到过什么呢？"田开之说："我只不过拿起扫帚来打扫门庭，又能从先生那里听到什么！"周威公说："田先生不必谦让，我愿意听听这方面的道理。"田开之说："听先生说：'善于养生的人，就像是放牧羊群似的，看到落后的羊就用鞭子赶一赶。'"周威公问："这是什么意思呢？"田开之说："鲁国有个叫单豹的，在岩穴里居住，在山泉边饮水，不跟人争利，活到七十岁还有婴儿一样的面容；不幸遇上了饿虎，饿虎扑杀而吃掉了他。另有一个叫张毅的，高门甲第、朱户垂帘的富贵人家，无不趋走参谒，活到四十岁便患内热病而死去。这两个人，都不能够鞭策落后的羊。"孔子说："不要进入荒山野岭把自己深藏起来，也不要出现在世俗而使自己显露，要像木柴一样立在两者中间。以上三种情况都能具备，他的名声必定达到极致。使人畏惧的道路，十个行人有一个人被杀害，于是父子兄弟相互提醒和戒备，必定要使随行的徒众多起来才敢于外出，这不是很聪明吗！人所最可怕的，还是枕席之上、饮食之间，却不知道为此提醒和戒备，这实在是过错。"这则重言讲究养生之道，淡泊无争，热衷参谒，而无所戒备，都会伤生，只有把淡泊与戒备相互为用，就像放牧羊群，鞭策落后者，才能补足短板。

这里蕴含着深刻的人生哲理：人的肌体是具有巨大潜力的，问题就出在一二短板上，水桶能装多少水，取决于短板的高度，补齐短板，是使水桶多装水的关键所在。孔子这种言说，带有道家化的倾向，是庄子改造了的孔子。

之七：对于巨瀑急流中潜游行歌的山野人物，以故常、习性、命运来解释他自由蹈水的能力，可谓孔子寻师于旷野。

《庄子·达生》说：

> 孔子观于吕梁，县水三十仞，流沫四十里，鼋鼍鱼鳖之所不能游也。见一丈夫游之，以为有苦而欲死也，使弟子并流而拯之。数百步而出，被发行歌而游于塘下。孔子从而问焉，曰："吾以子为鬼，察子则人也。请问：蹈水有道乎？"曰："亡，吾无道。吾始乎故，长乎性，成乎命。与齐俱入，与汩偕出，从水之道而不为私焉。此吾所以蹈之也。"孔子曰："何谓始乎故，长乎性，成乎命？"曰："吾生于陵而安于陵，故也；长于水而安于水，性也；不知吾所以然而然，命也。"

这就是说，孔子在吕梁看风景，瀑布高悬二三十丈，冲刷而起的激流和水花远达四十里，鼋、鼍、鱼、鳖都不能在此游水。只见一个壮年男子游在水中，还以为是有痛苦而想寻死的，派弟子顺着水流去拯救他。忽见那壮年男子游出数百步后露出水面，披散头发边唱边游在堤岸下。孔子追从而问他，说："我还以为你是鬼，仔细察看你却是个人。请问，游水也有什么特别的门道吗？"那人回答说："没有，我并没有什么道门。我起初是故常，长大是习性，成就在于命运。我跟水里的漩涡一块儿下潜到水底，又跟向上的涌流一道游出水面，顺着水的道门而不作任何偏离。这就是我游水的方法。"孔子说："什么叫作'起初是故常，长大是习性，有所成就在于命运'呢？"那人又说："我出生于山地就安于山地的生活，这就是故常；长在水边就安于水边的生活，这就叫作习性；不知道为什么会这样而这样生活着，这就叫作命运。"这则重言，以孔子探询吕梁游泳的壮汉出入急流的奥秘，揭示游水的道理在于"始乎故，长乎性，成乎命"，以故常起步，在习性中成长，最后在命运中成功达至于道。这种顺乎自然、循序渐进的思想方式，属于道家的理念范畴，孔子在这里被道家化了。

重言的第八项功能：

重新解释孔子艰难困厄中的精神世界（七则）

　　之一：认定孔子与道家的境界还存在着距离。这是一种心的距离，只要给出一个理由，就可以体验到咫尺天涯的难以测定的远近，心的距离就成了"一念之间已是天涯"。

《庄子·山木》说：

　　孔子围于陈蔡之间，七日不火食。大公任往吊之曰："子几死乎？"曰："然。""子恶死乎？"曰："然。"任曰："子尝言不死之道。东海有鸟焉，其名曰意怠。其为鸟也，翂翂翐翐，而似无能；引援而飞，迫胁而栖，进不敢为前，退不敢为后；食不敢先尝，必取其绪。是故其行列不斥，而外人卒不得害，是以免于患。直木先伐，甘井先竭。子其意者饰知以惊愚，修身以明污，昭昭乎若揭日月而行，故不免也。昔吾闻之大成之人曰：自伐者无功；功成者堕，名成者亏。孰能去功与名而还与众人！道流而不明居，得行而不名处；纯纯常常，乃比于狂；削迹捐势，不为功名。是故无责于人，人亦无责焉。至人不闻，子何喜哉？"孔子曰："善哉！"辞其交游，去其弟子，逃于大泽；衣裘褐，食杼栗；入兽不乱群，入鸟不乱行。鸟兽不恶，而况人乎！

　　孔子被围困在陈国、蔡国之间，七天不能生火煮饭。太公任前去慰问他，说："你快要饿死了吧？"孔子说："是的。"太公任又问："你讨厌死吗？"孔子回答："是的。"太公任说："你曾经说过不死的方法。东海里生活着一种鸟，它的名字叫意怠。意怠作为一种鸟啊，飞行缓慢迟钝，好像不能飞行似的；它总是要有其他鸟引领而飞，栖息时又跟别的鸟挤在一起；前进时不敢在最前面，后退时不敢落在最后面；吃食时不敢先动嘴，务必吃别的鸟剩下的，故而它在鸟群中不受排斥，人们也终究不去伤害它，因此能够免除祸患。挺直的树木先被砍伐，甘甜的井水先遭枯竭。你的意念是装饰得很有才干以便惊吓愚蠢的人，修养身心来彰明别人的浊秽，明明白白地就像是举着太阳和月亮走路，故而不能免除灾祸。从前我听得道大成的老子说过：'自夸的人不会成就功业；功业成就了必定会毁败，名声彰显了必定会遭到亏损。'谁能够摒弃功名而还原跟普通人一样！大道流行而不以英明自居，获得品行而不以盛名自处；纯朴而平常，就跟愚狂的人一样；削除形迹捐弃权势，不求取功名。因此不会去谴责他人，别人也不会责备他。道德极高的至人不闻名于世，你为什么偏偏喜好名声呢？"孔子说："说得好啊！"于是辞别朋友故交，离开众多弟子，逃到山泽旷野；穿兽皮麻布做的衣服，吃栎树和栗树的果实；进入兽群兽不乱群，进入鸟群鸟不乱行。鸟兽都不讨厌他，何况是人呢！

　　这则重言以老子"自伐者无功；功成者堕，名成者亏"的韬光养晦的思想，贬抑孔子以自己的高明鄙视别人的浅陋，终于使得孔子逃离热闹场，穿粗衣，吃野果，皈依老子之道。这种脱离孔子行藏的历史实际的虚构，揭示了孔子向老子的精神境界靠拢，当然是扬老抑孔的。孔子于此抛弃虚伪的外衣，过起类乎野人的生活，做一个真实而逍遥的自我。这里出现的太公任，即任公子，《太平御览》卷五百九《逸民部九》引皇甫士安《高士传》曰：太公任者，陈人。而将之归入逸民之列。太公任引用的"大成之人"的话，可以参看《老子》24章："自见者不明，自是者不彰，自伐者无功，自矜者不长。"以及9章："富贵而骄，自遗其咎。功成、名遂、身退，天之道。"大成之人，当是指老子。

之二：天性无价，世俗却总是待价而沽。孔子体验林回"弃千金之璧，负赤子而趋"，是抛弃俗世利害，回归人的天性，向老子的精神境界攀升。

《庄子·山木》说：

孔子问子桑雽曰："吾再逐于鲁，伐树于宋，削迹于卫，穷于商周，围于陈蔡之间。吾犯此数患，亲交益疏，徒友益散，何与？"子桑雽曰："子独不闻假人之亡与？林回弃千金之璧，负赤子而趋。或曰：为其布与？赤子之布寡矣；为其累与？赤子之累多矣。弃千金之璧，负赤子而趋，何也？林回曰：彼以利合，此以天属也。夫以利合者，迫穷祸患害相弃也。以天属者，迫穷祸患害相收也。夫相收之与相弃亦远矣。且君子之交淡若水，小人之交甘若醴；君子淡以亲，小人甘以绝。彼无故以合者，则无故以离。"孔子曰："敬闻命矣！"徐行翔佯而归，绝学捐书，弟子无挹于前，其爱益加进。异日，桑雽又曰："舜之将死，真泠禹曰：汝戒之哉！形莫若缘，情莫若率。缘则不离，率则不劳；不离不劳，则不求文以待形，不求文以待形，固不待物。"

孔子问鲁国隐士桑雽说："我两次在鲁国被驱逐，在宋国受到伐树的惊辱，在卫国被人铲除足迹，在商、周之地穷愁落魄，在陈国和蔡国间受到围困。我遭逢这么多的灾祸，亲朋故交越发疏远了，弟子友人更加离散了，这是为什么呢？"桑雽说："你没有听说过那假国人的逃亡吗？林回舍弃了价值千金的璧玉，背着婴儿就跑。有人议论：'是为了钱财吗？初生婴儿的价值太少了；是为了怕拖累吗？初生婴儿的拖累太多了。舍弃千金的璧玉，背着婴儿逃跑，为了什么呢？'林回说：'千金的璧玉跟我是以利益相合，婴儿跟我则是以天性相连。'以利益相合的，遇上穷困、灾祸、忧患与伤害就会相互抛弃；以天性相连的，遇上穷困、灾祸、忧患与伤害就会相互收容。相互收容与相互抛弃差别也就太远了。况且君子的交谊淡如清水，小人的交谊甜如蜜酒；君子淡泊却心地亲近，小人甘甜却利断义绝。那种无缘无故而接近相合的，也会无缘无故地离散。"孔子说："我会恭敬地听取你的指教！"于是慢慢地离去，闲放自得地走了回来，弃绝学问捐弃书简，弟子没有一个侍学于前，他们对老师的敬爱反而更加深厚了。另一天，桑雿又说："舜将死的时候，用真道晓谕夏禹说：'你要警戒啊！身形不如缘分，情感不如率真。缘分不会背离，率真不会劳神；不背离不劳神，也就不需要用纹饰来装扮身形；无须纹饰来矫造身形，也就不必有求于外物。'"假国即贾国，春秋时诸侯国，为晋所灭。这则重言指责孔子抛弃性情而迷恋功利，最终使孔子捐弃诗书，离绝弟子，才能获得真情的感戴。它是以孔子行为的改变，抛弃利害而趋于天性，以天性的巴掌自打耳光。文明社会存在着不文明，为争权夺利而泯灭亲情，反目成仇的故事，从古至今屡见不鲜。可见世人的劣根性难以铲除，成为文明社会的长期隐患。

之三：孔子穷于陈蔡之间的故事再次被采用，发出了人不能与天性同一的感慨。

《庄子·山木》说：

孔子穷于陈蔡之间，七日不火食，左据槁木，右击槁枝，而歌焱氏之风，有其具而无其数，有其声而无宫角，木声与人声，犁然有当于人之心。颜回端拱还目而窥之。仲尼恐其广己而造大也，爱己而造哀也，曰："回，无受天损易，无受人益难。无始而非卒也，人与天一也。夫今之歌者其谁乎？"回曰："敢问无受天损易。"仲尼曰："饥渴寒暑，穷桎不行，天地之行也，运物之泄也，言与之偕逝之谓也。为人臣者，不敢去之。执臣之道犹若是，而况乎所以待天乎！""何谓无受人益难？"仲尼曰："始用四达，爵禄并至而不穷，物之所利，乃非己也，吾命其在外者也。君子不为盗，贤人不为窃。吾若取之，何哉！故曰，鸟莫知于鹢鴞，目之所不宜处，不给视，虽落其实，弃之而走。其畏人也，而袭诸人间，社稷存焉尔。""何谓无始而非卒？"仲尼曰："化其万物而不知其禅之者，焉知其所终？焉知其所始？正而待之而已耳。”“何谓人与天一邪？”仲尼曰："有人，天也；有天，亦天也。人之不能有天，性也，圣人晏然体逝而终矣！"

孔子穷困于陈国、蔡国之间，七天不能生火就食，左手靠着枯树，右手敲击枯枝，还唱起了神农时代的歌谣，不过敲击的器具不能合符音乐的节奏，有了敲击的声响而不符合五音的音阶，敲木声和咏歌声明晰地恰当表达了唱歌人的心意。颜回恭敬拱手侍立，转动眼睛偷偷地看了看。孔子担心他把自己的道德看得过于高远广大，爱惜自己而至于哀伤，就说："颜回，不受天然的损害容易，不接受他人的利禄就困难。世上的事没有什么开始而不同时又是终了的，人与天然原本是同一的。至于现在唱歌的人又将是谁呢？"颜回说："我冒昧地请教：什么是不受天然的损害容易？"孔子说："饥饿、干渴、严寒、酷暑，穷困的桎梏使人事事不能通行，这是天地的运行，万物的宣泄，说的是与天地、万物一同流逝。做臣子的，不敢离开国君的旨意。做臣子的道理尚且如此，何况是用这样的办法来对待天然呢！"颜回又问："什么叫作不接受他人的利禄更加困难呢？"孔子说："初被任用办什么事都觉得顺利，爵位和俸禄一齐到来没有穷尽，事物带来的好处，本不属于自己，只不过是我的机遇存在于外物。君子不做强盗，贤人也不去偷窃。我若要获取利益，为了什么呢？故此说，鸟没有比燕子更聪明的，看见不适宜停歇的地方，绝不投出第二次目光，即使掉落了食物，也舍弃不顾而飞走。燕子很害怕人，却进入到人的生活圈子，不过只是将它们的'社稷'寄存在人的房舍罢了。"颜回又问："什么叫作没有什么开始而不同时又是终了的？"孔子说："变化着万物而不知道它们的嬗变，怎么能知道它们的终了？又怎么能知道它们的开始？谨守正道加以对待罢了。"颜回又问："什么叫作人与天然原本是同一的？"孔子说："人类的出现，出自天然；天然的出现，出自天然。人不可能具有天然的本性，是性分决定的，圣人安然体解消逝而告终！"

孔子困于陈、蔡，是《庄子》反复使用的素材。这则重言借孔子之口，体会人"无受天损易，无受人益难，无始而非卒"，感慨人不能与天性同一。

孔子已经形如槁木，但还是疏离天人合一的境界。这就以孔子的自责，推崇道家天人合一的境界，高山仰止，景行行止，虽不能至，心向往之。孔子追求的，是还高出一个层次的道家精神境界。

之四：以楚国的贤人批评"中国之君子，明乎礼义而陋于知人心"，所谓中国之君子，指的是儒家者流，他们是把礼义和人心相割裂的。庄子翻转儒家的理念，主张以人心涵养礼义。

《庄子·田子方》说：

温伯雪子适齐，舍于鲁。鲁人有请见之者，温伯雪子曰："不可。吾闻中国之君子，明乎礼义而陋于知人心。吾不欲见也。"至于齐，反舍于鲁，是人也又请见。温伯雪子曰："往也蕲见我，今也又蕲见我，是必有以振我也。"出而见客，入而叹。明日见客，又入而叹。其仆曰："每见之客也，必入而叹，何耶？"曰："吾固告子矣：中国之民，明乎礼义而陋乎知人心。昔之见我者，进退一成规、一成矩，从容一若龙、一若虎。其谏我也似子，其道我也似父，是以叹也。"仲尼见之而不言。子路曰："吾子欲见温伯雪子久矣。见之而不言，何邪？"仲尼曰："若夫人者，目击而道存矣，亦不可以容声矣！"

楚国修道养德之士温伯雪子去齐国，投宿在鲁国。鲁国有人求见，温伯雪子说："不可。我听闻中国的君子，明白礼义而简陋于知人心。我不愿见他。"温伯雪子到齐国办完事，归途又投宿鲁国的这家旅馆，那人又来求见。温伯雪子想："过去请求见我，现在又请求见我，这必定要来启发我。"就出来见客，回来直叹气。第二天又见客，回来又叹气。随身仆人问："每次见了那位客人，回来必然叹气，到底为啥哟？"温伯雪子说："我早就告诉过你了：'中国人明白礼义而简陋于知人心。'以往见我的人，进退成规成矩，从容到了又似龙，又似虎，他劝谏我就像我的儿子，他规导我就像我的父亲。应酬这种客人，还能不叹气！"孔子去见温伯雪子，面面相觑，不说一句话。子路说："老师想拜访温伯雪子很久了。见到了不说话，是为什么？"孔子说："像他那样的人，只用目光接触一下，目击道存，也可以不再说话了。"这则重言批评"中国之君子，明乎礼义而陋于知人心"，他们是把礼义和人心相割裂的。实际上明乎礼义的是儒家，而陋于知人心指的也是儒家，它借孔子之口自我作践，还是贬抑儒家尊崇道家。真是有所谓"人心险于山川"，是很难看透的。

之五：颜回追随孔子，在发言、辩论、传道上都没有落伍，但一旦传道提升到奔逸绝尘的地步，到了道家所谓道的境界，还迈着儒家的步子，就难以胜任了。

《庄子·田子方》说：

> 颜渊问于仲尼曰："夫子步亦步，夫子趋亦趋，夫子驰亦驰，夫子奔逸绝尘，而回瞠若乎后矣！"夫子曰："回，何谓邪？"曰："夫子步亦步也，夫子言亦言也；夫子趋亦趋也，夫子辩亦辩也；夫子驰亦驰也，夫子言道，回亦言道也；及奔逸绝尘而回瞠若乎后者，夫子不言而信，不比而周，无器而民滔乎前，而不知所以然而已矣。"仲尼曰："恶！可不察与！夫哀莫大于心死，而人死亦次之。日出东方而入于西极，万物莫不比方，有目有趾者，待是而后成功。是出则存，是入则亡。万物亦然，有待也而死，有待也而生。吾一受其成形，而不化以待尽。效物而动，日夜无隙，而不知其所终。薰然其成形，知命不能规乎其前。丘以是日徂。吾终身与汝交一臂而失之，可不哀与？女殆著乎吾所以著也。彼已尽矣，而女求之以为有，是求马于唐肆也。吾服，女也甚忘；女服，吾也亦甚忘。虽然，女奚患焉！虽忘乎故吾，吾有不忘者存。"

颜回问孔子说："老师你走步，我跟着走步；你快步小跑，我跟着快步小跑；你骑马奔驰，我跟着骑马奔驰；你谈论道，我跟着谈论道；至于你快马加鞭，绝尘而去，我就干瞪眼，跟不上你了。"孔子说："颜回啊，这是什么意思？"颜回说："老师你走步，我跟着走步，你发言，我跟着发言。你快步小跑，我跟着快步小跑，你论辩，我跟着论辩。你骑马奔驰，我跟着骑马奔驰，你谈论道，我跟着谈论传道。至于你快马加鞭，绝尘而去，我就干瞪眼，跟不上你了。你不必多说话就能受到别人的信任，不必一一亲善就能留下周全的好感，不必掌握实权就能取得众人滔滔的拥戴，而我不知道该怎样才做得到了。"孔子说："唉！难道可以不明察吗？最大的悲哀，莫大于心死，人死还在其次。太阳出于东方，入于西极，世间万物莫不以太阳为榜样。有眼有脚的人有所等待然后成功，出就生存，入就死亡。万物也是这样，有等待才死亡，有等待就生存。我一经接受天地化育而成形，不受化育就只好等待尽头了。仿效事物而行动，日夜没有间隙，而不知什么时候是终极，浑然不觉就成形，知道命运却不能预见在前头。孔丘我因此拼命行走。我终生与你交往，却错失在一臂之间，可不是悲哀吗！你在我扬名的地方扬名，已经尽了责任，而你以为还有追求，这就是在市场上找马了。我佩服你很快就忘掉，你佩服我也很快就忘掉。虽然这样，你又有什么可以忧患的！虽然忘掉过去的我，还有不能忘记的我存在呢。"这则重言强调"哀莫大于心死"，只要心不死，就像日出日落那样，随物化育，忘掉故我，就有新我出现。这颗不死的心，实质上是超越我执，进入万物化育的流程的。这是借孔子的口讲道家的话。

之六：周文王观于臧，臧水近于渭水，讲的是文王遇上姜子牙的故事，却改写了这个故事的结局，臧水丈人采取无为而治的方法，而且要求他把这种统治术推广的时候，臧水丈人就隐藏起来了。这就把姜子牙变成了道家的高人，改写了西周崛起的历史。

《庄子·田子方》说：

　　　文王观于臧，见一丈夫钓，而其钓莫钓。非持其钓有钓者也，常钓也。文王欲举而授之政，而恐大臣父兄之弗安也；欲终而释之，而不忍百姓之无天也。于是旦而属之大夫曰："昔者寡人梦见良人，黑色而髯，乘驳马而偏朱蹄，号曰：寓而政于臧丈人，庶几乎民有瘳乎！"诸大夫蹴然曰："先君王也。"文王曰："然则卜之。"诸大夫曰："先君之命，王其无它，又何卜焉。"遂迎臧丈人而授之政。典法无更，偏令无出。三年，文王观于国，则列士坏植散群，长官者不成德，斔斛不敢入于四竟。列士坏植散群，则尚同也；长官者不成德，则同务也，斔斛不敢入于四竟，则诸侯无二心也。文王于是焉以为大师，北面而问曰："政可以及天下乎？"臧丈人昧然而不应，泛然而辞，朝令而夜遁，终身无闻。颜渊问于仲尼曰："文王其犹未邪？又何以梦为乎？"仲尼曰："默，汝无言！夫文王尽之也，而又何论刺焉！彼直以循斯须也。"

周文王巡视臧地，看见一位钓鱼的老者，身在钓鱼，心不在钓鱼上。他并非以持竿钓鱼当一回事，而是以别有所钓作为常态。文王想举用他授以国政，又担心大臣和父兄辈族人不能相安；想最后舍弃此人，又不忍心让百姓们得不到天命。于是清晨集合大夫们说："昨天夜里我梦见一位好人，面黑长满长须，骑的杂色马而是赤色，号命说：'托付你的国事给臧地老者，民众差不多就可以解除病苦了！'"诸位大夫吃惊不安地说："这是先君王季历啊！"文王说："那么让我们占卜一下吧。"诸位大夫说："先君之命令，王无可怀疑，又何必占卜呢！"于是就迎接臧地老者，授给国政。这个人掌政，典章法令没有更改，偏私的政令也未发出。三年之后，文王巡视国内，就见到各种文士武士结成的私党都散掉了，官长们也不建立个人功德，共理政务，标准不一的量器不敢进入国境，诸侯们也就没有二心了。文王于是把臧丈人当作大师，北面而立请教说："这样的政事可以推行于天下吗？"臧丈人默然不回答，淡漠无心地告辞而去，早晨还接受文王指令，晚上就逃走了，终身没有消息。颜回问孔子说："文王还不足以取信于人吗？何必要假托于梦呢？"孔子说："沉默吧，你不要说了！文王已经做得很完美了，你又何必议论讥刺呢！他只是在暂时顺应众人罢了。"

这则重言讲述周文王以托梦的方式，师事臧丈人。臧丈人，指的是姜太公。却与史籍记载的姜太公大异其趣，臧丈人采取无为而治的方式处置国政，要他把这种治国方式推广到天下，他就逃离天下而隐迹埋名了。随之借孔子的评议，突出道家的治国理念。唐人吴筠《高士咏·臧丈人》诗云："臧叟隐中壑，垂纶心浩然。文王感昔梦，授政道斯全。一遵无为术，三载淳化宣。功成遂不处，遁迹符冲玄。"所谓冲玄，意思是淡泊沉静。《北史·隐逸传·徐则》说："悦性冲玄，恬神虚白，飡松饵术，栖息烟霞。"吴筠的《游仙二十四首》其一说："悟彼众仙妙，超然含至精。凝神契冲玄，化服凌太清。心同宇宙广，体合云霞轻。"因此，冲玄一词，就把臧丈人即姜太公，归入隐逸、游仙的道家之流了。

之七：春秋五霸之一楚庄王是庄子家族获得姓氏的祖源，庄子把楚庄王的令尹孙叔敖称为"真人"，带有道家圣贤的品格。他的精神有如大山深渊，充满天地。

《庄子·田子方》说：

> 肩吾问于孙叔敖曰："子三为令尹而不荣华，三去之而无忧色。吾始也疑子，今视子之鼻间栩栩然，子之用心独奈何？"孙叔敖曰："吾何以过人哉！吾以其来不可却也，其去不可止也。吾以为得失之非我也，而无忧色而已矣。我何以过人哉！且不知其在彼乎？其在我乎？其在彼邪亡乎我，在我邪亡乎彼。方将踌躇，方将四顾，何暇至乎人贵人贱哉！"仲尼闻之曰："古之真人，知者不得说，美人不得滥，盗人不得劫，伏戏、黄帝不得友。死生亦大矣，而无变乎己，况爵禄乎！若然者，其神经乎大山而无介，入乎渊泉而不濡，处卑细而不惫，充满天地，既以与人己愈有。"

肩吾问孙叔敖说："您三次做令尹而不彰显荣华，三次被免去令尹也没有忧愁之色。我开始时怀疑你，现在见你呼吸轻松欢畅，您的用心唯独是怎样想的呢？"孙叔敖说："我哪有什么过人的地方啊！我认为它来了就无法推却，它去了也无法遏止，我认为官职俸禄的得失非我所有，失去了而无忧愁之色罢了。我哪有什么过人的地方啊！况且不知荣华显贵是在令尹的爵位，还是在我自身？如果是在于令尹的爵位，就与我无关；如果在我自身，则与令尹的爵位无关。我正在驻足沉思，顾及四面八方之事，哪有闲暇顾及个人的富贵和贫贱啊！"孔子听闻后说："古时的真人，智者不能使他悦服，美色不能使他淫滥，强盗不能把他劫持，伏羲、黄帝这样的帝王也不能笼络他做朋友。死生也算得上大事了，也不能使自己有所改变，何况是官爵俸禄之得失呢！像这样的人，他的精神历经大山而无障碍，进入深渊而不沾湿，处于卑贱而不疲惫，充满天地之间，尽数给予别人而自己更富有。"这则重言强调真心真性情，借孔子之口推崇楚庄王时的令尹孙叔敖的本真性情，这种真性情拿得起，放得下，使充溢于天地之间。孔子成了老庄之道的传声筒，使人联想到二百多年前庄子祖源的那个黄金时代。《庄子·大宗师》说："夫道有情有信，无为无形，可传而不可受……肩吾得之以处大山。"成玄英疏："肩吾，神名也。"《山海经·西山经》："西南四百里曰昆仑之丘，是实惟帝之下都，神陆吾司之。"晋郭璞注："即肩吾也。"肩吾在《庄子》中共出现四次，联系着接舆，联系着孙叔敖，联系着庄子的乡愁。

对于二百多年前庄子祖源的那个黄金时代的叙述，不仅孙叔敖上场了，而且楚王（即楚庄王）也上场了。

《庄子·徐无鬼》说：

> 仲尼之楚，楚王觞之。孙叔敖执爵而立。市南宜僚受酒而祭，曰："古之人乎！于此言已。"曰："丘也闻不言之言矣，未之尝言，于此乎言之：市南宜僚弄丸而两家之难解；孙叔敖甘寝秉羽而郢人投兵；丘愿有喙三尺。"彼之谓不道之道，此之谓不言之辩。故德总乎道之所一，而言休乎知之所不知，至矣。道之所一者，德不能同也。知之所不能知者，辩不能举也。名若儒墨而凶矣。故海不辞东流，大之至也。圣人并包天地，

泽及天下，而不知其谁氏。是故生无爵，死无谥，实不聚，名不立，此之谓大人。狗不以善吠为良，人不以善言为贤，而况为大乎！夫为大不足以为大，而况为德乎！夫大备矣，莫若天地。然奚求焉，而大备矣！知大备者，无求，无失，无弃，不以物易己也。反己而不穷，循古而不摩，大人之诚！

这是一个错乱了时空的故事，说的是孔子到了楚国，楚王宴请他，孙叔敖拿着酒爵站立一旁，市南宜僚洒酒祭祷，说："古时候的人啊！在这里说一说话吧。"孔子说："我听闻不需言谈的言论，既然不曾说过，就在这里说一说。市南宜僚玩弄弹丸而使两家的危难得以解除，孙叔敖执羽扇高枕安卧而使楚国修文息武。我孔丘但愿嘴长三尺多说几句话呀！"那可以称作不是办法的办法，这就可以称作不用言辞的说辩。故而德行归总道的浑一状态，言语休止在才智所不知晓的境域，这就是极致了。大道是混沌同一的，德行却各不相同；才智所不能通晓的，辩言也不能列举，名声像儒家、墨家那样也会招致凶险。故此，大海不辞东流水，就成了博大之最，圣人包容天地，恩泽施及天下，而天下却不知道他们的姓名。因此生前没有爵禄，死后没有谥号，实物不曾汇聚，名声不曾树立，这才可以称作伟大的人。狗不因为善于狂吠就是好狗，人不因为善于言说就是贤能，何况是成就伟大啊！成就伟大却不足以算是伟大，又何况是修养德性啊！伟大而又完备，莫过于天地；然而天地哪里会求取什么，而伟大也就完备了。智慧伟大而完备的人，没有追求，没有损失，没有放弃，不因外物而改变自己的本性。返归自己的本性而没有穷尽，遵循亘古不变的规律而不需观摩，只要伟大的人物的真诚。

这则重言以孔子评议市南宜僚和孙叔敖的解纷排难的智慧，强调伟大完备的智慧是没有求取、没有丧失、没有舍弃，只不过返回本性的真诚。在这里，不仅孔子被道家化了，而且年代也被扰乱了。楚庄王（？—前591年）卒后40年，孔子（前551年—前479年）才出生，但孔子于此却能够穿越时空，参加楚庄王的宴会，而且发表了道家色彩的长篇大论，把庄子祖源的黄金年代展示得淋漓尽致。

重言的第九项功能：

　　采取孔子请教老子，或孔子点拨弟子的方式，重塑一个脱下儒服、披上道冠道袍的孔子（五则）

　　之一：孔子毕恭毕敬地向老子问道，引出老子谈论起渊渊乎、巍巍乎的道。

《庄子·知北游》说：

　　孔子问于老聃曰："今日晏闲，敢问至道。"老聃曰："汝齐戒，疏瀹而心，澡雪而精神，掊击而知！夫道，窅然难言哉！将为汝言其崖略。夫昭昭生于冥冥，有伦生于无形，精神生于道，形本生于精，而万物以形相生，故九窍者胎生，八窍者卵生。其来无迹，其往无崖，无门无房，四达之皇皇也。邀于此者，四肢强。思虑恂达，耳目聪明，其用心不劳，其应物无方。天不得不高，地不得不广，日月不得不行，万物不得不昌，此其道与！且夫博之不必知，辩之不必慧，圣人以断之矣。若夫益之而不加益，损之而不加损者，圣人之所保也。渊渊乎其若海，魏魏乎其终则复始也，运量万物而不匮。则君子之道，彼其外与！万物皆往资焉而不匮，此其道与！中国有人焉，非阴非阳，处于天地之间，直且为人，将反于宗。自本观之，生者，暗醷物也。虽有寿夭，相去几何？须臾之说也。奚足以为尧桀之是非！果蓏有理，人伦虽难，所以相齿。圣人遭之而不违，过之而不守。调而应之，德也；偶而应之，道也；帝之所兴，王之所起也。人生天地之间，若白驹之过隙，忽然而已。注然勃然，莫不出焉；油然漻然，莫不入焉。已化而生，又化而死，生物哀之，人类悲之。解其天弢，堕其天袠，纷乎宛乎，魂魄将往，乃身从之，乃大归乎！不形之形，形之不形，是人之所同知也，非将至之所务也，此众人之所同论也。彼至则不论，论则不至。明见无值，辩不若默。道不可闻，闻不若塞，此之谓大得。"

孔子请问老聃说："今天安居闲暇，我冒昧地向你请问至道。"老聃说："你先得斋戒，疏通心灵，洗净精神，抛弃才智！大道，真是精深深远难以言表啊！我将为你说个大概。明亮产生于昏暗，形体产生于无形，精神产生于道，形质产生于精气。万物全凭形体而产生，故此，九个孔窍的动物是胎生的，八个孔窍的动物是卵生的。它的来临没有形迹，它的离去没有边界，不知哪里是进出的门、哪里是停留的房，四通八达而美盛鲜明。遵循这种道理的，四肢强健，思虑通达，耳目聪明，运用心思不会劳顿，顺应事物不拘定规。天不得不高远，地不得不广大，太阳和月亮不得不运行，万物不得不昌盛，这就是道啊！再说博学的人不必知道，雄辩的人不必聪慧，圣人因此断然割弃上述种种做法。至于增多了却不增多，减少了却不减少，那就是圣人所要持守的。深邃莫测呀就像大海，高大神奇呀终结了就回复它的开始，运作万物而不匮乏，那么，君子所谈论的大道，就是些外在的皮毛啊！万物全都获得资助而不匮乏，这就是道啊！中国有这样的人，不偏于阴也不偏于阳，处在天地之间，径直作为人，终将返归他的本原。从本体上看，人的诞生，乃是气的聚合，虽然有长寿与短命，相差又有多少呢？说起来只是俄顷之间，哪里足以判断唐尧和夏桀的是非呢！果树和瓜类有共同的理路，人伦难以区分，可以用年龄大小排序。圣人遇上这些事从不违拗，亲身经过也不会执守。调和而顺应，这就是德；偶然而适应，这就是道；德与道就是帝业兴盛的凭借，王侯兴起的原因。人生于天地之间，有如白色的马驹穿过一个狭窄的孔窍，瞬间而过罢了。倾注而蓬勃兴起，莫不从中出现；自然而然而气势昌盛，莫不顺应变化而死。已经变化而生长，又会变化而死亡，生物为之哀叹，人类为之悲恼。可是人的死亡，解脱了天然的口袋，毁坏了天然的限制，纷纷扰扰，魂魄必将消逝，身形也将随之而去，这就是最终的归宿啊！没有形体的形体，具有形体的非形体，这是人们所共同知道的，不是将至的要务，这是众人共同的见解。它来了就不讨论，讨论了就不来。显明见到就没有价值，雄辩不如沉默。道不可以听闻，听闻不如塞耳不听，这就叫作大道的获得。"

这则重言中，老聃向孔子谈论道的最高境界，主张道是不可言传的，"道可道非常道，言可言非常言"，因而要弃圣绝知，回归到原始。抛弃雄辩，闭目塞听，才能体悟到道的玄妙之处。这样说来，孔子离这种至道，还有不短的距离啊。

之二：冉求（孔门四科十哲之一）向孔子请教未有天地的状况。

《庄子·知北游》说：

> 冉求问于仲尼曰："未有天地可知邪？"仲尼曰："可。古犹今也。"冉求失问而退，明日复见，曰："昔者吾问未有天地可知乎？夫子曰：可。古犹今也。昔日吾昭然，今日吾昧然，敢问何谓也？"仲尼曰："昔之昭然也，神者先受之；今之昧然也，且又为不神者求邪！无古无今，无始无终。未有子孙而有子孙；可乎？"冉求未对。仲尼曰："已矣，未应矣！不以生生死，不以死死生。死生有待邪？皆有所一体。有先天地生者物邪？物物者非物。物出不得先物也，犹其有物也。犹其有物也，无已。圣人之爱人也终无已者，亦乃取于是者也。"

这就是说，冉求请问孔子说："未有天地时的情形可以知道吗？"孔子说："可以，古时就像今天。"冉求错失了提问退了出来，第二天再次见到孔子，说："昨天我问'未有天地时的情形可以知道吗？'先生回答说：'可以，古时就像今天。'昨天我心里还很明白，今天就糊涂了，这是为什么呢？"孔子说：

"昨天你心里明白，是心神先有所接受；今天你糊涂了，是又为不属于心神的地方求问！没有古没有今，没有开始没有终结。没有子孙而存在子孙，可以吗？"冉求不能对答。孔子说："算了，不必再回应了！不为了生而使死者复生，不为了死而使生者死去。死和生相互有所依赖吗？全存在于一个整体之中。先于天地而产生的是物类吗？产生万物的东西，不是万物本身。万物的产生不可能先行出现在事物之前，就像万物皆是有。就像万物皆是有，这才连续不断繁衍生息。圣人怜爱人没有终结，也就是取法于万物的生生相续。"这则重言强调道如何衍生为万物，这就可以推断未有天地之前万物随同道"无古无今，无始无终"。这种形而上的思维，是孔子所存而不论的，它用孔子之口说出，是将孔子道家化了。《庄子·知北游》说："无古无今，无始无终。"成玄英疏："日新而变，故无始无终，无今无古，故知无未有天地之时者也。"《淮南子·说林训》说："无古无今，无始无终。"《淮南子·说山训》说："有形出于无形，未有天地能生天地者也，至深微广大矣。"这些都属于道家的理念。

之三：颜回向孔子请教道的运行，引导出"山林与，皋壤与？使我欣欣然而乐与！"的欢呼和感叹。

《庄子·知北游》说：

颜渊问乎仲尼曰："回尝闻诸夫子曰：无有所将，无有所迎。回敢问其游。"仲尼曰："古之人，外化而内不化，今之人，内化而外不化。与物化者，一不化者也。安化安不化，安与之相靡，必与之莫多。狶韦氏之囿，黄帝之圃，有虞氏之宫，汤武之室。君子之人，若儒墨者师，故以是非相鲞也，而况今之人乎！圣人处物不伤物。不伤物者，物亦不能伤也。唯无所伤者，为能与人相将迎。山林与，皋壤与？使我欣欣然而乐与！乐未毕也，哀又继之。哀乐之来，吾不能御，其去弗能止。悲夫，世人直为物逆旅耳！夫知遇而不知所不遇，知能能而不能所不能。无知无能者，固人之所不免也。夫务免乎人之所不免者，岂不亦悲哉！至言去言，至为去为。齐知之所知，则浅矣。"

这里孔子自贬儒家，说的是颜渊问孔子说："我曾经听先生说过：'不要有所送，不要有所迎。'我冒昧请问先生，应该怎样闲游。"孔子说："古时候的人，外表适应环境变化而内心不变化，现今的人，内心变化而外表不变化。随应事物变化的人，内心纯一不变化。安然听任变化与不变化，安闲自得地与之相顺应，必定与之不多出。狶韦氏的苑囿，黄帝的果圃，虞舜的宫室，商汤王、周武王的房舍，是他们养心任物的好处所。那些称作君子的人，如像儒家、墨家之流，以是非好坏来相互辩驳，何况现时的人呢！圣人与物相处而不损伤物。不损伤物的人，物也不会伤害他。正因为无所伤害，因而能够与人相送或相迎。山林呢，还是水边湿地呢？这都使我感到无限欢欣快乐啊！欢乐还未完毕，悲哀又接着到来。悲哀与欢乐的到来，我无法抵御，悲哀与欢乐的离去，我也不可能阻止。可悲啊，世上的人们只不过是事物临时栖息的旅舍罢了。人们知道遇上了什么却不知道遇不上什么，知道自身能力所及却不知道自身能力所不及。不知道与不能够，固然是人所不可回避的，一定要避开自己所不能避开的事，岂不可悲吗！最好的言论是什么也没说，最好的行动是什么也没做。齐同所知道的知识，就是浅陋了。"

这则重言强调内心淡定，与物推移，超越知道遭遇的事物而不知道所不遭遇的事物，知道能力所及的事物而不知道能力所不及的事物的局限，达到最好的言说是去掉言说，最好的作为是舍弃作为的静默无为的境界。孔子这种"外化而内不化"的思想行为方式，也是被道家化了。道家化的孔子，反过来批判自我，指责称作君子的人，如像儒家、墨家之流，以是非好坏来相互诋毁，不能进入静默无为的道的境界。

之四：孔子周游列国，其实只及于楚国北境，但庄子让他深入到与楚王交接的腹地，让他体验大地陆沉，哲人隐身的深处。

《庄子·则阳》说：

孔子之楚，舍于蚁丘之浆。其邻有夫妻臣妾登极者，子路曰："是稯稯何为者邪？"仲尼曰："是圣人仆也。是自埋于民，自藏于畔。其声销，其志无穷，其口虽言，其心未尝言。方且与世违，而心不屑与之俱。是陆沉者也，是其市南宜僚邪？"子路请往召之。孔子曰："已矣！彼知丘之著于己也，知丘之适楚也，以丘为必使楚王之召己也。彼且以丘为佞人也。夫若然者，其于佞人也，羞闻其言，而况亲见其身乎！而何以为存！"子路往视之，其室虚矣。

孔子到楚国去，寄宿在蚁丘的卖浆人家。卖浆人家的邻居夫妻奴仆登上了屋顶观看孔子的车马，子路说："这是干什么呢？"孔子说："这些人都是圣人的仆从。这个圣哲之人把自己隐藏在民众之中，藏身于田园生活里。他的声音从世上消失了，他的志向却是无穷的，他嘴里虽然在说着话，心里却不曾说什么，才与世俗相违背而不屑与世俗为伍。这是埋没不为人知的隐士，恐怕就是楚国的市南宜僚吧？"子路请求前去召见他。孔子说："算了吧！他知道我十分了解他，又知道我到了楚国，认为我必定使楚王召见他，他将把我看成是巧言献媚的佞人。如果真是这样，他对于巧言献媚的佞人就羞于听其言谈，更何况是亲自见到其人呢！你凭什么认为他还会留在那里呢？"子路前往探视，市南宜僚的居室已经空无一人了。

这则重言叙写市南宜僚不是归隐山林，而是归隐于心，因为他认为大陆沉没于乱世，不愿孔子这个巧言献媚的佞人举荐他去见楚王，看到孔子来楚，就遁迹人间了。孔子在这里作了自我批判，显示了向道家的倾斜。对于市南宜僚，《左传·鲁哀公十六年》记载："市南有熊宜僚者，若得之可以当五百人矣。"《淮南子·主术训》又说："昔者神农之治天下也，神不驰于胸中，智不出于四域，怀其仁诚之心。……昔孙叔敖恬卧，而郢人无所害其锋。市南宜辽弄丸，而两家之难，无所关其辞。……故不言之令，不视之见，此伏牺、神农之所以为师也。"这位可以为圣王之师的市南宜僚，在鲁哀公十六年（公元前479年）七月白公胜之乱时临难不做白公胜的死士，而放射着气节的异彩，但孔子已在三个月前去世了。

之五：楚国的长梧封人对孔子的弟子琴牢谈论耕种庄稼之道，插入庄子对粗疏卤莽地逃避天然，背离本性，泯灭真情，丧失精神的批评，实际上都是对孔子的批评。

《庄子·则阳》说：

> 长梧封人问子牢曰："君为政焉勿卤莽，治民焉勿灭裂。昔予为禾，耕而卤莽之，则其实亦卤莽而报予；芸而灭裂之，其实亦灭裂而报予。予来年变齐，深其耕而熟耰之，其禾蘩以滋，予终年厌飧。"庄子闻之曰："今人之治其形，理其心，多有似封人之所谓：遁其天，离其性，灭其情，亡其神，以众为。故卤莽其性者，欲恶之孽为性，萑苇蒹葭始萌，以扶吾形，寻擢吾性。并溃漏发，不择所出，漂疽疥痈，内热溲膏是也。"

长梧地方典守封疆的人对孔子的弟子子牢说："你处理政事不要粗疏，治理民众不要草率。从前我种庄稼，耕地粗疏马虎，而庄稼收获时也就用粗疏马虎来报复我；锄草草率马虎，而庄稼收获时也用草率马虎来报复我。我来年改变了原有的方式，深耕细作，禾苗繁茂果实累累，我一年到头吃厌了食物。"庄子听闻后说："如今人们治理自己的形体，调理自己的心性，许多都像这典守封疆的人所说的情况，逃避天然，背离本性，泯灭真情，丧失精神，就像众人所为。故此粗疏卤莽地对待本性和真情的人，想用欲念邪恶为本性，芦苇蔽遮禾黍在萌芽状态，用来扶助我的形体，拔除了我的本性，遍体毒疮一齐溃发，不知选择什么地方泄出，毒疮流脓，拉屎拉出痢疾白沫那样。"这则重言，通过批评孔了的弟子为政治民卤莽灭裂，暗讽了孔子鲁莽灭裂的处世态度，认为那会逃避天然，背离本性，泯灭真情，丧失精神。这是一种间接叙事法。

重言的第十项功能：

以知名人物从不同的角度映衬孔子（五则）

之一：通过卫国三位史官对卫灵公的政治社会品格的批评，映衬孔子在卫国从政的做法属于走错了门。

《庄子·则阳》说：

> 仲尼问于大史大弢、伯常骞、狶韦曰："夫卫灵公饮酒湛乐，不听国家之政；田猎毕弋，不应诸侯之际：其所以为灵公者何邪？"大弢曰："是因是也。"伯常骞曰："夫灵公有妻三人，同滥而浴。史鳅奉御而进所，搏币而扶翼。其慢若彼之甚也，见贤人若此其肃也，是其所以为灵公也。"狶韦曰："夫灵公也，死，卜葬于故墓，不吉；卜葬于沙丘而吉。掘之数仞，得石椁焉，洗而视之，有铭焉，曰：不冯其子，灵公夺而里之。夫灵公之为灵也久矣！之二人何足以识之。"

这里交代了与孔子的政治因缘甚深的卫灵公，说的是孔子请问太史大弢、伯常骞、狶韦："卫灵公饮酒作乐荒淫无度，不处理国家政务；张网打猎射杀飞鸟，不参与诸侯间的交往与盟会；他死之后为什么追谥为灵公呢？"大弢说："这种谥号是因为他的德行。"伯常骞说："卫灵公有三个妻子，他们在一个盆池里洗澡。卫国的贤臣史鳅奉召进到卫灵公的寓所，只得急忙接过衣裳来遮掩。他对待大臣是多么的傲慢，接见贤人又是如此的肃敬，这就是他追谥为灵公的原因。"狶韦说："卫灵公死的时候，占卜问葬说是葬在原墓地不吉利，而葬在沙丘上就能吉利。于是挖掘沙丘数丈，发现一具石制外棺，洗去泥土一看，上面刻有一段铭文，说：'不靠子孙，灵公将得此为冢。'灵公被叫作'灵'看来已经很久了，大弢和伯常骞二人怎么能够知道！"

这则重言的背景是，孔子周游列国，热衷于在鲁国的兄弟之邦卫国从政，却为其"未见好德如好色"的政治逻辑感到羞愧，因此他以卫国的三位史官对卫灵公的评议，说明卫灵公无道的谥号"灵"，是卫灵公政治生涯的顽疾。因而孔子热衷于在卫国从政，甚至想以南子、弥子瑕的关系，寻找从政的门路，在卫国三位史官对卫灵公的政治社会品格的批评下，可以看出孔子的做法属于走错了门。

之二：道家的代表人物老莱子，有人把他混同于老聃，他更有名的故事是《后汉书》注引刘向《列女传》所说："老莱子孝养二亲，行年七十，作婴儿自娱，着五采斒斓衣裳，取浆上堂跌仆，因卧地为小儿啼，或弄雏鸟于亲侧。"这是"二十四孝"中老莱子娱亲的故事。庄子却以老莱子批评孔子的仁义学说。

《庄子·外物》说：

　　老莱子之弟子出薪，遇仲尼，反以告，曰："有人于彼，修上而趋下，末偻而后耳，视若营四海，不知其谁氏之子。"老莱子曰："是丘也。召而来。"仲尼至。曰："丘！去汝躬矜与汝容知，斯为君子矣。"仲尼揖而退，蹙然改容而问曰："业可得进乎？"老莱子曰："夫不忍一世之伤而骜万世之患，抑固窭邪，亡其略弗及邪？惠以欢为骜，终身之丑，中民之行进焉耳，相引以名，相结以隐。与其誉尧而非桀，不如两忘而闭其所誉。反无非伤也，动无非邪也。圣人踌躇以兴事，以每成功，奈何哉其载焉终矜尔！"

老莱子的弟子外出打柴，遇上了孔子，归来告诉老莱子，说："有个人在那里，上身长下身短，伸颈曲背而两耳后贴，看起来要经营四海，不知是哪个家族的子弟。"老莱子说："这是孔丘。快叫他进来。"孔子到来，老莱子说："孔丘，去掉你仪态上的矜持和容颜上的睿智之态，这就可以成为君子了。"孔丘听了后谦恭地作揖而退，面容顿改心悸不安地问："我的学业可以进用吗？"老莱子说："不忍心一世的损伤却傲视万世的祸患，这是本来就孤陋蔽塞，还是才略赶不上呢？布施恩惠以博取欢心而傲慢，是终身的丑恶，是庸人的行为罢了。用名声来相互招引，用私利来相互勾结。与其称赞唐尧非议夏桀，不如两种情况都能遗忘而且关闭一切称誉。悖逆事理无非是一种损伤，行动无非是一种邪僻。圣人从容行事，每事都会成功。奈何执意终至矜持呢？"

这则重言对孔子的身材加以滑稽化，又以老莱子批评孔子标举仁义，傲然留下万世的祸患，对孔子学说进行贬抑，也就是以道家贬抑儒家。司马迁《史记·仲尼弟子列传》说："孔子之所严事：于周，则老子"；"于楚，老莱子"。因而在太史公的心目中，老子和老莱子不是同一个人。老莱子与孔子打交道，最早见于《战国策·楚策四》的记载：

> 或谓黄齐曰："人皆以谓公不善于富挚。公不闻老莱子之教孔子事君乎？示之其齿，之坚也，六十而尽，相靡也。今富挚能，而公重不相善也，是两尽也。谚曰：见君之乘，下之。见杖，起之。今也，王爱富挚，而公不善也，是不臣也。"

整理《战国策》的西汉刘向《列女传》卷二《贤明传》有"楚老莱妻"条目云：

> 楚老莱子之妻也。莱子逃世，耕于蒙山之阳。葭墙蓬室，木床著席，衣缊食菽，垦山播种。人或言之楚王曰："老莱，贤士也。"王欲聘以璧帛，恐不来，楚王驾至老莱之门，老莱方织畚，王曰："寡人愚陋，独守宗庙，愿先生幸临之。"老莱子曰："仆山野之人，不足守政。"王复曰："守国之孤，愿变先生之志。"老莱子曰："诺。"王去，其妻戴畚莱挟薪

樵而来，曰："何车迹之众也？"老莱子曰："楚王欲使吾守国之政。"妻曰："许之乎？"曰："然。"妻曰："妾闻之：可食以酒肉者，可随以鞭捶；可授以官禄者，可随以铁钺。今先生食人酒肉，授人官禄，为人所制也。能免于患乎？妾不能为人所制，投其畚莱而去。"老莱子曰："子还，吾为子更虑。"遂行不顾，至江南而止，曰："鸟兽之解毛，可绩而衣之。据其遗粒，足以食也。"老莱子乃随其妻而居之。民从而家者一年成落，三年成聚。君子谓老莱妻果于从善。诗曰："衡门之下，可以栖迟，泌之洋洋，可以疗饥"，此之谓也。颂曰：老莱与妻，逃世山阳，蓬蒿为室，莞葭为盖。楚王聘之，老莱将行，妻曰世乱，乃遂逃亡。

老莱子妻在这里比起老莱子还要明道。孔子九世孙孔鲋《孔丛子·抗志》说："子思见老莱子，老莱子闻穆公将相子思，老莱子曰：'若子事君，将何以为乎？'子思曰：'顺吾性情，以道辅之，无死亡焉。'老莱子曰：'不可顺子之性也。子性刚而傲，不肖又且无所死亡，非人臣也。'子思曰：'不肖固人之所傲也，夫事君道行言听，则何所死亡？道不行言不听，则亦不能事君，所谓无死亡也。'老莱子曰：'子不见夫齿乎？齿坚刚卒尽相磨，舌柔顺终以不弊。'子思曰：'吾不能为舌，故不能事君。'"刘向《别录》谓"老莱子，古之寿者"，故他能够及见子思。晋代皇甫谧《高士传》卷上记述沿袭了刘向《列女传》："老莱子者，楚人也。当时世乱，逃世，耕於蒙山之阳。莞葭为墙，蓬蒿为室，枝木为床，蓍艾为席，饮水食菽，垦山播种。人或言于楚王，王于是驾至莱子之门。莱子方织畚，王曰：'守国之政，孤愿烦先生。'老莱子曰：'诺。'王去，其妻樵还，曰：'子许之乎？'老莱曰：'然。'妻曰：'妾闻之，可食以酒肉者，可随而鞭捶，可拟以官禄者，可随而铁钺。妾不能为人所制者。'妻投其畚而去。老莱子亦随其妻，至于江南而止。曰：'鸟兽之毛，可绩而衣，其遗粒足食也。'仲尼尝闻其论，而蹙然改容焉。著书十五篇，言道家之用。人莫知其所终也。"其中增添了"仲尼尝闻其论，而蹙然改容焉"，把老莱子与孔子联系起来。唐人李善注《文选》卷二十八引《尸子》："老莱子曰：人生于天地之间，寄也。寄者固归也。"这种言论，说明老莱子属于道家。

明代周应治《霞外麈谈》卷三说："老莱子逃世耕于蒙山之阳，莞葭为墙，蓬蒿为室，枝木为床，蓍艾为席，饮水食菽，楚王欲烦以守国，妻投其畚而去，老莱子亦随而止于江南。"彰显的是方外之士的风采。古有《斑衣舞》图赞云："欢承膝下，斑舞堂前，老而不倦，愉色蔼然。大人者不失其赤子之心者也，老莱子有焉。"清代王之春《椒生随笔》卷八有"老莱子"条目说："'可食以酒肉者，可加以鞭捶。可授以官禄者，可随以斧钺'，此老莱子语也。人生在世，自有衣禄，与人无争，与世无求，可也。而乃撄心富贵，自取束缚，何不将莱子数语往复玩味耶？又况天空鸟飞，海阔鱼跃，人而酒食官禄之是鹜，将鞭捶斧钺其奚辞，直鱼鸟之不若矣。噫！"老莱子的这番言论，可与《庄子·外物》相参证。

之三：庄子与惠施议论"孔子行年六十而六十化"，借用了"蘧伯玉行年六十而六十化"的命题，而让孔子嘉许"人的才智是禀受于天的，恢复性灵而生"的道家思想。

《庄子·寓言》说：

> 庄子谓惠子曰："孔子行年六十而六十化，始时所是，卒而非之，未知今之所谓是之非五十九年非也。"惠子曰："孔子勤志服知也。"庄子曰："孔子谢之矣，而其未之尝言。孔子云，夫受才乎大本，复灵以生。鸣而当律，言而当法。利义陈乎前，而好恶是非，直服人之口而已矣。使人乃以心服，而不敢蘁立，定天下之定。已乎已乎！吾且不得及彼乎！"

庄子对惠施说："孔子六十岁中有六十次变化，开始认为对的，后来又否定它，未知如今所认为是对的就不是五十九年来所认为是错的。"惠施说："孔子勤劳心志服从智慧。"庄子说："孔子已经辞谢了，他未尝多言。孔子曾说：'人的才智禀受于天，恢复性灵而生。'发声符合乐律，发言符合法度，利义陈列面前，而好恶是非的辨别，只能是服人之口罢了。要使人心服而不敢违逆，才能确立了天下的定则。算了吧，算了吧！我尚且赶不上他呢！"这则重言谈论孔子，带有间接性，它的一些话借用于"蘧伯玉行年六十而六十化，未尝不始于是之，而卒诎之"。这里的孔子说"人的才智是禀受于天的，恢复性灵而生"，一派道家腔调，也把孔子道家化了。

之四：曾子是孔子弟子中以孝称著的，庄子却不是让孔子赞扬曾子的孝，而且让孔子批评曾子的孝未能摆脱利禄的牵系。

《庄子·寓言》说：

> 曾子再仕而心再化，曰："吾及亲仕，三釜而心乐；后仕，三千钟而不洎，吾心悲。"弟子问于仲尼曰："若参者，可谓无所悬其罪乎？"曰："既已悬矣。夫无所悬者，可以有哀乎？彼视三釜三千钟，如观雀蚊虻相过乎前也。"

这就是说，曾子再度做官时心情再度变化，他说："我父母双亲在世时，做官只有三釜俸禄而心情快乐。后来做官得三千钟俸禄而不能奉养双亲，我感到悲伤。"弟子问孔子说："像曾参那样，可以算是没把心悬系在俸禄上的罪过了吧？"孔子说："还是心有悬系。如要心无所系，可以有悲哀吗？他假如心无所悬系，看三釜、三千钟，就像看鸟雀蚊虻飞过眼前。"曾参是以孝著称的，这则重言以孔子对曾参的评议，说明他的心还有系累，未能把俸禄看成如同鸟雀蚊虻飞过眼前一样超脱。《孝经纬钩命诀》记述："孔子曰：吾志在《春秋》，行在《孝经》。"孔子在这里如此谈论曾子的孝，也被做了道家化的处理。

之五：颜回安贫乐道，在孔子看来，颜回所乐是高于曾子所拘泥的孝行的。

《庄子·让王》说：

孔子谓颜回曰："回，来！家贫居卑，胡不仕乎？"颜回对曰："不愿仕。回有郭外之田五十亩，足以给饘粥；郭内之田四十亩，足以为丝麻；鼓琴足以自娱，所学夫子之道者足以自乐也。回不愿仕。"孔子愀然变容曰："善哉，回之意！丘闻之：知足者不以利自累也，审自得者失之而不惧；行修于内者无位而不怍。丘诵之久矣，今于回而后见之，是丘之得也。"

孔子对颜回说："颜回，过来吧！你家境贫寒居处卑微，为什么不外出做官呢？"颜回对答说："我不愿做官，城郭之外有五十亩地，足以供给吃稠粥；城郭之内有四十亩地，足够用来种麻养蚕；拨动琴弦足以使我欢娱，学习先生所教给的道足以使我快乐。因此我不愿做官。"孔子听了深受感动改变面容说："好啊，颜回的心意！我听说：'知足的人不以利禄而拖累自己，审慎自得的人失去什么也不会畏惧焦虑，修养内在品行的人没有官职也不惭愧。'我吟咏这样的话很久了，如今在颜回身上而看到了它，这也是我的一点心得哩。"

这则重言叙写了孔子言道，却在颜回的言谈行为上感受到真正的道。师徒互动互补，却把自己推动和补充到道家的境界中了。《论语》中孔子评议颜回，或与颜回对话，凡20见。

《为政篇》：

子曰："吾与回言终日，不违如愚。退而省其私，亦足以发。回也，不愚。"

《公冶长篇》：

子谓子贡曰："女与回也孰愈？"对曰："赐也何敢望回。回也闻一以知十，赐也闻一以知二。"子曰："弗如也！吾与女弗如也。"又，颜渊、季路侍。子曰："盍各言尔志？"子路曰："愿车马、衣轻裘，与朋友共。

敝之而无憾。”颜渊曰：“愿无伐善，无施劳。”子路曰：“愿闻子之志。”子曰：“老者安之，朋友信之，少者怀之。”

《雍也篇》：

哀公问：“弟子孰为好学？”孔子对曰：“有颜回者好学，不迁怒，不贰过。不幸短命死矣！今也则亡，未闻好学者也。”又，子曰：“回也，其心三月不违仁，其余则日月至焉而已矣。”又，子曰：“贤哉回也！一箪食，一瓢饮，在陋巷。人不堪其忧，回也不改其乐。贤哉回也！”

《述而篇》：

子谓颜渊曰：“用之则行，舍之则藏，唯我与尔有是夫！”

《子罕篇》：

颜渊喟然叹曰：“仰之弥高，钻之弥坚；瞻之在前，忽焉在后。夫子循循然善诱人，博我以文，约我以礼。欲罢不能，既竭吾才，如有所立卓尔。虽欲从之，末由也已。”又，子曰：“语之而不惰者，其回也与！”又，子谓颜渊，曰：“惜乎！吾见其进也，未见其止也。”

《先进篇》：

德行：颜渊，闵子骞，冉伯牛，仲弓。言语：宰我，子贡。政事：冉有，季路。文学：子游，子夏。又，子曰：“回也非助我者也，于吾言无所不说。”又，季康子问：“弟子孰为好学？”孔子对曰：“有颜回者好学，不幸短命死矣！今也则亡。”又，颜渊死，颜路请子之车以为之椁。子曰：“才不才，亦各言其子也。鲤也死，有棺而无椁。吾不徒行以为之椁。以吾从大夫之后，不可徒行也。"又，颜渊死。子曰："噫！天丧予！天丧予！"又，颜渊死，子哭之恸。从者曰："子恸矣。"曰："有恸乎？非夫人之为恸而谁为！"又，颜渊死，门人欲厚葬之，子曰："不可。"门人厚葬之。子曰："回也视予犹父也，予不得视犹子也。非我也，夫二三子也。"又，子曰："回也其庶乎，屡空。赐不受命，而货殖焉，亿则屡中。"又，子畏于匡，颜渊后。子曰："吾以女为死矣。"曰："子在，回何敢死？"

《颜渊篇》：

颜渊问仁。子曰："克己复礼为仁。一日克己复礼，天下归仁焉。为仁由己，而由人乎哉？"颜渊曰："请问其目。"子曰："非礼勿视，非礼勿听，非礼勿言，非礼勿动。"颜渊曰："回虽不敏，请事斯语矣。"

《卫灵公篇》：

颜渊问为邦。子曰："行夏之时，乘殷之辂，服周之冕，乐则韶舞。放郑声，远佞人。郑声淫，佞人殆。"

尤其是《雍也篇》：

子曰："贤哉回也！一箪食，一瓢饮，在陋巷。人不堪其忧，回也不改其乐。贤哉回也！"

可同《庄子·让王》中颜回的话相参证，可见庄子对《论语》20 条颜回材料进行选择的原则和取向。

重言的第十一项功能：

从正、反两个方面探讨孔子的精神世界（四则）

之一：极端的例子就是以颜回、子路、子贡映衬孔子，以及让盗跖贬责孔子。

《庄子·让王》说：

> 孔子穷于陈蔡之间，七日不火食，藜羹不糁，颜色甚惫，而弦歌于室。颜回择菜。子路子贡相与言曰："夫子再逐于鲁，削迹于卫，伐树于宋，穷于商周，围于陈蔡，杀夫子者无罪，藉夫子者无禁。弦歌鼓琴，未尝绝音，君子之无耻也若此乎？"颜回无以应，入告孔子。孔子推琴喟然而叹曰："由与赐，细人也。召而来，吾语之。"子路、子贡入。子路曰："如此者可谓穷矣！"孔子曰："是何言也！君子通于道之谓通，穷于道之谓穷。今丘抱仁义之道以遭乱世之患，其何穷之为！故内省而不穷于道，临难而不失其德，天寒既至，霜雪既降，吾是以知松柏之茂也。陈蔡之隘，于丘其幸乎！"孔子削然反琴而弦歌，子路扢然执干而舞。子贡曰："吾不知天之高也，地之下也。"古之得道者，穷亦乐，通亦乐。所乐非穷通也，道德于此，则穷通为寒暑风雨之序矣。故许由娱于颍阳而共伯得乎共首。

孔子在陈、蔡之间穷愁困厄，七天不能生火做饭，野菜汤里没有一粒米屑，脸色疲惫，而在室内不停地弹琴唱歌。颜回在室外择菜，子路、子贡相互谈论："先生两次被放逐出鲁国，在卫国遭受铲削足迹的污辱，在宋国遭受砍掉大树的威胁，在商、周故地穷困潦倒，如今在陈、蔡之间受到围困，图谋杀害先生的无罪，凌辱先生的无法禁止，可是先生弹琴吟唱，不曾中断过乐音，君子不知羞辱竟达到这样的地步吗？"颜回没有应答，进来告诉给孔子。孔子推开琴长叹说："子路和子贡，真是见识浅薄的小人。叫他们进来，我有话对他们说。"子路、子贡进来。子路说："像现在这样的处境可以说是穷途末路了！"孔子说："这是什么话！君子通达于道叫作通，穷愁于道叫作穷途末路。如今我抱持仁义之道而遭逢乱世的祸患，怎能说成是穷途末路！故而内省而不穷困于道，临难而不丧失德行，天气严寒既然到来，霜雪降临大地，我这才看到了松柏仍是那么茂盛。陈、蔡之间的困厄，对于我来说还是一件幸事啊！"孔子安详地拿过琴来弹奏歌咏，子路奋然拿着盾牌跳起舞来。子贡说："我真不知道先生像天之高，地之厚啊！"古时候得道的人，穷困也快乐，亨通也快乐。快乐的原因不在于穷困与亨通，道德存留于心中，穷困与亨通都像是寒与暑、风与雨那样有序变化。所以，许由能够在颍水的北岸求得欢娱，而共伯则在共首之山优游自得地生活。

　　细加考究，这则重言呈现的是孔子所说的"岁寒然后知松柏之后凋也"的历史现场。儒家思想文化群体能够凝聚不散，端赖孔子的人格力量。"知松柏之茂"，是赋诗言志，《诗经·小雅·天保》说："如松柏之茂，无不尔或承"；"知松柏之后凋"对之作了引申，进一步加强节操的阐释力度。《吕氏春秋·孝行览·慎人》："孔子穷于陈、蔡之间，七日不尝食，藜羹不糁。宰予备矣，孔子弦歌于室，颜回择菜于外。子路与子贡相与而言曰：'夫子逐于鲁，削迹于卫，伐树于宋，穷于陈、蔡。杀夫子者无罪，藉夫子者不禁，夫子弦歌鼓舞，未尝绝音。盖君子之无所丑也若此乎！'颜回无以对，入以告孔子。孔子憱然推琴，喟然而叹曰：'由与赐小人也。召，吾语之。'子路与子贡入，子贡曰：'如此者，可谓穷矣。'孔子曰：'是何言也。君子达于道之谓达，穷于道之谓穷。今丘也拘仁义之道，以遭乱世之患，其所也，何穷之谓！故内省而不疚于道，临难而不失其德，大寒既至，霜雪既降，吾是以知松柏之茂也。昔桓公得之莒，文公得之曹，越王得之会稽。陈、蔡之隘，于丘其幸乎！'孔子烈然返瑟而弦，子路抗然执干而舞。子贡曰：'吾不知天之高也，不知地之下也！'古之得道者，穷亦乐，达亦乐，所乐非穷达也。道得于此，则穷达一也，为寒暑风雨之序矣。故许由虞乎颍阳，而共伯得乎共首。"这则记述与《庄子·让王》大体相同，应是孔门弟子的记述，保留了孔子所说的"岁寒然后知松柏之后凋也"的历史现场。孔子在这里以草木比喻自己，是对自己品格的正面表达，也带有道家以草木传达真性情的意味。

之二：孔子进入盗跖虎穴，游说盗跖，却被盗跖痛斥为"鲁国之巧伪人"，质问"天下何故不谓子为盗丘，而乃谓我为盗跖"，指责"子之道，狂狂汲汲，诈巧虚伪事也"。

《庄子·盗跖》说：

孔子与柳下季为友，柳下季之弟，名曰盗跖。盗跖从卒九千人，横行天下，侵暴诸侯。穴室枢户，驱人牛马，取人妇女。贪得忘亲，不顾父母兄弟，不祭先祖。所过之邑，大国守城，小国入保，万民苦之。孔子谓柳下季曰："夫为人父者，必能诏其子；为人兄者，必能教其弟。若父不能诏其子，兄不能教其弟，则无贵父子兄弟之亲矣。今先生，世之才士也，弟为盗跖，为天下害，而弗能教也，丘窃为先生羞之。丘请为先生往说之。"柳下季曰："先生言为人父者必能诏其子，为人兄者必能教其弟，若子不听父之诏，弟不受兄之教，虽今先生之辩，将奈之何哉！且跖之为人也，心如涌泉，意如飘风，强足以距敌，辩足以饰非。顺其心则喜，逆其心则怒，易辱人以言。先生必无往。"孔子不听，颜回为驭，子贡为右，往见盗跖。盗跖乃方休卒徒于太山之阳，脍人肝而哺之。孔子下车而前，见谒者曰："鲁人孔丘，闻将军高义，敬再拜谒者。"谒者入通。盗跖闻之大怒，目如明星，发上指冠，曰："此夫鲁国之巧伪人孔丘非邪？为我告之：尔作言造语，妄称文武，冠枝木之冠，带死牛之胁，多辞缪说，不耕而食，不织而衣，摇唇鼓舌，擅生是非，以迷天下之主，使天下学士不反其本，妄作孝弟而侥幸于封侯富贵者也。子之罪大极重，疾走归！不然，我将以子肝益昼哺之膳。"孔子复通曰："丘得幸于季，愿望履幕下。"谒者复通，盗跖曰："使来前！"孔子趋而进，避席反走，再拜盗跖。盗跖大怒，两展其足，案剑瞋目，声如乳虎，曰："丘来前！若所言，顺吾意则生，逆吾心则死。"孔子曰："丘闻之，凡天下人有三德：生而长大，美好无双，少长贵贱见而皆说之，此上德也；知维天地，能辩诸物，此中德也；勇悍果敢，聚众率兵，此下德也。凡人有此一德者，足以南面称孤矣。今将军兼此三者，身长八尺二寸，面目有光，唇如激丹，齿如齐贝，音中黄钟，而名曰盗跖，丘窃为将军耻不取焉。将军有意听臣，臣请南使吴越，北使齐鲁，东使宋卫，西使晋楚，使为将军造大城数百里，立数十万户之邑，尊将军为诸侯，与天下更始，罢兵休卒，收养昆弟，共祭先祖。此圣人才士之行，而天下之愿也。"盗跖大怒曰："丘来前！夫可规以利而可谏以言者，皆愚陋恒民之谓耳。今长大美好，人见而悦之者，此吾父母之遗德也。丘虽不吾誉，吾独不自知邪？且吾闻之，好面誉人者，亦好背而毁之。今丘告我以大城众民，是欲规我以利而恒民畜我也，安可久长也！城之大者，莫大乎天下矣。尧、舜有天下，子孙无置锥之地；汤、武立为天子，而后世绝灭；非以其利大故邪？且吾闻之，古者禽兽多而人少，于是民皆巢居以避之。昼拾橡栗，暮栖木上，故命之曰有巢氏之民。古者民不知衣服，夏多积薪，冬则炀之，故命之曰知生之民。神农之世，卧则居居，起则于于。民知其母，不知其父，与麋鹿共处，耕而食，织而衣，无有相害之心，此至德之隆也。然而黄帝不能致德，与蚩尤战于涿鹿之野，流血百里。尧、舜作，立群臣；汤放其主，武王杀纣。自是之后，以强陵弱，以众暴寡。汤、武以来，皆乱人之徒也。今子修文、武之道，掌天下之辩，以教后世。缝衣浅带，矫言伪行，以迷惑天下之主，而欲求富贵焉，盗莫大于子。天下何故不谓子为盗丘，而乃谓我为盗跖？子以甘辞说子路而使从之，使子路去其危冠，解其长剑，而受教于子，天下皆曰孔丘能止暴禁非。其卒之也，子路欲杀卫君而事不成，身菹于卫东门之上，子教子路菹此患，上无以为身，下无以为人，是子教之不至也。子自谓才士圣人邪？则再逐于鲁，削迹于卫，穷于齐，围于陈蔡，不容身于天下。子之道岂足贵邪？世之所高，莫若黄帝，黄帝尚不能全德，而战涿鹿之野，流血百里。尧不慈，舜不孝，禹偏枯，汤放其主，武王伐纣，文王拘羑里此六子者，世之所高也。孰论之，皆以利惑其真而强反其情性，其行乃甚可羞也。世之所谓贤士，莫若伯夷、叔齐。伯夷、叔齐辞孤竹之君，而饿死于首阳之山，骨肉不葬。鲍焦饰行非世，抱木而死。申徒狄谏而不听，负石自投于河，为鱼鳖所食。介子推至忠也，自割其股以食文公，文公后背之，子推怒而去，抱木而燔死。尾生与女子期于梁下，女子不来，水至不去，抱梁柱而死。此六子者，无异于磔犬流豕操瓢而乞者，皆离名轻死，不念本养寿命者也。世之所谓忠臣者，莫若王子比干、伍子胥。子胥沉江，比干剖心，此二子者，世谓忠臣也，然卒为天下笑。自上观之，至于子胥、比干，皆不足贵也。丘之所以说我者，若告我以鬼事，则我不能知也；若告我以人事者，不过此矣，皆吾所闻知也。今吾告子以人之情，目欲视色，耳欲听声，口欲察味，志气欲盈。人上寿百岁，中寿八十，下寿六十，除病瘦死丧忧患，其中开口而笑者，一月之中不过四五日而已矣。天与地无穷，人死者有时，操有时之具而托于无穷之间，忽然无异骐骥之驰过隙也。不能说其志意，养其寿命者，皆非通道者也。丘之所言，皆吾之所弃也，亟去走归，无复言之！子之道，狂狂汲汲，诈巧虚伪事也，非可以全真也，奚足论哉！"孔子再拜趋走，出门上车，执辔三失，目芒然无见，色若死灰，据轼低头，不能出气。归到鲁东门外，适遇柳下季。柳下季曰："今者阙然数日不见，车马有行色，得微往见跖邪？"孔子仰天而叹曰："然！"柳下季曰："跖得无逆汝意若前乎？"孔子曰："然。丘所谓无病而自灸也。疾走料虎头，编虎须，几不免虎口哉！"

这是斥责孔子的淋漓痛快的故事。说的是孔子和柳下季是朋友，柳下季的弟弟名叫盗跖。盗跖统领部卒九千人，横行天下，侵扰各国诸侯；穿室破门，掠夺牛马，抢取妇女；贪财忘亲，不顾父母兄弟，不祭祀祖先。他所经过的地方，大国避守城池，小国退入城堡，万千民众感到痛苦。孔子对柳下季说："做人父亲的，必定能诏告儿子，做兄长的，必定能教育弟弟。假如做父亲的不能诏告儿子，做兄长的不能教育弟弟，那么父子、兄弟之间的亲密关系也就没有什么可贵的了。如今先生，是当世的才能之士，弟弟是盗跖，成为天下的祸害，而不能管教，我孔丘私下里替先生感到羞愧。我请求替你前去说服他。"柳下季说："先生谈到做人父亲的，必定能诏告儿子，做兄长的，必定能教育弟弟，假如子女不听从父亲的诏告，弟弟不接受兄长的教育，虽然今天有像先生这样能言善辩，又怎能奈何他呢？况且盗跖的为人，心思活跃犹如涌泉，意绪变化就像骤起的暴风，强悍足以抗拒敌人，巧辩足以掩盖过失，顺从他的心意他就欢喜，违背他的心意就发怒，轻易用言语侮辱别人。先生务必不要去见他。"孔子不听，让颜回驾车，子贡做骖乘，去见盗跖。盗跖正好在泰山的南麓休整部卒，将人肝切碎后吃掉。孔子下车走上前去，见了禀报的人员说："鲁国人孔丘，听闻将军的高义，敬请多多拜托转达我来拜谒的心意。"禀报的人入内通报，盗跖听闻勃然大怒，双目圆睁亮如明星，头发怒起直冲帽顶，说："这就是那鲁国的巧伪人孔丘吗？替我告诉他：'你矫造言语，妄称是周文王、武王的主张；头上戴着树枝般的帽子，腰上围着死牛皮带，满口的胡言乱语；不耕而食，不织而衣；摇唇鼓舌，擅自制造是非，用来迷惑天下的诸侯，使天下的读书人不能返归本性，虚妄地标榜尽孝尊长的主张以侥幸得到封侯的赏赐而成为富贵的人。你罪大恶极，快些滚回去！不然，我将把你的心肝挖出来增加午餐的膳食！"孔子再次请求通报接见，说："我荣幸地跟柳下季相识，诚恳希望能够踏上将军的幕下。"禀报人员再次通报，盗跖说："叫他进来！"孔子快步走进帐去，避开座席后退数步，再次拜谒盗跖。盗跖大怒，伸开双腿，按剑睁眼，声音犹如哺乳的母虎，说："孔丘你上前来！你所说的话，顺了我的心意有你活的，违背我的心意你就等着一死。"孔子说："我孔丘听说，大凡天下人有三种美德：生就高大，长得美好无双，无论少长贵贱见了都喜欢，这是上等的德行；才智能够包罗天地，能分辨各种事物，这是中等的德行；勇武剽悍、果决勇敢，能够聚合众人统率士兵，这是下一等的德行。大凡人有这一种美德，足以南面称王了。

如今将军兼备了上述三种美德，身长八尺二寸，面容眼睛熠熠有光，嘴唇鲜红如朱砂，牙齿整齐如编贝，声音洪亮合于黄钟，然而名字却叫盗跖，我私自为将军感到羞耻而不可取。将军有意听从我的劝告，我请求南边出使吴国越国，北边出使齐国鲁国，东边出使宋国卫国，西边出使晋国楚国，使他们为将军建造数百里的大城，确立数十万户人家的封邑，尊将军为诸侯，跟天下各国更除旧怨开启新机，罢兵休养士卒，收养兄弟，供祭祖先。这才是圣人贤士的作为，天下人的心愿。"盗跖大怒说："孔丘上前来！可以用利禄来规劝、用言语来谏正的，都是愚昧、浅陋的普通顺民。如今我身材高大美好，人人见了都喜欢，这是我的父母给我遗留的美德。你孔丘虽然不吹捧我，我难道不知道吗？况且我听说，喜好当面夸奖别人的人，也喜好背地里诋毁别人。如今你把建造大城、汇聚众多民众的意图告诉给我，这是用功利来诱惑我，用对待普通顺民的态度来对待我，这怎么可以长久呢！城池最大的，莫过于整个天下。尧舜拥有天下，子孙却没有立锥之地；商汤王与周武王立为天子，而后代却遭灭绝，这不是因为他们贪求利益大的缘故吗？况且我听闻，古时候禽兽多而人少，于是人们都在树上筑巢居住躲避野兽，白天拾取橡子，晚上住在树上，所以称作有巢氏之民。古时候人们不知道穿衣，夏天多存积柴草，冬天就烧火取暖，所以叫作知生之民。神农时代，安卧闲散，行动优游自得，人们只知道母亲，不知道父亲，跟麋鹿生活在一起，自己耕种自己吃，自己织布自己穿，没有伤害别人的心思，这就是道德隆盛的时代。然而黄帝不能达至德行，跟蚩尤在涿鹿的郊野上争战，流血百里。尧舜称帝，设立百官，商汤王放逐了他的君主，周武王杀死了纣王。从此以后，就依仗强权欺凌弱小，依仗势众侵害寡少。商汤王、周武王以来，都是篡逆叛乱的人了。如今你研修周文王、武王的治国方略，掌控天下的舆论，用来教导后世子孙，穿着宽衣博带的儒服，说话与行动矫揉造作，用来迷惑天下诸侯，而想追求富贵，要说大盗再没有比你大的了。天下为什么不叫你作'盗丘'，反而竟称我是盗跖呢？你用甜言蜜语说服了子路使他追从你，使子路去掉了勇武的高冠，解除了长长的佩剑，受教于你的门下，天下人都说你孔丘能够制止暴力禁绝不轨。到头来，子路想要杀掉卫君而不能成功，自身还在卫国东门上被剁成了肉酱，你教子路蒙受剁成肉酱的祸患，上不能立身，下不能做人，这就是你教化不到家的效果。你不是自称才士圣人吗？却两次被驱逐出鲁国，在卫国被人铲削掉足迹，在齐国被逼得穷途末路，在陈国蔡国之间遭受围困，不能容身于天下。你的那套主张难道还有可贵之处吗？世上所尊崇的，莫过于黄帝，黄帝尚且不能保全德行，而战于涿鹿的郊野，流血百里。唐尧不慈爱，虞舜不孝顺，大禹半身不遂，商汤王放逐了他的君主，周武王出兵讨伐商纣，周文王被囚禁在羑里。以上的六个人，都是世人所尊崇的，但是仔细评论起来，都是因为追求功利迷惑了真性而强迫自己违反了天然的性情，他们的行为实在是极为可耻的。世人所谓的贤士，莫过于伯夷、叔齐。伯夷、叔齐辞让了孤竹国的君位，而饿死在首阳山，尸体都未能埋葬。隐士鲍焦修饰行为非议世事，竟抱着树木而死去。申徒狄进谏不被采纳，背着石块投河而死，尸体被鱼鳖吃掉。介子推算是最忠诚的了，割下自己大腿上的肉给晋文公吃，文公返国后却背弃了他，介子推一怒之下逃走，抱着树木被烧死。尾生跟一女子在桥下约会，女子不来，河水涌来尾生却不离去，抱着桥柱子而淹死。这以上的六个人，无异于肢解了的狗、沉入河中的猪以及拿着瓢到处乞讨的乞丐，都是重视名节轻生赴死，不顾念身体和寿命的人。世人所称道的忠臣，莫过于王子比干和伍子胥的了。伍子胥被沉入江中，比干被剖心而死，这两个人，世人都称作忠臣，然而最终被天下人讥笑。从上述事例看来，直到伍子胥、王子比干，都是不值得贵重的。你孔丘用来说服我的，假如告诉我鬼事，那我是不能知道的；假如告诉我人事，不过就是这些，都是我所听闻的事。如今我来告诉你人之常情，眼睛要看到色彩，耳朵要听到声音，嘴巴要品尝滋味，志气要满足、充沛。人生在世上寿为一百岁，中寿为八十岁，下寿为六十岁，除掉疾病、死丧、忧患，其中开口欢笑的时光，一月之中不过四五天罢了。天与地无穷无尽，人的死亡却是有时限的，操持着有限的生命寄托在无穷尽的天地之间，忽然无凭就像是千里马从缝隙中骤然驰去。不能够使自己心志获得愉快而颐养寿命的人，都不能算是通晓常道的人。你孔丘所说的道，全都是我想要废弃的，你赶快离开这里滚回去，不要再说了！你的那套道理，癫狂失性钻营奔逐，全都是巧诈、虚伪的货色，不能用来保全真性，有什么好谈论的呢！"孔子一再拜谢快步离去，出帐门上车，拿在手里的缰绳三次失落，眼光茫然看不见，脸色犹如死灰，低头靠在车前的横木上，颓丧得不能大口出气。回到鲁国东门外，恰巧遇上了柳下季。柳下季说："近来很遗憾多日不见了，看看你的车马好像外出过，难道微行去见到盗跖了吧？"孔子仰天长叹道："是啊！"柳下季说："盗跖莫不是违逆了你的心意吧？"孔子说："正是这样。我孔丘这样做真是无病而自行针灸，急急忙忙地跑去撩拨虎头、编理虎须，几乎不免被虎口吞掉啊！"这则重言写得风风火火、淋漓尽致，盗跖的言辞生硬真率，不留情面，反衬出孔子的猥猥琐琐。天下文章没有再比此文对孔子的抨击更尖刻了，更令人感到痛快淋漓了。盗跖列述黄帝、尧舜、汤武、周文王武王等国君，列述伯夷、叔齐、鲍焦、申徒狄、介子推等高士，列述王子比干、伍子胥等忠梗之臣，统统做了一篇翻千年陈案的大文章，其中许多观点与庄子其他篇章暗合，为先秦史提供了与儒家对立的，又比庄子其他文字更为激切的历史文化逻辑。

之三：孔子活了七十三岁，六十九岁的孔子已是鲁国的国老，潜心授徒和整理六经，庄子却让他出行，遇到渔父以为"圣人"，渔父陈说"人有八疵，事有四患"以形容孔子没有得道，孜孜矻矻地钻营，如人有畏影恶迹而去之走者，举足愈数而迹愈多，走愈疾而影不离身，自以为尚迟，疾走不休，绝力而死；而不知处阴以休影，处静以息迹，愚之甚矣！圣人法天贵真，而渔父是道之所在，故孔子以之为圣人尊之。

《庄子·渔父》说：

孔子游乎缁帷之林，休坐乎杏坛之上。弟子读书，孔子弦歌鼓琴。奏曲未半。有渔父者，下船而来，须眉交白，被发揄袂，行原以上，距陆而止，左手据膝，右手持颐以听。曲终而招子贡、子路二人俱对。客指孔子曰："彼何为者也？"子路对曰："鲁之君子也。"客问其族。子路对曰："族孔氏。"客曰："孔氏者何治也？"子路未应，子贡对曰："孔氏者，性服忠信，身行仁义，饰礼乐，选人伦，上以忠于世主，下以化于齐民，将以利天下。此孔氏之所治也。"又问曰："有土之君与？"子贡曰："非也。""侯王之佐与？"子贡曰："非也。"客乃笑而还，行言曰："仁则仁矣，恐不免其身；苦心劳形以危其真。呜呼，远哉其分于道也！"子贡还，报孔子，孔子推琴而起曰："其圣人与！"乃下求之，至于泽畔，方将杖拏而引其船，顾见孔子，还乡而立。孔子反走，再拜而进。客曰："子将何求？"孔子曰："曩者先生有绪言而去，丘不肖，未知所谓，窃待于下风，幸闻咳唾之音，以卒相丘也！"客曰："嘻！甚矣夫子之好学也！"孔子再拜而起曰："丘少而修学，以至于今，六十九岁矣，无所得闻至教，敢不虚心！"客曰："同类相从，同声相应，固天之理也。吾请释吾之所有而经子之所以。子之所以者，人事也。天子诸侯大夫庶人，此四者自正，治之美也，四者离位而乱莫大焉。官治其职，人忧其事，乃无所陵。故田荒室露，衣食不足，征赋不属，妻妾不和，长少无序，庶人之忧也；能不胜任，官事不治，行不清白，群下荒怠，功美不有，爵禄不持，大夫之忧也；廷无忠臣，国家昏乱，工技不巧，贡职不美，春秋后伦，不顺天子，诸侯之忧也；阴阳不和，寒暑不时，以伤庶物，诸侯暴乱，擅相攘伐，以残民人，礼乐不节，财用穷匮，人伦不饬，百姓淫乱，天子有司之忧也。今子既上无君侯有司之势而下无大臣职事之官，而擅饰礼乐，选人伦，以化齐民，不泰多事乎！且人有八疵，事有四患，不可不察也。非其事而事之，谓之摠；莫之顾而进之，谓之佞；希意道言，谓之谄；不择是非而言，谓之谀；好言人之恶，谓之谗；析交离亲，谓之贼；称誉诈伪以败恶人，谓之慝；不择善否，两容颊适，偷拔其所欲，谓之险。此八疵者，外以乱人，内以伤身，君子不友，明君不臣。所谓四患者：好经大事，变更易常，以挂功名，谓之叨；专知擅事，侵人自用，谓之贪；见过不更，闻谏愈甚，谓之很；人同于己则可，不同于己，虽善不善，谓之矜。此四患也。能去八疵，无行四患，而始可教已。"孔子愀然而叹，再拜而起曰："丘再逐于鲁，削迹于卫，伐树于宋，围于陈蔡。丘不知所失，而离此四谤者何也？"客凄然变容曰："甚矣子之难悟也！人有畏影恶迹而去之走者，举足愈数而迹愈多，走愈疾而影不离身，自以为尚迟，疾走不休，绝力而死。不知处阴以休影，处静以息迹，愚之甚矣！子审仁义之间，察同异之际，观动静之变，适受与之度，理好恶之情，和喜怒之节，而几于不免矣。谨修而身，慎守其真，还以物与人，则无所累矣。今不修之身而求之人，不亦外乎！"孔子愀然曰："请问何谓真？"客曰："真者，精诚之至也。不精不诚，不能动人。故强哭者虽悲不哀，强怒者虽严不威，强亲者虽笑不和。真悲无声而哀，真怒未发而威，真亲未笑而和。真在内者，神动于外，是所以贵真也。其用于人理也，事亲则慈孝，事君则忠贞，饮酒则欢乐，处丧则悲哀。忠贞以功为主，饮酒以乐为主，处丧以哀为主，事亲以适为主，功成之美，无一其迹矣。事亲以适，不论所以矣；饮酒以乐，不选其具矣；处丧以哀，无问其礼矣。礼者，世俗之所为也；真者，所以受于天也，自然不可易也。故圣人法天贵真，不拘于俗。愚者反此。不能法天而恤于人，不知贵真，禄禄而受变于俗，故不足。惜哉，子之蚤湛于人伪而晚闻大道也！"孔子又再拜而起曰："今者丘得遇也，若天幸然。先生不羞而比之服役，而身教之。敢问舍所在，请因受业而卒学大道。"客曰："吾闻之，可与往者与之，至于妙道；不可与往者，不知其道，慎勿与之，身乃无咎。子勉之！吾去子矣，吾去子矣！"乃刺船而去，延缘苇间。颜渊还车，子路授绥，孔子不顾，待水波定，不闻拏音而后敢乘。子路旁车而问曰："由得为役久矣，未尝见夫子遇人如此其威也。万乘之主，千乘之君，见夫子未尝不分庭伉礼，夫子犹有倨傲之容。今渔父杖拏逆立，而夫子曲要磬折，言拜而应，得无太甚乎？门人皆怪夫子矣，渔人何以得此乎？"孔子伏轼而叹，曰："甚矣由之难化也！湛于礼义有间矣，而朴鄙之心至今未去。进，吾语汝！夫遇长不敬，失礼也；见贤不尊，不仁也。彼非至人，不能下人，下人不精，不得其真，故长伤身。惜哉！不仁之于人也，祸莫大焉，而由独擅之。且道者，万物之所由也，庶物失之者死，得之者生，为事逆之则败，顺之则成。故道之所在，圣人尊之。今渔父之于道，可谓有矣，吾敢不敬乎！"

　　孔子游览来到名叫缁帷的树林，坐在杏坛上休息。弟子们读书，孔子在弹琴歌咏。曲子还未奏到一半，有个渔父下船而来，胡须眉毛全都白了，披着头发扬起衣袖，沿着河岸而上，来到一处高而平的陆地就停下脚步，左手抱着膝盖，右手托起下巴听孔子弹琴歌咏。曲子终了，渔父用手召唤子贡、子路两个人来谈话。渔父指着孔子说："他是什么人？"子路回答说："他是鲁国的君子。"渔父问孔子的家族姓氏。子路对答说："家族孔氏。"渔父说："孔氏钻治什么学问？"子路还未应对，子贡对答说："孔氏心性敬奉忠信，亲身实行仁义，修治整饬礼乐，鉴选人伦关系，对上来说忠于国君，对下来说教化百姓，将以此造福于天下。这就是孔氏研治的事业。"渔父又问道："孔氏是拥有国土的君主吗？"子贡说："不是。"渔父接着问道："是王侯的辅臣吗？"子贡说："也不是。"渔父笑着转身，边走边说："孔氏讲仁真可说是仁了，不过恐怕其自身不能免于祸患；苦了心性劳累身形而危害了天然真性。唉，他离大道也实在是太远了！"子贡回来，把跟渔父的谈话报告给孔子。孔子推开琴站起来说："恐怕是位圣人吧！"于是走下杏坛寻找渔父，来到湖泽岸边，渔父正操起船桨撑船而去，回头看见孔子，转身面对孔子站着。孔子连连后退，再次拜谒上前。渔父说："你找我有什么事？"孔子说："刚才先生留下话尾而去，孔丘我不够聪明，不知其中的意思，私自在下风等候先生，希望能有幸听到你的谈吐以便最终有助于我！"渔父说："咦，你实在是好学啊！"孔子再次行礼后站起身说："我少小就修习学问，直到今天，已经六十九岁了，没有听到至高真理的教诲，怎敢不虚心请教！"渔父说："同类相互追从，同声相互应和，固然是天然的道理。我请求解释我的看法而分析你所从事的活动。你所从事的活动，是人事。天子、诸侯、大夫、庶民，这四种人能够摆正自身的位置，就是社会治理的美好境界，这四种人偏离了自己的位置，社会动乱也就没有比这再大的了。阴阳不和谐，寒暑变化不合时令，以致伤害万物的生长；诸侯暴乱，擅自侵扰征战，以致残害民众；礼乐没有节度，财物穷尽匮乏，人伦关系未能整顿，百姓淫乱，这是天子和主管大臣的忧虑。如今你上无君侯主管的权势而下无大臣经办的官职，却擅自装饰礼乐，鉴选人伦关系，从而教化普通民众，不是太多事了吗！而且人有八种毛病，事有四种祸患，不可不体察。不是自己职分以内的事也兜着去做，叫作揽；没人理会也去进行，叫作佞；迎合对方顺引话意，叫作谄；不辨是非巴结奉承，叫作谀；喜好说人坏话，叫作谗；离析故交挑拨亲友，叫作贼；称誉伪诈败坏他人，叫作慝；不分善恶美丑，好坏兼容而脸色随应相适，暗中挑取合于欲望的东西，叫作险。有这八种毛病的人，外能迷乱他人，内则伤害自身，君子不和他们交友，明君不以他们为臣。所谓四种祸患，喜欢经手国家大事，随意变更常规常态，用来钓取功名，称作侥幸邀名；自恃聪明擅自做事，侵害他人刚愎自用，称作贪得无厌；知过不改，听到劝说却越错越多，称作犟头犟脑；跟自己相同就认可，跟自己不同即使是好的也认为不好，称作自负矜夸。这就是四种祸患。能够清除八种毛病，不再推行四种祸患，才可以教育。"孔子凄凉悲息，再次行礼后站起来，说："我在鲁国两次受到驱逐，在卫国被铲削掉足迹，在宋国遭受砍掉大树的威胁，又被围困在陈国、蔡国之间。我不知道有什么过失，遭到这样四次诋毁的原因究竟是什么呢？"渔父凄凉伤感地改变面容说："够过分的了，你是难于醒悟啊！有人害怕自己的身影、厌恶自己的足迹，想逃走开去，举步越频繁足迹就越多，跑得越来越快而影子总不离身，自以为还跑得慢了，于是快速奔跑而不休止，用尽力气而死去。不知道停留在阴暗处就会使影子消失，停留在静止状态就会使足迹熄灭，这是太愚蠢了！你审慎于仁义之间，察看事物同异之际，观察动静的变化，掌握取舍的度数，调理好恶的情感，中和喜怒的节奏，几乎不能免于灾祸。勤谨修养你的身心，审慎地保持你的真性，把身外之物还与他人，也就没有什么拖累了。如今你不修养自身反而要求他人，这不是外行的做法吗？"孔子凄凉感伤地说："请问什么叫作真？"渔父说："所谓真，就是精诚的极致。不精不诚，不能感动人。故而勉强啼哭的人虽然外表悲痛其实并不哀伤，勉强发怒的人虽然外表严厉其实并不威严，勉强亲热的人虽然笑容满面其实并不和善。真正的悲伤没有哭声而哀苦，真正的愤怒未曾发作而威严，真正的亲热未曾发笑而和善。真性存在于内心，神情的表露流于外在，这就是贵重真性情的原因。用在人伦关系，侍奉双亲就慈祥孝顺，侍奉国君就忠实坚贞，饮酒就欢欣乐意，居丧就悲痛哀伤。忠贞以建功为主旨，饮酒以欢乐为主旨，居丧以哀痛为主旨，侍奉双亲以适意为主旨。功业成就的美好，不必拘泥于一种形迹；侍奉双亲达到适意，不必考虑使用什么方法；饮酒达到欢乐，不必选用餐具；居丧达到哀伤，不必过问礼仪。礼仪，是世俗的行为；纯真，却是受于天然，自然不可改变。故而圣人总是效法天然贵重本真，不受世俗的拘系。愚人就与此相反。不能效法天然而忧虑世人，不知道贵重真性情，庸庸碌碌地接受流俗的变化，故而不知满足。可惜啊，你过早地沉溺于人世的伪诈而很晚才听闻大道。"孔子又一次深深行礼后站起来，说："如今我孔丘遇上先生，好像苍天特别宠幸于我似的。先生不以此为羞辱并把我当作弟子，还亲自教导我。我冒昧地打听先生的住处，请求借此受业于门下而最终学到大道。"渔父说："我听说，可以与同行的人就与之交往，直至领悟玄妙的大道；不可以与同行的人，不能真正懂得大道，谨慎小心地不要与他们交往，自身也就没有罪责。你自己勉励吧！我得离开你了！我得离开你了！"于是撑船离开，缓缓地驶入芦苇丛中。颜渊掉转车头，子路拉着上车的套绳，孔子看着渔父离去的方向头也不回，待到水波平定，听不见桨声才敢登上车子。子路依傍着车子而问道："我能够为先生服役已经很久了，不曾看见先生对人如此敬畏。大国的国君，小国的诸侯，见到先生未尝不是分庭抗礼，先生还流露出傲慢的神情。如今渔父手拿船桨对面而站，先生却像石磬一样弯腰鞠躬，与渔父对话一再行礼后再作回答，难道不是太过分了吧？弟子门人都责怪先生的态度不同于往常，渔父怎么能够获得如此尊崇呢？"孔子伏身在车前的横木上叹息说："这是过分了，你仲由（子路）实在是难于教化啊！你沉湎于礼义已经有些时日了，可是粗野鄙陋的心态时至今日也未能除去。上前来，我对你说！遇到长辈而不恭敬，就是失礼；见到贤人而不尊重，就是不仁。他不是道德修养臻于完善的至人，也不能使人自感谦恭卑下，谦恭卑下却不至精至诚，不能获得他的本真，故而长久伤害身心。可惜啊！对人不仁不义，祸害再没有比这更大的了，而你仲由却偏偏就有这一毛病。况且大道，是万物由来的根源，各种物类失去了道就会死亡，获得了道就会生长，做事违逆了道就失败，顺从了道就成功。所以大道之所在，圣人就尊崇。如今渔父对于大道，可以说是已经拥有，我怎敢不尊敬他呢？"

这则重言发人深省，孔子说"三人行必有我师焉"，他这次野外杏坛论学，心折于渔父。渔父是道家风范的体现者。六十九岁的暮年孔子，依然要聆听芦苇水道中渔父剖析天道与人事，谈论"人有八疵，事有四患"。渔父推崇真在于"精诚之至"，"不精不诚，不能动人"。即所谓"强哭者虽悲不哀，强怒者虽严不威，强亲者虽笑不和。真悲无声而哀，真怒未发而威，真亲未笑而和。真在内者，神动于外，是所以贵真也。……礼者，世俗之所为也；真者，所以受于天也，自然不可易也。故圣人法天贵真，不拘于俗"。渔父"法天贵真"的见解，其实是庄子思想的内核，他以这种见解使得孔子感受到真正的道："道者，万物之所由也，庶物失之者死，得之者生，为事逆之则败，顺之则成。故道之所在，圣人尊之。"孔子久久地向渔父弯腰鞠躬，象征着对"法天贵真"的道家之道体的顶礼膜拜。

之四：从孔子精于考察人，又善于夸饰，可见他缺乏恬淡无为的心态，离道家的精神尚远。一方面，庄子把孔子道家化，另一方面，又指责孔子道家化的程度还不够。

《庄子·列御寇》说：

鲁哀公问乎颜阖曰："吾以仲尼为贞干，国其有瘳乎？"曰："殆哉圾乎仲尼！方且饰羽而画，从事华辞，以支为旨，忍性以视民而不知不信，受乎心，宰乎神，夫何足以上民！彼宜女与予颐与，误而可矣！今使民离实学伪，非所以视民也。为后世虑，不若休之。难治也！"施于人而不忘，非天布也，商贾不齿，虽以事齿之，神者弗齿。为外刑者，金与木也；为内刑者，动与过也。宵人之离外刑者，金木讯之；离内刑者，阴阳食之。夫免乎外内之刑者，唯真人能之。孔子曰："凡人心险于山川，难于知天。天犹有春秋冬夏旦暮之期，人者厚貌深情。故有貌愿而益，有长若不肖，有慎懁而达。有坚而缦，有缓而馆。故其就义若渴者，其去义若热。故君子远使之而观其忠，近使之而观其敬，烦使之而观其能，卒然问焉而观其知，急与之期而观其信，委之以财而观其仁，告之以危而观其节，醉之以酒而观其则，杂之以处而观其色。九征至，不肖人得矣。"

　　这就是说，鲁哀公问颜阖说："我要把孔子当作忠贞之士，国家可以得治吗？"颜阖说："危险啊这样对待孔子！孔子喜欢用彩画装饰羽毛，从事华丽的言辞，以枝叶代替宗旨，强忍性情来考察民众而不智不诚。受心指使，以精神为主宰，怎能引导民众向上呢！他适宜于你托付，还是适宜于我的颐养？就是错了也是可以的！现今让民众离开朴实而学虚伪，不是教育民众的方法。为后世考虑，不如停止这件事。这是难以整治的！"施恩于民众而不忘其功，不是天然的布施。商人都极其鄙视而不愿启齿，虽然因事务而启齿，心神上仍不愿启齿。体外刑罚的工具是金属与木制品，内心刑罚的工具则是轻举妄动所引起的过失。宵小的人遭到体外的刑罚，用金木刑具拷问他；遭受内心的刑罚，则是用阴阳之气来蚕食他，能够免于外内刑罚的，唯有真人才能做到。孔子说："人心比山川还险恶，比知天还困难；天还有春夏秋冬早晚时间期限，人却容貌敦厚而性情深沉。故而有的外貌谨慎而思想骄溢，有的外表善长而内心不好没有出息，有的外貌温顺而内心暴躁，有的外表坚强而内心散漫，有的外表和缓而内心急躁。所以他取义如饥渴，弃义又如避热。故此，君子让他到远处做事考察他的忠诚，让他在近处做事观察他的恭敬，给他烦杂的任务考验他的能力，向他突然提出问题考验他的心智，急迫交给差事考验他的诚信，把钱财委托他考验他的仁心，告诉他危险考验他的节操，让他醉酒看他的仪则，混杂相处而看他的面色。九种征验做到，不肖的人就可看得出来了。"

　　这则重言叙写了颜阖批评孔子注重涂饰，花言巧语脱离行事的宗旨，矫饰性情以夸示民众而不智不诚，不足以居于民众之上。又叙写了孔子批评"人心险于山川"，比天还难以捉摸，所以要用九种情景来考察他的忠、敬、能、智、信、仁、节、则、色的状况。孔子与颜阖的言论发生了对撞，展示了孔子思想言行的不同侧面。从孔子精于考察人，又善于夸饰，可见他缺乏恬淡无为的心态，离道家的精神尚远。一方面，庄子把孔子道家化，另一方面，又指责孔子道家化的程度还不够。庄子嘲弄孔子，但也不是一味地嘲弄孔子，而是借用孔子从不同的侧面发出属于庄子的声音。

六 《庄子》卮言的精神趣味

　　卮言属于出自性情而自然溢出的思想。卮是古代一种盛酒器，圆形，容量四升。卮言又引申为支离而无统绪或随人妄言，既无主见，也无立场的、随和人意的言论。庄子以卮言故为幽默，表达一种出自自由心态的言说。对于以卮盛酒，《史记·项羽本纪》叙写鸿门宴，有生动的描写："沛公旦日从百余骑来见项王，至鸿门，谢曰：'臣与将军戮力而攻秦，将军战河北，臣战河南，然不自意能先入关破秦，得复见将军于此。今者有小人之言，令将军与臣有郤。'项王曰：'此沛公左司马曹无伤言之。不然，籍何以至此？'项王即日因留沛公与饮。项王、项伯东向坐。亚父南向坐，亚父者，范增也。沛公北向坐，张良西向侍。范增数目项王，举所佩玉玦以示之者三，项王默然不应。范增起，出召项庄，谓曰：'君王为人不忍，若入前为寿。寿毕，请以剑舞，因击沛公于坐，杀之。不者，若属皆且为所虏。'庄则入为寿，寿毕，曰：'君王与沛公饮，军中无以为乐，请以剑舞。'项王曰：'诺。'项庄拔剑起舞，项伯亦拔剑起舞，常以身翼蔽沛公，庄不得击。于是张良至军门，见樊哙。樊哙曰：'今日之事何如？'良曰：'甚急。今者项庄拔剑舞，其意常在沛公也。'哙曰：'此迫矣，臣请入，与之同命。'哙即带剑拥盾入军门。交戟之卫士欲止不内，樊哙侧其盾以撞，卫士仆地，哙遂入，披帷西向立，瞋目视项王，头发上指，目眦尽裂。项王按剑而跽曰：'客何为者？'张良曰：'沛公之参乘樊哙者也。'项王曰：'壮士，赐之卮酒。'则与斗卮酒。哙拜谢，起，立而饮之。项王曰：'赐之彘肩。'则与一生彘肩。樊哙覆其盾于地，加彘肩上，拔剑切而啗之。项王曰：'壮士，能复饮乎？'樊哙曰：'臣死且不避，卮酒安足辞。夫秦王有虎狼之心，杀人如不能举，刑人如恐不胜，天下皆叛之。怀王与诸将约曰："先破秦入咸阳者王之。"今沛公先破秦入咸阳，毫毛不敢有所近，封闭宫室，还军霸上，以待大王来。故遣将守关者，备他盗出入与非常也。劳苦而功高如此，未有封侯之赏，而听细说，欲诛有功之人。此亡秦之续耳，窃为大王不取也！'项王未有以应，曰：'坐。'樊哙从良坐。坐须臾，沛公起如厕，因招樊哙出。沛公已出，项王使都尉陈平召沛公。沛公曰：'今者出，未辞也，为之奈何？'樊哙曰：'大行不顾细谨，大礼不辞小让。如今人方为刀俎，我为鱼肉，何辞为？'于是遂去。乃令张良留谢。良问曰：'大王来何操？'曰：'我持白璧一双，欲献项王，玉斗一双，欲与亚父。会其怒，不敢献。公为我献之。'张良曰：'谨诺。'当是时，项王军在鸿门下，沛公军在霸上，相去四十里。沛公则置车骑，脱身独骑，与樊哙、夏侯婴、靳疆、纪信等四人持剑盾步走，从郦山下，道芷阳间行。沛公谓张良曰：'从此道至吾军，不过二十里耳。度我至军中，公乃入。'沛公已去，间至军中，张良入谢，曰：'沛公不胜桮杓，不能辞。谨使臣良奉白璧一双，再拜献大王足下。玉斗一双，再拜奉大将军足下。'项王曰：'沛公安在？'良曰：'闻大王有意督过之，脱身独去，已至军矣。'项王则受璧，置之坐上。亚父受玉斗，置之地，拔剑撞而破之，曰：'唉！竖子不足与谋。夺项王天下者，必沛公也，吾属今为之虏矣。'沛公至军，立诛杀曹无伤。"这里樊哙饮卮酒吃生猪肩，散发着豪雄虎虎生气。可以同庄子的卮言相参证。由于卮言是随意漫衍，思想天马行空，也就漫衍出虚虚实实、半虚半实，虚实配比或轻或重的多种形态。共计卮言 45 则。

卮言的第一项功能：

庄子现身说法（十二则）

之一：庄子喜欢做梦，先秦诸子写梦写得最好的是庄子。他用梦来体验人生的界限，体验生命之流。

《庄子·齐物论》说：

> 梦饮酒者，旦而哭泣。梦哭泣者，旦而田猎。方其梦也，不知其梦也。梦之中又占其梦焉，觉而后知其梦也。且有大觉而后知此其大梦也，而愚者自以为觉，窃窃然知之。君乎，牧乎，固哉！丘也与女，皆梦也。予谓女梦，亦梦也。是其言也，其名为吊诡。万世之后而一遇大圣，知其解者，是旦暮遇之也。

这就是说，在庄子看来，人生无常，比起人生如梦还要无常。人在夜里梦到了在饮酒，好快活，哪知道早晨醒来大祸临门，痛哭了一场。夜里梦见了伤心事，痛哭一场，哪知早上醒来出去打猎，快活极了。正在做梦时不晓得是在做梦。梦中又做了一个梦，还占卜梦中梦是凶呢还是吉呢，觉醒后才知道那是梦啊。况且后来的后来，彻底清醒了，才知道从前那种种经历原来是一场大梦。蠢人醒了，自己以为觉醒了，窃窃私喜于知道了。君王尊贵啦、牧夫卑贱啦，真是顽固啊！孔丘和你都在做梦。我说你在做梦，其实我也是在梦中说话啊！认可这些话，起名叫作"吊诡"。万世之后一旦遇上大圣，知道梦的解释，是日夜之间的偶然遭遇。庄子平齐生死梦觉；可以说生者死者都在做梦。但庄子不从经验主义来论证梦觉难分，只在精神上齐同梦觉与生死。在以往观念中，我们可以凭梦与觉的相对性，来否定经验世界的独立性与实在性，以为梦中的世界以及觉醒的世界，均为感觉内容的组合。不能借梦中的感觉以反证梦中世界的虚幻性，亦不能凭任何感觉确证觉醒中的世界并非虚幻。梦与觉的差别，不是"幻"与"真"异质的差异，而只是同级同质的不同程度。醒者如果嘲笑梦者，等于五十步笑百步。在庄子的观念中，他认为梦中的自我与觉中的自我互不相知。自我所存在的躯壳，与一切外物，皆为同级的存在，均予同级的迁流。所以彼我的对立，是虚幻不实的。是非的对待，亦随之而虚幻。

之二：由此这种理由，《庄子·齐物论》接着讲了一个随心所欲的庄周梦蝶的厄言：

> 昔者庄周梦为胡蝶，栩栩然胡蝶也，自喻适志与。不知周也。俄然觉，则蘧蘧然周也。不知周之梦为胡蝶与，胡蝶之梦为周与？周与胡蝶，则必有分矣。此之谓物化。

这是庄子最驰名的蝴蝶梦，说的是往昔庄周梦见自己是蝴蝶，在花园里四处翩翩飞舞，自以为适合情志快乐极了，忽然觉醒，就惊讶自己还是庄周。不知道是庄周梦见蝴蝶呢，还是蝴蝶梦见庄周？庄周和蝴蝶必定是有所分别的。在这则厄言中，开放了形躯与精神的边界而投入"物化"的流程。宋代禅宗大师青原行思提出参禅的三重境界：参禅之初，看山是山，看水是水；禅有悟时，看山不是山，看水不是水；禅中彻悟，看山仍然山，看水仍然是水。庄周梦蝶衍生出三个具有禅意的境界流程：

、庄周是庄周，蝴蝶是蝴蝶——见山是山，见水是水。在这个流程中，庄周与蝴蝶为形躯所限隔，生命互不相通。而人与外界是否能融和交感？其间是否有必然的关系存在？这是哲学上的老问题。如果以认知的态度来研究，西方历代有不少哲学家都持相反的见解。然而，这一见解如果掉到不可认知的范畴时，人与外界的隔离便无法克服了。

二、庄周不是庄周，蝴蝶不是蝴蝶——见山不是山，见水不是水。庄子不像西方的哲学家一样，他不从认知的立场去追问，他却以美感的态度去感悟和观赏。在观赏的同时，发出广大的同情，将自我的情意投射进去，和外物相互会通交感，而入于凝神的境界中，物我的境界消解而融合，浑然成一体。这是以美学的感受来体会，绝不能以科学的分析来理解。庄子透过美感的经验，解释化蝶的寓言来泯除物我的隔离，使人与外在自然世界，成为一大和谐的存在体。在感官经验里，人因形躯拖累的限定，生命精神得不到自由，故庄周只是庄周，蝴蝶只能是蝴蝶，是突破不了的，也不能相知的。在梦中，形躯拖累消解了，纯然是精神生命的活动。在这里生命精神飞扬奔放，是生命精神自我展现的世界。所以，庄周可以是庄周，蝴蝶可以是蝴蝶，不管是庄周梦蝶还是蝶梦庄周，彼此都消除了经验感观的形躯拖累，顿然升华到精神互摄、生命交感的意境中，这就是生命的玄妙之理，具有无限制的性质。故此庄周可以是蝴蝶，蝴蝶可以是庄周。这是彼此都忘了自己，我忘了我是庄周，它忘了它是蝴蝶，庄周与蝴蝶才能一体俱化。此为精神修养的飞越历程。

三、进而言之，庄周更是庄周，蝴蝶更是蝴蝶——经历了山不是山，水不是水的"物化"流程，山水是精神上的山水，而不是感官经验所看到的物理山水。有了庄周不是庄周的精神提升，此时庄周就可以更是庄周了。因为此时的庄周，不但拥有庄周自身的生命精神，同时也涵盖了蝴蝶的生命精神。当我们通过物化流程容受他人时，我们的生命气象就不断地超越扩大；我们不再是自己一个人孤零零地活着，而是和我们感通的自然一起狂欢地活着，我们关怀自然，我们生命中就有自然；我们关爱家庭社会，我们生命中就扩展及于家庭社会。经历了庄周忘了自己是庄周而以为是蝴蝶，蝴蝶忘了自己是蝴蝶而以为是庄周的物化流程，就顿然发现庄周仍是庄周，蝴蝶依然是蝴蝶，然而此时的庄周与蝴蝶是交感互摄的生命共同体。因此，在物化流程中，当我们放开自己形躯的局限，忘掉自己的存在，而与万物感通相知，可以使自己更是自己，一个充满精神流注的自己和非自己。

之三：庄子的现身说法，也浸透了他的身世寓言。身世寓言，一是关乎"身世"，存在着底线；二是成于"寓言"，存在着添油加醋的发扬。

《庄子·列御寇》说：

> 或聘于庄子，庄子应其使曰："子见夫牺牛乎？衣以文绣，食以刍叔。及其牵而入于大庙，虽欲为孤犊，其可得乎！"

楚国有人来聘请庄子。庄子回答使者说："你见过祭祀的牛吗？披着纹彩锦绣，喂着饲草大豆，到了把它牵入太庙去，要想做只无人豢养的牛犊，怎能办得到呢！"

这则卮言属于庄子现身说法，根据《礼记·曲礼下》所说："凡祭，有其废之，莫敢举也；有其举之，莫敢废也。天子以牺牛，诸侯以肥牛，大夫以索牛，士以羊豕。"楚王祭祀已经僭越了天子祭祀的仪轨。这里讲的故事可以参证《史记·老子韩非列传》所附《庄子传》："楚威王闻庄周贤，使使厚币迎之，许以为相。庄周笑谓楚使者曰：'千金，重利；卿相，尊位也。子独不见郊祭之牺牛乎？养食之数岁，衣以文绣，以入大庙。当是之时，虽欲为孤豚，岂可得乎？子亟去，无污我。我宁游戏污渎之中自快，无为有国者所羁，终身不仕，以快吾志焉。'"因而这则卮言属于庄子的身世寓言，从而把个人身世提升为对人类命运的省视。

之四：人的感悟可以融通天地，庄子身世寓言，可以使人化身为鱼。

《庄子·外物》说：

　　庄周家贫，故往贷粟于监河侯。监河侯曰："诺。我将得邑金，将贷子三百金，可乎？"庄周忿然作色曰："周昨来，有中道而呼者。周顾视车辙中，有鲋鱼焉。周问之曰：鲋鱼来！子何为者邪？对曰：我，东海之波臣也。君岂有斗升之水而活我哉？周曰：诺。我且南游吴越之王，激西江之水而迎子，可乎？鲋鱼忿然作色曰：吾失我常与，我无所处。吾得斗升之水然活耳，君乃言此，曾不如早索我于枯鱼之肆！"

　　这里以鱼怒庄周折射庄周怒监河侯。说的是庄周家境贫寒，故而去向监河侯借粟米救急。监河侯说："行啊，我即将收取封邑的税金，将借给你三百金，可以了吗？"庄周听了愤然改变脸色说："我昨天来的时候，有谁在半道上呼唤我。我回头看看路上车印迹里，有条鲫。我就问它：'鲫鱼你过来，你要什么呢？'鲫鱼对答说：'我是东海水族的臣民。你可有斗升之水而救活我吗？'我说：'行啊，我将到南方去游说吴王、越王，引发西江之水来迎候你，可以吗？'鲫鱼愤然变了脸色说：'我失去我日常生活的环境，没有安身之处。我得到斗升那么多的水就活下来了，而你竟说出这样的大话，还不如早点到干鱼店里找我！'"

　　这则厄言中庄子现身说法，以涸辙之鱼的困窘，反衬了庄子向监河侯借粟时已经揭不开锅的窘迫心情。庄子就是那条鲫鱼，但已经不是濠梁观鱼时从容出游的小白鱼，他与鱼化为一体，却产生了不同的人生体验。人鱼相通，也可以说是宇宙体验。

　　之五：庄子身世寓言中，升腾着自在逍遥，也郁结着人间的悲愤。有所谓"不如意事常八九，可与人言无二三"，又有所谓"十有九输天下事，百无一可意中人"。社会人生的博弈，十次有九次是败下阵来，趾高气扬的极少，愤愤不平的极多。

　　《庄子·列御寇》说：

宋人有曹商者，为宋王使秦。其往也，得车数乘；王说之，益车百乘。反于宋，见庄子曰："夫处穷闾厄巷，困窘织屦，槁项黄馘者，商之所短也；一悟万乘之主而从车百乘者，商之所长也。"庄子曰："秦王有病召医，破痈溃痤者得车一乘，舐痔者得车五乘，所治愈下得车愈多。子岂治其痔邪，何得车之多也？子行矣！"

宋国有个叫曹商的，为宋君偃出使秦国。走的时候，带着几辆车子。秦王喜欢他，增加车子百辆。返回宋国，去见庄子，说："住在穷闾狭巷，贫苦困窘地靠编织草鞋而生，弄得面黄肌瘦，这是我曹商的短处；一旦使万乘之君主觉悟而使得随从的车子增加到百辆，这是我的长处。"庄子说："秦王有病召请医治，破除痈疽溃散痤疮的可以得车一辆，舐痔疮的可以得车五辆，所医治的越是卑下得的车越多。你难道治疗他的痔疮吗？为什么得到的车这么多呢？你走吧！"

这是一则辛辣的厄言，以庄子的穷困生活，映照出曹商品格低劣，以小国出使大国，靠谄媚逢迎得到赏赐，就在庄子面前显摆，专门挑剔庄子"处穷闾厄巷，困窘织屦，槁项黄馘"的困窘生活。这则厄言载于杂篇，当是庄子的弟子所记，隔代犹传，可见对于庄子而言，此情此景是何等刻骨铭心、难以忘怀，因而他对曹商的抨击是使麒麟皮下露出马脚，不留丝毫情面的。

之六：对于在自己面前骄纵显摆的角色，庄子觉得是对自己人性尊严的挑战。

《庄子·列御寇》说：

人有见宋王者，锡车十乘，以其十乘骄稚庄子。庄子曰："河上有家贫恃纬萧而食者，其子没于渊，得千金之珠。其父谓其子曰：取石来锻之！夫千金之珠，必在九重之渊而骊龙颔下。子能得珠者，必遭其睡也。使骊龙而寤，子尚奚微之有哉！今宋国之深，非直九重之渊也；宋

王之猛，非直骊龙也。子能得车者，必遭其睡也；使宋王而寤，子为齑
粉夫！"

这就是说，有个拜见宋王的人，得到赐赠的十辆车子，他用这十辆车子
向庄子骄矜炫耀。庄子说："河边有个家庭贫困依靠收割蒿条编织筐子为生的
人，他的儿子潜入深渊，得到价值千金的珍珠。他的父亲对他的儿子说：'拿
石头来锤破它！这价值千金的珍珠，一定在九重深渊黑龙的下巴颏下，你能
获得珍珠，必定遇到黑龙在睡觉。假使黑龙醒着，你还能得到什么呢！'现在
宋国危机的深重，不只是九重的深渊；宋王偃的凶猛，不止于黑龙；你能获得
车子，一定遇到他在睡觉。假使宋王偃醒着，你就粉身碎骨了！"

在这则卮言中，庄子现身说法，嘲讽得到宋王偃恩赐十乘车辆而在庄子
面前显摆的人，有如趁着黑龙睡觉而侥幸得到千金珠宝的少年，是以身试险，
一旦宋王偃醒来，他就会陷入灭顶之灾。这个故事有点类似曹商得车，却透
露了庄子对当时宋国政治危机的忧患感知。

之七：庄子面对死亡，也是那样逍遥多智且多趣，从容讲述了别样的生死观。

《庄子·列御寇》说：

庄子将死，弟子欲厚葬之。庄子曰："吾以天地为棺椁，以日月为连
璧，星辰为珠玑，万物为赍送。吾葬具岂不备邪？何以加此！"弟子曰：
"吾恐乌鸢之食夫子也。"庄子曰："在上为乌鸢食，在下为蝼蚁食，夺彼
与此，何其偏也！"以不平平，其平也不平；以不征征，其征也不征。明
者唯为之使，神者征之。夫明之不胜神也久矣，而愚者恃其所见入于人，
其功外也，不亦悲乎！

庄子活得潇洒，死得也潇洒。这里说的是庄子将要死了，弟子们打算厚

葬他。庄子说:"我以天地当作棺椁,以太阳和月亮当作连璧,以星星当作珍珠,以万物当作陪葬品。我的丧葬用品岂不是齐备的吗?还有什么比这更好的呢!"弟子们说:"我们担心乌鸦和老鹰吃掉你呀!"庄子说:"天葬让乌鸦和老鹰吃,土葬让蝼蛄和蚂蚁吃,从乌鸦老鹰嘴中夺来给蝼蛄蚂蚁,何等偏心啊!"以不公平当作公平,公平也就不公平;以不征验当作征验,征验也就不征验。自认聪明的人唯有被物支使,神人可以验证。聪明人不及神人很久了,而蠢人还依靠他的偏见而沉溺于人事,他的功效是外在的,这不也是可悲吗!

这则卮言,披露了庄子对自己死亡安排的随任逍遥。他在现实的流亡和原乡的思虑中,都无栖身之所,就毫不介怀地把自己的梦幻安排在天地日月星辰虫鸟与自己的死亡相伴。他的死亡观是超尘脱俗、无比潇洒的。鲁迅在《半夏小集·七》中说:

"庄生以为'在上为乌鸢食,在下为蝼蚁食',死后的身体,大可随便处置,因为横竖结果都一样。我却没有这么旷达。假使我的血肉该喂动物,我情愿喂狮虎鹰隼,却一点也不给癞皮狗们吃。养肥了狮虎鹰隼,它们在天空,岩角,大漠,丛莽里是伟美的壮观,捕来放在动物园里,打死制成标本,也令人看了神旺,消去鄙吝的心。但养胖一群癞皮狗,只会乱钻,乱叫,可多么讨厌!"

一个隐逸者和一个战斗者的死亡观,是如此不同。

之八:面对王侯将相,庄子直抒心志,以讽世骂世傲视王侯,以狂狷的方式而与天为一。

《庄子·山木》说:

> 庄子衣大布而补之,正廓系履而过魏王。魏王曰:"何先生之惫邪?"庄子曰:"贫也,非惫也。士有道德不能行,惫也;衣弊履穿,贫也,非惫也;此所谓非遭时也。王独不见夫腾猿乎?其得楠梓豫章也,揽蔓其枝而王长其间,虽羿、蓬蒙不能眄睨也。及其得柘棘枳枸之间也,危行

侧视，振动悼栗；此筋骨非有加急而不柔也，处势不便，未足以逞其能也。今处昏上乱相之间，而欲无惫，奚可得邪？此比干之见剖心征也夫！"

庄子穿上粗布衣还打上补丁，整整齐齐地用麻线系好鞋子，走过魏惠王身边。魏惠王说："为何先生如此疲惫呢？"庄子说："是贫穷，不是疲惫。士人身怀道德而不能够推行，这是疲惫；粗衣破鞋，这是贫穷，而不是疲惫。这就是所谓生不逢时。大王没有看见过那跳跃的猿猴吗？它们生活在楠、梓、豫、章等高大乔木的树林里，抓住藤蔓似的小树枝自由跳跃而称王称霸，即使是神箭手后羿和逢蒙也不敢轻慢斜视它们。等到生活在柘、棘、枳、枸等刺蓬灌木丛中，小心翼翼地行走而不时地左顾右盼，内心震颤恐惧发抖；这并不是筋骨紧缩而不再柔韧灵活，而是所处的形势不方便，不能足以施展才能。如今处在昏君乱臣的时代，想不疲惫，怎么可能呢？这是比干遭剖心刑戮的征兆啊！"

这则卮言随意而谈，庄子现身说法，以士人的疲惫反讽昏君乱相的卑污政治。他以猿猴作比喻，所追求的是在珍贵的乔木之间自由腾跃，发挥才性，而不是在刺蓬灌木丛中到处掣肘。这就是庄子宁愿与猿猴为伍，特立独行，傲视王侯。

之九：这种傲视王侯的气质，使庄子敢于拂逆国君的意志，贬抑儒者。

《庄子·田子方》说：

> 庄子见鲁哀公，哀公曰："鲁多儒士，少为先生方者。"庄子曰："鲁少儒。"哀公曰："举鲁国而儒服，何谓少乎？"庄子曰："周闻之：儒者冠圜冠者知天时，履句履者知地形，缓佩玦者事至而断。君子有其道者，未必为其服也；为其服者，未必知其道也。公固以为不然，何不号于国

中曰：无此道而为此服者，其罪死！"于是哀公号之五日，而鲁国无敢儒服者。独有一丈夫，儒服而立乎公门。公即召而问以国事，千转万变而不穷。庄子曰："以鲁国而儒者一人耳，可谓多乎？"

庄子谒见鲁哀公，鲁哀公说："鲁国多有儒士，却很少实行先生的道术的人。"庄子说："鲁国其实很少儒士。"鲁哀公说："鲁国举国都穿儒服，怎能说少呢？"庄子说："庄周听闻，儒士戴着圆筒形的帽子，表示上知天时；穿着方形的鞋子，表示下知地形。佩戴着五色丝线的玉玦，表示做事有断决力。不过君子信守儒家的道，未必都穿儒服；穿了儒服的人，未必知道儒家的道。哀公你固执地以为不是这个样子，为何不通令全国：不信守儒家的道，而敢穿儒服者，其罪当死？"鲁哀公于是通令全国五天，鲁国没有敢穿儒服的人。唯独一位成年男士穿着儒服，站立在王宫门口。鲁哀公召见他考问国事，对千变万化的问题，都回答得无不穷尽原本。庄子说："以这么大的鲁国，儒者只是一人而已，这可以说多吗？"

这则卮言有点漫衍无边，鲁哀公（公元前521—前468年）是春秋战国之际的人物，与战国中期的庄子（约公元前369年—前286年）年代不相及，他们之间的对话纯属虚构。但庄子却让死去百余年的鲁哀公与自己聚首，嘲讽偌大鲁国儒者只有一人而已，其他都是穿儒服而不知儒道的滥竽充数之徒。这就拆解了鲁国重儒的万花筒。

之十：庄子非儒，把儒家的核心概念"仁"与虎狼相联系，颇有点惊世骇俗之概。

《庄子·天运》说：

商大宰荡问仁于庄子。庄子曰："虎狼，仁也。"曰："何谓也？"庄子曰："父子相亲，何为不仁！"曰："请问至仁。"庄子曰："至仁无亲。"大宰曰："荡闻之：无亲则不爱，不爱则不孝。谓至仁不孝，可乎？"庄子曰:"不然,夫至仁尚矣,孝固不足以言之。此非过孝之言也,不及孝之言也。夫南行者至于郢,北面而不见冥山,是何也? 则去之远也。故曰:以敬孝易,以爱孝难;以爱孝易,以忘亲难;忘亲易,使亲忘我难;使亲忘我易,兼忘天下难;兼忘天下易,使天下兼忘我难。夫德遗尧、舜而不为也,利泽施于万世,天下莫知也,岂直大息而言仁孝乎哉! 夫孝悌仁义,忠信贞廉,此皆自勉以役其德者也,不足多也。故曰:至贵,国爵并焉;至富,国财并焉;至愿,名誉并焉。是以道不渝。"

这里庄子的言说充满智慧,说的是宋国的太宰荡向庄子请问仁爱问题。庄子说:"虎狼,就是仁爱。"太宰荡说:"这是什么意思呢? "庄子说:"虎狼也能父子相爱,为什么不能叫作仁呢? "太宰荡又问:"请问最高境界的仁。"庄子说:"最高境界的仁就是没有亲。"太宰荡说:"我听闻,没有亲就不会有爱,没有爱就不会有孝,说最高境界的仁就是不孝,可以吗? "庄子说:"不是这样。最高境界的仁确实值得崇尚,孝固然不足以说明它。这不是归过于孝的言论,是不涉及孝的言论。向南行走的人到了楚国郢都,北面就看不见北海的冥山,这是为什么呢? 距离冥山越发远了。故此说,以恭敬的态度来行孝容易,以爱的本心来行孝困难;以爱的本心来行孝容易,忘掉双亲困难;忘掉双亲容易,使双亲忘掉我困难;使双亲忘掉我容易,能一并忘掉天下人困难;一并忘掉天下之人容易,使天下之人一并忘掉自我困难。德性遗忘尧舜而无为自得,利益恩泽施给万世,天下却没有谁知道,岂是一直深深叹息而大谈仁孝吗! 孝悌仁义,忠信贞廉,这些都是用来勉励自己而奴役德性的,不值得推崇。故此说,最为珍贵的,一国的爵位都可以一并忘掉;最为富有的,一国的资财都可以一并弃除;最大的心愿,名声和荣誉都可以一并随同本性而泯灭。因此,大道是永恒不变的。"

在这则卮言里,庄子现身说法,以批判的方式彰显自己的伦理观。他指斥儒家的仁义孝悌泯灭人的本性,把仁比拟为虎狼,拒斥虎狼入室,割裂儒家仁孝之间的内在逻辑,从而采取无为而忘却的态度,来表达自己的与道恒久不离的伦理观。这种惊世骇俗之论,与《庄子·知北游》所说道在蝼蚁、在稊稗、在瓦甓、在屎溺一样，具有强烈的精神震撼力和刺激力。

之十一：庄子的道德观是超越的，他从天道、帝道、圣道来谈道德，在与天地之德冥合中，寻找着天乐。

《庄子·天道》说：

天道运而无所积，故万物成；帝道运而无所积，故天下归；圣道运而无所积，故海内服。明于天，通于圣，六通四辟于帝王之德者，其自为也，昧然无不静者矣。圣人之静也，非曰静也善，故静也。万物无足以铙心者，故静也。水静则明烛须眉，平中准，大匠取法焉。水静犹明，而况精神！圣人之心静乎。天地之鉴也，万物之镜也。夫虚静、恬淡、寂漠、无为者，天地之平而道德之至，故帝王圣人休焉。休则虚，虚则实，实者伦矣；虚则静，静则动，动则得矣。静则无为，无为也则任事者责矣。无为则俞俞，俞俞者忧患不能处，年寿长矣。夫虚静、恬淡、寂漠、无为者，万物之本也。明此以南乡，尧之为君也；明此以北面，舜之为臣也。以此处上，帝王天子之德也；以此处下，玄圣素王之道也。以此退居而闲游江海，山林之士服；以此进为而抚世，则功大名显而天下一也。静而圣，动而王，无为也而尊，朴素而天下莫能与之争美。夫明白于天地之德者，此之谓大本大宗，与天和者也。所以均调天下，与人和者也。与人和者，谓之人乐；与天和者，谓之天乐。庄子曰："吾师乎！吾师乎！赍万物而不为戾，泽及万世而不为仁，长于上古而不为寿，覆载天地刻雕众形而不为巧，此之为天乐。"故曰：知天乐者，其生也天行，其死也物化。静而与阴同德，动而与阳同波。故知天乐者，无天怨，无人非，无物累，无鬼责。故曰：其动也天，其静也地，一心定而王天下；其鬼不祟，其魂不疲，一心定而万物服。言以虚静推于天地，通于万物，此之谓天乐。天乐者，圣人之心，以畜天下也。

天道运行而无所积滞，故而万物得以生成；帝道运行而无所积滞，故而天下归顺；圣道运行而无所积滞，故而四海之内人人倾心折服。明白于天道，通晓于圣道，上下四方相通和四季的畅达于帝王的德性，全都是自身所为，昏茫无知就出现无不静寂的心境。圣人内心静寂，不说是静寂怎么好，故而可以静寂；万事万物不足以扰乱他的内心，故而心神静寂。水在静止时就清晰地照见人的须眉，水的平面合乎水平测定的标准，高明的工匠也会取法作为水准。水平静尚能清澄明澈，何况人的精神！圣人的心多么宁静啊！可以作为天地的明镜，作为万物的明镜。虚静、恬淡、寂寞、无为，是天地的基准，是道德的最高境界，故此帝王和圣人休止在这一境界上。休止在这一境界上就心地空明清虚，空明清虚就充实，心境充实就合于自然伦理了。心境虚空才会平静，平静才能自我运动，自我运动也就得其所宜。虚静就能无为，无为使任事的人各尽其责。无为也就从容和乐，从容和乐的人就不会身里掖着忧愁与祸患，年寿也就长久了。虚静、恬淡、寂寞、无为，是万物的根本。明白这个道理而居于帝王南向之位，唐尧就是国君；明白这个道理而居于臣下北面之位，虞舜就是臣属。以这个道理而处于尊上的地位，就是帝王天子的德性；以这个道理而处于低下的地位，就是玄圣素王的道性。以这个道理退居闲游于江海山林，江海山林的隐士就推心折服；以这个道理进身仕林而安抚人世间，就能功业卓著名扬四海而使天下同一。清静而成为圣人，行动而成为帝王，无为而取得尊位，保持淳厚素朴而天下就没有谁可以与他媲美。明白天地的德性，这就叫作根本和宗原，与天然谐和；以此来均平调节天下，就与众人谐和。跟众人谐和的，称作人乐；跟天然谐和的，就称作天乐。庄子说："我的宗师啊！我的宗师啊！碎毁万物不算残暴，恩泽施及万世不算仁爱，生长于远古不算长寿，覆天载地、雕刻众物之形状不算智巧，这就是天乐。故此说：'知晓天乐的人，他活在世上顺应天然的运行，他死了就混同万物的变化。平静跟阴气混同德行，运动就与阳气一同波动。'故此知道天乐的人，不会受到天的抱怨，不会受到人的非难，不会受到事物的拖累，不会受到鬼的责备。故此说：'运动合乎天然的运行，静止犹如大地一样宁寂，内心安定专一统驭天下；鬼神不作祟，魂魄不疲惫，内心专一安定万物无不折服归附.'言语把空虚宁静推向天地,通达于万物,这就叫作天乐。所谓天乐,就是圣人的仁心,用以养育天下人。"

庄子卮言的形态不拘一格,有的是纯粹的议论,有的是借助虚构人物,有的是套用历史人物,虚虚实实,随意而谈。这则卮言就是纯粹的议论,议论天道、帝道、圣道的根本在于静寂无为,以天乐作为圣人之心。庄子真是一个无可救药的乐天派,他创造了天道、天德、天乐的概念系列。

之十二: 庄子论道,石破天惊,不循常规,以强大的心灵冲击力使世世代代的人们认识到道"无所不在"。

《庄子·知北游》说:

> 东郭子问于庄子曰:"所谓道,恶乎在?"庄子曰:"无所不在。"东郭子曰:"期而后可。"庄子曰:"在蝼蚁。"曰:"何其下邪?"曰:"在稊稗。"曰:"何其愈下邪?"曰:"在瓦甓。"曰:"何其愈甚邪?"曰:"在屎溺。"东郭子不应。庄子曰:"夫子之问也,固不及质。正获之问于监市履狶也,每下愈况。汝唯莫必,无乎逃物。至道若是,大言亦然。周徧咸三者,异名同实,其指一也。尝相与游乎无何有之宫,同合而论,无所终穷乎! 尝相与无为乎! 澹而静乎! 漠而清乎! 调而闲乎! 寥已吾志,无往焉而不知其所至,去而来而不知其所止,吾已往来焉而不知其所终;彷徨乎冯闳,大知入焉而不知其所穷。物物者与物无际,而物有际者,所谓物际者也;不际之际,际之不际者也。谓盈虚衰杀,彼为盈虚非盈虚,彼为衰杀非衰杀,彼为本末非本末,彼为积散非积散也。"

这里隐含着庄子的世界观,动物、植物、无生物、排泄物形成递降的系列。说的是东郭子请问庄子说:"所谓道,究竟存在于什么地方?"庄子说:"大道无所不在。"东郭子说:"但愿给出具体存在的地方才可以吧。"庄子说:"在蝼蚁之中。"东郭子说:"怎么处在这样卑下的地方?"庄子说:"在稻田的稗草里。"东郭子说："怎么越发卑下了呢?"庄子说："在砖瓦中。"东郭子说："怎么越来越卑下得甚了呢?"庄子说："在屎尿里。"东郭子听了不再应答。庄子说："先生的提问,本来就没有触及道的本质,一个名叫获的管理市场的官吏向屠夫询问猪的肥瘦,踩踏猪腿的部位越是往下就越能察知肥瘦的真实情况。你不要必定在一种事物里寻找道,没有可以逃避的事物。最高的至道是这样,最伟大的言论也是这样。万物、言论和大道遍及各个角落,名称各异而实质相同,它们的意旨归于同一。尝试着游历于无何有的地方,用混同合一的观点来讨论,宇宙万物是无法穷尽的啊!尝试着再顺应变化无为而处吧!淡泊而又寂静啊!广漠而又清虚啊!调谐而又安闲啊!寂寥我的心志,没有到达的地方而不知道到达何处,离去而后归来也不知道停止的所在,我已在宇宙人世来来往往而不知哪里是最终的归宿;彷徨在开旷宏大的境域,大智慧的人进入其中而不知道了解它的尽头。造就万物的道与万物本身没有界限分际,而事物有界限分际,就是所谓具体事物之间的差异;没有边际的边际,也有边际的无边际。所谓盈满、空虚、衰退、减损,认为是盈满或空虚而并非真正是盈满或空虚,认为是衰退或减损而并非真正是衰退或减损,认为是根本或末节而并非真正是根本或末节,认为是积聚或离散而并非真正是积聚或离散。"

这则卮言是庄子现身说法,与老子大道归一(如《老子》分为八十一章有明显的道教的九九归一的意蕴),采取了相反的思维方向,认为大道散居万物,"无所不在",极而言之,散居于蝼蚁、稊稗、瓦甓、屎溺,这种愈下愈甚的情形,更足以体现道贯穿万物的普遍性,给人造成强烈的精神撞击,因而成为千古名言。这就是庄子论道的周遍性和透彻性。

卮言的第二项功能：

通篇皆议论（九则）

之一：庄子的议论洋溢着天机，既涉及"嗜欲深者，其天机浅"的道体，又涉及"真人息以踵，众人息以喉"的养生术。

《庄子·大宗师》说：

知天之所为，知人之所为者，至矣。知天之所为者，天而生也。知人之所为者，以其知之所知以养其知之所不知，终其天年而不中道夭者，是知之盛也。虽然，有患。夫知有所待而后当，其所待者特未定也。庸讵知吾所谓天之非人乎，所谓人之非天乎？且有真人而后有真知。何谓真人？古之真人，不逆寡，不雄成，不谟士。若然者，过而弗悔，当而不自得也。若然者，登高不慄，入水不濡，入火不热。是知之能登假于道者也若此。古之真人，其寝不梦，其觉无忧，其食不甘，其息深深。真人之息以踵，众人之息以喉。屈服者，其嗌言若哇。其嗜欲深者，其天机浅。古之真人，不知说生，不知恶死。其出不䜣，其入不距。翛然而往，翛然而来而已矣。不忘其所始，不求其所终。受而喜之，忘而复之，是之谓不以心捐道，不以人助天。是之谓真人。若然者，其心志，其容寂，其颡頯凄然似秋，暖然似春，喜怒通四时，与物有宜而莫知其极。故圣人之用兵也，亡国而不失人心。利泽施乎万世，不为爱人。故乐通物，非圣人也。有亲，非仁也。天时，非贤也。利害不通，非君子也。行名失己，非士也。亡身不真，非役人也。若狐不偕、务光、伯夷、

叔齐、箕子、胥余、纪他、申徒狄，是役人之役，适人之适，而不自适
其适者也。古之真人，其状义而不朋，若不足而不承。与乎其觚而不坚
也，张乎其虚而不华也。邴邴乎其似喜乎，崔乎其不得已乎。滀乎进我
色也，与乎止我德也。厉乎其似世乎，謷乎其未可制也。连乎其似好闭
也，悗乎忘其言也。以刑为体，以礼为翼，以知为时，以德为循。以刑
为体者，绰乎其杀也；以礼为翼者，所以行于世也；以知为时者，不得
已于事也；以德为循者，言其与有足者至于丘也。而人真以为勤行者也。
故其好之也一，其弗好之也一。其一也一，其不一也一。其一与天为徒，
其不一与人为徒。天与人不相胜也，是之谓真人。死生，命也，其有夜
旦之常，天也。人之有所不得与，皆物之情也。彼特以天为父，而身犹
爱之，而况其卓乎？人特以有君为愈乎己，而身犹死之，而况其真乎。
泉涸，鱼相与处于陆，相呴以湿，相濡以沫，不如相忘于江湖。与其誉
尧而非桀也，不如两忘而化其道。夫大块载我以形，劳我以生，佚我以
老，息我以死，故善吾生者，乃所以善吾死也。夫藏舟于壑，藏山于泽，
谓之固矣。然而夜半有力者负之而走，昧者不知也。藏小大有宜，犹有
所遁。若夫藏天下于天下而不得所遁，是恒物之大情也。特犯人之形而
犹喜之。若人之形者，万化而未始有极也，其为乐可胜计邪？故圣人将
游于物之所不得遁而皆存。善妖善老，善始善终，人犹效之，又况万物
之所系，而一化之所待乎？夫道，有情有信，无为无形。可传而不可受，
可得而不可见。自本自根，未有天地，自古以固存。神鬼神帝，生天生
地。在太极之先而不为高，在六极之下而不为深，先天地生而不为久，
长于上古而不为老。狶韦氏得之，以挈天地。伏戏氏得之，以袭气母。
维斗得之，终古不忒。日月得之，终古不息。堪坏得之，以袭昆仑。冯
夷得之，以游大川。肩吾得之，以处大山。黄帝得之，以登云天。颛顼
得之，以处玄宫。禺强得之，立乎北极。西王母得之，坐乎少广，莫知
其始，莫知其终。彭祖得之，上及有虞，下及五伯。傅说得之，以相武
丁，奄有天下，乘东维，骑箕尾，而比于列星。

　　这是关于天地之道的描述，说的是："知道天的行为，也知道人的行为，这是认识的极致。知道天的行为，是天然产生的。知道人的行为，以所知道的来滋养所不知道的，使享尽天年而不中途夭折，就是智慧盛况。虽然如此，但是还有祸患。知道所对待的条件而后断定是否恰当，而作为有所对待的条件就是变化不定的。岂知我所说的天然不是人为呢？所说的人为不是天然呢？况且有了真人而后才能有真知。什么叫作真人呢？古时的真人，不迎合寡少，不成功自雄，不谋求士众来归。如果是这样，有过错而不懊悔，有担当而不得意；如果是这样，登高不怕，下水不湿，入火不热。只有认识能攀登而达到符合大道的人才这样。古代的真人，睡时不做梦，醒时无忧虑。饮食不甘甜，呼吸深沉宁静。真人用脚跟呼吸，普通人的呼吸用喉咙。被人屈服的人，气不调和，咽喉中经常好像噎在喉头说不出来。嗜好欲望深的人，天然机能就浅薄了。古代的真人，不知道喜欢活，不知道厌恶死。出生不高兴，入死不抗拒，毫无牵挂地离开人间，毫无牵挂地来到人间罢了。不忘天命之始，不求天年之终，接受了就欢喜，忘记了就回复到自然的道。这就叫作不以心智捐弃大道，不以人力助天。这就叫作真人。像这样的人，心有志向，容貌沉寂，额头颊骨凄清似秋天，温暖似春天，喜怒与四时变化相通，和万物适宜而不知它的极致。圣人用兵，灭亡了别人的国家而不失掉人心，恩泽施及万世，不为喜爱人。故而乐于通达物情，不是圣人；有心亲近他人，而不是仁德；有心利用天时，而不是贤人；利害不相通，不是君子；有心以行为博得名誉而失掉自己，不是士子；忘掉身体没有珍惜，不是为了卑役别人。犹如狐不偕、务光、伯夷、叔齐、箕子、胥余、纪他、申徒狄，是为别人的劳役而劳役，为别人的安适而安适，而不是自图安适。古代的真人，为了道义而非为了朋党，好像不足而又不承受别人的帮助；举上有棱角的酒器而不坚挺；敞开空虚的襟怀而不浮华；神情畅然和适似乎喜悦！一举一动如同不得已！和蔼而使我眉开眼笑，相互交往而归依德性；励志似乎入世作为！高大的形象好像不能控制；收摄捡束似乎喜欢闭藏；俯下身来忘掉了自己说的话。以刑罚为治理体制，以礼教为辅助的翅膀，以智慧为时变，以不得已来应付世事，以德性为遵循。以刑罚为治理体制，杀人也是宽裕；以礼教为辅助的翅膀，就能畅行于世上；以智慧为时变，是不得已处理事务；以德性为遵循，说的是有脚就登上山丘。而人有真诚以为是勤于行走的人。故此，他喜好的是齐一，他不喜好的也是齐一。他以为相同的是一，他以为不相同的也是一。他以齐一来与天为徒，他以不齐一来与人为徒。天与人不能相互制胜，这就叫作真人。死和生是命定的，有如黑夜和白天的恒常变化，是天意。人的意志不得参与，都是万物的性情。人们以天作为生命之父，而终身爱慕它，何况那卓绝的道呢！人们唯独认为只有君主超过自己，而舍身为他效死忠，何况是对待真正的道呢！泉水干涸，鱼儿被困在陆地上，相互用嘴吐气，用吐沫相互沾湿，这就莫如相互忘掉在江湖中倒是自由自在。与其赞誉唐尧而非难夏桀，就不如把两者的是非都忘掉而同化于大道。大地承载我形体，劳苦我以生存，闲逸我以苍老，安息我以死亡。故而善于对待我的生存，也同样善于对待我的死亡。把船藏在山谷里，把山藏在水泽中，说是牢固了。然而，半夜三更有力量的人却背它而走，糊涂的人还不知道哩。把小的藏在大的里面很适宜，然而也会丢失。如果把天下藏到天下里就不能丢失了，这是万物所固有的大性情。特别对就范人的形体就尤其高兴，其实人的形体，是千变万化而没有止境的，那么快乐的事情是不可胜数的了。故此，圣人将要遨游于物不能逃遁而与道共存，既乐于少，又乐于老，既乐于开始，又乐于终结，人们还要效法它，何况是万物所维系，一切变化所待的道呢！道有情缘有信义，又是无为无形的；可以心传而不可以口授，可以获得而不可以看见；自己为本，自己为根，没有天地之前，从古就固然存在了；使鬼帝为神，使鬼为帝，产生天地；它在太极之先不算高，在六极之下不算深，生于天地之前不算久，长于上古之前不算老。豨韦氏得到它，用它提挈天地；伏羲氏得到它，用以调和元气的本原；北斗星得到它，永远不错乱星位；太阳和月亮得到它，就能始终运行不息；人面兽形的堪坏神得到它，用以掌管昆仑；河伯冯夷得到它，用来游历大河；山神肩吾得到它，就能进住泰山；黄帝得到它，就能登上云天；颛顼得到它，就能进住玄宫；海神禺强得到它，能站立在北极；西王母得到它，就能坐守少广山上，不知道它的开始，不知道它的终了；彭祖得到它，上从虞舜，往下活到春秋五霸时代；傅说得到它，用以辅佐武丁，拥有全天下，他死后乘着东维星，骑着箕尾星，与众星并列在一起。"

这则卮言详细论列了天道、人道，而得到这种天道、人道的，是极有权威的伏羲、黄帝、颛顼、西王母、傅说。它把养生术容纳在天道自然之中，致广大而尽精微。其中体验人的生存过程，认为"大块载我以形，劳我以生，佚我以老，息我以死"，也是非常通透之言。

之二：在庄子心目中，一就是道，含蕴广大，变化无穷，"唯达者知通为一"，但说出一，就包含着主观、客观，就包含着二；但二不是孤立存在，它产生于一，离不开一，这就是化生万物的三。如何化生呢？庄子直探道枢，"枢始得其环中，以应无穷"，一而二，二而三的变化，是在"环中"实行的，以环形应对无穷，就产生了万物。这里从哲学层面，揭示了宇宙发生论。

因而《庄子·齐物论》说：

夫言非吹也，言者有言，其所言者特未定也。果有言邪，其未尝有言邪？其以为异于鷇音，亦有辩乎，其无辩乎？道恶乎隐而有真伪，言恶乎隐而有是非。道恶乎往而不存，言恶乎存而不可。道隐于小成，言隐于荣华。故有儒墨之是非，以是其所非而非其所是。欲是其所非而非其所是，则莫若以明。物无非彼，物无非是。自彼则不见，自知则知之。故曰彼出于是，是亦因彼。彼是方生之说也，虽然，方生方死，方死方生；方可方不可，方不可方可。因是因非，因非因是。是以圣人不由，而照之于天，亦因是也。是亦彼也，彼亦是也。彼亦一是非，此亦一是非。果且有彼是乎哉！果且无彼是乎哉！彼是莫得其偶，谓之道枢。枢始得其环中，以应无穷。是亦一无穷，非亦一无穷也。故曰莫若以明以指喻指之非指，不若以非指喻指之非指也。以马喻马之非马，不若以非马喻马之非马也。天地一指也，万物一马也。可乎可，不可乎不可。道行之而成，物谓之而然。恶乎然，然于然；恶乎不然，不然于不然。物固有所然，物固有所可。无物不然，无物不可。故为是举莛与楹，厉与西施，恢恑憰怪，道通为一其分也，成也。其成也，毁也。凡物无成与毁，复通为一。唯达者知通为一，为是不用而寓诸庸。庸也者，用也。用也者，通也。通也者，得也。适得而几矣。因是已。已而不知其然，谓之道。劳神明为一而不知其同也，谓之朝三。何谓朝三？狙公赋芧，曰："朝三而暮四。"众狙皆怒。曰："然则朝四而暮三。"众狙皆说。名实未亏而喜怒为用，亦因是也。是以圣人和之以是非而休乎天钧，是之谓两行。古之人，其知有所至矣。恶乎至？有以为未始有物者，至矣，尽矣，不可以加矣。其次以为有物矣，而未始有封也。其次以为有封焉，而未始有是非也。是非之彰也，道之所以亏也。道之所以亏，爱之所以成。果且有成与亏乎哉！果且无成与亏乎哉！有成与亏，故昭氏之鼓琴也。无成与亏，故昭氏之不鼓琴也。昭文之鼓琴也，师旷之枝策也，惠子之据梧也，三子之知几乎，皆其盛者也，故载之末年。唯其好之也，以异于彼，其好之也，欲以明之。彼非所明而明之，故以坚白之昧终。而其子又以文之纶终，终身无成。若是而可谓成乎？虽我亦成也。若是而不可谓成乎？物与我无成也。是故滑疑之耀，圣人之所图也。为是不用而寓诸庸，此之谓以明。今且有言于此，不知其与是类乎，其与是不类乎？类与不类，相与为类，则与彼无以异矣。虽然，请尝言之。有始也者，有未始有始也者，有未始有夫未始有始也者。有有也者，有无也者，有未始有无也者，有未始有夫未始有无也者。俄而有无矣，而未知有无之果孰有孰无也。今我则已有谓矣，而未知吾所谓之其果有谓乎，其果无谓乎！天下莫大于秋豪之末，而大山为小。莫寿于殇子，而彭祖为夭。天地与我并生，而万物与我为一。既已为一矣，且得有言乎。既已谓之一矣，且得无言乎。一与言为二，二与一为三。自此以往，巧历不能得，而况其凡乎？故自无适有以至于三，而况自有适有乎？无适焉，因是已。夫道未始有封，言未始有常，为是而有畛也。请言其畛：有左，有右，有伦，有义，有分，有辩，有竞，有争，此之谓八德。六合之外，圣人存而不论；六合之内，圣人论而不议。春秋经世先王之志，圣人议而不辩。故分也者，有不分也。辩也者，有不辩也。曰：何也？圣人怀之，众人辩之以相示也。故曰辩也者，有不见也。夫大道不称，大辩不言，大仁不仁，大廉不嗛，大勇不忮。道昭而不道，言辩而不及，仁常而不成，廉清而不信，勇忮而不成。五者园而几向方矣。故知止其所不知，至矣。孰知不言之辩，不道之道。若有能知，此之谓天府。注焉而不满，酌焉而不竭，而不知其所由来，此之谓葆光。故昔者尧问于舜曰："我欲伐宗、脍、胥敖，南面而不释然。其故何也？"舜曰："夫三子者，犹存乎蓬艾之间。若不释然，何哉？昔者十日并出，万物皆照，而况德之进乎日者乎！"……毛嫱丽姬，人之所美也，鱼见之深入，鸟见之高飞，麋鹿见之决骤。四者孰知天下之正色哉！自我观之，仁义之端，是非之途，樊然殽乱，吾恶能知其辩？啮缺曰："子不知利害，则至人固不知利害乎？"王倪曰："至人神矣。大泽焚而不能热，河汉沍而不能寒，疾雷破山、飘风振海而不能惊。若然者，乘云气，骑日月，而游乎四海之外。死生无变于己，而况利害之端乎！"

这里充满着哲学的理趣，从这则卮言中可以体悟到，所谓"域情滞著，执一家之偏见者，谓之成心"，而世人各有自我偏执的"成心"，这样各人皆为师，都有一套是非评判标准。而没有成心，便无是非，"夫言非吹也，言者有言，其所言者特未定也"。语言和只是发出声音的"吹"不同，它是"音—义"综合体，意义是语言的根本功能所在。由于众多"言者"对所谓的意义并没有一定的价值认同标准，也就是"所言者"的意义"未定"，这样语言成了一堆没有意义的声音，失去了语言的应有之旨趣。"道隐于小成，言隐于荣华。故有儒墨之是非，以是其所非而非其所是。欲是其所非而非其所是，则莫若以明。"这里批评了儒家、墨家的是非之辩，这就谈不上"以明"，所谓"以明"，就是用虚静的灵明的心，去观照一切，从而消除所谓的是非之争。"彼是方生之说也"，指对立性质共存于矛盾体中，"虽然，方生方死，方死方生；方可方不可，方不可方可"，对立中的一方自身性质并非凝固，对立的双方又在斗争中不断互相转化，"因是因非，因非因是"，自以为依顺着"是"，其实却是依顺着"非",反之亦然。这是一种逻辑的论辩。"是以圣人不由,而照之于天",故而庄子不走是非之路,而是仰天而视,目接虚空,并以灵明的心去观照一切。至于庄子"一与言为二,二与一为三"的思想,是从老子《道德经》"道生一,一生二,二生三,三生万物"之中衍变而来。"一与言为二",说一个"一",已经是两个了。这就等于说,我很客观地告诉你,说出客观,已经包含主观,这里的观念已经是两个了;"二与一为三",告诉你这里有两个,但这两个因缘于一,不能离弃一,讲出两个就已经是三个了。所以太极含三,禅宗临济宗一句话含三玄门,一玄门有三要义,就是表述宇宙万物的发生有三个层次的逻辑。这就是说一是"体中玄",指语句全无修饰,乃依据所有事物之真相与道理而表现的语句。二是"句中玄",指不涉及分别情识之实语,即不拘泥于言语而能悟其玄奥。三是"玄中玄",又作用中玄。指脱离了一切相对待的论理与语句等桎梏的玄妙句。又有"三要",第一要为言语中无分别造作,第二要为千圣直入玄奥,第三要为言语道断。庄子思想与佛教论辩相通。庄子说:"彼是莫得其偶,谓之道枢。枢始得其环中,以应无穷。是亦一无穷,非亦一无穷也。故曰莫若以明。"道的枢纽就是取消物我彼此的绝对对立,这正是灵明的心的作用。"环中"的理念值得注意,它以圆环内空体无边无际的循环运行,故曰环中,即用恒定的圆周连通无穷的变化。既然是非无穷,争辩无益,还不如驻守在空明的境界之中,以虚静灵明的心去观照一切。这就以尧舜的圣贤权威对比儒墨的偏执的争辩,思辨了"彼亦一是非,此亦一是非"的是非相对性。以相对性实现"环中"的虚静灵明的天地运转的自由。这则卮言牵扯上重言,跨越了尧舜、儒墨的画地为牢的封闭界限,而达到"至人神矣"的境界。

之三:脚趾骈生和歧指旁出,成了异乎常人的六个脚趾和六个手指。这是非天性的多余物。庄子认为,儒墨喋喋不休的说教,就是多余的第六个脚趾和第六个手指。

因而《庄子·骈拇》说:

骈拇枝指，出乎性哉！而侈于德。附赘县疣，出乎形哉！而侈于性。多方乎仁义而用之者，列于五藏哉！而非道德之正也。是故骈于足者，连无用之肉也；枝于手者，树无用之指也；多方骈枝于五藏之情者，淫僻于仁义之行，而多方于聪明之用也。是故骈于明者，乱五色，淫文章，青黄黼黻之煌煌非乎？而离朱是已。多于聪者，乱五声，淫六律，金石丝竹黄钟大吕之声非乎？而师旷是已。枝于仁者，擢德塞性以收名声，使天下簧鼓以奉不及之法非乎？而曾、史是已。骈于辩者，累瓦结绳窜句，游心于坚白同异之间，而敝跬誉无用之言非乎？而杨、墨是已。故此皆多骈旁枝之道，非天下之至正也。彼正正者，不失其性命之情。故合者不为骈，而枝者不为跂；长者不为有余，短者不为不足。是故凫胫虽短，续之则忧；鹤胫虽长，断之则悲。故性长非所断，性短非所续，无所去忧也。意仁义其非人之情乎！彼仁人何其多忧也？且夫骈于拇者，决之则泣；枝于手者，龁之则啼。二者，或有余于数，或不足于数，其于忧一也。今世之仁人，蒿目而忧世之患；不仁之人，决性命之情而饕贵富。故意仁义其非人情乎！自三代以下者，天下何其嚣嚣也。且夫待钩绳规矩而正者，是削其性者也；待绳约胶漆而固者，是侵其德者也；屈折礼乐，呴俞仁义，以慰天下之心者，此失其常然也。天下有常然。常然者，曲者不以钩，直者不以绳，圆者不以规，方者不以矩，附离不以胶漆，约束不以缥索。故天下诱然皆生而不知其所以生，同焉皆得而不知其所以得。故古今不二，不可亏也。则仁义又奚连连如胶漆缥索而游乎道德之间为哉？使天下惑也。夫小惑易方，大惑易性。何以知其然邪？自虞氏招仁义以挠天下也，天下莫不奔命于仁义，是非以仁义易其性与？故尝试论之，自三代以下者，天下莫不以物易其性矣。小人则以身殉利，士则以身殉名，大夫则以身殉家，圣人则以身殉天下。故此数子者，事业不同，名声异号，其于伤性以身为殉，一也。臧与谷，二人相与牧羊而俱亡其羊。问臧奚事，则挟筴读书；问谷奚事，则博塞以游。二人者，事业不同，其于亡羊均也。伯夷死名于首阳之下，盗跖死利于

东陵之上，二人者，所死不同，其于残生伤性均也，奚必伯夷之是而盗
跖之非乎？天下尽殉也。彼其所殉仁义也，则俗谓之君子；其所殉货财
也，则俗谓之小人。其殉一也，则有君子焉，有小人焉。若其残生损性，
则盗跖亦伯夷已，又恶取君子小人于其间哉？且夫属其性于仁义者，虽
通如曾、史，非吾所谓臧也；属其性于五味，虽通如俞儿，非吾所谓臧
也；属其性乎五声，虽通如师旷，非吾所谓聪也；属其性乎五色，虽通
如离朱，非吾所谓明也。吾所谓臧者，非仁义之谓也，臧于其德而已矣；
吾所谓臧者，非所谓仁义之谓也，任其性命之情而已矣；吾所谓聪者，
非谓其闻彼也，自闻而已矣；吾所谓明者，非谓其见彼也，自见而已矣。
夫不自见而见彼，不自得而得彼者，是得人之得而不自得其得者也，适
人之适而不自适其适者也。夫适人之适而不自适其适，虽盗跖与伯夷，
是同为淫僻也。余愧乎道德，是以上不敢为仁义之操，而下不敢为淫僻
之行也。

作为《庄子》外篇的《骈拇》，通篇都是议论，它由人体的赘疣论及思想
学术的赘疣。行文如此提出问题：脚趾骈生和歧指旁出，这是出自天性吗？
不过都多于常人之所得。附悬于人体的赘瘤，是出自人的形体吗？不过它超
出了人天性。采用多种方法推行仁义，尽管比列于身体不可或缺的五脏，却
不是坚守道德、无所偏执的中正之道。所以，脚上六趾骈生的，是连缀着无
用的肉；手上六指旁出的，是添加了无用的手指；各种骈生、旁出的多余的
事物对于人天生的品性和欲念来说，有如迷乱而又错误地推行仁义，有如脱
出常态地使用人的听力和视力。超出本体的"多余"对于一个视觉清晰的人
来说，难道不是搅乱五色、迷乱文彩、绣制出青黄相间的华丽服饰而炫人眼
目吗？而"能视于百步之外，见秋毫之末"的神人离朱就是这样。超出本体
的"多余"对于听觉灵敏的人来说，难道不是搅乱五音、混淆六律，岂不是
搅混了金、石、丝、竹、黄钟、大吕的各种音响吗？而精通音乐，善于弹琴，
辨音力极强的盲人音乐家师旷就是这样。超出本体的"多余"对于倡导仁义
的人来说，难道不是矫揉道德、闭塞真性来捞取名声，而使天下的人们争相

鼓噪信守不可能做到的礼法吗？而春秋时的贤人，孔子的弟子曾参和卫灵公的贤臣史鳝就是这样。超出本体的"多余"对于善于言辞的人来说，难道不是堆砌词藻，穿凿文句，将心思驰骋于公孙龙的哲学命题"坚白论"的诡辩的是非之中，而艰难疲惫地罗列无数废话去追求短暂的声誉吗？而主张为我的杨朱和主张兼爱的墨翟就是这样。所以说这些都是多余的、矫造而成的不正之法，绝不是天下的至理和正道。那所谓的至理正道，就是不违背事物各自的性命真情。故此说，合在一块的不算是骈生，而旁出枝生的不算是多余，长的不算有余，短的不算不足。所以，就产生了这样的名言"凫胫虽短，续之则忧；鹤胫虽长，断之则悲"，野鸭的小腿虽然很短，续长一截就有忧患；仙鹤的小腿虽然很长，截去一段就会悲痛。事物原本就很长是不可以随意截短的，事物原本就很短也是不可以随意续长的，只要随任自然，各种事物也就没有忧患需要排除了。可叹仁义恐怕不是人所固有的真情吧？那些倡导仁义的人怎么会有那么多忧虑呢？况且对于脚趾骈生的人来说，砍掉两脚趾他就会哭泣；对于手指旁出的人来说，咬断歧指他也会哀啼。以上两种情况，有的是多于正常的手指数，有的是多于正常的脚趾数，而它们对于所导致的忧患却是同一样的。如今世上的仁人，放目远视而忧虑人间的祸患；那些不仁的人，摒弃性命的真情而贪求富贵。这是可悲的，仁义恐怕不是人所固有的真情吧？而从夏、商、周三代以来，天下又怎么会那么喧嚣竞逐呢？况且依靠曲尺、墨线、圆规、角尺而端正事物形态的，这是伤害事物本性的做法；依靠绳索胶漆而使事物相互紧紧粘固的，这是损伤事物天然德性的做法；运用礼乐生硬地改变和矫正民性，运用仁义抚爱和教化民性，从而抚慰天下民心的，这样做也就失去了人性的常态。天下的事物都各有它们固有的常态。所谓常态，就是弯曲的不依靠曲尺，笔直的不依靠墨线，正圆的不依靠圆规，端方的不依靠角尺，使分离的东西附在一起不依靠胶和漆，将单个的事物捆束在一起不依靠绳索。故此，天下万物都不知不觉地生长而不知道自己为什么生长的原因，同样都不知不觉地有所得而不知道自己为什么有所得的原因。所以古今道理并没有两样，不可能出现什么亏缺呀。那么仁义又为什么无休无止地像胶漆绳索那样人为地夹杂在天道和本性之间呢？这就使天下人大惑不解了！小的迷惑使人弄错方向，大的迷惑使人改变本性。凭什么知道是这样的呢？自从虞舜拿仁义为号召而搅乱天下，天下的人们没有谁不是在为仁义争相奔走，这岂不是用仁义来改变人固有的真性吗？从夏、商、周三代以来，天下没有谁不借助于外物来改变自身的本性。平民百姓为了私利而牺牲，士人为了名声而牺牲，大夫为了家族而牺牲，圣人则为了天下而牺牲。所以这四种人，所从事的事业不同，名声也有各自的称谓，而他们损害本性、牺牲身心，却是同样的。其中列举了一些有趣的例证：臧与谷两个家奴一块儿放羊却都让羊跑了。问臧在做什么，说是在拿着书简读书；问谷在做什么，说是在玩投骰子的游戏。这两个人所做的事不一样，但他们丢失了羊却是同样的。伯夷为了贤名死在首阳山下，盗跖为了私利死在东陵山上，这两个人，致死的原因不同，而他们在残害生命、损伤本性方面却是同样的。为什么一定要赞誉伯夷而指责盗跖呢！天下的人们都在为某种目的而牺牲：那些为仁义而牺牲的，世俗称他为君子；那些为财货而牺牲的，世俗称他为小人。他们为了某一目的而牺牲是同样的，而有的叫作君子，有的叫作小人，这不是很可笑吗？假若就残害生命、损伤本性而言，那么盗跖也就是伯夷了，又怎么能在他们中间区分君子和小人呢！况且把自己的本性从属于仁义，虽然如同曾参和史鳅那样精通，也不值得赞扬；把自己的本性从属于甜、酸、苦、辣、咸五味，虽然如同似人非人，似兽非兽，长一尺有余，朱衣玄冠，赤着两脚的俞儿那样精通味道，也不值得赞扬；把自己的本性从属于五声，虽然如同师旷那样通晓音律，也不值得称许为聪敏；把自己的本性从属于五色，即使如同离朱那样通晓色彩，也不值得称许为视觉敏锐。值得赞扬的，并非仁义之类的东西，而是更美好的德性，而是放任天性、保持真情罢了；所谓听觉聪敏，不是说能听到别人什么，而是指能够内审自己罢了；所谓视觉敏锐，不是说能看见别人什么，而是指能够看清自己罢了。不能看清自己而只能看清别人，不能安于自得而向别人索求，这就是索求别人之所得而不能安于自己所应得的人，也就是贪图达到别人所适合的境界而不能安于自己所适合的境界的人。如果适应别人所达到而不适应自己所应达到的境界，无论盗跖与伯夷，都同样是淫邪怪癖的。故此，这是有愧于宇宙万物本体和自身性情，就上不敢奉行仁义的节操，下不敢从事淫邪怪癖的行径。

庄子这则卮言如此絮絮叨叨，随意漫溢，无非要说明不能损害心性去追逐仁义，必须顺从自然而拒绝淫邪怪癖的行为。这则卮言随意而谈，强调"自适其适，适其所适"。尤其是"凫胫虽短，续之则忧；鹤胫虽长，断之则悲"的设喻，对顺乎自然的提示，具有不容置疑的论辩魅力。《庄子·骈拇》属于外篇，从一个比喻说起，指出赘瘤一样的脚趾骈生和歧指旁出，都是人体上多余的东西。它阐明了什么才是事物所固有的呢？那就是合乎自然，顺应人情的东西。它的中心旨趣，就是倡导听任自然，顺应人情的思想。这反映了庄子无为而治，返归自然的社会观和政治观，对儒家的仁义和礼乐作了直接的批判和嘲讽，但对遗失天性的某些社会进步也作了否定和揶揄，彰显了庄子的自然主义哲学。

之四：庄子喜欢说猴、说马、说猪、说虎狼、说鸡犬，在人与动物的多方比喻中，沟通自然与人性。

比如《庄子·马蹄》说：

马，蹄可以践霜雪，毛可以御风寒，龁草饮水，翘足而陆，此马之真性也。虽有义台路寝，无所用之。及至伯乐，曰："我善治马。"烧之，剔之，刻之，雒之，连之以羁絷，编之以皂栈，马之死者十二三矣。饥之，渴之，驰之，骤之，整之，齐之，前有橛饰之患，而后有鞭笑之威，而马之死者已过半矣。陶者曰："我善治埴，圆者中规，方者中矩。"匠人曰："我善治木，曲者中钩，直者应绳。"夫埴木之性，岂欲中规矩钩绳哉？然且世世称之曰："伯乐善治马而陶匠善治埴木"，此亦治天下者之过也。吾意善治天下者不然。彼民有常性，织而衣，耕而食，是谓同德。一而不党，命曰天放。故至德之世，其行填填，其视颠颠。当是时也，山无蹊隧，泽无舟梁；万物群生，连属其乡；禽兽成群，草木遂长。是故禽兽可系羁而游，鸟鹊之巢可攀援而窥。夫至德之世，同与禽兽居，族与万物并，恶乎知君子小人哉！同乎无知，其德不离；同乎无欲，是谓素朴。素朴而民性得矣。及至圣人，蹩躠为仁，踶跂为义，而天下始疑矣；澶漫为乐，摘僻为礼，而天下始分矣。故纯朴不残，孰为牺尊！白玉不毁，孰为珪璋！道德不废，安取仁义！性情不离，安用礼乐！五色不乱，孰为文采！五声不乱，孰应六律！夫残朴以为器，工匠之罪也；毁道德以为仁义，圣人之过也。夫马，陆居则食草饮水，喜则交颈相靡，怒则分背相踶。马知已此矣。夫加之以衡扼，齐之以月题，而马知介倪、闉扼、鸷曼、诡衔、窃辔。故马之知而态至盗者，伯乐之罪也。夫赫胥氏之时，民居不知所为，行不知所之，含哺而熙，鼓腹而游，民能以此矣。及至圣人，屈折礼乐以匡正天下之形，县企仁义以慰天下之心，而民乃始踶跂好知，争归于利，不可止也。此亦圣人之过也。

　　马，蹄可以践踏霜雪，毛可以抵御风寒，吃草喝水，扬起蹄脚奋力跳跃，这就是马的真正天性。即使有高台正殿，都没有什么用处。等到世上出了伯乐，说："我善于整治马。"于是用烧红的烙铁烧灼马毛，用剪刀修剔马鬃，凿削马蹄甲，烙上马印记，以络头和缰绳来拴连它们，以食槽和防湿的木板来编排它们，折腾得马死掉十分之二三了。让马挨饥渴，让马快速驱驰，急骤奔跑，让马步伐整齐，前有木制的马嚼子和以宝物饰于马衔两端，后有皮鞭和竹条的威逼，就把马折腾得死了过半。制陶工匠说："我善于整治黏土制成器皿，圆的合乎圆规，方的应于角尺。"木匠说："我善于整治木材，制成木器能使弯曲的合于钩弧的要求，笔直应合着墨线。"黏土和木材的本性岂是想去迎合圆规、角尺、钩弧、墨线吗？然而还世世代代地称赞他们说，"伯乐善于整治马，而陶匠、木匠善于整治黏土和木材"，这也就是治理天下的人的过错啊！我的意思是善于治理天下的人就不应这样。黎民百姓有正常的德性，织布而后穿衣，耕种而后吃饭，就是人类共同的德性。同一而没有偏私，这就叫作天然放达。故而德性至高的时代，人的行动持重自然，人的目光又是高直专一。正当这个年代，山野里没有路径和隧道，水泽上没有船只和桥梁，各种物类成群生活，与人类属于相连的同乡，禽兽成群，草木顺遂地生长。

故此禽兽可以用绳子牵引着游玩，鸟鹊的巢窝可以攀援上去窥探。在那德性至高的年代，人类跟禽兽同居，各种物类相互聚族并存，怎么知道什么君子、小人呢！同是蠢笨而无知识，人类的德性就不会丧失；同是没有私欲，这就叫作未染色的生绢那么"素"，以及未加工的木料那么"朴"。做到"素"和"朴"，人类的天性就获得了。等到圣人出世，尽心用力地倡导所谓仁，勉力而行地追求所谓义，于是天下开始出现猜疑。踮着脚跟竭力追求逸乐的乐曲，繁杂琐碎地制定礼仪法度，于是天下开始分裂了。故此，原木没被伤残，谁还能用它雕刻为酒器！白玉没被毁坏，谁还能用它雕刻出祭祀的玉器！人类的道德不被废弃，哪里用得着仁义！人类的天性和真情不被背离，哪里用得着礼乐！五色不被错乱，谁还讲究文彩！五声不被错乱，谁还应和六律！摧残原木做成各种器皿，这是工匠的罪过，毁弃道德以推行仁义，这就是圣人的罪过！说起马来，生活在陆地上，吃草饮水，高兴时颈交颈相互摩擦，生气时背对背相互踢撞，马的智巧就只是这样了。至于把车衡和颈轭加在它身上，把配着月牙形佩饰的镳头戴在它头上，那么马就会侧目怒视，犟着脖子抗拒轭木，暴戾不驯，或诡谲地吐出嘴里的勒口，或偷偷地脱掉马络头。故此，马的智巧而做出类似强盗的行为，这都是伯乐的罪过。上古赫胥氏的时代，黎民百姓居处不知道做些什么，走动也不知道去哪里，口里含着食物嬉戏，拍着吃饱的肚子游玩，人们所能做的就只是这样了。等到圣人出现，矫造礼乐来匡正天下百姓的形象，标榜仁义来慰藉天下的人心，于是人们便开始踮着脚跟去寻求智巧，争先恐后地去追逐私利，而不能终止。这也是圣人的罪过啊！

这则卮言，通篇都是议论，庄子反对违反人性的外力的束缚和羁绊，提倡一切返归自然的人性和清虚无为的政治人生的主张。行文以"伯乐善治马"和"陶、匠善治埴、木"为例，针砭一切从政者治理天下的规矩和办法，都直接残害了事物和人生的自然本性；进而对比上古时代一切都顺应本性，一切都生成于自然，谴责后代圣人推行所谓仁义、礼乐，摧残了人的本性和事物的自然状态，这可以说是对儒家治理天下的理念和方法的嘲讽和批判。最后返回以马为喻，进一步说明一切羁绊都是对自然本性的摧残，圣人推行的所谓仁义，只能是鼓励人们"争归于利"。这种随意而谈的卮言，旨趣在于天道无为。

之五：天道无为，无为就能以宽容的精神养育天然之性，使天下不变迁其德性，使天然之性得以保全。

《庄子·在宥》说：

闻在宥天下，不闻治天下也。在之也者，恐天下之淫其性也；宥之也者，恐天下之迁其德也。天下不淫其性，不迁其德，有治天下者哉！昔尧之治天下也，使天下欣欣焉人乐其性，是不恬也；桀之治天下也，使天下瘁瘁焉人苦其性，是不愉也。夫不恬不愉，非德也。非德也而可长久者，天下无之。人大喜邪，毗于阳；大怒邪，毗于阴。阴阳并毗，四时不至，寒暑之和不成，其反伤人之形乎！使人喜怒失位，居处无常，思虑不自得，中道不成章，于是乎天下始乔诘卓鸷，而后有盗跖、曾、史之行。故举天下以赏其善者不足，举天下以罚其恶者不给，故天下之大不足以赏罚。自三代以下者，匈匈焉终以赏罚为事，彼何暇安其性命之情哉！而且说明邪，是淫于色也；说聪邪，是淫于声也；说仁邪，是乱于德也；说义邪，是悖于理也；说礼邪，是相于技也；说乐邪，是相于淫也；说圣邪，是相于艺也；说知邪，是相于疵也。天下将安其性命之情，之八者，存可也，亡可也；天下将不安其性命之情，之八者，乃始脔卷㺃囊而乱天下也。而天下乃始尊之惜之，甚矣天下之惑也！岂直过也而去之邪！乃齐戒以言之，跪坐以进之，鼓歌以儛之，吾若是何哉！故君子不得已而临莅天下，莫若无为。无为也而后安其性命之情。故贵以身于为天下，则可以托天下；爱以身于为天下，则可以寄天下。故君子苟能无解其五藏，无擢其聪明，尸居而龙见，渊默而雷声，神动而天随，从容无为而万物炊累焉。吾又何暇治天下哉！

　　对于《庄子·在宥》的"闻在宥天下，不闻治天下也"，郭象注："宥使
自在则治，治之则乱也。"成玄英疏："宥，宽也。在，自在也……《寓言》
云，闻诸贤圣任物自在宽宥，即天下清谧。"这里的"在宥"，指的是任物自
在，无为而化。这就是说，只听闻随任天下宽松自在地发展，没有听闻要整
治天下。随任天下自在地发展，担忧人们淫逸了本性；宽容不迫各得其所，
担忧人们变迁了天然的德性。天下人不淫逸天性，不变迁自然的德性，哪里
用得着整治天下呢！往昔唐尧治理天下，使天下人欣然狂喜而安乐其真性，
这就不恬静了；夏桀治理天下，使天下人忧心忡忡都为真性而痛苦，这就不
愉悦了。不恬静与不愉悦，都不是德性。不合于德性而可以长久的，天下是
没有的。人们过度欢欣，偏于阳气；人们过度愤怒，偏于阴气。阴与阳都受
到偏离，四时就不会顺应而至，寒暑也就不会调和形成，反而会伤害人的形
体吧！使人喜怒失去定位，居处没有常态，思虑问题不自得要领，脱离中道
而不成章法，于是天下就开始意有不平，行为失常，而后便产生盗跖、曾
参、史鳅等各个不同的行为。故此，举天下所有力量来奖励人们行善也嫌不
足，据天下所有力量来惩罚劣迹也嫌不够，故此天下虽很大仍不足以用来赏
善罚恶。自夏、商、周三代以来，气势汹汹地始终把赏善罚恶当作急务，他
们又哪里有闲暇去安定人的性命真情呢！而且，喜悦眼明吗，这是沉溺于色
彩；喜悦耳聪吗，这是沉溺于乐声；喜悦仁爱吗，这是扰乱人的德性；喜悦道
义吗，这是违背事物的常理；喜悦礼仪吗，这就助长了烦琐的技巧；喜悦音乐
吗，这就助长了淫乐；喜悦圣智吗，这就助长了技艺；喜悦智巧吗，这就助长
了吹毛求疵。天下人将要安定性命真情，这八种做法，存留可以，亡失也可
以；天下人不想安定性命真情，这八种做法，就会成为拳曲不伸、扰攘纷乱
的诱因而扰乱天下了。而天下人竟然会尊崇它、珍惜它，天下人为其所迷惑
竟到了如此之甚的地步！这些现象岂能时过境迁呀！还斋戒后谈论它，跪坐
着进奉它，击鼓歌舞颂扬它，对此我将能够怎么样呢！故此，君子不得已而
莅临天下的统治地位，就不如采取无为的态度。无为才能安定人类自然的性
命真情。故此，贵重以身奉给天下，就可以把天下托付他；慈爱以身奉给天
下，就可以把天下寄托给他。故而君子倘能不敞露心中藏着的灵气，不提升

自己的聪明才智,那就会安然不动而如龙显现,渊深沉默而如雷贯耳,精神活动而天机相随,从容无为而万事万物都像炊烟那样自由自在。我又何须分出心思去治理天下啊!

在这则卮言中,庄子创制了"在宥"的概念,强调的是"君子不得已而临莅天下,莫若无为。无为也而后安其性命之情",反对以聪明、仁义、礼乐、圣智扰乱天下。君子不是主动,而是"不得已"而莅临天下,在一种被动的姿态上,突出无为而治的政治社会纲领,而纲领的核心目标是顺乎自然,"安其性命之情"。在随意而谈的卮言中,念念不忘其行为姿态、纲领和核心目标。

之六:庄子把思维发散到天地日月运行的浩渺空间之中,以人不可操纵的天地日月,来阐发人的本性无须干预操纵,这就把天地日月与人的关系打通了。

《庄子·天运》说:

> 天其运乎?地其处乎?日月其争于所乎?孰主张是?孰维纲是?孰居无事推而行是?意者其有机缄而不得已邪?意者其运转而不能自止邪?云者为雨乎?雨者为云乎?孰隆施是?孰居无事淫乐而劝是?风起北方,一西一东,有上彷徨,孰嘘吸是?孰居无事而披拂是?敢问何故?巫咸祒曰:"来!吾语女。天有六极五常,帝王顺之则治,逆之则凶。九洛之事,治成德备,监照下土,天下戴之,此谓上皇。"

天在运行吧?地在静处吧?日月在争夺居所吧?谁在主宰张罗这些现象呢?谁在把握这些现象总纲和四维维系呢?是谁闲暇无事推动这些现象的运行呢?意想它们有什么开启关闭的机关而出于不得已呢?意想它们运转而不能自行停止呢?云彩变成雨水呢?还是雨水变成云彩呢?是谁在兴起与废止云雨?是谁闲居无事贪求欢乐而促成了这类现象?风起于北方,一会儿西一会儿东,在天空中来回飘荡,是谁吐气或吸气造成了云彩的飘动?还是谁闲居无事而吹拂飘动造成这样的现象？冒昧请问是些什么缘故？巫咸祒说："来！我告诉你。天存在上下四方的六合和五行，帝王顺应它就能治理国家，违逆它就会招来凶险。顺应《洛书》'九畴'的各种事务，就能治理成功而道德完备，光辉照临人间，天下拥戴，这就叫作'上皇'。"这里以卮言的方式，借天地、日月、风云变幻的现象，强调顺应自然的道理，又借神巫之口揭示天以六极五常的机制形成内在的道德秩序。上下四方的六合和金木水火土的五行纯然是构成宇宙的空间形式和物质要素，没有人为因素掺杂其中。空间是空间，物质是物质，人是人，不掺杂的混融，是一种超逻辑的混融，空间、物质中有人，人的本质上也就与空间、物质形成了生命交换的共同体。

之七：既然有了人，也就无法排除人为，人一旦被人为，也就有点像明朝人讲的"龙生九子不成龙，各有所好"，分化成各种各样的人物类型。一旦分化，人也就不再是本来的人了。

《庄子·刻意》说：

> 刻意尚行，离世异俗，高论怨诽，为亢而已矣。此山谷之士，非世之人，枯槁赴渊者之所好也。语仁义忠信，恭俭推让，为修而已矣。此平世之士，教诲之人，游居学者之所好也。语大功，立大名，礼君臣，正上下，为治而已矣。此朝廷之士，尊主强国之人，致功并兼者之所好也。就薮泽，处闲旷，钓鱼闲处，无为而已矣。此江海之士，避世之人，闲暇者之所好也。吹呴呼吸，吐故纳新，熊经鸟申，为寿而已矣。此道引之士，养形之人，彭祖寿考者之所好也。若夫不刻意而高，无仁义而修，无功名而治，无江海而闲，不道引而寿，无不忘也，无不有也。淡然无极而众美从之。此天地之道，圣人之德也。故曰：夫恬淡寂漠，虚无无为，此天地之平而道德之质也。故曰：圣人休休焉则平易矣。平易则恬淡矣。平易恬淡，则忧患不能入，邪气不能袭，故其德全而神不亏。故曰：圣人之生也天行，其死也物化。静而与阴同德，动而与阳同波。

不为福先，不为祸始。感而后应，迫而后动，不得已而后起。去知与故，循天之理。故无天灾，无物累，无人非，无鬼责。其生若浮，其死若休。不思虑，不豫谋。光矣而不耀，信矣而不期。其寝不梦，其觉无忧。其神纯粹，其魂不罢。虚无恬淡，乃合天德。故曰：悲乐者，德之邪也；喜怒者，道之过也；好恶者，德之失也。故心不忧乐，德之至也；一而不变，静之至也；无所于忤，虚之至也；不与物交，淡之至也；无所于逆，粹之至也。故曰：形劳而不休则弊，精用而不已则劳，劳则竭。水之性，不杂则清，莫动则平；郁闭而不流，亦不能清；天德之象也。故曰：纯粹而不杂，静一而不变，淡而无为，动而以天行，此养神之道也。夫有干越之剑者，柙而藏之，不敢用也，宝之至也。精神四达并流，无所不极，上际于天，下蟠于地，化育万物，不可为象，其名为同帝。纯素之道，唯神是守。守而勿失，与神为一。一之精通，合于天伦。野语有之曰："众人重利，廉士重名，贤士尚志，圣人贵精。"故素也者，谓其无所与杂也；纯也者，谓其不亏其神也。能体纯素，谓之真人。

这就是说，雕刻心意崇尚行为，脱离尘世不同流俗，高谈阔论，怨恨非议，算是高亢卓绝罢了；这是避居山谷的隐士，非议世俗的人，正是那些神志枯槁、宁可奔赴深渊以身殉志的人所好尚的。倡导仁爱、道义、忠贞、信实和恭敬、节俭、辞让、谦逊，为了修身罢了；这是平定天下的人，是对人施以教诲的人，正是那些游说各国而后退居讲学的人所喜好的。倡导大功，树立大名，用礼仪来衡定君臣的等阶，端正上下各别的秩序，为了治世罢了；这是身居朝廷的人，尊崇国君强大国家的人，正是那些致力功名兼并敌国的人所喜好的。走向山林湖泽，处身闲暇旷达，垂钩钓鱼来消遣时光，算是无为罢了；这是闲游江河湖海的人，是逃避世俗的人，是闲暇无事的人所喜好的。快快慢慢地呼吸，吐却胸中浊气吸纳清新空气，像熊之攀缘，鸟之伸脚，算是善于延年益寿罢了；这样做乃是导引的人，保养形体的人，是彭祖那样寿延长久的人所喜好的。假如不刻意追求高洁，不倡导仁义而修炼，不追求功名而治理天下，不避居江海而心境闲旷，不导引而自然长寿，没有什么不淡忘，而又没有什么不据有，淡泊宁寂从不滞留一方，而一切美好都随从着他，这是天地之道，圣人的德性。故此说，恬淡、寂漠、空虚、无为，这是天地均衡的基准，是道德修养的本质所在。故此说，圣人总是休闲宽容，也就平和顺畅了，平和顺畅也就恬淡了。平和恬淡，忧患就不能入侵，邪气就不能袭击机体，故而德性完全而精神不受亏损。故此说，圣人的生存顺应天然而运行，他们死离人世又随万物变化而去。平静时与阴气混同德性，运动时又与阳气混同波动。不做幸福的先导，也不为祸患的起始。有所感而后所应，有所逼迫而后有所行动，不得已而后兴起。去除智巧与世故，遵循天然的道理。故而没有天灾，没有外物的牵累，没有旁人的非议，没有鬼神的责难。他们的生存犹如在水面漂浮，他们死离犹如疲劳后的休息。他们不思虑，也不预谋。光亮但不刺眼，信实却不期求。他们睡觉不做梦，醒来无忧患，他们的心神纯净精粹，他们的魂灵也不疲惫。虚无恬淡，于是合乎天的德性。故此说，悲哀和欢乐是背离德性的邪门，喜悦和愤怒是违反大道的罪过，喜好和憎恶是德性的流失。故而内心不忧不乐，是德性的极致；持守专一而没有变化，是寂静的极致；不与任何外物相忤逆，是清虚的极致；不跟外物交往，是淡泊的极致；不与任何事物相逆反，是纯粹的极致。故此说，形体劳累而不休息就会疲敝不堪，精力使用而没完没了就会元气劳损，元气劳损就会精力枯竭。水的本性，不混杂就清澈，不搅动就会平静，闭塞不流动也就不会清澈，这是天然德性的现象。故此说，纯净精粹而不混杂，静寂持一而不改变，恬淡而无为，行动而顺应天然而行，这就是养神的道理。有吴越的宝剑，藏在匣子里不敢使用，这是珍宝的极致。精神四向通达并同流荡，无所不达到极端，上达天际，向下盘绕大地，化生养育万物，不可留下迹象，名义上就与天帝有同样的功能。纯粹素朴的道，唯有精神守护。守护住了而不流失，就和神浑然一体。这种浑然一体到了精通的境界，就合于天然伦理。俗话有这种说法："众人重利，廉士重名，贤士尚志，圣人贵精。"故而所谓素朴，就是说它没有混入杂质；所谓纯粹，就是说它不亏损精神。能够体现纯粹和素朴，这叫作真人了。在这里，庄子以全篇《刻意》作卮言漫衍，评点了隐士、朝士、贤士、至人、真人的不同思想境界，揭发他们与人的天然本性的不同距离，进而张扬至人、真人的天真自然、处世无为的高明襟怀，推崇"养神之道"。

之八：庄子是一个原始主义者，推崇人类的初心，在于"莫之为而常自然"，反对以俗学修理人心，造成人性的蜕化。

《庄子·缮性》说：

缮性于俗学，以求复其初；滑欲于俗思，以求致其明：谓之蔽蒙之民。古之治道者，以恬养知。知生而无以知为也，谓之以知养恬。知与恬交相养，而和理出其性。夫德，和也；道，理也。德无不容，仁也；道无不理，义也；义明而物亲，忠也；中纯实而反乎情，乐也；信行容体而顺乎文，礼也。礼乐遍行，则天下乱矣。彼正而蒙己德，德则不冒。冒则物必失其性也。古之人，在混芒之中，与一世而得淡漠焉。当是时也，阴阳和静，鬼神不扰，四时得节，万物不伤，群生不夭，人虽有知，无所用之，此之谓至一。当是时也，莫之为而常自然。逮德下衰，及燧人、伏羲始为天下，是故顺而不一。德又下衰，及神农、黄帝始为天下，是故安而不顺。德又下衰，及唐、虞始为天下，兴治化之流，枭淳散朴，离道以善，险德以行，然后去性而从于心。心与心识知，而不足以定天下，然后附之以文，益之以博。文灭质，博溺心，然后民始惑乱，无以反其性情而复其初。由是观之，世丧道矣，道丧世矣，世与道交相丧也。道之人何由兴乎世，世亦何由兴乎道哉！道无以兴乎世，世无以兴乎道，虽圣人不在山林之中，其德隐矣。隐故不自隐。古之所谓隐士者，非伏其身而弗见也，非闭其言而不出也，非藏其知而不发也，时命大谬也。当时命而大行乎天下，则反一无迹；不当时命而大穷乎天下，则深根宁极而待：此存身之道也。古之行身者，不以辩饰知，不以知穷天下，不以知穷德，危然处其所而反其性，己又何为哉！道固不小行，德固不小识。小识伤德，小行伤道。故曰：正己而已矣。乐全之谓得志。古之所谓得志者，非轩冕之谓也，谓其无以益其乐而已矣。今之所谓得志者，轩冕之谓也。轩冕在身，非性命也，物之傥来，寄者也。寄之，其来不可圉，其去不可止。故不为轩冕肆志，不为穷约趋俗，其乐彼与此同，故无忧而已矣！今寄去则不乐。由是观之，虽乐，未尝不荒也。故曰：丧己于物，失性于俗者，谓之倒置之民。

这里庄子是一个原始主义者，说的是在世俗学问中修缮整治性情，靠世俗学问来求取复归原始的真性；在世俗思想中润滑欲念，还想求取明彻，这叫作蔽塞蒙昧的人。古时研究道术的人，以恬淡来调养心智；心智生成于不知用来做什么，可称为以心智调养恬淡。心智和恬淡交相调养，而谐和情理从本性中流露出来。德，是和谐；道，是情理。德无所不容，就叫作仁；道无所不理，就叫作义。义理彰明而物类相亲，就叫作忠；心中淳厚朴实而返归性情，叫作乐；诚信施行、容仪得体而顺应文明，叫作礼。礼乐普遍推行，天下就大乱了。彼人端正而且敛藏自己的德性，德性就不会冒失冲犯。德性冒失冲犯就会失去本性。古时候的人，生活在混沌鸿蒙之中，与整个世界混为一体而恬淡寂寞。正当这个时候，阴阳谐和宁静，鬼神也不滋扰，四季的变化顺应时节，万物不受伤害，各种生命都不会夭折，人们虽然有心智，也没有地方可用，这就叫作最为完满的浑一状态。正当这个时候，人们不须做什么而常得自然的意趣。等到后来道德衰退，到了燧人氏、伏羲氏开始统治天下，世事随顺却已不能浑然为一。道德再度下行衰退，到了神农和黄帝开始统治天下，世道安定却已不能随顺民性物情。道德再度下行衰退，到了唐尧、虞舜开始统治天下，兴起了治理和教化的潮流，破坏了淳厚质朴的风尚，背离大道而行善，危害德性而行事，然后去除了本性而顺从于各异的人心。人们之间心与心里相互知道和了解，而不足以使天下安定，然后贴附上浮华的文饰，增加了广博的俗学。文饰浮华毁灭了质朴之风，广博的俗学淹没了纯真的心灵，然后人民开始迷惑和纷乱，无法返归本真性情而恢复原始的初心。由此看来，世间丧失了自然之道，自然之道丧失了人世。人世和道交相丧失，有道之人怎么能兴起于人世间，人世间又怎么能从自然之道得到振兴呢？道不能在人世间兴起，人世间不能使道得到振兴，虽然圣人不生活在山林之中，他的德性也必将隐没而不为人知了。这种隐没于世，故而不是自求隐没。古代的所谓隐士，并非隐伏身形而不显现于世，并非闭口不言而不愿吐露真情，并非深藏才智而不愿发挥，是因为时遇和命运大为悖谬啊。当时遇和命运相应而通行于天下，就会返归混沌纯一之境而不露痕迹；当机遇、命运穷困于天下，就固守根本、保有宁寂至极之性而静心等待；这就是保存自身的方法。古代善于保存自身的人，不以辩说来巧饰智慧，不以智巧困窘天下，不以心智困扰德行，巍然守持自己生活的处所而返归真性情，自己又何必做些什么呢！大道固然不是小手小脚的行为，大德固然不是小鼻小眼的见识。小见识伤害德性，小作为伤害大道。故此说，端正自己就可以了。快乐保全本性可以称作心志自得而自适。古代所说的心志自得自适的人，不是指高官厚禄地位尊显，说的是出自本然的快意而不必再增益什么罢了。如今所说的心志快意自适，是指高官乘轩服冕。乘轩服冕的富贵在身，并非出自本然的性命，犹如外物偶然到来，是临时寄托的东西。临时寄托，它们到来不可阻挡，它们离去也不可制止。故而不为富贵荣华而恣意放纵，不为穷困贫乏而趋附流俗，无论富贵荣华与穷困贫乏，其间的快乐相同，故而没有忧愁罢了。如今寄托之物离去就觉不快乐，由此看来，虽然快乐也未尝不是荒废了真性。故此说，把自己丧失在外物之中，把本性丧失在流俗之中，就叫作颠倒了本末的人。庄子以整篇《缮性》形成卮言漫衍，以历史蜕化论的思维，描绘了从混沌初开，到燧人氏、伏羲氏，再到神农、黄帝，唐尧、虞舜一步步加强治理教化，使人世间的纯粹厚朴的风俗逐渐流失，不能返回人的本性，造成了本末倒置的翻筋斗的民众。政治教化的发展，付出了人的本性流失的代价。这里采取逆反思维，提出了如何处理社会发展和人性保全的历史命题。

之九：什么是最高境界的快乐？圣凡人等都关心这个问题。庄子专门用"至乐"的命题，叩问这个人类的困惑。

《庄子·至乐》说：

天下有至乐无有哉？有可以活身者无有哉？今奚为奚据？奚避奚处？奚就奚去？奚乐奚恶？夫天下之所尊者，富贵寿善也；所乐者，身安厚味美服好色音声也；所下者，贫贱夭恶也；所苦者，身不得安逸，口不得厚味，形不得美服，目不得好色，耳不得音声；若不得者，则大忧以惧。其为形也亦愚哉。夫富者，苦身疾作，多积财而不得尽用，其为形也亦外矣。夫贵者，夜以继日，思虑善否，其为形也亦疏矣。人之生也，与忧俱生，寿者惛惛，久忧不死，何苦也！其为形也亦远矣。烈士为天下见善矣，未足以活身。吾未知善之诚善邪，诚不善邪？若以为善矣，不足活身；以为不善矣，足以活人。故曰："忠谏不听，蹲循勿争。"故夫子胥争之以残其形，不争，名亦不成。诚有善无有哉？今俗之所为与其所乐，吾又未知乐之果乐邪，果不乐邪？吾观夫俗之所乐，举群趣者，誙誙然如将不得已，而皆曰乐者，吾未之乐也，亦未之不乐也。果有乐无有哉？吾以无为诚乐矣，又俗之所大苦也。故曰："至乐无乐，至誉无誉。"天下是非果未可定也。虽然，无为可以定是非。至乐活身，唯无为几存。请尝试言之。天无为以之清，地无为以之宁，故两无为相合，万物皆化。芒乎芴乎，而无从出乎！芴乎芒乎，而无有象乎！万物职职，皆从无为殖。故曰天地无为也而无不为也，人也孰能得无为哉！

天下有极致的快乐还是没有呢？有可以存活身体的东西还是没有呢？现今应该做些什么又依据什么？回避什么又处置什么？迁就什么又舍弃什么？悦乐什么又厌恶什么？世上的人们所尊崇的，是富有、高贵、长寿和善名；所欢乐的，是身体安适、食品丰厚、服饰美好、色彩绚丽和乐声动听；所认为卑下的，是贫穷、卑贱、短命和恶名；所痛苦的，是身体不得舒适安逸、口里不得美味佳肴、外形不得漂亮的服饰、眼睛不得绚丽的色彩、耳朵不得悦耳的乐声；假如得不到这些东西，就大为忧愁和恐惧，以上种种对待身形的做法实在是太愚蠢啊！富有的人，辛苦身体勤奋劳作，积攒了许多财富而不能尽情享用，那样对待身体也就太见外了。高贵的人，夜以继日地苦苦思索善与不善，对待身体也就疏忽了。人的生存，与忧愁一道产生，长寿的人整日里糊里糊涂，长久忧患而不死去，多么痛苦啊！那样对待身体也就太疏远了。刚烈之士为了天下而表现出善行，却不足以存活自身。我不知道这样的行为是真正的好呢，还是实在不能算是好呢？假如认为是好行为，却不足以存活自身；假如认为不是好行为，却又足以使别人存活下来。故此说："忠诚的劝谏不被接纳，那就退让一旁不再去谏诤。"所以伍子胥忠心劝谏以致身受残戮，如果他不谏诤，忠臣的美名也就不会成就。果真有什么好还是没有呢？现今世俗所做的和以为快乐的，我又未知道他是果真快乐，还是果真不快乐？我观察世俗所说的快乐，群相趋慕，要死要活地奔竞而不得已而为，而都说是快乐，我并不以为快乐，也不以为不快乐。果真有没有快乐？我以无为是果真快乐呢，又被世俗认为是大痛苦。故此说："最快乐的是没有快乐，最有声誉的是没有声誉。"天下的是非果真是未可确定的。虽然如此，无为的理念可以确定是非。最大的快乐是自身存活，而唯有无为最接近于使自身存活的了。请尝试说一说，天无为而清虚，地无为而安宁，天与地两个无为相互结合，万物全都能变化生长。恍恍惚惚，而不可辨认从何处产生出来！惚惚恍恍，而不可辨认一丁点迹象！万物繁多拥挤，都从无为中繁衍生殖。故此说，天地无为，又无所不为。而人谁又能够做到无为呢！这则随意漫衍的卮言，讨论富、贵、寿、烈的人，都与至乐无缘，伍子胥刚烈受戮，不刚烈就失去声誉，因此唯有无为，才能无不为，才能解开"至乐无乐，至誉无誉"的吊诡的逻辑。对于有无最高的快乐，庄子最终归结到无为的境界，认为世俗趋之若鹜的荣华富贵都不足道，唯有逍遥精神值得珍视。无为与逍遥，是庄子的最高精神追求。

卮言的第三项功能：

引用老子之言入闲谈（二则）

之一：在卮言的随意漫衍中，庄子不仅注入老子的核心理念，而且直接引用老子之言。

比如《老子》三十六章："鱼不可脱于渊，国之利器不可以示人。"四十五章："大巧若拙。"《庄子·胠箧》都照样引用。《老子》八十章："小国寡民。使有什伯之器而不用；使民重死而不远徙；虽有舟舆，无所乘之；虽有甲兵，无所陈之。使民复结绳而用之。至治之极。甘其食，美其服，安其居，乐其俗，邻国相望，鸡犬之声相闻，民至老死不相往来。"《老子》十九章："绝圣弃智，民利百倍；绝仁弃义，民复孝慈；绝巧弃利，盗贼无有。"《庄子·胠箧》则变通使用。

这是《庄子·胠箧》的原文：

将为胠箧、探囊、发匮之盗而为守备，则必摄缄縢，固扃鐍，此世俗所谓知也。然而巨盗至，则负匮、揭箧、担囊而趋，唯恐缄縢、扃鐍之不固也。然则乡之所谓知者，不乃为大盗积者也？故尝试论之，世俗之所谓知者，有不为大盗积者乎？所谓圣者，有不为大盗守者乎？何以知其然邪？昔者齐国邻邑相望，鸡狗之音相闻，网罟之所布，耒耨之所刺，方二千余里。阖四竟之内，所以立宗庙社稷，治邑、屋、州、闾、乡曲者，曷尝不法圣人哉！然而田成子一旦杀齐君而盗其国。所盗者岂独其国邪？并与其圣知之法而盗之。故田成子有乎盗贼之名，而身处尧舜之安，小国不敢非，大国不敢诛，十二世有齐国。则是不乃窃齐国，并与其圣智之法，以守其盗贼之身乎？尝试论之，世俗之所谓至知者，有不为大盗积者乎？所谓至圣者，有不为大盗守者乎？何以知其然邪？昔者龙逢斩，比干剖，苌弘胣，子胥靡，故四子之贤而身不免乎戮。故跖之徒问于跖曰："盗亦有道乎？"跖曰："何适而无有道邪？夫妄意室中之藏，圣也；入先，勇也；出后，义也；知可否，知也；分均，仁也。五者不备而能成大盗者，天下未之有也。"由是观之，善人不得圣人之道不立，跖不得圣人之道不行。天下之善人少而不善人多，则圣人之利天下也少而害天下也多。故曰，"唇竭则齿寒，鲁酒薄而邯郸围，圣人生而大盗起。"掊击圣人，纵舍盗贼，而天下始治矣。夫川竭而谷虚，丘夷而渊实。圣人已死，则大盗不起，天下平而无故矣。圣人不死，大盗不止。虽重圣人而治天下，则是重利盗跖也。为之斗斛以量之，则并与斗斛而窃之；为之权衡以称之，则并与权衡而窃之；为之符玺以信之，则并与符玺而窃之；为之仁义以矫之，则并与仁义而窃之。何以知其然邪？彼窃钩者诛，窃国者为诸侯，诸侯之门而仁义存焉，则是非窃仁义圣知邪？故逐于大盗，揭诸侯，窃仁义并斗斛、权衡、符玺之利者，虽有轩冕之赏弗能劝，斧钺之威弗能禁。此重利盗跖而使不可禁者，是乃圣人之过也。故曰："鱼不可脱于渊，国之利器不可以示人。"彼圣人者，天下之利器也，非所以明天下也。故绝圣弃知，大盗乃止；擿玉毁珠，小盗不起；焚符破玺，而民朴鄙；掊斗折衡，而民不争；殚残天下之圣法，而民始可与论议。擢乱六律，铄绝竽瑟，塞瞽旷之耳，而天下始人含其聪矣；灭文章，散五采，胶离朱之目，而天下始人含其明矣；毁绝钩绳而弃规矩，攦工倕之指，而天下始人有其巧矣。故曰："大巧若拙。"削曾、史之行，钳杨、墨之口，攘弃仁义，而天下之德始玄同矣。彼人含其明，则天下不铄矣；人含其聪，则天下不累矣；人含其知，则天下不惑矣；人含其德，则天下不僻矣。彼曾、史、杨、墨、师旷、工倕、离朱，皆外立其德而以爚乱天下者也，法之所无用也。子独不知至德之世乎？昔者容成氏、大庭氏、伯皇氏、中央氏、栗陆氏、骊畜氏、轩辕氏、赫胥氏、尊卢氏、祝融氏、伏牺氏、神农氏，当是时也，民结绳而用之，甘其食，美其服，乐其俗，安其居，邻国相望，鸡狗之音相闻，民至老死而不相往来。若此之时，则至治已。今遂至使民延颈举踵曰"某所有贤者"，赢粮而趣之，则内弃其亲而外去其主之事，足迹接乎诸侯之境，车轨结乎千里之外，则是上好知之过也。上诚好知而无道，则天下大乱矣。何以知其然邪？夫弓弩、毕弋、机变之知多，则鸟乱于上矣；钩饵、罔罟、罾笱之知多，则鱼乱于水矣；削格、罗落、罝罘之知多，则兽乱于泽矣；知诈渐毒、颉滑坚白、解垢同异之变多，则俗惑于辩矣。故天下每每大乱，罪在于好知。故天下皆知求其所不知而莫知求其所已知者，皆知非其所不善而莫知非其所已善者，是以大乱。故上悖日月之明，下烁山川之精，中堕四时之施，惴耎之虫，肖翘之物，莫不失其性。甚矣夫好知之乱天下也！自三代以下者是已。舍夫种种之民而悦夫役役之佞，释夫恬淡无为而悦夫啍啍之意，啍啍已乱天下矣。

将要对付撬箱子、掏口袋、开柜子的小偷而做防范准备，就必须收紧绳结、加固插闩和锁钥，这是世上俗人所说的明智做法。然而大强盗来了，就背着柜子、扛着箱子、挑着口袋快步跑了，唯恐绳结、插闩与锁钥不够牢固哩。既然是这样，那么先前所谓的明智做法，不就是给大盗做好了准备吗？所以我曾试图讨论这种情况，世俗所谓的聪明人，有不替大盗积聚财物的吗？所谓的圣人，有不替大盗守卫财物的吗？怎么知道是这样的呢？往昔齐国，邻近的城邑相望，鸡狗的叫声相闻，布置了捕鸟捕鱼的网，犁锄所耕作的土地，方圆两千多里，总合四境之内，建立宗庙社稷，治理邑、屋、州、闾、乡曲的地方组织，何尝没有取法圣人呢！然而田成子一下杀了齐国的国君也就窃取整个齐国。所窃取的难道仅仅只是齐国吗？连同那里各种圣明的法规与制度也一块儿盗取了。故而田成子虽然有盗贼的名声，却身处尧舜那样安稳的地位，小国不敢非议他，大国不敢讨伐他，连续十二代窃据齐国。那么，这不就是盗窃了齐国，连同那里圣明的法规和制度，从而用来守卫他盗贼之身吗？尝试着讨论讨论吧，世俗所谓绝顶明智的人，有不替大盗积聚财富的吗？所谓圣人，有不替大盗守护财富的吗？怎么知道是这样的呢？往昔龙逢被斩首，比干被剖心，苌弘被掏出肠子，伍子胥被抛尸江中任其腐烂。故而四个贤能之士，仍不能免于遭到杀戮。故此盗跖的门徒向盗跖问道："做强盗也有强盗的道性吗？"盗跖回答说："到什么地方没有道性呢？狂妄推测屋里的储藏，就是圣明；率先进攻，就是勇敢；最后撤出，就是义气；能知道可否采取行动，就是明智；事后分配公平，就是仁爱。以上五样不能具备，却能成为大盗的人，天下是没有的。"由此看来，善人实行圣人之道就不能立业，盗跖不实行圣人之道就不能横行；天下的善人少，而不善的人多，那么圣人给天下带来好处也就少，而给天下带来祸患也就多。故此说："嘴唇向外翻开，牙齿就外露受寒，鲁国的酒味道淡薄而导致赵国都城邯郸被围困，圣人出现了因而大盗也就兴起了。"抨击圣人，释放盗贼，天下方才能太平无事。河水干涸了，山谷就变得空旷；山丘夷平了，深潭就变得充实。圣人死了，大盗也就不会兴起，天下太平而没有变故了。圣人不死，大盗也就不会止息。虽然重视圣人治理天下，这也是让盗跖获得最大的好处。给天下人制定斗、斛来计量物品的多少，就连同斗斛一道盗窃走了；给天下人制定秤锤、秤杆来计量物品的轻重，那就连同秤锤、秤杆一道盗窃走了；给天下人制定符信、印玺来取信于人，那么就连同符信、印玺一道盗窃走了；给天下人制定仁义来矫正人们的道德和行为，就连同仁义一道盗窃走了。怎么知道是这样呢？那些偷窃腰带环钩之类小物件的人受到诛杀，而窃夺了整个国家的人却成为诸侯，诸侯之门方才存在仁义，这不就是盗窃了仁义和圣智吗？故而那些追随大盗、高居诸侯之位、窃夺了仁义以及斗斛、秤具、符玺之利的人，即使有高官厚禄的赏赐不可能劝止，即使有行刑杀戮的威严不可能禁止。这些有重大利益于盗跖而不能禁止的情况，都是圣人的过错。故此说："鱼儿不能脱离深潭，治国的利器不能随便出示给人。"那些圣人，就是治理天下的利器，是不可以使天下清明的。所以，断绝圣人摒弃智慧，大盗就中止；抛弃玉器毁坏珠宝，小的盗贼就不出现；焚烧符信破毁印玺，百姓就朴实浑厚；摔破斗斛折断秤杆，百姓就没有争斗；尽毁天下的圣人之法，百姓方才可以评议是非和曲直。搅乱六律，烧断竽管和琴瑟，堵塞善于辨音的师旷的耳朵，天下人才能保全他们原本的听觉；消除纹饰，离散五彩，粘住视觉灵敏的离朱的眼睛，天下人才能保全他们原本的视觉；毁掉钩弧和墨线，抛弃圆规和角尺，折断古代巧匠工倕的手指，天下人方才能保有他们原本的智巧。故此说："最大的智巧犹如笨拙。"削除曾参、史鳛的忠孝行为，钳住杨朱、墨翟善辩的嘴巴，抛弃仁义，天下的德行才能混为玄幻的同一。人保有原本的视觉，天下就不烧毁；人保有原本的听觉，天下就不出现拖累；人保有原本的智慧，天下就不出现迷惑；人保有原本的德性，天下就不出现邪僻。那曾参、史鳛、杨朱、墨翟、师旷、工倕、离朱，都建立德行，以迷乱天下，使得正常的法度没有用处。你唯独不知道那盛德的时代吗？往昔容成氏、大庭氏、伯皇氏、中央氏、栗陆氏、骊畜氏、轩辕氏、赫胥氏、尊卢氏、祝融氏、伏羲氏、神农氏，在那些时代，人民靠绳子打结来记事，把粗疏的饭菜当作美味，把朴素的衣衫当作美服，把醇厚的风俗当作欢乐，把简陋的居所当作安适，邻近的国家相互观望，鸡狗之声相互听闻，民众直至老死也互不往来。像这样的时代，就可说是太平治世了。当今却使民众伸长脖颈踮起脚跟说"某个地方出了贤人"，于是带着干粮急趋而去，家里抛弃了双亲，外边离开了主上的事业，足迹交接于诸侯的国境，车轮印迹交织在千里之外，这就是上层人物喜好圣智的过错。上层人物诚心诚意喜好圣智而不遵从大道，那天下必定会大乱啊！怎么知道会这样呢？捕兽所用的网，射鸟所用的系绳之箭，机变的智巧多了，鸟儿就只会在空中乱飞；钩饵、渔网、渔笼之类的智巧多了，那么鱼儿就只会在水里乱游；装有机关的捕兽木笼，截捕禽兽的网罗，山林水泽布置的兽网之类的智巧多了，野兽就只能在草泽里乱窜；诡诈之辞，错乱混淆，言辞诡曲，坚白之辩、同异之谈等等权变多了，世俗的人就被诡辩所迷惑。故此，天下每每发生大乱，罪过就在于喜好智巧。故而天下都只知道探求他所不知道的，却不知道探求他所已经知道的；都知道非难他所认为不好的，却不知道否定他所已经赞同的，这就造成天下大乱。所以对上违背日月的光辉，对下销解山川的精华，居中又毁坏四时的施与，就连附生地上蠕动的小虫，细小能飞的在空中的蛾蝶，没有不丧失原有天性的。追求智巧扰乱天下，竟达到如此之甚的地步！自夏、商、周三代以来的情形就是这样啊。

抛弃那众多淳朴的民众，而喜好那钻营狡诈的谄佞小人；放弃恬淡无为的自然风尚，喜好那哼哼唧唧的说教。哼哼唧唧的说教已经搞乱了天下啊！《胠箧篇》比起前面的《马蹄篇》，言辞更加尖锐深刻。作为卮言，可不是杯子里的风波，而是写得汪洋恣肆。其旨趣是宣扬"绝圣弃知"的思想和返归原始天性的政治主张，故此一方面竭力抨击所谓圣人的"仁义"，一方面倡导抛弃一切文化和智慧，使社会回到原始状态中去。行文从讨论各种防盗的手段最终都会被盗贼所利用入手，指出当时治天下的主张和办法，都是统治者、阴谋家的工具，着力批判了"仁义"和"礼法"。接着进一步提出摒弃一切社会文化的观点，强调"绝圣弃知"的思想。最后通过对比"至德之世"与"三代以下"的治乱，表达缅怀原始社会的复古主义的政治主张。这则随意而谈的卮言，以盗跖之口提出"盗亦有道"，指责"圣人不死，大盗不止"，尤其是揭示了"窃钩者诛，窃国者为诸侯，诸侯之门而仁义存焉"，令人看出以仁义粉饰的社会价值标准的颠倒。

之二：老子的弟子有关尹，《史记·老子韩非列传》说："老子修道德，其学以自隐无名为务。居周久之，见周之衰，乃遂去。至关，关令尹喜曰：'子将隐矣，强为我著书。'于是老子乃著书上下篇，言道德之意五千余言而去，莫知其所终。"《庄子·天下篇》也称："关尹、老聃乎，古之博大真人哉！"强化了对老子之学的关尹学派的推崇。

检索《列子·黄帝篇》，有如此记述："列子问关尹曰：'至人潜行不空，蹈火不热，行乎万物之上而不栗。请问何以至于此？'关尹曰：'是纯气之守也，非智巧果敢之列。姬！鱼语女。凡有貌像声色者，皆物也。物与物何以相远也。夫奚足以至乎先？是色而已。则物之造乎不形，而止乎无所化。夫得是而穷之者，焉得而正焉。彼将处乎不深之度，而藏乎无端之纪，游乎万物之所终始。壹其性，养其气，含其德，以通乎物之所造。夫若是者，其天守全，其神无郤，物奚自入焉？夫醉者之坠于车也，虽疾不死。骨节与人同，而犯害与人异，其神全也。乘亦弗知也，坠亦弗知也。死生惊惧不入乎其胸，是故忤物而不慑。彼得全于酒而犹若是，而况得全于天乎。圣人藏于天，故物莫之能伤也。'"老子学说之关尹学派的这些言论，与《庄子·达生》的记载相同。《庄子·达生》说：

> 达生之情者，不务生之所无以为；达命之情者，不务知之所无奈何。养形必先之以物，物有余而形不养者有之矣；有生必先无离形，形不离而生亡者有之矣。生之来不能却，其去不能止。悲夫！世之人以为养形足以存生；而养形果不足以存生，则世奚足为哉！虽不足为而不可不为者，其为不免矣。夫欲免为形者，莫如弃世。弃世则无累，无累则正平，正平则与彼更生，更生则几矣。事奚足弃则生奚足遗？弃世则形不劳，遗生则精不亏。夫形全精复，与天为一。天地者，万物之父母也，合则成体，散则成始。形精不亏，是谓能移；精而又精，反以相天。子列子问关尹曰："至人潜行不窒，蹈火不热，行乎万物之上而不慄。请问何以至于此？"关尹曰："是纯气之守也，非知巧果敢之列。居！予语女。凡有貌象声色者，皆物也，物与物何以相远？夫奚足以至乎先？是色而已。则物之造乎不形而止乎无所化，夫得是而穷之者，物焉得而止焉！彼将处乎不淫之度，而藏乎无端之纪，游乎万物之所终始，一其性，养其气，合其德，以通乎物之所造。夫若是者，其天守全，其神无郤，物奚自入焉！夫醉者之坠车，虽疾不死。骨节与人同而犯害与人异，其神全也，乘亦不知也，坠亦不知也，死生惊惧不入乎其胸中，是故遻物而不慑。彼得全于酒而犹若是，而况得全于天乎？圣人藏于天，故莫之能伤也。复仇者不折镆干，虽有忮心者不怨飘瓦，是以天下平均。故无攻战之乱，无杀戮之刑者，由此道也。不开人之天，而开天之天，开天者德生，开人者贼生。不厌其天，不忽于人，民几乎以其真！"

这就是说，通达生命实情的人，不去务求对于生命无所谓的东西；通达命运实情的人，不去务求知识无可奈何的事情。养育身形必定先得准备各种物品，物资充裕有余而身体却不能很好保养的情况是有的；保全生命必须先得使生命不脱离形体，形体没有离弃而生命却已死亡的情况也是有的。生命的到来不能推却，生命的离去不能阻止。可悲啊！世间的人认为养育身形足以保存生命；然而养育身形果真不足以保存生命，那么，世间还有什么事情值得去做呢！虽然不值得去做却不得不去做，操劳也就不可避免。想要免除操劳形体，不如离弃世事。离弃世事就没有劳累，没有劳累就算走上了正确平坦的道路，走上了正确平坦的道路就能更新生命，更新生命也就几近于大道了。世事为什么足以离弃而生命为什么足以遗忘？离弃了世事身形就不会劳累，遗忘了生命精神就不会亏损。形体保全而精神得以复本还原，就跟天然融合为一体。天地是万物的父体和母体，结合就成为形体，形体离散又成为新的物体产生的开始。形体保全精神不亏损，这就叫作能够随自然而推移；精神汇集达到高度凝聚的程度，返回过来又与天然相辅相成。列子问老子的弟子关尹说："道德极高的至人潜行水中不会感到窒息，踏入火中不会感到灼热，行走于万物之上也不感到战栗。请问为什么会达到这样的境界？"关尹说："这是因为持守住纯粹之气，并不是智巧、果敢所能做到的。坐下！我告诉给你。凡是具有相貌、形象、声音、颜色的东西，都是物体，那么物与物之间又为什么差距很远？是什么东西足以居于他物之先的地位？这是有色彩罢了。事物的创造不显露形色而停止在无所变化之中，懂得这个道理而且穷究起来，事物又怎么能制止它呢！那种事物处在不淫乱的限度内，藏身于无端无绪的混沌中，游动于万物或灭或生的头尾之中，本性专一，涵养元气，融合德性，用以和造物的自然相通。如果像这样，它的天性持守保全，他的精神没有缝隙，外物又从什么地方能够侵入呢！醉酒的人坠落车下，虽然受伤却不会死去。骨骼关节跟旁人相同而受到的伤害却跟别人不同，因为他的神思圆融完全，乘坐在车子上没有知觉，坠落地上没有知觉，死、生、惊、惧全都不能进入到他的胸中，所以遭遇外物的伤害而全没有恐惧。那个人从醉酒中获得圆融完全的心态尚且能够如此，何况从天然之道中忘却外物而保全完整的心态呢？圣人藏身于天然，所以没有什么能够伤害他。复仇的人并不会去折断曾经伤害过他的莫邪、干将的宝剑，虽然常存忌恨之心的人也不会怨恨那偶然飘来、无心地伤害到他的瓦片，这样天下也就太平安宁。故此没有攻城野战的祸乱，没有杀戮宰割的刑罚，都是因由于道。不要开启人为的天空，而要开发天然的真性。开发了天然的真性，就能获得生存；开启人为的天空，就会使生命受到残害。不要厌恶天然的禀赋，也不忽视人为的才智，人们也就几近纯真无伪了！"

这则卮言漫衍于通达生命实情，它讲究精神生命的完整性，以老子的弟子关尹所领悟到的老子之道，言说持守纯粹之气，可以通行于水深火热中不受损伤，而且打比方以醉酒的人掉下车来不受损伤，进而推举天然本性对于生命保全的真理性。在这里，关尹所传达的老子思想有究天人之际的妙处。

卮言的第四项功能：

就鸡、猪、鱼等自然生物说法（三则）

之一：庄子笔下的自然生物，有蝴蝶、鱼、猿猴、马、猪、狗、蜗牛、雁、青蛙以及各种古树，以万物皆灵的笔法，弘扬自然心性，成就了一部诗化了的博物志。

《庄子·达生》说：

祝宗人玄端以临牢筴，说彘曰："汝奚恶死？吾将三月豢汝，十日戒，三日齐，藉白茅，加汝肩尻乎彫俎之上，则汝为之乎？"为彘谋，曰不如食以糠糟而错之牢筴之中，自为谋，则苟生有轩冕之尊，死得于滕楯之上，聚偻之中则为之。为彘谋则去之，自为谋则取之，所异彘者何也？

这里说的是好死不如赖活，那位掌管宗庙祭祀的巫师穿好礼服、戴上礼帽，来到猪圈旁边，对猪说："你为什么要厌恶死呢？我将喂养你三个月，用十天为你上戒，用三天为你作斋，铺垫上白茅，把你的肩胛和臀部放在雕绘的木制祭器上，你愿意这样办吗？"为猪打算，说是还不如吃糠咽糟而关在猪圈里。为自己打算，就苛求有乘轩服冕的尊贵，死后得以盛装在有画饰的殡车和棺椁中。为猪打算就会舍弃白茅、雕俎之类的东西，为自己打算却想求取这些东西，所不同于猪的原因究竟是什么呢？这则厄言，以猪喻人，颇有幽默感，它揭示了为人设想和为猪设想，具有不同的标准和举措，以相对主义的价值观展示了形形色色的心理精神状态。它强调的是，不可因荣华富贵泯灭天然的性情。这则厄言可以同《史记》"庄子传"中这段记载相参证："楚威王闻庄周贤，使使厚币迎之，许以为相。庄周笑谓楚使者曰：'千金，重利；卿相，尊位也。子独不见郊祭之牺牛乎？养食之数岁，衣以文绣，以入大庙。当是之时，虽欲为孤豚，岂可得乎。子亟去，无污我。我宁游戏污渎之中自快，无为有国者所羁，终身不仕，以快吾志焉。'"卿相尊位和自由天性，是如此不能相容。

之二：庄子不是静止地写鸡，而是借用训练斗鸡而体悟全德的道。

《庄子·达生》说：

> 纪渻子为王养斗鸡。十日而问："鸡已乎？"曰："未也，方虚憍而恃气。"十日又问，曰："未也，犹应向景。"十日又问，曰："未也，犹疾视而盛气。"十日又问，曰："几矣。鸡虽有鸣者，已无变矣，望之似木鸡矣，其德全矣，异鸡无敢应者，反走矣。"

纪渻子为国王驯养斗鸡。过了十天国王问："鸡驯养好了吗？"纪渻子说："还没有，还瞪眼看人意气骄盛哩。"再过十天后国王又问，回答说："还不行，还是听见响声就叫，看见影子就跳。"又十天后国王又问，回答说："还不行，还是那么顾看迅疾，意气强盛。"又过了十天国王问，回答说："差不多了。别的鸡即使打鸣，它已不会有什么变化，看上去就像木鸡，它的德性真可说是完备了，别的鸡不敢应战，掉头就逃跑了。"

这则卮言讨论养育训练斗鸡的方法，不是刺激，而是消磨它争强好胜的锐气，使斗鸡成为德性保全的木鸡。这种训练斗鸡的程序和方式，以鸡喻人，消磨锐气，保全德性，属于道家以柔克刚的训练法。值得注意的是，斗鸡是上古就有的一种游戏民俗。最早的记载是《左传·鲁昭公二十五年（公元前517年）》："季、郈之鸡斗，季氏介其鸡，郈氏为之金距"，就是说季平子将鸡翅膀戴上铠甲，郈昭伯在他的鸡距套上金属刀子。鲁昭公借此事联合郈氏进攻季氏，导致三桓把鲁昭公驱逐出境。《庄子·达生》的斗鸡记载，属于第二早。斗鸡之风，唐代甚炽。《太平广记》卷四八五："老父姓贾名昌，长安宣阳里人，开元元年癸丑生。元和庚寅岁，九十八年矣，视听不衰，言甚安徐，心力不耗。语太平事，历历可听。父忠，长九尺，力能倒曳牛，以材官为中宫幕士。景龙四年，持幕竿，随玄宗入大明宫诛韦氏，奉睿宗朝群后，遂为景云功臣，以长刀备亲卫，诏徙家东云龙门。昌生七岁，趫捷过人，能抟柱乘梁。善应对，解鸟语音。玄宗在藩邸时，乐民间清明节斗鸡戏。及即位，治鸡坊于两宫间。索长安雄鸡，金毫铁距，高冠昂尾千数，养于鸡坊。选六军小儿五百人，使驯扰教饲。上之好之，民风尤甚，诸王世家，外戚家，贵主家，侯家，倾帑破产市鸡，以偿鸡直。都中男女以弄鸡为事，贫者弄假鸡。帝出游，见昌弄木鸡于云龙门道旁，召入为鸡坊小儿，衣食右龙武军。三尺童子入鸡群，如狎群小，壮者弱者，勇者怯者，水谷之时，疾病之候，悉能知之。举二鸡，鸡畏而驯，使令如人。护鸡坊中谒者王承恩言于玄宗，召试殿庭，皆中玄宗意。即日为五百小儿长，加之以忠厚谨密，天子甚爱幸之，金帛之赐，日至其家。开元十三年，笼鸡三百从封东岳。父忠死太山下，得子礼奉尸归葬雍州。县官为葬器。丧车乘传洛阳道。十四年三月，衣斗鸡服，会玄宗于温泉。当时天下号为神鸡童。时人为之语曰：'生儿不用识文字，斗鸡走马胜读书。贾家小儿年十三，富贵荣华代不如。能令金距期胜负，白罗绣衫随软舆。父死长安千里外，差夫持道挽丧车。'"韩愈、孟郊作有《斗鸡联句》："大鸡昂然来，小鸡竦而待（韩愈）。峥嵘颠盛气，洗刷凝鲜彩（孟郊）。高行若矜豪，侧睨如伺殆（韩愈）。精光目相射，剑戟心独在（孟郊）。既取冠为胄，复以距为镦。天时得清寒，地利挟爽垲（韩愈）。磔毛各噤痒，怒瘿争碨磊。俄膺忽尔低，植立瞥而改（孟郊）。腷膊战声喧，缤翻落羽榱。中休事未决，小挫势益倍（韩愈）。妒肠务生敌，贼性专相醢。裂血失鸣声，啄殷甚饥馁（孟郊）。对起何急惊，随旋诚巧绐。毒手饱李阳，神槌困朱亥（韩愈）。恻心我以仁，碎首尔何罪。独胜事有然，旁惊汗流浼（孟郊）。知雄欣动颜，怯负愁看贿。争观云填道，助叫波翻海（韩愈）。事爪深难解，嗔睛时未怠。一喷一醒然，再接再砺乃（孟郊）。头垂碎丹砂，翼拓拖锦彩。连轩尚贾余，清厉比归凯（韩愈）。选俊感收毛，受恩惭始隗。英心甘斗死，义肉耻庖宰。君看斗鸡篇，短韵有可采（孟郊）。"张籍《少年行》诗云："日日斗鸡都市里，赢得宝刀重刻字。"于鹄《公子行》诗云："马上抱鸡三市斗，袖中携剑五陵游。"这些诗都呈现了喜好斗鸡的少年风流倜傥的风貌。明代《陶庵梦忆·斗鸡社》说："天启壬戌间好斗鸡，设斗鸡社于龙山下，仿王勃《斗鸡檄》，檄同社。仲叔秦一生日携古董、书画、文锦、川扇等物与余博，余鸡屡胜之。仲叔忿懑，金其距，介其羽，凡足以助其腷膊嗛味者无遗策，又不胜。人有言徐州武阳侯樊哙子孙，斗鸡雄天下，长颈乌喙，能于高桌上啄粟。仲叔心动，密遣使访之，又不得，益忿懑。一日，余阅稗史，有言唐玄宗以酉年酉月生，好斗鸡而亡其国。余亦酉年酉月生，遂止。"这在追踪斗鸡史，流露了命运的神秘感。与庄子写训练斗鸡的崇道思维不同。

之三：庄子写了观鱼，也写过钓鱼。七千年前的仰韶文化遗址出土的陶器上，有鱼的画像，或人面鱼纹，或鱼作出将要吃钩的状态，并且出土了骨质的鱼钩，说明中国人钓鱼至少有七千年的历史。

钓鱼之事，以姜太公钓鱼最为驰名。东海上人姜太公听说西伯姬昌尊贤纳士、广施仁政，年逾七旬的他便千里迢迢投奔西岐。但是来到西岐后，他不是迫不及待地前去毛遂自荐，而是来到渭水北岸的磻溪垂钓，等待圣明君主的到来。姜太公的钓法奇特，竹钩不系用鱼饵，离水三尺。自言自语地说："姜尚钓鱼，愿者上钩。"樵夫武吉看到姜太公不挂鱼饵的直鱼钩，嘲讽说："像你这样钓鱼，别说三年，就是一百年，也钓不到一条鱼。"姜尚说："你只知其一，不知其二。曲中取鱼不是大丈夫所为，我宁愿在直中取，而不向曲中求。我的鱼钩不是为了钓鱼，而是要钓王与侯。"姬昌兴周伐纣迫切需要人才，得知年已古稀的姜太公很有才干，他斋食三日，沐浴整衣，亲自前往磻溪聘请，并封姜太公为相。姜尚辅佐文王，兴邦立国，帮助姬昌之子周武王姬发，伐纣灭商。自己也被武王封于齐地，实现了建功立业的愿望。可以说，姜太公钓的是一条"王侯大鱼"。而《庄子·外物》所说是钓鱼传奇：

> 任公子为大钩巨缁，五十犗以为饵，蹲乎会稽，投竿东海，旦旦而钓，期年不得鱼。已而大鱼食之，牵巨钩，錎没而下，骛扬而奋鬐，白波如山，海水震荡，声侔鬼神，惮赫千里。任公子得若鱼，离而腊之，自制河以东，苍梧已北，莫不厌若鱼者。已而后世辁才讽说之徒，皆惊而相告也。夫揭竿累，趣灌渎，守鲵鲋，其于得大鱼难矣。饰小说以干县令，其于大达亦远矣，是以未尝闻任氏之风俗，其不可与经于世亦远矣。

任国公子做了大鱼钩系上粗大的黑绳，用五十头阉过的牛做钓饵，蹲在会稽山上，把钓竿投向东海，日复一日地投钓，整整一年也没钓到鱼。后来大鱼吞食了鱼饵，牵着巨大的钓钩，急速沉入海底，又迅疾浮起鬐翼，掀起白浪如山，海水剧烈震荡，吼声犹如鬼神，震惊千里。任公子钓得这条大鱼，剖开制成鱼干，从浙河以东，到苍梧以北，没有谁不将这条鱼吃得腻腻歪歪的。这以后那些才能浅薄却喜好议论之士，都吃惊奔走相告。他们举着钓竿丝绳，奔跑在山沟小渠旁，守候娃娃鱼、小鲫鱼上钩，至于想获得大鱼那就很难很难了。修饰浅薄的言辞以求得高名，对于达到通晓大道的境界来说距离也就很远了，因此不曾了解过任公子有所大成的风俗志趣，不可以说是善于经营天下，这里差距也是很遥远了。

这则卮言充满传奇色彩，借用任公子钓得大鱼的故事，嘲讽那些才能浅薄却喜好议论之士想猎取高名的无聊，嘲讽他们只能算是"画虎不成反类犬"。任国为周代的诸侯，伏羲、太暤（昊）之后，风姓任氏，地在淮河泗水之间，为泗上十二诸侯之一。夏朝"太康失国"后，少康随母亲逃到了母亲的故乡任国，长大后以任国为根据地。"少康中兴"时少康就是借用的任国的军队夺回了王位。可见任国曾一度强盛，是东夷诸部之中不可忽视的力量。对于本文中"饰小说以干县令"一语，鲁迅在《中国小说史略》中说："小说之名，昔者见于庄周之云'饰小说以干县令'（《庄子》《外物》)，然案其实际，乃谓琐屑之言，非道术所在，与后来所谓小说者固不同。桓谭言'小说家合残丛小语，近取譬喻，以作短书，治身理家，有可观之辞'（李善注《文选》三十一引《新论》)，始若与后之小说近似。"这是庄子写了钓鱼传奇留下的逸话。

卮言的第五项功能：

虚构人物以论道（九则）

之一：庄子具有第一流的幻想虚构能力，各种虚构人物或带着哲学的隐喻，或飘散着仙风道骨，使庄子卮言，放飞自己逍遥无所拘束的思想。其中最有魅力的是藐姑射山之神人。

《庄子·逍遥游》说：

肩吾问于连叔曰："吾闻言于接舆，大而无当，往而不反。吾惊怖其言，犹河汉而无极也。大有迳庭，不近人情焉。"连叔曰："其言谓何哉？"
曰："藐姑射之山，有神人居焉，肌肤若冰雪，淖约若处子。不食五谷，
吸风饮露，乘云气，御飞龙，而游乎四海之外。其神凝，使物不疵疠而
年谷熟。吾以是狂而不信也。"连叔曰："然。瞽者无以与乎文章之观，聋
者无以与乎钟鼓之声。岂唯形骸有聋盲哉？夫知亦有之。是其言也，犹
时女也。之人也，之德也，将旁礴万物以为一。世蕲乎乱，孰弊弊焉以
天下为事。之人也，物莫之伤，大浸稽天而不溺，大旱金石流土山焦而
不热。是其尘垢秕糠，将犹陶铸尧舜者也，孰肯以物为事！"

　　这是一个美丽的神仙传说，说的是肩吾请问连叔说："我从接舆那里听到
言说，大而无当，一说下去就回不到原来的话题上。我震惊恐怖他的言谈，
就像天上的银河没有边际，跟一般人的言谈差异甚远，太不近人情了。"连叔
问："他说的是些什么呢？"肩吾转述说："在邈远的姑射山上，居住着一位神
人，皮肤润白像冰雪，体态柔弱美好如处女，不食五谷，吸清风饮甘露，乘
云气驾飞龙，而遨游于四海之外。他的神情凝定，使得世间万物不受病害，
年年五谷丰登。我认为这全是狂妄之言不可相信。"连叔说："是呀！对于瞎子
没法同他们欣赏花纹和色彩，对于聋子没法同他们聆听钟鼓的乐声。岂是只
有形骸上的聋和瞎吗？认知上也有聋和瞎啊！这话犹如时髦的女子呀。那位
神人，他的德行，将覆盖兼容万事万物混同一起。世人祈求治理天下，谁还
会忙忙碌碌、疲惫不堪地把天下当回事！那样的人呀，外物不能伤害他，滔
天的洪水不能淹没他，天下大旱使金石熔化、土山焦裂，他也不感到灼热。
他所留下的尘埃以及瘪谷糠麸之类的废物，还可以铸造出尧舜那样的圣贤人
君来，又怎么会把忙着管理万物当作己任呢！"这是以卮言的形式随心所欲地
言说，牵扯到接舆，推出了肌肤若冰雪，淖约若处子的姑射山神人，讲出了
一种超越性的神异人生形态和人生境界。庄子以女子言事，如诗如梦。人们
考证，姑射山在山西省临汾市西的尧都。《庄子·逍遥游》又说："尧治天下之
民，平海内之政，往见四子藐姑射之山，汾水之阳，窅然丧其天下焉。"《太
平御览》卷八十《皇王部》注："四子：许由、啮缺、被衣、王倪也。窅然犹

幽然，自失之貌。言尧以有事之心，至于无为之人，故亦无所用也。"《列子·黄帝篇》说的故事可以与《庄子》参照："列姑射山在海河洲中，山上有神人焉，吸风饮露，不食五谷。心如渊泉，形如处女。不偎不爱，仙圣为之臣。不畏不怒，愿悫为之使。不施不惠，而物自足。不聚不敛，而已无愆。阴阳常调，日月常明，四时常若，风雨常均，字育常时，年谷常丰。而土无札伤，人无夭恶，物无疵厉，鬼无灵响焉。"《吕氏春秋》曾有记载，说尧为广招天下贤士，来到藐姑射山拜见了四位贤人。传说中尧的夫人鹿仙女在这里与尧相逢并成为夫妻，后世建有祠庙。

之二：庄子杜撰种种无何有之乡的人物，使神思不受世俗拖累，尽情地探讨着超越玄幻的人性类型和道德境界。

《庄子·天地》说：

> 谆芒将东之大壑，适遇苑风于东海之滨。苑风曰："子将奚之？"曰："将之大壑。"曰："奚为焉？"曰："夫大壑之为物也，注焉而不满，酌焉而不竭，吾将游焉。"苑风曰："夫子无意于横目之民乎？愿闻圣治。"谆芒曰："圣治乎，官施而不失其宜，拔举而不失其能，毕见其情事而行其所为，行言自为而天下化，手挠顾指，四方之民莫不俱至，此之谓圣治。""愿闻德人。"曰："德人者，居无思，行无虑，不藏是非美恶。四海之内共利之之谓悦，共给之之为安；怊乎若婴儿之失其母也，傥乎若行而失其道也。财物有余而不知其所自来，饮食取足而不知其所从，此谓德人之容。""愿闻神人。"曰："上神乘光，与形灭亡，此谓照旷。致命尽情，天地乐而万物销亡，万物复情，此之谓混冥。"

谆芒将要东行到深海大豁去，恰巧在东海之滨遇到苑风。苑风说："你打算去哪儿呢？"谆芒说："打算去深海大豁。"苑风又问："去做什么呢？"谆芒说："深海大豁作为一种物象，江河注入它不会满溢，不停地舀取它不会枯竭；

我将到那里遨游。"苑风说："那么，先生无意关心庶民百姓吗？但愿能听到圣人之治。"谆芒说："圣人之治，官吏施布政令而各得其宜；举贤任才而不错失一个能人，看清事情的真情而做自己应该做的事，行为和谈吐人人都能自觉自动而自然顺化，动手指挥，举目顾眄，四方的民众没有谁不汇聚而来，这就叫圣人之治。"苑风说："但愿再能听闻有德性的人。"谆芒说："有德性的人，居处时没有思索，行动时没有谋虑，心里不藏着是非美丑。四海之内人人共得其利就喜悦，人人共享财富就安定；怊怅悲伤就像婴儿失去了母亲，徜徉安闲地行走又像行路时迷失了方向。财物有余而不知道来自哪里，饮食取用充足而不知道从哪里出。这就是有德性的人的仪容举止。"苑风说："但愿再能听到什么是神人。"谆芒说："上等的神人驾驭着光亮，与事物的形迹一道消亡，这就叫普照旷远。穷尽天命和变化的真情，与天地同乐而万事都自然消亡，万物回复真情，这就叫蒙昧未开化的状态。"这则卮言杜撰了谆芒、苑风两个无何有的人物，在他们对话中展示圣人、德人、神人一层高于一层来治世的无思无虑、与道冥合的理性状态。这是属于卮言而面对深海大壑的随意漫衍的谈论，追寻天地开辟之前是一团混沌的鸿蒙元气，是楚人的浑沌氏的宇宙哲学。

之三：庄子虚构出来的神人，举手投足，提问应答，多是出人意料，却在出人意料之处植入修炼心性、处理世事的道境。

《庄子·在宥》说：

云将东游，过扶摇之枝而适遭鸿蒙。鸿蒙方将拊髀雀跃而游。云将见之，倘然止，贽然立，曰："叟何人邪？叟何为此？"鸿蒙拊髀雀跃不辍，对云将曰："游。"云将曰："朕愿有问也。"鸿蒙仰而视云将曰："吁！"云将曰："天气不和，地气郁结，六气不调，四时不节。今我愿合六气之精以育群生，为之奈何？"鸿蒙拊髀雀跃掉头曰："吾弗知，吾弗知。"云将不得问。又三年，东游，过有宋之野而适遭鸿蒙。云将大喜，行趋而进曰:"天忘朕邪?天忘朕邪?"再拜稽首,愿闻于鸿蒙。鸿蒙曰:"浮游,不知所求;猖狂,不知所往。游者鞅掌,以观无妄。朕又何知?"云将曰:"朕也自以为猖狂,而民随予所往。朕也不得已于民,今则民之放也。愿闻一言。"鸿蒙曰:"乱天之经,逆物之情,玄天弗成;解兽之群,而鸟皆夜鸣,灾及草木,祸及止虫。意!治人之过也。"云将曰:"然则吾奈何?"鸿蒙曰"意!毒哉!仙仙乎归矣!"云将曰:"吾遇天难,愿闻一言。"鸿蒙曰:"意!心养。汝徒处无为,而物自化。堕尔形体,吐尔聪明,伦与物忘,大同乎涬溟;解心释神,莫然无魂。万物云云,各复其根,各复其根而不知。浑浑沌沌,终身不离。若彼知之,乃是离之。无问其名,无窥其情,物固自生。"云将曰:"天降朕以德,示朕以默。躬身求之,乃今也得。"再拜稽首,起辞而行。

云将到东方巡游,经过东海神木扶摇的枝旁,恰巧遇上了鸿蒙。鸿蒙正拍着大腿像麻雀似的跳跃游乐。云将见鸿蒙那般模样,惊诧地停下来,纹丝不动地站着,说:"老先生是什么人呀!老先生为什么这般动作?"鸿蒙拍着大腿像麻雀似的不停地跳跃,对云将说:"游乐呀!"云将说:"我想向你请教。"鸿蒙仰起头来看着云将说:"哦!"云将说:"天上之气不和顺,地上之气郁结,阴、阳、风、雨、晦、明六气不调和,春夏秋冬四时变化不合节令。如今我希望调和六气之精华来养育众生灵,对此将怎么办?"鸿蒙拍着大腿如雀儿跳跃而掉过头去,说:"我不知道!我不知道!"云将得不到回答。又过了三年,云将再次到东方巡游,经过宋国的原野,恰巧又遇到了鸿蒙。云将大喜,快步走近前来说:"你天神先生忘记了我吗?你天神先生忘记了我吗?"叩头至地行了大礼,希望听到鸿蒙的教诲。鸿蒙说:"浮动遨游,不知道追求什么;肆无忌惮地活动,不知道往哪里去。游乐人随时出马,观赏那绝无虚妄的情景;我又能知道什么!"云将说:"我自以为能够肆无忌惮地活动,而百姓也都跟着我走;我不得已而对待民众,如今却为民众所效仿。我希望听闻您的一言教诲。"鸿蒙说:"扰乱天然的常规,违背事物的真情,玄幻的天不能顺应形成。解散群居的野兽,飞翔的鸟儿都夜鸣,灾害波及草木,祸患波及昆虫。唉，这都是治理人的过错！"云将问："既然如此，我将怎么办？"鸿蒙说："唉，你中毒害太深了！你还是轻轻松松回去吧。"云将说："我遇到你这天神很难，但愿听到你的一言教诲。"鸿蒙说："唉！修养心性吧。你只须处心于无为之境，万物会自然有所变化。忘却你的形体，废弃你的聪明，齐同于天体未形成前的浑然元气。解除心思释放精神，漠然没有魂灵。万物纷杂繁多，各自回复本根，各自回复本根而浑然无知，浑浑沌沌，终身不得背离；假如有所感知，就是背离本真。不要询问它们的名称，不要窥视它们的实情，万物固然生长。"云将说："天神你把德性降临于我，把静默启示于我；我亲身探求大道，如今方才有所获得。"叩头至地再次行了大礼，起身告别而去。这则卮言，以虚幻的寓言人物谈论无为而物自化。所谓鸿蒙，乃是传说在盘古开天辟地之前的一团混沌的元气。云将，是飘浮在天上的云的主将。云将向鸿蒙请教，就是追溯天地之道的根本。这种根本就是鸿蒙所说的"徒处无为，而物自化"；"无问其名，无窥其情，物固自生"。作为随意而谈的卮言，强调的是无为、无名是宇宙万物自生自化的本源。

之四：虽然召唤来虚构人物，但隐微的锋芒依然刺向现实存在的儒家思潮。

孔子提倡节俭和举贤，曾经提出"君子有三戒"：少时戒"色"、壮时戒"斗"、老时戒"得"（《论语·季氏》）。孔子反对奢华，"礼，与其奢也，宁俭"（《论语·八佾》）；"君子喻于义，小人喻于利"（《论语·里仁》）。《论语》中两次哀叹"吾未见好德如好色者也"（《子罕》《卫灵公》），为政以德，必须举贤；耽于女色，难免奢华。因而《庄子·天地》说：

> 将闾葂见季彻曰："鲁君谓葂也曰：请受教。辞不获命，既已告矣，未知中否，请尝荐之。吾谓鲁君曰：必服恭俭，拔出公忠之属而无阿私，民孰敢不辑！"季彻局局然笑曰："若夫子之言，于帝王之德，犹螳螂之怒臂以当车轶，则必不胜任矣。且若是，则其自为处危，其观台多物，

将往投迹者众。"将闾菣觊觊然惊曰:"菣也汒若于夫子之所言矣。虽然,愿先生之言其风也。"季彻曰:"大圣之治天下也,摇荡民心,使之成教易俗,举灭其贼心而皆进其独志,若性之自为,而民不知其所由然。若然者,岂兄尧、舜之教民,溟涬然弟之哉?欲同乎德而心居矣。"

这就是说,将闾菣见到季彻说:"鲁国国君对我说:'请让我接受你的教诲。'我一再推辞可是鲁君却不答应,我已经对他说了,不知道是否合适,请让我尝试着说给你听。我对鲁国国君说:'你必须恭敬和节俭,选拔出公正、忠诚的臣子管理政务而没有偏袒与私心,这样民众谁敢不和睦!'"季彻听了略略大笑说:"像你说的这些话,对于帝王的德性,犹如螳螂奋起臂膀阻挡车轮,必定不能胜任。况且像这样,那一定使自己置于危险的境地,就像那高高的观楼和亭台有众多事物,投向那里的人也必然众多。"将闾菣愕然吃惊地说:"我对于先生的谈话实在感到茫然。虽然这样,还是希望先生谈谈其中的消息。"季彻说:"大圣人治理天下,让民心纵放自由不受拘束,使他们成功教化改变风俗,一举消除残贼的用心而增进独特的志向,就像本性自动作为,而人们不知道为什么会是这样。像这样,岂不是尊崇尧舜对人民的教化,而看轻天体未形成前的浑然元气吗?要想能同于天然德性而心境安定哩!"

在这则卮言里,虚构两个寓言人物,展开将闾菣向季彻请教圣人治天下的方略,将闾菣对鲁君所言全然是儒家腔调。菣也作苋,《玉篇》释为"草木新生者",新生的草木,自然还不够透彻。将闾菣对鲁国国君讲治国的方略说:"你必须躬身实行恭敬和节俭,选拔出公正、忠诚的臣子管理政务而没有偏袒与私心,这样百姓谁敢不和睦!"季彻的精神趋于透彻,嘲笑将闾菣如此谈论帝王的德性,恐怕就像是螳螂奋起臂膀企图阻挡车轮一样,必定将自己置于危险的境地。季彻的方案是"大圣之治天下",是要强调顺从民性的重要性,"性之自为,而民不知其所由然","欲同乎德而心居",采取的是无为而治的方法。

之五：庄子的虚构人物，面对现实的重大事件，思考着不同事件的境界之高低。

《庄子·天地》说：

> 门无鬼与赤张满稽观于武王之师。赤张满稽曰："不及有虞氏乎！故离此患也。"门无鬼曰："天下均治而有虞氏治之邪，其乱而后治之与？"赤张满稽曰："天下均治之为愿，而何计以有虞氏为？有虞氏之药疡也，秃而施髢，病而求医。孝子操药以脩慈父，其色燋然，圣人羞之。至德之世，不尚贤，不使能，上如标枝，民如野鹿。端正而不知以为义，相爱而不知以为仁，实而不知以为忠，当而不知以为信，蠢动而相使，不以为赐。是故行而无迹，事而无传。"

门无鬼和赤张满稽观看武王伐纣的部队。赤张满稽说："周武王比不上有虞氏（舜帝）啊！故而天下遭遇这种祸患。"门无鬼说："天下太平无事而后有虞氏才去治理呢，还是天下动乱才去治理呢？"赤张满稽说："天下太平无事是人们的愿景，又为什么计较有虞氏的作为呢！有虞氏替人治疗头疮，毛发脱落而成秃子才使用假发，有了疾病方才去求医。孝子操持药物来调治慈父的疾病，他的面容憔悴，而圣人却以这种情况为羞耻。德性达到极致的时代，不崇尚贤才，不使用能人；国君居于上位如同树颠高枝，百姓如无知无识的野鹿无所拘束；行为端正而不知道这是道义，相亲相爱而不知道这是仁爱，敦厚老实而不知道这是忠诚，办事得当而不知道这是信义；蠢然而动而又相互支使却不把它看作恩赐。故而行动之后不会留下痕迹，事件不留传后代。"在这则卮言里，虚构了门无鬼、赤张满稽两个人物，他们认为虞舜的无为而治高于周武王的兴师讨暴，与《庄子》其他地方挑剔尧舜行仁义而扰乱百姓的混沌从容之心不同。可见卮言随意而谈，也存在着许多随意性及不同篇章的相互抵牾。

之六：有些人物也许司空见惯，但他们的言论带有虚构成分，与其身份形成巨大的反差，发人遐思。

《庄子·天道》说：

> 世之所贵道者书也，书不过语，语有贵也。语之所贵者意也，意有所随。意之所随者，不可以言传也，而世因贵言传书。世虽贵之，我犹不足贵也，为其贵非其贵也。故视而可见者，形与色也。听而可闻者，名与声也。悲夫，世人以形色名声为足以得彼之情。夫形色名声果不足以得彼之情，则知者不言，言者不知，而世岂识之哉。桓公读书于堂上。轮扁斫轮于堂下，释椎凿而上，问桓公曰："敢问，公之所读者何言邪？"公曰："圣人之言也。"曰："圣人在乎？"公曰："已死矣。"曰："然则君之所读者，古人之糟魄已夫！"桓公曰："寡人读书，轮人安得议乎？有说则可，无说则死。"轮扁曰："臣也以臣之事观之。斫轮，徐则甘而不固，疾则苦而不入。不徐不疾，得之于手而应于心，口不能言，有数存焉于其间。臣不能以喻臣之子，臣之子亦不能受之于臣，是以行年七十而老斫轮。古之人与其不可传也死矣，然则君之所读者，古人之糟魄已夫！"

世上人们所贵重称道的就是书。书不过是言语，而言语有可贵之处。言语的可贵之处就在于意义有所遵随。意义的遵随，是不可以用言语来传达，而世人却因为贵重言语传承书。世人虽然贵重它，我还是认为它不值得贵重，因为它所贵重的并不是真正可以贵重的。故而用眼睛可以看见的，是形和色；用耳朵可以听闻的，是名和声。可悲啊，世上的人们满以为形、色、名、声就足以获得事物的实情！形、色、名、声果真是不足以获得事物的实情，知道的不说，说的不知道，世上的人们岂是不能懂得这个道理吗？齐桓公在堂上读书，轮扁在堂下砍削车轮，他放下锤子和凿子走上朝堂，问齐桓公说："请问，您所读的书说的是些什么呢？"齐桓公说："是圣人的言语。"轮扁说："圣人还在世吗？"齐桓公说："已经死了。"轮扁说："既然如此，国君所读的书，是古人的糟粕罢了！"齐桓公说："寡人读书，制作车轮的人怎么能够妄加评议呢！有什么说法还可以原谅，没有说法就得处死。"轮扁说："我用我所从事的工作观察到这个道理。砍削车轮，动作迟缓而不坚固，动作快了涩滞而不入木。不慢不快，得于手而应于心，口里不能说，心中有数而技巧存在其间。我不能用来使我的儿子明白其中的奥妙，我的儿子也不能从我这儿接受这一奥妙的技巧，所以我活了七十岁还是砍削车轮的老头。古时候的人跟他们不可言传的窍门一块儿死亡了，那么国君所读的书，正是古人的糟粕罢了！"

这则卮言，揭示了语言传达意义的有限性，意义之深层滋味是难以用语言来说透的，因而说出来的只是表面的现象，相信这些说出来的表面现象，无异于只得到古人的糟粕。以卮言的议论，配合工匠的体验，庄子触及了语言学上可以意会不可言传的微妙之处。宋人黄庭坚《戏题小雀捕飞虫画扇》诗云："丹青妙处不可传，轮扁斫轮如此用。"庄子虚构了"轮扁斫轮"的故事，留下了"得心应手"的成语。它展示了三方面的道理：一是无论做什么事都要注重理论和实践的结合，从实践中摸索和领悟到规律；二是时代总在发展，不能泥古不化，要懂得变通，不然就只能刻舟求剑，得到古人的糟粕；三是要心手相应，手中所做要符合心中所想，而心中所想的，只能意会，不能言传。能够做是容易的，能够精却倍加困难。

之七：虚构出来的人物，可以在得道人物之上衬托出道的境界的无限性，极境之上更有极境。

有如杨万里诗云："正入万山圈子里，一山放出一山拦。"这就是列御寇遇上了伯昏无人。《庄子·田子方》说：

> 列御寇为伯昏无人射，引之盈贯，措杯水其肘上，发之，适矢复沓，方矢复寓。当是时，犹象人也。伯昏无人曰："是射之射，非不射之射也。尝与汝登高山，履危石，临百仞之渊，若能射乎？"于是无人遂登高山，履危石，临百仞之渊，背逡巡，足二分垂在外，揖御寇而进之。御寇伏

地，汗流至踵。伯昏无人曰："夫至人者，上窥青天，下潜黄泉，挥斥八极，神气不变。今汝怵然有恂目之志，尔于中也殆矣夫！"

这个故事也见于《列子·黄帝篇》："列御寇为伯昏无人射，引之盈贯，措杯水其肘上，发之，镝矢复沓，方矢复寓。当是时也，犹象人也。伯昏无人曰：'是射之射，非不射之射也。当与汝登高山，履危石，临百仞之渊，若能射乎？'于上无人遂登高山，履危石，临百仞之渊，背逡巡，足二分垂在外，揖御寇而进之。御寇伏地，汗流至踵。伯昏无人曰：'夫至人者，上窥青天，下潜黄泉，挥斥八极。神气不变。今汝怵然有恂目之志，尔于中也殆矣夫！'"这就是说，列御寇为伯昏无人表演射箭，把弓拉满，放一杯水在肘上，发射出去，箭射出后又有一支箭扣在弦上，刚刚射出又一只杯子放在肘上，连续射个不停。在那个时候，他就像一个木偶纹丝不动。伯昏无人说："这是有心于射的射法，不是无心之射的射法。尝试和你踏上高山险石，下临百丈深渊，你能射吗？"于是伯昏无人就登上高山，脚踏险石，面临百丈深渊向后却退，直到脚有三分之二悬空在石外，揖请列御寇退至相同位置表演射箭。列御寇惊惧得伏在地上，冷汗流到脚跟。伯昏无人说："作为至人，上可窥探青天，下可潜察黄泉，奔放到八方的尽头，而神色不变。现在你有惊恐目眩之意，你于精神已经丧失殆尽了！"这则卮言以列御寇形如偶人的射箭境界，衬托伯昏无人高山危石几乎悬空射箭的至人境界。这就是"射之射"之外更有"不射之射"。伯昏无人的"不射之射"，是靠内心精神射箭，自由出入于天地四方之间，彰显的是老庄主张的神通万有、极境上更有极境的精神境界。

之八：所说的国君是历史存在，但他们间的对话却属于虚构，在虚构中注入庄子思想。

《庄子·田子方》说：

"楚王与凡君坐，少焉，楚王左右曰'凡亡'者三。凡君曰：'凡之亡也，不足以丧吾存。夫凡之亡不足以丧吾存，则楚之存不足以存存。由是观之，则凡未始亡而楚未始存也。'"

这就是说，楚王与凡国之君共坐，过一会儿，楚王左右的臣子再三报告"凡国已经灭亡了"。凡国之君说："凡国灭亡，不足以丧失我之存在。而凡国之灭亡既然不足以丧失我之存在，那么楚国之存在也不足以长存。由此看来，则凡国未曾灭亡而楚国未曾存在。"这则卮言借凡国之君的口，讲述了国家存亡不足介怀，需要把持不放的是心灵的超脱，性灵是高于世俗的万有的。这是庄子以放达的心态，体验天性的永存和国家的存亡莫测。这里所说的凡国，是西周至春秋时期的诸侯国，周成王封周公庶子于凡，建立凡国，爵位为伯爵。商代甲骨卜辞中就有凡地，凡国可能建都在凡地，即今河南省辉县市北云门镇凡城村。《春秋经·鲁隐公七年》："（公元前716年）冬，天王使凡伯来聘。戎伐凡伯于楚丘以归。"同年《左传》记载："初，戎朝于周，发币于公卿，凡伯弗宾。冬，王使凡伯来聘。还，戎伐之于楚丘以归。"当初戎人到王城朝见周王，凡伯为王室公卿，收了戎的财礼却未以贵宾之礼款待，得罪戎人。公元前716年，凡伯奉王命出使鲁国，返回时经过楚丘（山东曹县东南），遭到戎人的袭击和劫持。此后，凡伯不见于《春秋》经传。这就是楚王与凡君对话的历史背景。

之九：庄子的虚构，用在楚人的身上，别具一番深情。齐国的七十老斫论，映照着楚国的八十老捶钩。

《庄子·知北游》说：

大马之捶钩者，年八十矣，而不失豪芒。大马曰："子巧与，有道与？"曰："臣有守也。臣之年二十而好捶钩，于物无视也，非钩无察也。是用之者，假不用者也以长得其用，而况乎无不用者乎！物孰不资焉！"

这里凝神可以通道，说的是楚国大司马家锻造带钩的匠人，年岁已经八十，锻造起来却不差失毫厘。大司马说："是你灵巧呢，还是有什么门道呢？"锻造带钩的老人说："我遵守道。我二十岁时就喜好锻造带钩，对于其他外物都看不见，不是带钩不察看。这是我的用心，假借不用心以助长用心的事，何况无所用心的事呢！既然这样，外物有什么不给予资助呢？"这则卮言属于楚人悟道的故事，强调专心致志，守道不渝，可以通神，精神凝聚就可以挥斥自由。道就存在于聚精会神之中。这是庄子关于楚人神会于道的理念，可以同《庄子·达生》的"痀偻承蜩"相参照。

卮言的第六项功能：
牵连传说中的神农、黄帝等历史人物（八则）

之一：庄子虚构的人物往往牵连着民族记忆上的神圣人物，为师为友，谈论着玄妙之道。

《庄子·知北游》说：

　　妸荷甘与神农同学于老龙吉。神农隐几阖户昼暝，妸荷甘日中奓户而入曰："老龙死矣！"神农隐几拥杖而起，曝然放杖而笑，曰："天知予僻陋慢訑，故弃予而死。已矣夫子！无所发予之狂言而死矣夫！"弇堈吊闻之，曰："夫体道者，天下之君子所系焉。今于道，秋豪之端万分未得处一焉，而犹知藏其狂言而死，又况夫体道者乎！视之无形，听之无声，于人之论者，谓之冥冥，所以论道，而非道也。"于是泰清问乎无穷曰："子知道乎？"无穷曰："吾不知。"又问乎无为。无为曰："吾知道。"

曰："子之知道，亦有数乎？"曰："有。"曰："其数若何？"无为曰："吾知道之可以贵，可以贱，可以约，可以散，此吾所以知道之数也。"泰清以之言也问乎无始曰："若是，则无穷之弗知与无为之知，孰是而孰非乎？"无始曰："不知深矣，知之浅矣；弗知内矣，知之外矣。"于是泰清中而叹曰："弗知乃知乎！知乃不知乎！孰知不知之知？"无始曰："道不可闻，闻而非也；道不可见，见而非也；道不可言，言而非也。知形形之不形乎！道不当名。"无始曰："有问道而应之者，不知道也。虽问道者，亦未闻道。道无问，问无应。无问问之，是问穷也；无应应之，是无内也。以无内待问穷，若是者，外不观乎宇宙，内不知乎大初，是以不过乎昆仑，不游乎太虚。"光曜问乎无有曰："夫子有乎？其无有乎？"光曜不得问，而孰视其状貌，窅然空然，终日视之而不见，听之而不闻，搏之而不得也。光曜曰："至矣，其孰能至此乎！予能有无矣，而未能无无也；及为无有矣，何从至此哉！"

婀荷甘和神农一同向老龙吉学习。神农大白天靠着几案、关着门睡觉，中午时分，婀荷甘推门进来说："老龙吉死了！"神农从几案后面抱着拐杖站起身来，"啪"的一声丢下拐杖而笑起来，说："老天知道我偏僻简陋，故而使老龙吉舍弃我而死去。完了，我的先生！没有用至道来启发我的狂言就死去了啊！"弇堈知道了就来吊唁，说："体悟大道的人，天下的君子都牵系着他。如今老龙吉对于道，连秋毫之末的万分之一也未能得到，而还知道深藏他的狂言而死去，又何况真正体悟大道的人呢！大道看上去没有形体，听起来没有声音，对于人们谈论的道，称它是昏暗迷茫，而所用来加以谈论的道，并非真正的道。"于是，泰清问无穷说："你知晓道吗？"无穷说："我不知晓。"又问无为。无为说："我知晓道。"泰清又问："你知晓道，道也有名数吗？"无为说："有。"泰清说："道的名数怎么样呢？"无为说："我知道道可以尊贵，也可以卑贱，可以集约，也可以离散，这就是我所了解的道的名数。"泰清用这番谈话去请问无始，说："像这样，那么无穷的不知晓和无为的知晓，谁对谁错呢？"无始说："不知晓是深奥玄妙，知晓是浮泛浅薄；不知晓处于道的内里，知晓就处在道的外面了。"于是泰清叹息，说："不知道就是知道啊！知道就是不知道啊！有谁懂得不知道的知道呢？"无始说："道不可以听到，听到的就不是道；道不可以看见，看见了就不是道；道不可以言传，言传的就不是道。知道有形之物的具有形体就是无形啊！大道是不应该有名的。"无始又说："有人问起大道便随口回应的，是不知晓道。虽然问起大道的人，也没有听闻道。道无可问，问了也无法回应。无可问却要问，这是在询问空洞无形的东西；无从回应却要回应，这是说对大道的内里并无了解。内心无所得却期望回答空洞无形的提问，像这样的人，对外不能观察广阔的宇宙，对内不能了解太初的道的发生，这样就不能越过那高远的昆仑，也不能遨游于清虚宁寂的太虚之境。"光曜请问无有说："先生你是存在呢？还是不存在呢？"光曜得不到回答，就仔细地观察它的形状和容貌，是那么窅然深远，难以究探，整天看它看不见，整天听它听不到，整天捕捉它却摸不着。光曜说："极致啊，谁能够达到这种境界呢！我能够做到'无'，却未能达到'无无'，等到做到了'无'却仍然是'有'，怎么会是这样！"这则卮言虚构了豨韦甘、老龙吉，和神农一起进入传说中的历史；又虚构了泰清、无穷、无为、无始等富有哲理象征的人物，探讨大道的不可知、不可闻、不可穷尽，当"无"还是基于"有"的时候，它还要探究太初、太虚的"无无"。太虚是一个关键词。《红楼梦》就是以庄子的"太虚"糅合佛家的"幻境"，以探究"假作真时真亦假，无为有处有还无"的。

之二：庄子喜欢把民族的人文始祖与传说中的得道之辈相屬和，思考着大道存在的形态。这就是庄子对黄帝为何采取了与尧舜不同的处理方式。处理方式上，给大道的运行留下了空间。

《庄子·在宥》说：

黄帝立为天子十九年，令行天下，闻广成子在于空同之山，故往见之，曰："我闻吾子达于至道，敢问至道之精。吾欲取天地之精，以佐五谷，以养民人，吾又欲官阴阳，以遂群生，为之奈何？"广成子曰："而所欲问者，物之质也；而所欲官者，物之残也。自而治天下，云气不待族而雨，草木不待黄而落，日月之光益以荒矣，而佞人之心翦翦者，又奚足以语至道？"黄帝退，捐天下，筑特室，席白茅，闲居三月，复往邀之。广成子南首而卧，黄帝顺下风膝行而进，再拜稽首而问曰："吾闻子达于至道，敢问，治身奈何而可以长久？"广成子蹶然而起，曰："善哉问乎！来。吾语女至道。至道之精，窈窈冥冥；至道之极，昏昏默默。无视无听，抱神以静，形将自正。心静必清，无劳女形，无摇女精，乃可以长生。目无所见，耳无所闻，心无所知，女神将守形，形乃长生。慎女内，闭女外，多知为败。我为女遂于大明之上矣，至彼至阳之原也；为女入于窈冥之门矣，至彼至阴之原也。天地有官，阴阳有藏，慎守女身，物将自壮。我守其一以处其和，故我修身千二百岁矣，吾形未尝衰。"黄帝再拜稽首曰："广成子之谓天矣！"广成子曰："来，余语女。彼其物无穷，而人皆以为有终；彼其物无测，而人皆以为有极。得吾道者，上为皇而下为王；失吾道者，上见光而下为土。今夫百昌皆生于土而反于土，故余将去女，入无穷之门，以游无极之野。吾与日月参光，吾与天地为常。当我，缗乎！远我，昏乎！人其尽死，而我独存乎！"

这里探讨道的精华，说的是黄帝当上天子十九年，号令通行天下，听闻广成子居住在空同山，故而前往拜见他，说："我听说先生已经通达至道，斗胆请教至道的精髓。我想获取天地的精华，用来帮助五谷生长，用来养育民众；我又想管理阴阳，使众多生灵遂心地成长，对此我将怎么办？"广成子说："你所想问的，是万事万物的特质；你所想管理的，是万事万物的残留。自从你治理天下，天上的云气不等到聚集就下起雨来，地上的草木不等到枯黄就飘落凋零，太阳和月亮的光亮也更加晦暗下来。然而谗谄的小人的心地是那么狭隘浅薄，又怎么足以谈论大道！"黄帝听了这一席话就退了回来，弃置朝政，筑起特别的静室，铺上洁白的茅草，清闲居住三个月，再次前往求教。广成子头朝南躺着，黄帝顺着下风，双膝着地匍匐行进，叩头着地行了大礼后问道:"听说先生已经通达至道,冒昧地请教,修养自身怎么样才能活得长久?"广成子猛然挺身而起,说:"问得好啊!来,我告诉给你至道。至道的精髓,精深微妙,渺茫恍惚;至道的极致,难见莫测,迷糊难知。什么也不看,什么也不听,抱持精神的宁静,形体自然顺应端正。内心宁静必然清虚,不要劳苦你的形体,不要摇荡你的精神,这就可以长生。眼睛什么也没看见,耳朵什么也没听闻,内心什么也不知晓,这样你的精神定能持守你的形体,形体也就可以长生。谨慎地摒除内在的思虑,封闭起对外在的感知,智巧太多会招致败亡。我帮助你达到最光明的境地,直达那阳气的本原;我帮助你进入到深远渺茫的大门,直达那阴气的本原。天地有主宰,阴阳有府藏,谨慎地守护你的身形,万物将会茁壮成长。我持守着浑一的大道而又处于阴阳二气和谐的境界,故而我修身一千二百年了,而形体还从不曾衰老。"黄帝再次叩头至地说:"先生真可说是与天道混而为一了!"广成子又说:"过来,我告诉你。宇宙间的事物是无穷无尽,而人都认为有个尽头;宇宙间的事物是不可探测的,然而人们都认为有个极限。获得了我的大道的人,上可以做皇帝,下可以做王侯;失去我的大道的人,在上只能见到日月的光亮,在下只能化为土块。如今百物昌盛,都生于土地又返归土地,故而我将离开你,进入那没有穷尽的大门,以遨游于没有极限的原野。我与日月同光,我与天地共存。向着我而来,芒昧不分!背着我而去,昏沉未知!人们恐怕都要死去,而我还独自存活啦!"这里借助黄帝,可以说是重言;敷衍大道,可以说是卮言,卮言、重言并无绝对界限。《庄子》的不少章节都批评黄帝创设仁义,撄扰人心。但有一点值得注意,黄帝不同于后人,他背离了道却依然近道。黄帝向广成子"问至道之精","欲官阴阳",成玄英《疏》解"官"为"设官分职,引物从己,既乖造化,必致伤残"。黄帝第二次求教,问到"治身奈何而可以长久",广成子长生的秘诀在于"无视无听,抱神以静"。由此广成子说自己"修身千二百岁矣,吾形未常衰",这又涉及道家的养生术。得道者与日月天地同在同德,逍遥于"无何有之乡,广莫之野",追求的是一种随任自然的无为状态。作为一则卮言,它讲的是获取天地的精华的养生论。

之三：人文始祖遗失象征着道的玄珠，谁能找回呢？庄子设计了几个带有哲学意蕴的人物，探求获得大道的各种可能性。

《庄子·天地》说：

> 黄帝游乎赤水之北，登乎昆仑之丘而南望，还归，遗其玄珠。使知索之而不得，使离朱索之而不得，使喫诟索之而不得也。乃使象罔，象罔得之。黄帝曰："异哉！象罔乃可以得之乎？"

这里的玄珠是无知无识无名的象罔找到的，说的是黄帝遨游在赤水的北岸，登上昆仑山向南观望，返回而遗失了玄珠。派才智超群的知去寻找未能找到，派善于明察的离朱去寻找未能找到，派善于闻声辩言的大力士喫诟去寻找也未能找到。于是让无心、无形迹的象罔去寻找，而象罔找回了玄珠。黄帝说："奇怪啊！象罔方才能够找到吗？"《论语·为政》："子曰：'学而不思则罔，思而不学则殆。'"罔的意思是迷惑而无所得。智、明、辨，都不能找到象征着道的玄珠，唯有迷惑而无所得的象罔可以得之。可以作重言的黄帝，却转换出卮言，申述了以无为、无知、无名的状态获得道的珍贵玄珠。这个故事探究道的原始。

之四：《太平御览》卷八十《皇王部》引《庄子》又曰："尧治天下之民，平海内之政。往见四子于姑射之山，汾水之阳，窅然丧其天下。"注曰："四子：许由、啮缺、被衣、王倪也。"姑射山四子，象征着尧帝以道统辖天下的境界和方式。

于此可以参照的是《庄子·天地》说：

> 尧之师曰许由，许由之师曰啮缺，啮缺之师曰王倪，王倪之师曰被衣。尧问于许由曰："啮缺可以配天乎？吾藉王倪以要之。"许由曰："殆哉

圾乎天下！啮缺之为人也，聪明睿知，给数以敏，其性过人，而又乃以人受天。彼审乎禁过，而不知过之所由生。与之配天乎？彼且乘人而无天，方且本身而异形，方且尊知而火驰，方且为绪使，方且为物绖，方且四顾而物应，方且应众宜，方且与物化而未始有恒。夫何足以配天乎？虽然，有族，有祖，可以为众父，而不可以为众父父。治，乱之率也，北面之祸也，南面之贼也。"尧观乎华。华封人曰："嘻！圣人！请祝圣人，使圣人寿。"尧曰："辞。""使圣人富。"尧曰："辞。""使圣人多男子。"尧曰："辞。"封人曰："寿、富、多男子，人之所欲也。女独不欲，何邪？"尧曰："多男子则多惧，富则多事，寿则多辱。是三者，非所以养德也，故辞。"封人曰："始也我以女为圣人邪，今然君子也。天生万民，必授之职，多男子而授之职，则何惧之有！富而使人分之，则何事之有！夫圣人，鹑居而鷇食，鸟行而无彰。天下有道，则与物皆昌；天下无道，则修德就闲；千岁厌世，去而上仙，乘彼白云，至于帝乡。三患莫至，身常无殃，则何辱之有！"封人去之，尧随之，曰："请问。"封人曰："退已！"尧治天下，伯成子高立为诸侯。尧授舜，舜授禹，伯成子高辞为诸侯而耕。禹往见之，则耕在野。禹趋就下风，立而问焉，曰："昔尧治天下，吾子立为诸侯。尧授舜，舜授予，而吾子辞为诸侯而耕，敢问，其故何也？"子高曰："昔尧治天下，不赏而民劝，不罚而民畏。今子赏罚而民且不仁，德自此衰，刑自此立，后世之乱自此始矣。夫子阖行邪？无落吾事！"俋俋乎耕而不顾。泰初有无，无有无名，一之所起，有一而未形。物得以生，谓之德。未形者有分，且然无间，谓之命。留动而生物，物成生理，谓之形；形体保神，各有仪则，谓之性；性脩反德，德至同于初。同乃虚，虚乃大。合喙鸣，喙鸣合，与天地为合。其合缗缗，若愚若昏，是谓玄德，同乎大顺。

　　这里对人欲与德性进行思辨，说的是尧的老师叫许由，许由的老师叫啮缺，啮缺的老师叫王倪，王倪的老师叫被衣。尧问许由说："啮缺可以做天子吗？我想借助于他的老师王倪来邀请他。"许由说："恐怕天下也就危险了！啮缺的为人，耳聪目明智慧超群，行动办事快捷机敏，他天性过人，而用人为的心智去应对天然的禀赋。他审察该怎样禁止过失，却不知道过失产生的缘由。让他匹配天吗？他却借助于人为而抛弃天然，将要以自身为本而改变万物的形迹，将要尊崇才智而风风火火地为求知奔走驰逐，将要被细末的头绪所驱使，将要被外物所拘束，将要环顾四方而与外物应接，将要应接万物合乎时宜，将要参与万物的变化而不曾有恒定不变。这怎么能够与天匹配呢？虽然如此，有了家族，有了先祖；可以成为众人的父亲，而不能成为众人父亲的父亲。治理天下，是天下大乱的先导，这就是臣子的灾害，国君的奸贼。"尧在华地巡视。华地守护封疆的华封人说："嗨，圣人！请让我为圣人祝愿吧，祝愿圣人长寿。"尧说："免辞了吧。"华封人说："使圣人富有。"尧说："免辞了吧。"华封人说："使圣人多男儿。"尧说："免辞了吧。"华封人说："长寿、富有和多男儿，这是人们都想得到的。你唯独不想得到，是为什么呢？"尧说："多个男孩子就多了一层忧惧，多一些财富就多一些事务麻烦，寿命长就会多受些困辱。这三个方面都无助于培养德性，所以我辞谢了。"华封人说："起初我把你看作圣人呢，如今竟是一个君子。苍天降生万民，必定授给他们职务。多男子就多授给他们的职务，有什么可忧惧的！富有了就把财物分给众人，有什么难事的！圣人总是像鹌鹑一样居无定所，像幼雏一样饥不择食，就像鸟儿飞行不彰显踪迹；天下有道，就跟万物一同昌盛；天下无道，就修养德性趋就闲暇；寿延千年而厌恶活在世上，就离开人世而升天成仙；承载白云，去到天帝居住的地方。长寿、富有、多男孩子所导致的多辱、多事、多惧三种忧患都不会降临，身体总不会遭殃；那么还会有什么屈辱呢！"华封人离开，尧却跟随在后面，说："还想请问。"华封人说："你还是退下吧！"唐尧统治天下，伯成子高立作诸侯。尧把帝位让给了舜，舜又把帝位让给了禹，伯成子高就辞去诸侯的职位而从事耕作。大禹前去拜见他，伯成子高正在田野耕作。大禹快步上前居于下方，恭敬地站着问伯成子高说："当年尧统治天下，先生立为诸侯。尧把帝位让给了舜，舜又把帝位让给了我，可是先生却辞去了诸侯的职位而来从事耕作。冒昧地请问，这是为何缘故？"伯成子高说："往昔帝尧治理天下，不须奖励而民众自然勤勉，不须惩罚而民众自然敬畏。如今你施行赏罚而百姓还是不仁不爱，德行从此衰败，刑罚从此建立，后世之乱也就从此开始了。先生你怎么不走开呢？不要耽误我的事情！"于是低下头去用力耕地而不再顾盼。宇宙起源的太初，连"无"都没有，连"名"都没有；混一的状态就是宇宙的起始，有混一而没有各种形体。事物从混一的状态中产生，这就叫作自得；未形成形体时有阴阳之气的分别，阴阳的交合没有间隙，这就叫作天命；留下运动而生成万物，万物生成生命的机理，这就叫作形体；形体葆有精神，各有仪轨和法则，这就叫作本性。本性修炼返回德性，德性的极致就混同于太初。混同就会虚空，虚空就能广大。混同合一就像百鸟齐鸣，百鸟齐鸣就与天地融合共存。混同合一不露痕迹，好像愚昧又好像是昏暗，这就叫深奥玄妙的德性，一同返回本真而顺乎自然。值得注意的是，这则卮言重新解释尧舜禹时代的政治社会与宇宙之道的关系，动用了见于他书的许由，又虚构了啮缺、王倪、被衣、华封人、伯成子高，以杜撰的人物作随意而谈的卮言的载体。啮缺的词义是缺口、锋刃破缺，正是这种人物过于卖弄聪明才智，而不能与天道匹配。"华封三祝"寿、富、多男子，过于牵系人欲追求，也不能进入道的境界。伯成子高辞诸侯而耕于野，就是看到了尧舜禹之后，德性衰落，所以要回复无为、无名的混一状态。这就是这则卮言所思辨的道的遗失与找寻。

之五：对于道的进一步的找寻，就延伸到夏商周三代良莠不等的一群人物。

《庄子·外物》说：

> 外物不可必，故龙逢诛，比干戮，箕子狂，恶来死，桀纣亡。人主莫不欲其臣之忠，而忠未必信，故伍员流于江，苌弘死于蜀，藏其血三年而化为碧。人亲莫不欲其子之孝，而孝未必爱，故孝己忧而曾参悲。木与木相摩而然，金与火相守则流。阴阳错行，则天地大绝，于是乎有雷有霆，水中有火，乃焚大槐。有甚忧两陷而无所逃，螴蜳不得成，心若县于天地之间，慰昏沈屯，利害相摩，生火甚多；众人焚和，月固不胜火，于是乎有僓然而道尽。

这里思考标准尺度的相对性，说的是外在事物不可能有个必定的尺度，故而忠良之士关龙逢被诛杀，比干遭杀戮，箕子被迫装疯，而谀臣恶来同样不能免于一死，暴君夏桀和殷纣也同样身毁国亡。国君无不希望他的臣子效忠，可是效忠未必可信，所以伍子胥被赐死而且漂尸江中，苌弘被流放西蜀而死，西蜀人珍藏他的血液三年后而化作碧玉。做父母的无不希望子女孝顺，可是竭尽孝心未必受到怜爱，所以殷高宗之子孝己忧愁而死、孝子曾参悲切一生。木与木相互摩擦就燃烧，金属跟火相互厮守就熔化。阴阳错乱运行，天与地都会大受惊骇，于是雷声隆隆，夹着闪电，水中有火，烧毁高大的槐树。心存忧喜而且深陷在这两种心境中没有办法逃避，怵惕不安而又一无所成，心就像高悬在天地之间，忧郁沉闷，利害得失在心中碰撞，烦乱焦躁到了冒火；众人内热如火烧毁了中和之气，清明如月的淡泊心境不能胜过内心如火的焦虑，于是精神颓丧而大道穷尽。这则卮言探讨外在之物没有统一的标准，排比了良莠不等的夏、商、春秋战国的忠孝奸邪的人物，都陷入无法把握自身命运的困境。社会无道，有如木木摩擦，金火相克，使天地间雷霆震荡，人心失去太和之气，造成大道的穷尽。这表明，一旦离开大道而谈论是非标准，就会导致人间的混乱和灾难。

之六：庄子对于上古人物的评议，并列着百里奚、虞舜、宋元君，随手拈来，时空错乱。在错乱中，以道进行贯穿和评议。

《庄子·田子方》说：

> 百里奚爵禄不入于心，故饭牛而牛肥，使秦穆公忘其贱，与之政也。有虞氏死生不入于心，故足以动人。宋元君将画图，众史皆至，受揖而立，舐笔和墨，在外者半。有一史后至者，儃儃然不趋，受揖不立，因之舍。公使人视之，则解衣般礴臝。君曰："可矣，是真画者也。"

这就是说，百里奚不把官爵俸禄放在心上，所以养牛而牛肥，使秦穆公忘记了他出身低贱，而委之以国事。虞舜不把生死放在心上，故而能感动他人。宋元君要画画，众位画师都来了，受宋元君之命拜揖而立，润笔调墨准备着，门外面还有一大半。有一位后到的画师，从容闲适不慌不忙地走着，受命拜揖后也不在那站着，而往馆舍走去。宋元君派人去看，见他脱衣叉着腿不拘形迹地打坐。宋元君说："可以了，这位就是真正画师。"这种卮言用了百里奚、虞舜、宋元君的赤膊画师的故事，强调无心显耀才能，才是真正有才能，装模作样显露才能，却是假惺惺的作态者。它提倡的是心无渣滓，以浑朴感动世人。

之七：历史线索继续往下延伸，触及魏文侯、田子方。魏文侯是春秋战国之世罕见的诚心尊师问道的一方诸侯。

西汉刘向《新序·杂事第四》说："公季成谓魏文侯曰：'田子方虽贤人，然而非有土之君也，君常与之齐礼，假有贤于子方者，君又何以加之？'文侯曰：'如子方者，非成所得议也。子方，仁人也。仁人也者，国之宝也；智士也者，国之器也；博通士也者，国之尊也。故国有仁人，则群臣不争；国有智士，则无四邻诸侯之患；国有博通之士，则人主尊。固非成之所议也。'公季成自退于郊，三日请罪。"又说："孟尝君问于白圭曰：'魏文侯名过于桓公，而功不及五伯，何也？'白圭对曰：'魏文侯师子夏，友田子方，敬段干木，此名之所以过于桓公也。卜相，则曰：成与黄孰可？此功之所以不及五伯也。以私爱妨公举，在职者不堪其事，故功废。然而名号显荣者，三士翊之也。如相三士，则王功成，岂特霸哉！'"

庄子将魏文侯、田子方之事，以虚构的方式，扩展到田子方的里人、老师，以此来谈论全德悟道。有如《庄子·田子方》说：

> 田子方侍坐于魏文侯，数称谿工。文侯曰："谿工，子之师耶？"子方曰："非也，无择之里人也；称道数当，故无择称之。"文侯曰："然则子无师邪？"子方曰："有。"曰："子之师谁邪？"子方曰："东郭顺子。"

文侯曰："然则夫子何故未尝称之？"子方曰："其为人也真，人貌而天虚，缘而葆真，清而容物。物无道，正容以悟之，使人之意也消。无择何足以称之？"子方出，文侯傥然终日不言，召前立臣而语之曰："远矣，全德之君子！始吾以圣知之言仁义之行为至矣，吾闻子方之师，吾形解而不欲动，口钳而不欲言。吾所学者直土梗耳，夫魏真为我累耳！"

田子方侍坐在魏文侯旁边，多次称赞谿工这个贤人。魏文侯说："谿工是先生的老师吗？"田子方说："不是，只是我的同乡。讲说大道经常恰当在理，故而我称赞他。"文侯说："那么先生没有老师吗？"田子方说："有。"文侯又问："先生的老师是谁呢？"田子方说："是东郭顺子。"文侯说："可是，先生为什么没有称赞过呢？"田子方说："他为人真诚，具有人的相貌和天一样空虚之心，因缘物理而保持真性，心性清虚能够容物。事物不合正道，就端正自己的仪容使它省悟，使人的意趣消解。我哪里配得上去称赞他呀！"田子方出去后，魏文侯怅然自失，整天不说话。招呼侍立在面前的臣子说："太深远玄妙了，真是一位德性完备的君子！起先我认为圣智的言论、仁义的行为，是至高无上的。我听闻田子方讲述其老师的情况，我身体松散不想动，口像被钳住一样不想说话。我所学的东西，简直是没有生命的土偶而已！魏国真成了我的累赘啊！"

这则卮言以田子方的老师东郭顺子保存天性，清虚悟道，反衬魏文侯注重圣知之言、仁义之行如同无生命的土偶。而圣知之言、仁义之行是儒家的准则，保存天性、清虚悟道是道家的精神境界，二者比较，扬道抑儒，彰显了老庄的理念。

之八：人物序列再往下延伸，就到了庄子的同代人杨朱了。

杨朱学说，或源出于《老子》，如《老子》13章说："贵以身为天下，若可寄天下。爱以身为天下，若可托天下。"杨朱主张"贵己""重生"，较近于道家。《淮南子·氾论》认为："全性保真，不以物累形：杨子之所立也。"故此《孟子·尽心上》批评杨朱："杨子取为我，拔一毛而利天下，不为也。"对于同时代人，庄子不论孟子，而论杨朱，这是值得吟味的。《庄子·山木》说：

> 阳子之宋，宿于逆旅。逆旅人有妾二人，其一人美，其一人恶，恶者贵而美者贱。阳子问其故，逆旅小子对曰："其美者自美，吾不知其美也；其恶者自恶，吾不知其恶也。"阳子曰："弟子记之！行贤而去自贤之行，安往而不爱哉！"

阳朱到宋国去，住在旅店里。旅店主人有两个妾，其中一个漂亮，一个丑陋，可是长得丑陋的受到尊贵而长得漂亮的却受到厌恶。阳朱问其中的缘故，年轻的店主对答说："那个长得美丽的自以为美丽，但是我却不知道她的美丽；那个长得丑陋的自以为丑陋，但是我不知道她的丑陋。"阳朱对弟子说："弟子们记住！品行贤良而不自以为有贤良的品行，去到哪里不会受到敬重和爱戴啊！"

这则厄言讲了一个旅店的看似荒唐的故事，丑女得到尊贵，美女得到卑贱。这种反常的情形，强调了美者不自炫其美，应把美融入自然之流中，因而美在自然，也就是"天地有大美而不言"。

厄言的第七项功能：
虚构中的哲学思考（二则）

之一：庄子以楚人祖源的浑沌氏的道术，奚落儒家的机械、机事、机心。

《庄子·天地篇》记载：

子贡南游于楚，反于晋，过汉阴，见一丈人方将为圃畦，凿隧而入井，抱瓮而出灌，搰搰然用力甚多而见功寡。子贡曰："有械于此，一日浸百畦，用力甚寡而见功多，夫子不欲乎？"为圃者卬而视之曰："奈何？"曰："凿木为机，后重前轻，挈水若抽，数如泆汤，其名为槔。"为圃者忿然作色而笑曰："吾闻之吾师，有机械者必有机事，有机事者必有机心。机心存于胸中，则纯白不备。纯白不备，则神生不定。神生不定者，道之所不载也。吾非不知，羞而不为也。"子贡瞒然惭，俯而不对。有间，为圃者曰："子奚为者邪？"曰："孔丘之徒也。"为圃者曰："子非夫博学以拟圣，於于以盖众，独弦哀歌以卖名声于天下者乎？汝方将忘汝神气，堕汝形骸，而庶几乎！而身之不能治，而何暇治天下乎。子往矣，无乏吾事。"子贡卑陬失色，顼顼然不自得，行三十里而后愈。其弟子曰："向之人何为者邪？夫子何故见之变容失色，终日不自反邪？"曰："始吾以为天下一人耳，不知复有夫人也。吾闻之夫子，事求可，功求成。用力少，见功多者，圣人之道。今徒不然。执道者德全，德全者形全，形全者神全。神全者，圣人之道也。托生与民并行而不知其所之，汒乎淳备哉！功利机巧必忘夫人之心。若夫人者，非其志不之，非其心不为。虽以天下誉之，得其所谓，謷然不顾。以天下非之，失其所谓，傥然不受。天下之非誉，无益损焉，是谓全德之人哉！我之谓风波之民。"反于鲁，以告孔子。孔子曰："彼假修浑沌氏之术者也。识其一，不知其二。治其内，而不治其外。夫明白入素，无为复朴，体性抱神，以游世俗之间者，汝将固惊邪？且浑沌氏之术，予与汝何足以识之哉！"

子贡南游到楚国，返回晋国，经过汉江的南岸，看见一个老丈正在菜园里整地开畦，凿了一条隧道直通到井里，抱着水瓮出来浇水灌地，吭哧吭哧地上上下下用力甚多而功效甚少。子贡说："这里有一种机械，每天可以浇灌上百个菜畦，用力很少而功效甚多，老先生你不想试试吗？"种菜的老丈仰头看着子贡说："应该怎么做呢？"子贡说："用木头加工成机械，后面重而前面轻，提水就像从井中抽水似的，快速犹如沸腾的水向外溢出，它的名字就叫作桔槔。"种菜的老丈愤然变了脸色讥笑着说："我听闻我的老师说，有了机械必定出现机巧的事，有了机巧的事必定出现机变的心思。机变的心思存留在胸中，那么不曾受到世俗污染的纯洁清白的心境就不具备；纯洁清白的心境不具备，那么精神就不专一安定；精神不能专一安定的人，就不能承载大道。我不是不知道，是感到羞愧而不愿那样做呀。"子贡满面羞愧，低头无言以对。过了一会儿，种菜的老丈说："你是干什么的呀？"子贡说："我是孔丘的学生。"种菜的老丈说："你不就是博学并模拟圣人，心想盖过众人，独自弹琴哀歌以卖弄名声的人吗？你要遗忘你的精神意气，废置你的身形体骸，恐怕就可以接近于道吧！你身心都不能治理，哪里还有闲暇治理天下呢！你走吧，不要耽误我的事情！"子贡大感惭愧失色，怅然若失而不能自持，走出三十里外才恢复常态。子贡的弟子问道："先前碰到的那个人是干什么的呀？先生为什么见到他面容大变顿然失色，整天都不能恢复常态呢？"子贡说："起初我以为天下圣人就只有老师孔丘一人罢了，不知道还会有刚才碰上的那样的人。我听闻老师说，办事寻求可行，功业寻求成就，用力少而获效多，这就是圣人之道。如今却不是这样。执持大道的人德性才完备，德性完备的人身形才完整，身形完整的人精神才健全。精神健全方才是圣人之道。寄托生命与万民并肩出行，而不知道应该去到哪里，茫茫然操行淳和，道德圆备啊！功利机巧必定使人的真心被遗忘。像那样的人，不是自己的心志不去追求，不是自己的心思不会去做。虽然天下人都称誉他，称誉的言辞是那么回事，他也傲然不顾；天下人都非议他，非议使其丧失名声，他也无动于衷不予接受。天下人的非议和赞誉，对于他们既无增益又无损害，这就叫作德行完备的人啊！我只能称作随着风波浮动的人。"子贡回到鲁国，把路上遇到的情形告诉给孔子。孔子说："那是修炼浑沌氏之术的人，识得其一的道，不知其二的变异，善于调治内心，却不善于调治外部世界。那明澈白静到如此素洁，清虚无为回返原始的朴质，体悟真性抱守精神，优游在世俗之中的人，你固然会感到惊异呢！况且浑沌氏的道术，我和你又怎么能够认识呢？"

根据《吕氏春秋》高诱注，浑沌乃是楚人的祖源。《庄子·应帝王》也记载浑沌："南海之帝为儵，北海之帝为忽，中央之帝为浑沌。儵与忽时相与遇于浑沌之地，浑沌待之甚善。儵与忽谋报浑沌之德，曰：'人皆有七窍以视听食息，此独无有，尝试凿之。'日凿一窍，七日而浑沌死。"

在这里，"儵"和"忽"意指急匆匆的样子，"浑沌"意指浑然不分的样子，一指人为的，一指自然的，因此"儵""忽"寓指有为，而"浑沌"寓指无为。普查先秦文献，"儵忽"在楚辞中7见，在《吕氏春秋》中1见，都是来自楚国的资料。在这里，庄子以楚国方言"儵忽"阐发楚国祖源文化的浑沌哲学，可以同《庄子·天地》关于浑沌氏之术的故事相参证。

之二：庄子珍惜楚人的祖源，而对于儒家思想的源头却极尽嘲弄之能事，将之比拟成骷髅口中没有生命的珠子。

《庄子·外物》说：

> 儒以诗礼发冢，大儒胪传曰："东方作矣，事之何若？"小儒曰："未解裙襦，口中有珠。诗固有之曰：青青之麦，生于陵陂。生不布施，死何含珠为！接其鬓，压其顪，儒以金椎控其颐，徐别其颊，无伤口中珠！"

儒生以诗、书发掘古冢的骸骨。大儒在上面向下传话："太阳快升起来了，事情办得怎么样？"小儒说："还未解开下裙和内衣，口中还含有珠子。古诗本来就有这样的诗句：'青青的麦苗，长在山坡上。生前不周济别人，死了怎么还含着珠子！'"大儒说："抓住他的两鬓，按住他下巴上的胡须，儒者用锤子敲打他的下巴，慢慢地分开他的两颊，不要损坏了口中的珠子！"这则卮言嘲讽儒家的"好古敏求"，是凭借诗书发掘古冢的骸骨，从死人口中掏取珠子，得到的是没有生命的东西。有如《庄子·天运》说："孔子谓老聃曰：'丘治《诗》《书》《礼》《乐》《易》《春秋》六经，自以为久矣，孰知其故矣。以奸者七十二君，论先王之道而明周、召之迹，一君无所钩用。甚矣夫！人之难说也，道之难明邪？'老子曰：'幸矣子之不遇治世之君也。夫《六经》，先王之陈迹也，岂其所以迹哉！今子之所言，犹迹也。夫迹，履之所出，而迹岂履哉！……失焉者，无自而可。'"

老子以为孔子的六经，是先王的脚印，却不去寻根究源，发现踩出脚印的鞋子和穿鞋子的人，那里才存在着生命。

七 《庄子·天下篇》的学术史关注

《庄子·天下篇》与《寓言篇》有些类似，与其他篇章处于不同的层次，具有后序的性质。但是同为后序，而特点相异，《寓言篇》考察文体，《天下篇》考察学术思想史。这里的学术思想史与庄子的一贯思想互有参差，值得逐一剖析。

发端于儒？

老子在孔子之前，曾有孔子问礼于老子的佳话，但《天下篇》却从儒学说起，其本文说：

> 天下之治方术者多矣，皆以其有为不可加矣！古之所谓道术者，果恶乎在？曰："无乎不在。"曰："神何由降？明何由出？""圣有所生，王有所成，皆原于一。"不离于宗，谓之天人；不离于精，谓之神人；不离于真，谓之至人。以天为宗，以德为本，以道为门，兆于变化，谓之圣

人；以仁为恩，以义为理，以礼为行，以乐为和，熏然慈仁，谓之君子；以法为分，以名为表，以参为验，以稽为决，其数一二三四是也，百官以此相齿；以事为常，以衣食为主，蕃息畜藏，老弱孤寡为意，皆有以养，民之理也。古之人其备乎！配神明，醇天地，育万物，和天下，泽及百姓，明于本数，系于末度，六通四辟，小大精粗，其运无乎不在。其明而在数度者，旧法、世传之史尚多有之；其在于《诗》《书》《礼》《乐》者，邹鲁之士、缙绅先生多能明之。《诗》以道志，《书》以道事，《礼》以道行，《乐》以道和，《易》以道阴阳，《春秋》以道名分。其数散于天下而设于中国者，百家之学时或称而道之。

这就是说，天下研治学术的人很多，都认为自己的学问达到了不可复加的地步。古代所谓的道术，果真在哪里？回答说："无所不在。"问："神通由何而降？高明从何而出？"回答道："神圣有其发生，王业有其成因，都渊源于一。"不离本宗，称为天人。不离精粹，称为神人。不离本真，称为至人。以天为宗主，以德为根本，以道为法门，能够预示变化，称为圣人。以仁布施恩惠，以义作为道理，以礼作为行为规范，以乐调和性情，温和仁慈，称为君子。以法律为分际，以名号为标志，以比较为验证，以考核来判决，等级之数是一二三四。百官以此为序列，以职事为常务，以衣食为主旨，繁衍和储藏，留意老弱孤寡，使其皆有所养，这是养民的常理。古人是很完备的啊！匹配神明，醇和天地，养育万物，和协天下，泽及百姓，明白根本，系于末节，六合通达而四时顺畅，无论小大精粗，其运作无所不在。明晰在于数理法规制度，很多还保存在传世的史书中。保存于《诗》《书》《礼》《乐》之中的，邹鲁一带的学者和缙绅先生们大多明晓。《诗》用来表达情志，《书》用来记载事情，《礼》用来引导行为，《乐》用来调和关系，《易》用来说明阴阳，《春秋》用来端正名分。其散布于天下而设立于中国的，百家之学还常常称道它。这里从发生学的角度，阐明天下学术都有天人、神人、至人、圣人、君子的品格，将儒学纳入庄学的学理体系，成了一二三四的常识，成为百家之学的源泉。其中虽然用了庄子的一些专门术语，但对于"邹鲁之士、缙绅先生"的儒学态度，与庄子的一贯思想有所偏离。因此《天下篇》对春秋战国道术学派的描述，一开头就从发生学的根本上，偏离了纯粹的庄子思想，对庄学纳而未入，甚至与庄子思想形成悖论。

一曲之士？

由儒学"圣有所生，王有所成，皆原于一"说起，进而考察后世之学者"道术将为天下裂"。《天下篇》说：

> 天下大乱，贤圣不明，道德不一。天下多得一察焉以自好。譬如耳目鼻口，皆有所明，不能相通。犹百家众技也，皆有所长，时有所用。虽然，不该不遍，一曲之士也。判天地之美，析万物之理，察古人之全。寡能备于天地之美，称神明之容。是故内圣外王之道，暗而不明，郁而不发，天下之人各为其所欲焉以自为方。悲夫！百家往而不反，必不合矣！后世之学者，不幸不见天地之纯，古人之大体。道术将为天下裂。

这就是说，天下大乱，贤人圣哲隐晦不明，道德歧出不能一致，天下人多是各得一隅来考察而自我赏好。譬如耳目鼻口，各有其功能，却不能互相沟通。犹如百家众技，各有所长，时有所用。虽然如此，但不完备不普遍，都是偏于一端的曲说的人。剖判天地的完美，离析万物的理路，探察古人完美的道德，很少能具备天地的完美，相称于神明的包容。故此，内圣外王之道暗淡不明，抑郁而不能发挥，天下的人各尽所欲而自为方术。可悲啊！百家各行其道而不返回，必定不能相合。后世的学者，不幸不能见到天地的纯真和古人的大体，道术将被天下所割裂！这里探索乱世学术的繁杂纷乱，废弃内圣外王之道，在片面的独创中寻求突破，造成了"道术将为天下裂"的局面。把继起的学者称为"一曲之士"，以"内圣外王"的儒家之道，来衡量"天下之人各为其所欲焉以自为方"，如此谈论诸子百家打破儒家之道的争鸣，不能说与庄子一贯思想没有歧异。因为庄子总是以混融不分的道，来评议儒家以后的各家学术的。

墨者何为？

打破儒家的主流学术的，是始而学儒，继而非儒的墨家。墨家的出现，赋予诸子百家以争鸣竞存的局面。《天下篇》说：

> 不侈于后世，不靡于万物，不晖于数度，以绳墨自矫，而备世之急。古之道术有在于是者，墨翟、禽滑厘闻其风而说之。为之大过，已之大顺。作为《非乐》，命之曰《节用》。生不歌，死无服。墨子泛爱兼利而非斗，其道不怒。又好学而博，不异，不与先王同，毁古之礼乐。黄帝有《咸池》，尧有《大章》，舜有《大韶》，禹有《大夏》，汤有《大濩》，文王有辟雍之乐，武王、周公作《武》。古之丧礼，贵贱有仪，上下有等。天子棺椁七重，诸侯五重，大夫三重，士再重。今墨子独生不歌，死不服，桐棺三寸而无椁，以为法式。以此教人，恐不爱人；以此自行，固不爱己。未败墨子道。虽然，歌而非歌，哭而非哭，乐而非乐，是果类乎？其生也勤，其死也薄，其道大觳。使人忧，使人悲，其行难为也。恐其不可以为圣人之道，反天下之心。天下不堪。墨子虽独能任，奈天下何！离于天下，其去王也远矣！墨子称道曰："昔禹之湮洪水，决江河而通四夷九州也。名山三百，支川三千，小者无数。禹亲自操橐耜

而九杂天下之川。腓无胈，胫无毛，沐甚雨，栉疾风，置万国。禹大圣也，而形劳天下也如此。"使后世之墨者，多以裘褐为衣，以屐跷为服，日夜不休，以自苦为极，曰："不能如此，非禹之道也，不足谓墨。"相里勤之弟子，五侯之徒，南方之墨者若获、己齿、邓陵子之属，俱诵《墨经》，而倍谲不同，相谓别墨。以坚白同异之辩相訾，以奇偶不件之辞相应，以巨子为圣人。皆愿为之尸，冀得为其后世，至今不决。墨翟、禽滑厘之意则是，其行则非也。将使后世之墨者，必自苦以腓无胈、胫无毛相进而已矣。乱之上也，治之下也。虽然，墨子真天下之好也，将求之不得也，虽枯槁不舍也，才士也夫！

这就是说，不以奢侈拖累后世，不靡费万物，不炫耀礼数法度，用规矩自我矫正，以备用于世间的危急。古代道术的这种原则，墨翟、禽滑厘听闻这种风尚很喜欢，实行得太过分，超出了大的顺应。提倡非乐，主张节用，生不作歌，死不服丧。墨子倡导泛爱兼利而反对争斗，他的道术不是怒气冲天；又好学而渊博，不立异，不与先王相同，毁弃古代的礼乐。黄帝有《咸池》之乐，尧有《大章》之乐，舜有《大韶》之乐，禹有《大夏》之乐，汤有《大濩》之乐，文王有《辟雍》之乐，周武王、周公作《武》乐。古代的丧礼，贵贱有仪法，上下有等级，天子的棺椁七层，诸侯五层，大夫三层，士两层。现在墨子唯独自主张生不歌乐，死不服丧，只用三寸厚的桐木棺而没有椁，作为标准。以此来教导人，恐怕不是爱人之道；自己去实行，固然是不爱惜自己。墨子的学说尽管没有败坏，然而应该歌唱而不歌唱，应该哭泣而不哭泣，应该作乐而不作乐，这果真合乎人情常理吗？生前辛勤劳苦，死后实行薄葬，这种主张过于俭约微薄了。使人忧劳，使人悲苦，实行起来是很困难的，恐怕不可以成为圣人之道，违反了天下人的心愿，天下人是不堪忍受的。墨子虽然独自能够做到，但天下的人却无可奈何！背离了天下的人，也就远离了王道。墨子称道说："往昔大禹治理洪水，疏导江河而沟通四夷九州，经过名山三百，支流三千，小山小河无数。禹亲自操持盛土、铲土的器具，汇合天下的河川，辛苦得腿肚子无肉，小腿上的汗毛都磨光了，在狂风骤雨中奔波劳碌，安置天下万国。禹是大圣人，为了天下还如此劳苦。"从而使后世的墨者，多用兽皮粗布为衣，穿着木屐草鞋，日夜不得休息，以自苦为极端，并说："不能这样，就不是禹之道，不足以称为墨者。"相里勤的弟子五侯之徒，南方的墨者若获、已齿、邓陵子一班人，都诵读《墨经》，而诡谲悖异不同，互相称为"别墨"。他们以坚白、同异的论辩相互诋毁，以相互抵触的言辞来应对，以巨子当作圣人，都愿意崇拜他们，希望延续他们的传统，其风至今不绝。墨翟、禽滑厘的意思很好，行为就错了。将使得后世的墨者必须以腿肚子无肉、小腿无毛，竞进不已。虽然如此，墨翟真是天下的好人，实在求之不得，即使辛苦得形容枯槁也不舍弃自己的主张，真是有才之士啊！在这里，庄子揭示了墨家的苦行僧式的草根立场与儒家仁义中庸的士君子立场的对抗，是引发诸子百家争鸣的初始动因。它对墨家非乐、节用、兼爱的理念有所称许，但对后世之墨者，多以裘褐为衣，以屐跻为服，日夜不休，以自苦为极的过分做法，却是不以为然的。庄子对墨者是爱之不得，恶之不忍。

稷下黄老道？

《天下篇》说：

> 不累于俗，不饰于物，不苟于人，不忮于众，愿天下之安宁以活民命，人我之养，毕足而止，以此白心。古之道术有在于是者，宋钘、尹文闻其风而悦之。作为华山之冠以自表，接万物以别宥为始。语心之容，命之曰"心之行"。以聏合欢，以调海内。请欲置之以为主。见侮不辱，救民之斗，禁攻寝兵，救世之战。以此周行天下，上说下教。虽天下不

取，强聒而不舍者也。故曰：上下见厌而强见也。虽然，其为人太多，其自为太少，曰："请欲固置五升之饭足矣。"先生恐不得饱，弟子虽饥，不忘天下，日夜不休。曰："我必得活哉！"图傲乎救世之士哉！曰："君子不为苛察，不以身假物。"以为无益于天下者，明之不如已也。以禁攻寝兵为外，以情欲寡浅为内。其小大精粗，其行适至是而止。公而不党，易而无私，决然无主，趣物而不两，不顾于虑，不谋于知，于物无择，与之俱往。古之道术有在于是者，彭蒙、田骈、慎到闻其风而悦之。齐万物以为首，曰："天能覆之而不能载之，地能载之而不能覆之，大道能包之而不能辩之。"知万物皆有所可，有所不可。故曰："选则不遍，教则不至，道则无遗者矣。"是故慎到弃知去己，而缘不得已。泠汰于物，以为道理。曰："知不知，将薄知而后邻伤之者也。"奚髁无任，而笑天下之尚贤也；纵脱无行，而非天下之大圣；椎拍輐断，与物宛转；舍是与非，苟可以免。不师知虑，不知前后，魏然而已矣。推而后行，曳而后往。若飘风之还，若羽之旋，若磨石之隧，全而无非，动静无过，未尝有罪。是何故？夫无知之物，无建己之患，无用知之累，动静不离于理，是以终身无誉。故曰："至于若无知之物而已，无用贤圣。夫块不失道。"豪桀相与笑之曰："慎到之道，非生人之行，而至死人之理。"适得怪焉。田骈亦然，学于彭蒙，得不教焉。彭蒙之师曰："古之道人，至于莫之是、莫之非而已矣。其风窢然，恶可而言。"常反人，不见观，而不免于鲩断。其所谓道非道，而所言之韪不免于非。彭蒙、田骈、慎到不知道。虽然，概乎皆尝有闻者也。

这就是说，不为世俗牵累，不用外物矫饰，不苟且于人，不嫉妒众人，但愿天下安宁使人民活命，别人和我的生养，达到满足为止，以此来表白心愿。古代道术有这方面的原则，宋钘、尹文对这种风气很喜欢。制作了形状像华山一样的帽子作为标志，应接万物从摒弃偏见开始。谈论内心的宽容，称之成"心的行动"。以羞愧的态度投合别人的喜欢，以调和海内，希望设置这些主张作为主导思想。受到欺侮不以为耻辱，救助人民于争斗，禁止攻伐平息干戈，拯救世间的战火。用这种主张周行天下，向上游说向下教诲，虽然天下没取法他们的学说，他们还是吵吵嚷嚷从不舍弃。故此说："上上下下都讨厌，也强行兜售见解。"尽管为别人设想太多，为自己考虑太少，说是"我们只想要五升米的饭就够了。先生们恐怕吃不饱，弟子们虽然饥饿，但不忘天下。"他们日夜不休，说："我一定活下去！"这是有所图谋、有点傲气的救世之士。他们还说："君子不苛刻计较，不使自身被外物所利用。"认为对天下没有益处的，与其发明它不如停止它。以禁攻息兵为外在活动，以清心寡欲为内在修养，无论从大小精粗各个方面，他们的所为也就到此为止了。公正而不阿党，平易而无偏私，排除主观的先入之见，随物变化而不三心二意，没有顾虑，不求智谋，对万物毫无选择地随顺，和它一起变化，这是古代道术也具有的内涵。彭蒙、田骈、慎到听闻这种道术风气很喜欢，以齐同万物为首要，说："天能覆盖万物却不能承载，地能承载万物却不能覆盖，大道能包容万物却不能分辨。"知道万物都有所能，有所不能，所以说："选择则不普遍，教导则有所不及，大道则无所遗漏。"所以慎到抛弃智慧去除己见而因缘于不得已，听任于物作为道理，他说："强求知其所不知，就会为知所迫而受到损伤。"随便任用人，而讥笑天下崇尚贤人；放任不羁不拘形迹，而非议天下的大圣。强行使不合之处吻合，随着事态的发展而婉转应对，抛弃了是非，才可以免于拖累。不依赖智巧谋虑，不瞻前顾后，巍然独立。推动了才往前走，拖拉了才向后退，像飘风的往返，像羽毛的飞旋，像磨石的转动，完美而无错，动静适度而无过失，未曾有罪。这是什么缘故？没有知觉的东西，就不会有标榜自己的忧患，没有运用智谋的牵累，动静不脱离自然之理，所以终生不会受称誉。故此说："达到好像没有知觉的东西就行了，不需要圣贤，是土块也不失为道。"豪杰们相互嘲笑他说："慎到的道，不是活人的行为，而是死人的道理，恰好就是怪异。"田骈也是这样，受学于彭蒙，得到不言之教。彭蒙的老师说："古时候得道的人，达到了无所谓是、无所谓非的境界罢了。他们的道术像风吹过一样迅速，怎么能够用言说呢？"他们常常违反人意，不受人们所观赏，仍不免于处世无棱角。他们所说的道并不是真正的道，所说是的不免于非。彭蒙、田骈、慎到不知道之所在。虽然如此，大概他们对于道还有所闻。在这里，宋钘、尹文以及彭蒙、田骈、慎到崇尚的是齐国稷下的黄老道，一讲宽容，二讲拯救，即便被看作不是活人的行为而是死人的道理，也要强行推行，与物婉转。

宋钘的思想，一方面提倡人民压制欲望、容忍侮辱而不争斗，从而维持基本的社会秩序。尹文在稷下学官游学，与宋钘齐名。劝说齐宣王采用无为之政，对齐湣王说"见侮而不斗"为士。主张息兵，强调"名正则治，名丧则乱"。另一方面，在国家层面提倡反战思想。彭蒙是田骈之师，《史记·孟子荀卿列传》载："慎到，赵人。田骈、接子，齐人。环渊，楚人。皆学黄老道德之术，因发明序其指意。故慎到著十二论，环渊著上下篇。而田骈、接子皆有所论焉。"庄子在这里涉及的多是稷下黄老道的人物，而且颇多非议，从中可以感觉到《天下》思想的杂乱。鲁迅《汉文学史纲要》将这群人归入"燕齐派，则多作空疏迂怪之谈，齐之驺衍，驺奭，田骈，接子等，皆其卓者，亦秦汉方士所从出也"。

关尹居老聃之前？

关尹是老聃的弟子，如《史记·老子韩非列传》所说："老子修道德，其学以自隐无名为务。居周久之，见周之衰，乃遂去。至关，关令尹喜曰：'子将隐矣，强为我著书。'于是老子乃著书上下篇，言道德之意五千余言而去，莫知其所终。"《天下》将关尹置于老聃之前，是何道理？或者说，是强调关尹所继承的老子之道，成为老子之道的关尹学派。

《天下篇》说：

> 以本为精，以物为粗，以有积为不足，澹然独与神明居。古之道术

有在于是者，关尹、老聃闻其风而悦之。建之以常无有，主之以太一。以濡弱谦下为表，以空虚不毁万物为实。关尹曰："在己无居，形物自著。其动若水，其静若镜，其应若响。芴乎若亡，寂乎若清。同焉者和，得焉者失。未尝先人而常随人。"老聃曰："知其雄，守其雌，为天下谿；知其白，守其辱，为天下谷。"人皆取先，己独取后。曰："受天下之垢。"人皆取实，己独取虚，"无藏也故有余"。岿然而有余。其行身也，徐而不费，无为也而笑巧。人皆求福，己独曲全，曰："苟免于咎。"以深为根，以约为纪，曰："坚则毁矣，锐则挫矣。"常宽容于物，不削于人。虽未至于极，关尹、老聃乎，古之博大真人哉！

这里把弟子关尹放在老师老聃之前，颇为奇特，说的是在本和物以精、粗相对的原理中，应该解释成以无形无为的道本为精微，以有形有为的物为粗鄙，以有所积蓄为不足，恬淡地独自与神明共处。古代道术处在这个层面的，关尹、老聃听闻这种道术风气很喜欢。建立在常无与常有的基础上，主宰的是太一，以柔弱谦下为外表，以空虚不毁伤万物为实质。关尹说："在自己没有私自居有，有形之物各自彰显。动如流水，静如平镜，反应如回响。忽然如无有，寂静如清虚。相同就和谐，有得就有失。未曾争先而常常随顺别人。"老聃说："知道雄强，持守雌柔，成为天下的沟壑；知道洁白，持守污浊，成为天下的山谷。"人人都争先，独自甘愿居后，说是承受天下的垢辱；人人都务实，独自甘愿守虚，没有敛藏所以有余，有余得岿然如高山。他立身行事，徐缓不费力，无为而嘲笑机巧；人人都求福，独自甘愿委曲求全，说是姑且免于罪过。以深藏为根本，以俭约为纲纪，说是坚硬的易于毁坏，锐利的易于挫折。常常宽容待物，从不侵削别人，虽然未达到极致，关尹、老聃啊！真是古代的博大真人！这里称扬关尹、老聃，关尹是老聃的弟子，却置于老聃之前，强调的是关尹系统的老子学说。其中引用《老子》二十八章："知其雄，守其雌，为天下谿。为天下谿，常德不离，复归于婴儿。知其白，守其黑，为天下式，为天下式，常德不忒，复归于无极。知其荣，守其辱，为天下谷。为天下谷，常德乃足，复归于朴"，文字有所出入。它在道与物之间辨析精粗，而道体是空虚无为的。把老聃、关尹尊崇为"博大真人"，地位似乎又在儒、墨、稷下黄老道之上。因为圣人、至人、真人，是庄子区分哲人的三个台阶式的境界，而在真人之上又添了"博大"二字，可见推崇之至。但是，老子在孔子之前，孔子曾赴周问礼于老聃的历史情境，被忽略了。

庄周现身说法？

鲁迅《汉文学史纲要》说：

> 然文辞之美富者，实惟道家，……今存者有《庄子》。庄子名周，宋之蒙人，盖稍后于孟子，尝为蒙漆园吏。著书十余万言，大抵寓言，人物土地，皆空言无事实，而其文则汪洋辟阖，仪态万方，晚周诸子之作，莫能先也。……故自史迁以来，均谓周之要本，归于老子之言。然老子尚欲言有无，别修短，知白黑，而措意于天下；周则欲并有无修短白黑而一之，以大归于"混沌"，其"不谴是非"，"外死生"，"无终始"，胥此意也。中国出世之说，至此乃始圆备。

这里讲了老庄异同，并以为《天下篇》"自述其文与意"，指的是《天下篇》所说：

> 芴漠无形，变化无常，死与生与？天地并与？神明往与？芒乎何之？忽乎何适？万物毕罗，莫足以归。古之道术有在于是者，庄周闻其风而悦之。以谬悠之说，荒唐之言，无端崖之辞，时恣纵而不傥，不奇见之也。以天下为沉浊，不可与庄语。以卮言为曼衍，以重言为真，以

寓言为广。独与天地精神往来，而不敖倪于万物。不谴是非，以与世俗处。其书虽瑰玮，而连犿无伤也。其辞虽参差，而諔诡可观。彼其充实，不可以已。上与造物者游，而下与外死生、无终始者为友。其于本也，弘大而辟，深闳而肆；其于宗也，可谓稠适而上遂矣。虽然，其应于化而解于物也，其理不竭，其来不蜕，芒乎昧乎，未之尽者。

《天下篇》评述诸子，应该说以庄子自评最为精彩。说的是由道之体讲到道之用，在道体上是寂漠空虚没有形相，在道之用上是变化无常，死死生生，与天地并存，与神明同往！用总是围绕着体而运行的，茫然何往，忽然何去，包罗万物，不知归属。古代道术有处在这个层面的，庄周听闻这种道术风气很喜欢。以荒谬不可捉摸的学说，荒唐不可测度的言论，不着边际的言辞，放纵而不拘执，不持一端之见。认为天下沉浊，不能和它讲庄重的话，以卮言肆意推衍，以重言体现真理，以寓言阐发广大。独自与天地精神往来而不傲视万物，不谴责是非，以便与世俗相处。他的书虽然瑰丽奇伟却宛转随和不损伤他物，言辞虽然参差变化却奇异幻怪而可观。他丰沛厚实而不可以存而不发，上与造物者同游，下与忘却死生不分终始的人为友。他论述道的根本，宏大而广辟，深广而放肆；他论述道的宗旨，和谐妥帖而上达天意。虽然如此，他因应事物变化而冥解于万物，思理没有竭尽，它的到来不曾蜕变，茫然暗昧，未能穷尽。在这里，庄子阐发了他对道之体、道之用的认知，以及书写的一片苦心和文体特征，特征鲜明而用语奇诡妥帖。而所有这些苦心和文体，都是源自"独与天地精神往来"的天性和反观天下沉浊的深闳恣肆的表述。庄子以文章的生气激活天地的元气。

惠施多方？

　　惠施是庄子的辩论对手，他们的辩论属于高手过招，词采锋利，思绪恣肆，洋溢着乐于唇枪舌剑的君子风。《淮南子·修务训》说："钟子期死而伯牙绝弦破琴，知世莫赏也。惠施死而庄子寝说言，见世莫可为语者也。"刘向《说苑·谈丛》也说："钟子期死，而伯牙绝弦破琴，而世莫可为鼓也。惠施卒，而庄子深瞑不言，见世莫可与语也。"庄周、惠施的辩论，高谈阔论中隐含着知音之感。因而《天下篇》以惠施压阵，论之甚详，可见知之之深也。

　　《天下篇》说：

　　惠施多方，其书五车，其道舛驳，其言也不中。历物之意，曰：'至大无外，谓之大一；至小无内，谓之小一。无厚，不可积也，其大千里。天与地卑，山与泽平。日方中方睨，物方生方死。大同而与小同异，此之谓小同异；万物毕同毕异，此之谓大同异。南方无穷而有穷。今日适越而昔来。连环可解也。我知天之中央，燕之北、越之南是也。泛爱万物，天地一体也。'惠施以此为大，观于天下而晓辩者，天下之辩者相与乐之。卵有毛，鸡三足，郢有天下。犬可以为羊。马有卵，丁子有尾。火不热，山出口，轮不蹍地。目不见，指不至，至不绝，龟长于蛇。矩不方，规不可以为圆，凿不围枘。飞鸟之景未尝动也。镞矢之疾，而有不行、不止之时。狗非犬，黄马骊牛三，白狗黑，孤驹未尝有母。一尺之棰，日取其半，万世不竭。辩者以此与惠施相应，终身无穷。桓团、公孙龙辩者之徒，饰人之心，易人之意，能胜人之口，不能服人之心，辩者之囿也。惠施日以其知与之辩，特与天下之辩者为怪，此其柢也。

然惠施之口谈，自以为最贤，曰："天地其壮乎，施存雄而无术。"南方有倚人焉，曰黄缭，问天地所以不坠不陷，风雨雷霆之故。惠施不辞而应，不虑而对，遍为万物说。说而不休，多而无已，犹以为寡，益之以怪，以反人为实，而欲以胜人为名，是以与众不适也。弱于德，强于物，其涂隩矣。由天地之道观惠施之能，其犹一蚊一虻之劳者也。其于物也何庸！夫充一尚可，曰愈贵，道几矣！惠施不能以此自宁，散于万物而不厌，卒以善辩为名。惜乎！惠施之才，骀荡而不得，逐万物而不反，是穷响以声，形与影竞走也，悲夫！

这里称道，惠施的学术繁博多端，他的书多达五车，道术庞杂不纯，言辞多有不当。他历数事物之意，说："大到极点而没有外物的，称为'大一'；小到极点而没有内核的，称为'小一'。没有厚度，不可累积，但能扩大到千里。天和地一样低，山和泽一样平。太阳刚刚正中的时候就偏斜，万物刚刚生出就向死亡转化。大同和小同相差异，这叫'小同异'；万物完全相同也完全相异，这叫'大同异'。南方既没有穷尽也有穷尽，今天到越国去而昨天已来到。连环可以解开。我所知的天下的中央，在燕国之北越国之南。泛爱万物，天地合为一体。"惠施认为这些是大道理，纵观于天下而晓示辩士，天下的辩士也乐于和他辩论。鸟蛋有毛；鸡有三只脚；楚国郢都包有天下；犬可以变为羊；马有卵；虾蟆有尾巴；火不热；山有口；车轮不着地；眼睛看不见东西；物指的概念不相称，相称也没有止境；龟比蛇长；矩不方，规画出的不圆；凿孔不能围住榫头；飞鸟的影子未曾移动；疾飞的箭头有不走不停的时候；狗不是犬；黄马、骊牛是三个；白狗是黑的；孤驹不曾有母；一尺的短棍，每天截掉一半，万世也截不完。辩士们用这些辩题与惠施辩论，终身没有穷尽。桓团、公孙龙这些好辩之徒，雕饰人心，改变人意，能够用口舌战胜人，却不能服人之心，这是辩者的局限。惠施每天靠他的智慧与人辩论，专门和天下的辩士一起制造怪异之说，这就是他们的根本。然而惠施口若悬河，自认为最能干，说天地果真就伟大吗！惠施存留它的雄姿而不看中它的。南方有个怪僻而不合于世俗的人名叫黄缭，追问天地为什么不坠不陷，风雨雷霆是怎么回事。惠施毫不推辞地接受提问，不假思索地应对，广泛解说天地万物，滔滔不休，没完没了，还嫌说得太少，又增加了一些怪异的说法。把违反人之常情的事说成真实，想以辩说胜出别人而获取名声，所以与众不能调适。轻视道德修养，努力追逐外物，他走的是歪门邪道。从天地之道来看惠施的才能，他就像一只蚊虫、虻虫那样徒劳，这对于万物有什么用处！充当一家之言还可以，讲究更加尊贵，能够尊崇大道就差不多了！惠施不安于道，分散心思于万物而乐此不疲，终于以善辩出名。可惜啊！惠施的才能，放荡而不得正道，追逐万物而不知回头，这就是穷究回响以声音，用形体和影子竞走一样。可悲啊！

这里对惠施的思想多有微词，却系统地展示了惠施的名家思辨，系统地保存了他的十个命题，即"历物十事"：1.至大无外，谓之大一；至小无内，谓之小一。2.无厚不可积也，其大千里。3.天与地卑，山与泽平。4.日方中方睨，物方生方死。5.大同而与小同异，此之谓小同异；万物毕同毕异，此之谓大同异。6.南方无穷而有穷。7.今日适越而昔来。8.连环可解也。9.我知天之中央，在燕之北，越之南也。10.泛爱万物，天地一体也。

庄子是惠施的著名辩友，故而胪列其观点头头是道。整个《天下篇》起于音容模糊的儒家，中及苦行僧式的墨家，再及宏阔纷杂的稷下黄老道家，对于老子、关尹之学极其推崇，对于庄子自身的思想则游戏笔墨，终于惠施而条目清晰，悲其怪异。这种战国中期以前的学术史视野，难免驳杂，常常违背庄子论道的标准，却不乏举重若轻，独得于心的见解，颇有耐人寻味之概。

附录　庄子学辨析

　　对《史记》庄子附传，对《庄子》书中的身世寓言、庄子年谱，对庄子的寓言、重言、卮言的表达形态的全景考察，以及对《天下篇》的学派评议的吊诡之处，作了认真、审慎、深入的探讨和梳理之后，有必要对历来庄子研究的重要成果，进行一番扫描、辨析和批判。

　　《庄子》书的版本就是一个非常复杂的存在。《晋书·郭象传》说，在向秀之前，"注《庄子》者数十家"。唐代陆德明《经典释文·序录》所列《庄子》注释本有：崔譔注 10 卷 27 篇，其中内篇 7、外篇 20；向秀注 20 卷 26 篇（一作 27 篇、一作 28 篇），亦无杂篇；司马彪注 21 卷 52 篇，其中内篇 7、外篇 28、杂篇 14、解说 3；郭象注 33 卷 33 篇，其中内篇 7、外篇 15、杂篇 11；李颐集解 30 卷 30 篇（一作 35 篇）；孟氏注 18 卷 52 篇；王叔之义疏 3 卷；李轨音 1 卷，徐邈音 3 卷。今传世的是郭象本《庄子》，后世的立论都以郭象本为根据。也就是说，《庄子》学派纷繁，各是所是，互非其非，莫衷一是。

王夫之的庄子学

　　明末清初的王夫之在《庄子通》《庄子解》中探究了《庄子》篇章的真伪性问题和学术宗旨。《庄子解》卷八说，内篇为庄子所作："内篇虽参差旁引，而意旨连属；外篇则舛驳而不续。内篇虽洋溢无方，而指归则约；外篇则言穷意尽，徒为繁说而神理不挚。内篇虽极意形容，而自说自扫，无所粘滞；外篇则固执粗说，能死不能活。内篇虽轻尧舜，抑孔子，而格外相求，不党邪以丑正；外篇则忿戾诅诽，徒为轻薄以快其喙鸣。内篇虽与《老子》相近，而别为一宗，以脱卸其矫激权诈之失；外篇则但为《老子》作训诂，而不能探化理于玄微，故其可与内篇相发明者十之二三，而浅薄虚嚣之说杂出而厌观。其间若《骈拇》《马蹄》《胠箧》《天道》《缮性》《至乐》诸篇，尤为俏劣。读者遇庄子之意于言象之外，则知凡此不足存矣。"王夫之认为《庄子》既然不同于《老子》"别为一宗"，就应将《庄子·内篇》当作解读庄子思想的核心文本，从而辨析了庄子关于"道"、"逍遥游"、"心"或"神"、"葆光"等概念的用法。他在《逍遥游》题解中，选择"游"作为诠释的起点，据此揭示出逍遥游的问题意识源自于人类生活本身："寓形于两间，游而已矣。无小无大，无不自得而止。"这说明，在两种截然相反的价值观念之间作出取舍，是人类生活的基本存在方式。王夫之认为杂篇中的《让王》《盗跖》《说剑》《渔父》四篇"鄙倍不可通""粗鄙狠戾"，属于"赝书"，乃至不仅在《庄子通》中不列此四篇文，而且在《庄子解》中甚至发出"'息以喉而出言若哇'者"之叹，因而对《让王》四篇"不屑置释"。而除《让王》四篇之外，杂篇其他篇章的整体性地位都要高于外篇。在杂篇的题解中说："杂云者，博引而泛记之谓。故自《庚桑楚》《寓言》《天下》而外，每段自为一义，而不相属，非若内篇之首尾一致，虽重词广喻，而脉络相因也。外篇文义虽相属，而多浮蔓卑陬之说；杂篇言虽不纯，而微至之语，较能发内篇未发之旨。"在王夫之的心目中，外篇既非庄子所作，亦非出自一人之手，而是"学庄者杂辑以成书"，致其内容"浅薄虚嚣"，而能与内篇"相发明者"仅"十之二三"。相反的是，杂篇虽"自为一义"、言语不纯，却不仅"较能发内篇未发之旨"，而且亦符合杂之"博引而泛记"之特性。总之，在王夫之看来，《庄子》内篇为庄子所作，外杂篇出自多人之手，杂篇的价值高于外篇。王夫之学识渊深，所作评议，相当系统，达到了古代评议的制高点。

罗根泽的庄子考索

　　进入近代，人们对庄子与《庄子》书的兴趣，依然浓郁而热烈。近人罗根泽《诸子考索》（人民文学出版社 1958 年版）中有《〈庄子〉"外""杂篇"探源》认为，"外杂篇之非庄子作，是很显然的；假若都归之于庄子，则由我们将庄子弄成自相牴牾的人"。他说："我对于《庄子》外杂篇，不愿意盲目的归之庄子，也不愿意卤莽的屏出于学术以外；我愿意知道它每篇的年代及其为道家某派的产品，然后汇集（《管子》的）《心术》《白心》、（《韩非子》的）《解老》《喻老》等篇，以研究庄子以后、刘安以前的道家哲学。"其后，又作了归类批评，《论〈骈拇〉〈马蹄〉〈胠箧〉〈在宥〉为战国末年左派道家所作》，指出此派为道家之极左派，拼命地骂圣人，骂仁义，骂礼乐。虽然庄子也反对各家，但只是恨他们各以己意造说而破坏道术之全，还多少尊重他们，许为"小成"（《齐物论》），许为"皆有所长，时有所用"（《天下》），这里就对各家大骂其街了。比较《内七篇》和此四篇的"圣人观"，知道决不是作内篇的庄子所作。比较《内七篇》和此四篇的"仁义礼知观"，也可以知道决不出庄子之手。我们所以将此四篇合为一组，最大的理由自然因为它们的思想言论，完全一致。先秦的作品不为不多，而除此数篇外，很少提到曾史的，则这几篇的同出一派或一人之手，是有极大的嫌疑的。

罗根泽又有《论〈天地〉〈天道〉〈天运〉为汉初右派道家所作》。认为此三篇不惟不反对儒家，而且与儒家有相当的妥协，我们可以称之为右派。儒家因为尊崇孔子，所以称孔子为夫子，而这里也称孔子为夫子。还可以取证于它们的圣人观。不惟提出三皇五帝，且提出三皇五帝之治，也是作于西汉之证。

罗根泽特别剔出一些篇什，写成《论〈秋水〉〈达生〉〈山木〉〈田子方〉〈寓言〉为庄子派所作》。他指出，《秋水》此篇为庄子所作，王夫之已言之。此篇载公孙龙问庄子之学于魏牟，确实能够描绘出庄子的精神。《秋水》推衍庄子的认识论，《达生》则推衍庄子的养生术。庄子的养生术，其最要者，一是"顺"字诀，就是顺适自然；二是"忘"字诀，就是忘掉自己。《山木》此篇之为推衍《内篇·人间世》者，王夫之（《庄子解》）及苏舆（《庄子解》引）都已经说过。这里对庄子称夫子，可知是庄子弟子或其后学所作，立意是说明处世之难和处世之方。庄子处世，虽然主张虚己顺人，而究竟为的自己，究竟是唯我中心论。《田子方篇》，"天地之大全，即万物之所一也"，主旨在以"一"的哲学运用到人生。其申述《齐物论》自"一受其成形"，至"不亦悲乎？"是很明显的。《寓言篇》，王夫之谓此篇与《天下篇》为《庄子》全书的序例（《庄子解》）。这是很有见地的。

在罗根泽的分类中，特别标明《论〈至乐〉〈知北游〉〈庚桑楚〉为老子派所作》。《至乐》此篇的意思，一言以蔽之曰："以死为至乐"，所以托为骷髅赞美死。这种思想属于老子一派的思想，不属于庄子一派的思想。自《史记》以老庄合传，并且说庄子"要亦归之自然"，由是学者每混言老庄，以为老子如此，庄子亦必如此。其实不尽然，即如"无为而无不为"，是老子很重要的主张，而庄子对之却甚漠然。而此篇则畅论"无为"及"无为而无不为"之旨。《知北游》及《庚桑楚》，庄子以至人、真人、圣人为其理想人，从未以婴儿为其理想人；以具有赤子之心的婴儿为理想人性者，在先秦似只有老子。

《庚桑楚篇》，大半是在记载庚桑楚，而庚桑楚据篇首言是"老子之役"，是"偏得老子之道"的。无论质的方面量的方面，同于老子者有十之八九，同于庄子者不过十之一二。《老子》书提到"圣人"的有二三十章，这里也把圣人与至人、真人并列。

罗根泽在《论〈徐无鬼〉〈列御寇〉疑为道家杂俎》中，认为这两篇文字，反复阅读，找不出它的中心思想，好像汇合道家的言论与道家的故事而成。他把《庄子》书的成书下限推移到汉代，有《论〈外物〉为西汉道家所作》，认为此篇也是道家的杂俎。篇中"饰小说以干县令，其于大达亦远矣。"小说之名不见于先秦载籍；"县令"，据《汉书·百官公卿表上》，是秦官，而汉代承用之。——应该说，这里把小说视为文体，把县令视为职官，是违背庄子原意的。篇中又说"儒以诗书发冢"，似是汉武帝尊重儒术，推崇五经以后的事情。汉武帝在秦火之后，诏求亡经，儒者遂以诗书发冢，是很可能的勾当。

在罗根泽的分类学中，出现了《论〈则阳〉为老庄混合派所作》。即有的同于老子，有的同于庄子，当然是兼宗两家者所作。至于《论〈让王〉〈渔父〉为汉初道家隐逸派所作》，则认为《盗跖》似是战国中世的道家激烈派所作，《说剑》则大概出于纵横家之手，不是道家的东西。——这里多用"似是""大概"一类臆测之词，把一些大胆的判断嵌入其中。《论〈盗跖〉为战国末道家所作》，是由于此篇出现的"宰相"一词，始见于《韩非子》《吕氏春秋》。《论〈说剑〉为战国末纵横家作》，认为此篇就思想说，毫无道家的味道。《史记·老庄申韩列传》称及《盗跖篇》，知在司马迁以前。《让王篇》的意思，两言以蔽之，曰"让王位，甘贫穷"，自然是隐逸者的说话。《让王篇》有许多地方采自《吕览》，它的年代当然在《吕览》以后。但没有考虑到也许是《吕览》采自或割裂《庄子》。

罗根泽倒是对《天下篇》另眼对待，写了《论〈天下〉疑为庄子所作》。他认为，先秦各家都没有注意到哲学产生的原因，注意到的只有庄子。庄子的哲学归结于"一"。唯《天下篇》论述庄子，却独得要领。孟荀、邹衍、商韩，都没有提及，时代不应很晚，而恰当庄子的时代。这就是说，《天下篇》的年代，应在战国末年的荀子、韩非之前的战国中期。这些论述注重理据，但对于《天下篇》与庄子思想的龃龉，注意不够。总之可以说，罗根泽的立论坚实而细致，确实是一家之言。

任继愈的庄子探源

在罗根泽之后，哲学史和宗教史家任继愈《中国哲学史论》（上海人民出版社 1981 年版）收入了讨论《庄子》的七篇系列论文，对庄子和《庄子》书进行多角度观照，独有心得。《庄子探源之一——从唯物主义的庄周到唯心主义的"后期庄学"》，从唯物主义和唯心主义的路线斗争上，考察庄周哲学思想，得出了对《庄子》内、外、杂篇与他人截然相反的判断。他反而认为外篇出现较早，内七篇属于"后期庄学"。这些文章都是 20 世纪 60 年代初的时代思考，比较注重唯物、唯心的路线斗争——认为，解剖庄周的哲学体系，应以《盗跖》《马蹄》《胠箧》《庚桑楚》《渔父》《天地》《天运》《天道》《在宥》《知北游》等篇为主，而以其他各篇中相类似的观点作为参考。也就是力图以荀子和司马迁所见到的庄周的著作为主，以其他有关各篇与上述相类似的观点作为参考，内篇即"后期庄学"的思想一律摒除。司马迁见到的《庄子》，如《史记·老子韩非列传》说："庄子……作《渔父》《盗跖》《胠箧》以诋訾孔子之徒，以明老子之术。《畏累虚》《亢桑子》之属，皆空语无事实。然善属书离辞，指事类情，用剽剥儒墨。"司马迁列举的这几篇庄周的代表作，都不属于《庄子》内篇，而属于外篇。内篇所集中表现的滑头主义、相对主义、不可知论、神仙宗教思想，就不应记在庄周的名下，应当另有所属。又述《荀子眼里的〈庄子〉》，举证《荀子·解蔽》所说："墨子蔽于用而不知文，宋子蔽于欲而不知得，慎子蔽于法而不知贤，申子蔽于势而不知知，惠子蔽于辞而不知实，庄子蔽于天而不知人。"荀子是先秦诸子中杰出的唯物主义哲学家，他对庄周的自然（天）观是同意的。荀子的自然观是唯物主义的，他肯定庄周的自然观，也是从唯物主义观点来肯定的。可见最早指出庄周的自然观是唯物主义的是二千年前的荀子。具有荀子所指出的唯物主义自然观的篇章，现在《庄子》中是有的，那就是《天道》《天地》《天运》……而这些篇恰恰都在外篇。司马迁提到的"剽剥儒墨"的庄周，或荀子谈到的唯物主义自然观的庄周，都和现在的《庄子》内篇没有关系，这一现象不能不引起注意。加之，《庄子》外篇都是以一篇开头的两个字作为题目，保持着古代的命题体制。篇分内外，起于两汉。《庄子》内篇应当是汉初编辑成书的。内篇七篇可以称为"后期庄学"，表示与庄周的哲学应有所区别。内篇七篇从篇名到内容，都带有浓厚的汉代宗教神仙方术的特色。《庄子》中的《逍遥游》《养生主》《大宗师》《人间世》《德充符》《应帝王》，和纬书的标题十分相似。"后期庄学"在新兴的强大的封建帝国的面前，才发出寒蝉的悲鸣。——任继愈在这里又突出了历史的和阶级的分析——正是由于庄周这些人从劳动者、小生产者的愿望出发，才提出消灭剥削的理想，他和站在剥削者立场的孟子"劳心者治人，劳力者治于人"形成尖锐的对比。

任继愈认为，庄周唯物主义地对宇宙形成和起源问题进行了探讨。这些自然现象，不是向天地运行之外去找，而是在天地的运转本身中去找。就是金、木、水、火、土（五常），在空间（六极）运动的结果。庄周继承了老子"道"的观念，道是人和物最后的物质基础。道也是精气和物质。世界是物质性的，所以道无所不在。庄周有名的论断"道在屎溺"（《知北游》）的问答，不能看作开玩笑，而是符合他的唯物主义逻辑体系的。道只有永存而无终始。庄周在认识论方面，还有一大贡献，是他在哲学史上第一次唯物主义地提出了时空一对范畴。庄周的哲学思想中，有不少地方唯物主义地对待生死、疾病、保健、养生的问题，也透露了当时医学科学知识。庄周还讲了养精神、养心的"卫生之经"。进而从哲学的高度唯物主义地提出形神的问题和生死的问题。在生活问题上，庄周有许多观点与杨朱的贵生重己、不以物累生，不以天下累生的为我主义十分接近。庄周认识了矛盾，但不是对矛盾采取欢迎的态度，这一点与老子对待辩证发展的基本态度是一致的。这不仅反映了小农民私有者的保守、落后的一面，也反映了小农经济的脆弱、怕出头、怕剧烈变化的客观情况。庄周看到了辩证法，但他无法理解辩证法本身具有革新、变革现实的性格，却又在思想上、行动上逆着辩证法的原则办事。他妄想利用革命性的辩证法为他的保守主义服务！庄周的辩证法，和老子一样，最后都没有超出循环论的圈子。当然自然观是唯物主义、社会观是唯心主义的不止庄周一个人，从古代唯物主义一直到马克思以前的费尔巴哈，都毫无例外地在这一领域内跌了跤。从哲学史的无数事例中，更可使我们深刻领会马克思主义的哲学，在哲学史上的伟大变革的深远意义。老子、庄周的唯物主义哲学的积极作用在于向统治者用来压迫人民的人格上帝开战。他们和其他唯物主义者先后不断地向人格的上帝（天）进行猛烈的冲击，用物质第一性的道否定了精神第一性的天或上帝。在人类认识史的幼年时期，他们试图从理论上把人们从神权下解放出来，这是一件大事、好事。因此，环绕天道观这一中心问题开展了唯物主义与唯心主义的斗争，老庄是站在一条战线上，他们是无神论者、唯物主义者。庄周和老子一样，没有把物质第一性的道与物质运动规律的道划分清楚。同一个词表示两件事物，给后来的唯心主义钻了空子。

任继愈《庄子探源之二》，又认为"后期庄学"不是汉初上层建筑的主力军。《天下篇》既非庄周所著，也不像庄子学派的作品。《天下篇》的时代不能早于秦汉之际，疑非庄子学派的作品。《天下篇》没有把庄周的哲学看作学术的中心，它只把庄周之学看作许多方术流派的一个分支。《天下篇》在道家的言辞的外衣下，终于透露出儒家（甚至一部分法家）的社会政治思想。它不但抬高了邹鲁缙绅之士的地位，并以同情的态度，简明扼要地论述了儒家"六经"的内容和作用。这种论述，决不是儒家以外的学者所能写得出的。"太一"这一名词不见于《老子》，可能《天下篇》的作者把汉初流行的"太一"神拉扯到老子的哲学体系里，弄得不伦不类。《天下篇》对庄周的批评值得重视。不能从《天下篇》的文句中，论证出《庄子》内篇的"逍遥""齐物"的思想。司马迁说的庄子著作有"十余万言"，现存的三十三篇"按字数说，离十余万言还差得远"。据我的统计，现存的《庄子》，字数由于版本不同，略有出入，共有六万五千八百九十五字，离"十万余言"还差很多。其实，古书佚失的何止《庄子》，即使有一半实在找不到下落，也不能对现有的这一半勉强宽容，不加甄别。

任继愈《庄子探源之三——论庄周哲学思想的阶级实质》中说，庄周、杨朱讲的养生，和后期庄学不同之处，在于它硬是教人有所不为，在政治上与贵族统治者不合作，而不是"安时而处顺"，俯仰于世俗之中，当一个无是无非、不黑不白的乡愿。庄周的思想尽管有许多缺点、错误，如果他的思想中的确有"剽剥儒墨"，反对剥削的合理内核，这一点，就值得大大表扬，而庄周的思想中，反对剥削这一点是无可怀疑的。（1）庄周对体力劳动和对体力劳动者的态度是尊重的，而不是轻视的。（2）庄周这些人，对当时的文化、礼乐等级制度坚决反对，向往原始的无剥削、无压迫的社会，这也充分反映了小农的平均主义思想。在这些合理的愿望中，夹杂着倒退、落后的渣滓，这也是事实。老子、庄周反对商业、高利贷，不贵难得之货，这些思想都有它的阶级基础。

任继愈在《庄子探源之四——"后期庄学"（内篇）的唯心主义哲学体系》中认为，按照传统看法，认为"内篇"是庄子自著，或代表庄子的思想。我认为"内篇"为后期庄学的思想，不代表庄子思想。一、从天道自然无为到宿命论。二、从相对主义到虚无主义。三、无条件的精神自由。《逍遥游》认为一切有待的自由都离不开客观条件（有待）；可是任何条件都是对自由的限制；要求绝对的自由，又要绝对地离开条件限制，后期庄学把问题提得十分突出，并对这个问题给了答案。坐忘，是彻底的，无目的的"忘"，它把"坐忘"看作获得精神自由的总原则。坐忘，就可以达到与天地万物浑然一体的神秘精神境界。这种思想反映了奴隶主阶级在封建势力强大之后，没有前途、失去信心的失败主义精神状态。

任继愈《庄子探源之五——庄周的唯物主义哲学思想》，援引了王夫之《庄子解》卷八关于内篇为庄子所作的意见："内篇虽参差旁引，而意皆连属；外篇则舛驳而不续。内篇虽洋溢无方，而指归则约；外篇则言穷意尽，徒为繁说而神理不挚。内篇虽极意形容，而自说自扫，无所粘滞；外篇则固执粗说，能死不能活。内篇虽轻尧舜，抑孔子，而格外相求，不党邪以丑正；外篇则忿戾诎诽，徒为轻薄以快其喙鸣。内篇虽与《老子》相近，而别为一宗，以脱卸其矫激权诈之失；外篇则但为《老子》作训诂，而不能探化理于玄微，故其可与内篇相发明者十之二三，而浅薄虚嚣之说杂出而厌观。其间若《骈拇》《马蹄》《胠箧》《天道》《缮性》《至乐》诸篇，尤为悁劣。读者遇庄子之意于言象之外，则知凡此不足存矣。"指出王夫之以内篇为庄子所作，代表着传统的主流观点。焦竑的《焦氏笔乘》也认为："内篇断非庄生不能作，外篇、杂篇则后人窜入者多。"魏晋以来学者都主张内篇是庄子著作，这是传统看法。任继愈着重分析了《天下篇》是在道家术语掩盖下，全面阐述了儒家的观点。儒家以外各家各派，不讲《诗》《书》《礼》《易》《乐》《春秋》六经，他们只了解真理的一个方面，因此每一家的理论都是不全面的，他们讲的道理不具有普遍性，各派学说破坏了天地之美，割裂了万物之理，内圣外王之道被他们掩盖了，堵塞了，给了天下人为所欲为的口实。百家离真理越来越远，道术被弄得四分五裂，多么可悲！这完全是一派儒家的言论。《天下篇》只强调知雄守雌，知白守辱，"宽容于物，不削于人"的那个方面，把老子说成单纯地忍辱含垢，与世无争的人物。统观《庄子》全书，凡是"剽剥儒墨"，"明老子之术"的一些文字，多数集中在外、杂篇。可以说外、杂篇反映的基本思想是庄子的思想。《庄子》文章的篇数，先秦时为多少不详，汉刘向、刘歆定为五十二篇，魏晋时代郭象定为三十三篇，李颐定为三十篇，崔𫍽定为二十七篇，向秀定为二十六篇。文章的段落也经常被编纂者移动，《齐物论》"道未始有封"这段文字，在班固所见或所编《庄子》中是在外篇，《养生主》的"庖丁解牛"的寓言，在隋朝和尚吉藏所见《庄子》书中也在外篇，但在郭象本《庄子》中，它们一起收到内篇来了。在这种情况下，内、外篇之分也不是一成不变的。唐代陆德明在谈到各家编定的《庄子》时说："内篇众家并同，自余或有外无杂。"（《经典释文·叙录》）除非将来考古发掘到《庄子》先秦原本，我们不应当怀疑司马迁所见到的《庄子》版本而轻信郭象的《庄子》版本。从基本倾向看，以外、杂篇代表庄子思想，以内篇代表后期庄学思想是比较接近事实真相的。庄子和老子一样，也是从农民小生产者，特别是隐者阶层，汲取政治和思想营养的。庄子是楚人，丰富多彩的楚文化使庄子哲学极富特点。

任继愈剖析了庄子的社会历史观：民之常性与仁义礼知的对立。民之常性，是温饱、劳动，美化了至德之世，认为劳动甚至是诗一样的精神享受。没有仁义礼知等精神枷锁的束缚，无欲而素朴，不争名夺利，安闲度日。人民群众与奴隶制、封建制上层建筑的矛盾由来已久，但是只有这种农民小生产者出现之后，才可能以全人类的名义把他们的愿望、要求提炼为"民之常性"这一概念，使这一部分人的要求具有普遍性、合理性，它标志着宗法、等级专制制度下个人的觉醒，具有重大的认识价值。庄子说，仁义礼知破坏了人类的自然形态，不是什么善，而是罪恶的渊薮。这在当时，真所谓石破天惊。因此，他主张无为而治。庄子发现了矛盾，但是无力解决矛盾。他看不到前进的道路，只好向后看，他不懂得辩证的否定，只会搞形而上学的否定，在抛弃污水的同时，抛弃了婴儿。这就是他社会历史观的悲剧，这对庄子的其他方面产生深刻的影响。一、无形的道是世界的物质基础。"通天下一气耳。"（《知北游》）庄子的道有泛神论的色彩。二、无限的时间和空间。三、绝对的运动。四、庄子的认识论，反对独断与教条。重视自然，认真考虑过自然科学问题，因此在认识论上有不少朴素的唯物主义的看法。五、庄子在认识论中最多的是反对儒墨的真理观。庄子从世界的永恒运动中，悟出认识是相对的这个理论，这是他反对儒墨的独断、教条的思想武器。六、庄子认为圣人的道德行为出自本性，生而能之，而且是无意识的，这不但是先验的，而且是神秘的。七、人生哲学，庄子存在着从避世到游世的转变。庄子认为，人活着就要过一种符合自己本性的恬静安适的生活，摆脱社会的束缚，摆脱在社会生活中形成的争名逐利的欲望的束缚，使自己得到自由。他说："彼正正者不失其性命之情。"（《骈拇》）性命之情，是其核心理念。

任继愈又对庄子的代表篇章进行辨析，写了《论〈齐物论〉不代表庄周思想》。其中认为《庄子》是一部内容庞杂的"庄学丛书"。《齐物论》通篇都是反对辩论的，它从相对主义观点导向不可知论，其论辩的主要锋芒是指向公孙龙学派的。一、反对公孙龙的《指物论》。公孙龙的学说是客观唯心主义的体系。他认为概念比物更根本，可以脱离物而单独存在。但是公孙龙力图把概念的意义明确、固定，而不是使它含混、游移，在中国逻辑史上还是有其积极贡献的。二、反对公孙龙的《白马论》。三、反对公孙龙的《坚白论》。四、反对公孙龙的《通变论》和《名实论》。五、反对公孙龙的"正名"。公孙龙比庄周的时代，至少后五十年，死于秦统一前十年。《齐物论》这一篇文章，既是反对公孙龙，当然，不能由战国中期的庄周负责。对于《齐物论》中的关键概念，任继愈作了辨析，写了《释〈庄子·齐物论〉篇的"以明"》。古人注庄，多以为"以明"是一种思想方法。"以明"不能理解为认识事物的方法，因为照庄子的体系，他反对任何认识的努力。

关锋的《庄子》内篇批判

几乎与任继愈同时，而与任继愈的见解大相径庭的是哲学家关锋，这里呈现的历史与人的多样性，令人目眩，也令人感受到日后历史走向的某些脉络。关锋振笔写了《庄子内篇译解和批判》（中华书局 1961 年版），书前有林聿时的《序》引之为同调，说：庄子文章喜欢故弄玄虚，摆迷魂阵，相当难读；庄子的相对主义有些地方有点像"辩证法"，也使读者容易上当。还有，他老先生编造或引用了许多寓言、故事之类，又多方取比，也比较难于捉摸。关锋则在《前言》中概括自己的观点，认为：庄子被尊为"南华真人"，《庄子》书被尊为"南华经"，由来已久；而今天也还有人说庄子哲学是唯物主义、辩证法，还有人服膺庄子精神。其实，这部"尊贵"的《南华经》，透了底它不过还是极反动的虚无主义、主观唯心主义，极堕落污浊的滑头主义、混世主义和阿Q精神。据我统计，注解《庄子》的书，由晋至今，约有二百余种。这些注解，分为四个流派：（一）郭象派。（二）参照佛义解庄。（三）牵合儒义。（四）专门校勘、训诂。庄子哲学的基本范畴是"有待""无己""无待"，由这三个范畴的内在逻辑构成的整个哲学体系，是不是如我解剖的那样。哲学史家的世界观是什么样的，他写出的哲学史也就是什么样的。这一点也适合关锋本人，他定格了庄子，实际上也定格了关锋自己。

关锋非常重视他的《绪论：庄子哲学批判》。他这样陈说自己的研究思路：我们可以把内篇七篇作为庄子哲学体系来解剖批判，而外、杂篇中某些和内篇相一致的观点作为参考。庄子哲学体系的骨架是这样一个三段式："有待"→"无己"→"无待"。所谓"有待"，简单地说就是：一切现象都有它依赖、依存的东西，用古语说是皆有所对待，用今语说就是各有其所依赖、依存的对立面。这不是辩证法吗？不要急于下判断。离开"无己""无待"，并不能抓住庄子哲学的本质。所谓"无待"，就是没有对待，就是绝对，它是"有待"现象界所待、所依赖的宇宙本质，它才是真实的，而现象、现实世界不过是虚无的幻象，什么生成毁灭都不过是子虚乌有，人生不过是一场大梦。作为宇宙本质即主宰（庄子称为"真宰"）的"无待"的绝对，即是老子的"道"、绝对精神。但是，在庄子这里却通过"无己"达到了"我"和"无待"的与"道"同体同德。"无己"就是不执着有自己、有外界，如同佛家的破"我执""法执"，即在幻想中消除物我对立，在自己的头脑里齐物我、齐彼此、齐是非、齐利害、齐生死。于是鸵鸟式地把头埋起来，把眼睛闭起来，跳出了"有待"的虚幻的现象界，而与"无待"的宇宙主宰——"道"合二为一。庄子把这种人叫作得"道"的"真人"。简单地说，就是宣布"我"就是"道"，"道"就是"我"。于是，从老子的"客观"唯心主义转化为主观唯心主义。这种转化，同布鲁诺·鲍威尔从黑格尔的"客观"唯心主义转化为主观唯心主义有些相同的地方。庄子的主观唯心主义，扩张主观精神，却消极地向内、向幻想世界（所谓"无何有之乡"）追求，在自己的头脑里幻造绝对自由的王国，以精神上的自满自足，而逃避现实，闭起眼睛来把现实世界想象为虚幻，把人生看成梦。这是没落的奴隶主阶级的阶级意识的反映。因此，庄子的主观唯心主义体系便有了这样一些特征：虚无主义、阿Q精神、滑头主义、悲观主义。

关锋因此逐一分析了《庄子》内篇七篇:《逍遥游》——主要是论述向幻想世界追求的、阿Q式（或鸵鸟式）的绝对自由论。《齐物论》——主要是讨论宇宙论和认识论的。他通过相对主义"打倒"了对象，"打倒"了"有待"的现实，于是齐物我、齐彼此……世界的一片虚无，只有作为真宰的"无待"的"道"才是实在。这一篇是庄子哲学的基础部分。《养生主》——论养生要养生之主即"真君"，而不是形骸。《人间世》——是讨论处世哲学的。它和《养生主》恰好是相为表里、一虚一实。《德充符》——这是庄子的道德论。他认为高尚的唯一的道德就是"忘形"，"无人之情"，同无知无识无感觉的草木等同。《大宗师》——这一篇是论"道"和"得道"的。《应帝王》——这是庄子的政治论。他的政治"理想"不仅是无为而治，而且是回到人与物无别的、非人类的浑沌世界；虽然他悲观地认为"日凿一窍"凿之七日而"浑沌"就死了。庄子的一套理论，则是没落的、悲观绝望的奴隶主阶级意识的反映。庄子哲学思想，是人类精神的堕落。每一个历史转折的时代，反动的没落的阶级，总是这样来毒化人类的。庄子哲学毒性最烈的，就在于使人醉生梦死、精神堕落，特别是它被裹上了一层糖衣。庄子是被埋葬过程中的奴隶主阶级的知识分子，他的主要对立面是取得统治地位的另一个剥削阶级——地主阶级，所以他也"歪打正着"地击中了封建地主统治的某些黑暗现象。这一些，有着揭露封建统治、地主剥削的作用，在客观上有一定的积极意义。一、追求世界的开始，是达到唯心主义的一条道路。二、分割相对和绝对也是达到唯心主义的一条道路。三、从老子的辩证法到相对主义。四、在自由和必然关系问题上形而上学观点同主观唯心主义及其特征。这里还列举了孙武、老子、韩非、孔子和孟子四种典型与庄子相比较。五、从排斥认识的标准的主观性转化为最极端的主观主义。庄子的唯心主义，是最坏的唯心主义。关锋在定格庄子时定格了一个极"左"的自己，为他后来在"文化大革命"中成为"王关戚"集团的一员，提供了哲学思想的渊源。

国外汉学家的庄子研究

　　庄子研究是一种国际学问。国际学问折射着中国，又换了一种眼光打量着、谛视着中国。日本的中国古代思想研究家武内义雄在《中国哲学小史》中说："据《初学记》卷二十七所引的《韩诗外传》的记载楚顷襄王曾遣人聘请他的故事，《庄子》的《说剑篇》中记着谏赵惠文王的故事，楚顷襄王是公元前298—前263年时代的人，赵惠文王也是公元前298—前266年时代的人，所以庄子大约也是这个时候的人，稍后于孟子。"据《史记》庄子传，派遣使者聘请庄子的，是楚威王初年，而非楚顷襄王。而称庄子是"宋蒙人"，在《史记》只称"蒙人"前面加了一个"宋"字，不辨庄子是楚国贵族后裔而流亡与宋之蒙地者。这与张松辉《庄子研究》（人民出版社2009年版）的见解相似，张氏也认为庄子为宋人，而不是楚人，为宋庄公的后裔。庄子思想同老子一样，属于中原文化，而不属于楚文化。武内义雄认为，"广集先秦著述中品评庄子的话来推究，庄周学说的中心是齐物说及全性说，前者在《齐物论》中论述，后者在《养生主》及《逍遥游》中论述，所以，把这两点当作庄周的思想是很适当的吧。庄周的齐物论，是继承田骈的贵齐说的，田骈把生死古今看作齐等，庄周也记载着相同的思想。田骈是齐宣王时代居于稷下的学者，庄子稍后于田骈，似乎不曾去过稷下，但田骈也于晚年离齐赴薛，薛与宋很近，庄周受田骈的影响，是田骈移薛之后的事吧"。这里有值得寻味的见解，也有不少臆测之言。武内义雄又认为，庄周的处世论，出自杨朱，可以归诸"全性保真"这四个字中。杨朱如孟子所非难的那样，是为我主义的人。但庄周是去己的，舍弃自己为是非利害的判断，而应依据万物齐同之理，悠悠然自适；他所以说去己，是采取田骈的贵齐说的结果。于是到了庄周，巧妙地把田骈的哲学与杨朱的处世论结合起来，成了一家之学。武内义雄对庄周的考察，甚是细微深入，他对内篇与外篇、杂篇的梳理，也是有所发见的。

英国汉学家葛瑞汉的《论道者——中国古代哲学论辩》（张海晏译，中国社会科学出版社 2003 年版）一书，其中讨论《从杨朱学派到道家庄子：返归自然以顺天》，它先从《"道家"之名》说起。认为：庄子传统上被列为道家的第二大人物，在假定与孔子同时的老子之后。然而，《老子》一书一直到公元前 250 年左右才得到证明，大大晚于庄子的朋友惠施在其下任相的梁惠王时期。——这里把《老子》的出现推到《庄子》之后，是受了民国年间疑古思潮的影响，不仅有悖于历史记载，也为长沙马王堆汉墓出土的《老子》甲乙丙三种所推翻。所以它梳理老庄之道的源流，只能对接上杨朱学派。——葛瑞汉进一步论述，《庄子·天下》有关诸子的五派之分，把杨朱、庄子分属于第四和第五派系。道家学派，像儒墨以外的其他学派一样，是一种后人回溯性的产物，也是对诸子派系的最大混淆。葛瑞汉又追溯由张道陵于公元 142 年创立的"道教"，认为它是黄老与混合了民间信仰的"阴阳"的联合而产生的亚文化。无法概括的是，自从约公元前 100 年儒家这种公众的、受尊重的、传统的和实用的学说取得胜利以来，中国文化的另一面，即私人的、名声不佳的、巫术的、自然的和诗意的方面，便倾向于汇集在老子的名下。故而，寻找称作道家事物的共同特征将是没有意义的。然而，斯特里克曼自己认识到，我们不太可能废除指称《老子》和《庄子》（而且，有人也许补充，最初为其所激发的后期著作，比如《列子》，于公元 300 年假托先秦圣人之名而作）思想的"哲学道家"这个术语。尽管在反政治的《庄子》和政治的《老子》之间有区别，但它们回述性分类为"道家"一系绝不是没有根据的。它们确实共享了基本的洞识，即认为，当他物按照适合它的方式运动时，人已经因反思、设置选择和制定行为准则而使自己与"道"背离。这给西方人的一般印象是，可输出异域的中国古代思想中的最不同凡响、最独具特色的中国货色。有人也许试图为它构造一个新名字，或许把 Ch'anZen（禅）包括在内，是其在中国佛教中的延续，但是，在我们中间长期流行的名字是 Taoism

（道家）。无论如何，这没有致使我们必须寻找庄子与《老子》作者间的任何直接联系。哲学道家作为一个回述性分类，比如像 20 世纪制造的新语汇"存在主义"：认为老子是创立者而庄子是其继承者（或蜕变者），仿佛是选定克尔恺郭尔和尼采为最早的存在主义者，人们会猜想尼采是克尔恺郭尔的弟子。无论如何，中国思想史家必须保留改换名称的同样自由，就如同我们把克尔恺郭尔暂时置于思想的渊源背景而把尼采和海德格尔换成解释学、透视学和解构的始祖。

葛瑞汉接着探讨《〈庄子〉其书》。这部书实际上是退隐到私人生活论证的哲学著作选集，以最大的代表人物的名字作为书名流行，包括一组不是道家而是杨朱学派的章节。我们也可以将它划分为五个主要部分：（1）庄子本人的作品（公元前 320 年）；（2）只可划分为庄子学派的作品；（3）我们叫作"原始主义者"的某作者的论文，时间不同寻常地精确于秦末战争和刘汉获胜这段时期，即公元前 209 年至前 202 年之间；（4）出自相同或相近时期的杨朱学派的篇章；（5）公元前 2 世纪的最后的杂家部分。为注释家郭象（卒于 312 年）所删减，编为《内篇》（1 至 7 章）；《外篇》（8 至 22 章）；《杂篇》（23 至 33 章）。值得注意的是，葛瑞汉还把《庄子》外篇、杂篇中的一些重要的残片，推测是庄子本人的简短笔记，这就等于认为，外杂篇也有庄子文章的片段。至于庄子的思想倾向，葛瑞汉认为是"对理性的蔑弃"。庄子自身是一位纯粹的诡辩论者，沉迷于对公认观点的颠覆，并陶醉于在发现理性的可能性过程之中诋毁理性的冲击。

葛瑞汉又论《〈庄子〉的原始主义》。庄子这位原始主义者说，道德在治理社会方面没有用处，因为无论谁赢得权力它都服务于斯。它的规则就像箱匣与锁钮，我们试图用此来确保财产以防盗贼；一个身强体壮的盗贼搬走了整个箱子而唯恐锁钮不够牢固。道德只是使你服务于强盗："彼窃钩者诛，窃国者为诸侯，诸侯之门而仁义存焉，则是非窃仁义圣知邪？"（《庄子·胠箧》）用暴力手段强化秩序只能导致混乱。其中原始主义者最偏爱的是几乎不为人们所知的赫胥氏。正是这里我们发现了原始主义的另样的完美的无政府主义中，那些直至神农的古代帝王的积极的作用与单一家长式的因素。原始主义对时弊的生动的抨击很可能是一股个人解放与限制政治的潮流，提醒君王压迫将导致反叛，鼓励士人退隐于林泉，阻止官吏改革现实的企图，"乐其俗"，给人一种多一事不如少一事的印象。纯粹的社会共同体的概念明晰地被描述为无君无臣，而那毋宁属于公元 3 世纪的哲学道家的复兴。

刘笑敢的《庄子哲学及其演变》

　　比起外国学者来，中国学者对中国古代哲学和哲学家的研究，更能触及问题的本质，更能触及中国古代哲学家的神经。刘笑敢是北京大学哲学系张岱年指导的第一个博士，他的博士论文《庄子哲学及其演变》（中国人民大学出版社 2010 年出版修订版）融合了中国的考据训诂，以及西方的分类学、统计学、概念史等方法，显得视野开阔、论证厚重。书前有张岱年《序一》，对这部著作进行评议，指出刘笑敢在北京大学哲学系于 1982 年起攻读博士学位，对于《庄子》进行了系统的钻研。他首先考察了内外杂篇的先后问题，提示出内篇之中只有道、德、命、精、神等概念，而没有道德、性命、精神等复合词；外杂篇中道德、性命、精神等复合词便屡见不鲜了。参照《左传》《论语》《老子》《孟子》以及《荀子》《韩非子》《吕氏春秋》等书中用词情况，足证复合词的出现确实较晚，于是《庄子》书中内外杂篇的先后早晚便得到无可争辩的证明。其次，又对庄子哲学的基本范畴、庄子的学说体系及其理论贡献，作了比较深入的考察分析，亦多自得之见。这可以说是关于庄子研究值得注意的新成果。书前又有李泽厚《序二》，认为作者在中编中细致地剖析了《庄子》一书中的"道""命"等基本概念的多层含义，揭示了庄子哲学是"安命"而非宿命，是怀疑论而非不可知论，揭示了精神自由与迁就现实的尖锐矛盾，等等。他所说"庄子哲学中既有至高无上的道，又有通于天下的气；既讲安然顺命，又讲绝对自由；既有怀疑主义，又有理想主义；既有辩证法，又有诡辩论；既有与人不争、安时处顺的一面，又有傲视权贵，放达不羁的一面；既有对现实的深刻观察和批判，又有对现实的冷漠超脱；这些不同侧面在庄子哲学中都是有机地联系在一起的"，我以为，这基本上抓住了庄子的矛盾特点。接着就是著名的道家研究者陈鼓应的《序三》，其中认为，《老子》五千言基本上讲的是"治道"，庄子反对任何形式的统治，是个"无治主义"者，这一点在《应帝王》中表现得很明显。庄子处于人间世则表现为一种与现实保持一定距离的艺术性的游世态度。庄子的逍遥游却是寄沉痛于悠闲——表面看来是悠闲自适，但内心却充满着处世的忧患感。我们完全有理由说，庄子的生活态度并不是出世的，而是介于避世与入世（"游世"）之间的。庄子所提出或使用过的概念之丰富是先秦诸子难以相比的，中国哲学史上的主要论题和基本概念多是引发于庄子的。法家具有尼采所推崇的那种浓厚悲剧精神，这种悲剧精神是其他各家所欠缺的。

以下是刘笑敢著作的要点：

《前言》中说：庄子是一个襟怀宏博、理论深微的大哲学家，又是一个独树一帜、奔放不羁的大思想家，也是一个才华横溢、睿智超群的大文学家。——评价是非常充分的。

随之是《修订版引论：关于考据方法的问题》：作者尝试将《老子》四句以上（分散在 51 章中）的散文段落与《诗经》和《楚辞》相比较，考察其句式、修辞（章内回环、章际回环、顶真、倒字换韵）、韵式（句句韵、叠句与叠韵、交韵、偶句韵、富韵）以及合韵等方面的特点，再将各个比较项在《老子》《诗经》与《楚辞》中分别出现的情况进行全面对照，发现结果是令人惊讶的一致：所有项目的对比结果都是《老子》与《诗经》基本一致或相当一致，而《老子》与《楚辞》则相当不同。《老子》成书于战国中期以前应是比较客观的考察。《庄子》内篇都是单纯词，没有"道德""性命""精神"这三个复合词，而外杂篇有 36 个，形成 0∶36 的模式。这印证了李学勤《〈庄子·杂篇〉竹简及有关问题》（《陕西历史博物馆馆刊》第五辑，西安：西北大学出版社，1998 年版，126—131 页）：根据江陵、阜阳等地出土的竹简《庄子》，认为《庄子》内篇很可能出于庄子本人，《庄子》外杂篇也应该是先秦的作品。

首先，在"前编：文献疏证"中，作者对《庄子》内外杂篇的概念史作了清理：第一章讨论了"《庄子》内篇的年代"：一、内篇早于外杂篇——概念方面的证明。内篇虽然用了道、德、命、精、神等词，但没有使用道德、性命、精神这三个复合词（由词根和词根合成的词），而在外杂篇中，道德、性命、精神这三个复合词都反复出现了。由此我们可以初步推断《庄子》内篇是早出的，而外杂篇是晚出的。对比《左传》《论语》《墨子》《老子》《孟子》，进一步查证《诗经》《尚书》《国语》，我们首先在《荀子》书中发现道德、性命、精神这三个概念，以后的《韩非子》《吕氏春秋》也都出现了这三个概念。随着历史的推移，《新语》《淮南子》《论衡》等书中，道德、性命、精神这三个概念使用得就更普遍了。二、内篇早于外杂篇——其他方面的证明。内篇提出论题，外杂篇进行解释或发挥。直接提到庄子言行的记载共有二十九段，除去内篇的庄周梦蝶等个别段落有可能是庄子自述以外，大体可以看作庄子后学对庄子言行的记述。总而言之，从概念的使用、思想的源流、文章的体例、特殊词汇的用法等多方面对《庄子》内篇与外杂篇进行的比勘考察，都证明在内篇与外杂篇二者之间，只有内篇才可能在总体上为庄子所作，而外杂篇虽可能有庄子的佚文断简，但从总体上看，则不是庄子的作品。三、关于内七篇的相互联系与差异。四、关于内篇与外杂篇的相互错杂。

第二章论述"《庄子》外杂篇的年代"：一、从《吕氏春秋》等书看《庄子》外杂篇的年代。《吕氏春秋》与《庄子》互见的段落很多，只能是《吕氏春秋》抄《庄子》，抄16篇。《韩非子》也有抄录《庄子》之处，抄4篇。二、从贾谊赋看《庄子》成书年代。从贾谊《吊屈原赋》和《鹏鸟赋》来看，他熟读《庄子》，颇得其旨，不过八百字，借用或发挥《庄子》之意的竟有二十余处，由此也可以推出《庄子》大致成书于战国末年，也就是说，《庄子》外杂篇大体完成于先秦时期。三、从《庄子》本书看外杂篇的年代。外杂篇除《让王》《盗跖》《说剑》《渔父》外，基本上是以篇首二三字来命名。《庄子》各篇之篇题在战国已有，是完全可能的。以《天下篇》来印证，作者没有看到秦汉时期天下定于一尊、学术归于一统的局面。四、"汉初说"失误举例。

第三章是"《庄子》外杂篇的分类"研究：一、阐发内篇的第一类。包括外篇的六篇，《秋水》《至乐》《达生》《山木》《知北游》《田子方》，杂篇的六篇，《庚桑楚》《徐无鬼》《则阳》《外物》《寓言》《列御寇》。语言形式及思想观点明显一致。又释《秋水》与内篇；《至乐》与内篇；《达生》与内篇；《山木》与内篇；《田子方》与内篇；《知北游》与内篇；《庚桑楚》与内篇；《徐无鬼》与内篇；《则阳》与内篇；《外物》与内篇；《寓言》与内篇；《列御寇》与内篇。二、兼容儒法的第二类。包括外篇的《在宥下》《天地》《天道》《天运》《刻意》《缮性》和杂篇的《天下》，共七篇。三、抨击儒墨的第三类。以《骈拇》《马蹄》《胠箧》《在宥上》四个短篇为主体和核心，因《让王》《盗跖》《渔父》三篇与这一组也有若干联系，故归为一类。四、统计与比较。在分类研究的三派中，述庄派离内篇较近，其次是黄老派，再次是无君派。

其次，在"中编：庄子哲学"的"第四章　范畴篇"中，第一节讲"道——世界之本根"。道既是世界的起源，又是万物表达依据，这说明在老庄那里，道既有宇宙论意义，又有本体论意义。道的概念提出了世界的起源问题，也提出了世界的总规律问题。道的概念的出现标志着中华民族理论思维的一次飞跃，对中国古代哲学的发展产生过巨大影响。本根的性质和特点在于：道的绝对性；道的永恒性；道的超越性（神秘主义、直觉主义）；道的普遍性；道的无差别性；道的无目的性。进而比较"道与西方哲学"，尤其是与黑格尔的"绝对观念"的比较。道是绝对化的观念性实体。第二节讲"道——最高之认识"。道作为最高认识即"以为未始有物"，表现为两个主要特点：无差别性；神秘性。实现最高认识之关键即"道枢"。比较两种道的区别与联系之后，分析"道就是全"。这是以魏晋玄学来解释庄子思想。第三节讲"天与命"。（一）天的意义和特点。庄子所谓天有两个新意：一是指自然界，一是指自然而然（天然）的情况。（二）天与人的对立与和谐。庄子的与天为徒的思想不仅要因任自然，而且要达到更高的精神境界。（三）命的意义和特点。按照庄子的思想逻辑，命来自于道与天的决定作用。第四节讲德与气及"有待""无待"问题。（一）德的意义及特点。庄子所谓德的第一个意义是淳朴的自然本性。德的第二个意义便是最高的修养境界。庄子反复强调，修养淳朴的自然本性所产生的精神魅力是巨大而神奇的。道为主，德为从，道决定了德的特点，德体现了道的性质。（二）气与庄子哲学。庄子认为气是充满天地之间的，天地万物都是一气。气是一个中间环节，用气的聚散来解释人的生死及世界的变化，这是庄子思想中的唯物主义成分，这种唯物主义成分和他整个思想体系是融为一体的。（三）关于"有待"和"无待"的问题。郭象的"有待""无待"主要不是为了解释庄子的思想，而是为了发挥他自己的"独化于玄冥之境"的理论。

其三，在"第五章　学说篇"中论述了庄子哲学体系除了本根论之外，还有四种主要的理论学说——安命论、逍遥论、真知论、齐物论。安命论、逍遥论是人生论。真知论、齐物论是方法论。第一节讲安命论：（一）社会生活中的必然性。（二）安命无为的生活原则。庄子用形象的艺术夸张的手法宣传命定论，给灰色的命定论染上了诙谐、幽默、从容、豁达的色调，这在中国哲学史上是比较独特的。安命无为一方面是无可奈何，另一方面又是悠然自得。安命无为是庄子哲学向逍遥游过渡的基础，安命方怡然轻松，无为则悠然自得，安命无为是取得人生自由的唯一途径。（三）安命论的形成与特点。这是殷周以来的命定论与道家的无为论相结合的产物。第二节讲逍遥论。（一）逍遥而游的生活理想。庄子之逍遥实有今日精神自由之含义。庄子并不真的要寄身于世外，他所谓逍遥游只是心之游，即"游心"。（二）无心无情的生活态度。无心即无思无虑，无情即无好无恶，无心于万化之无常，无情于万物之盛衰，无心无情就是超然于世外，也就是绝对不动心。庄子哲学以安命论为起点，以逍遥论为归宿，从安命论转向逍遥论的关键也在于无心无情。（三）辨析庄子与所谓阿Q精神的误认。第三节讲真知论。（一）以不知为真知的怀疑主义。庄子揭示了人类认识能力的局限性，庄子是中国哲学史上第一个提出了人的认识能力有限还是无限的问题。庄子对怀疑主义的第二个理论论证是强调认识标准的主观性。庄子对怀疑主义的第三个理论论证是强调事物的变易性。（二）以体道为真知的直觉主义。把怀疑主义同直觉主义结合起来是庄子认识论的主要特点。宣扬"以无知知"如同无翼而飞的至人或真人的认识方法。庄子体道的方法主要是"心斋""坐忘"和"见独"。（三）

比较庄子与古希腊怀疑派。第四节讲齐物论。（一）辩证法与诡辩论。齐物论即庄子的发展观和矛盾观。一是客观性，二是全面性，三是确定性。（二）彼是相因的辩证法。（三）万物为一的诡辩论。1. 利用矛盾的同一性抹杀矛盾，这是庄子歪曲辩证法的主要方法。2. 万物之间都有一定的共性，抓住事物之间的某种共性抹杀事物之间的差别，从而得出万物为一的结论，也是庄子的诡辩方法。3. 强调事物总体之为一或事物结果的相同，抹杀事物现实状况的具体差别，这也是庄子的一个诡辩手法。4. 利用概念的相对性抹杀矛盾。5. 明知现实中的矛盾是普遍存在的，却又幻想进入没有矛盾的自由天地，所以他在承认矛盾普遍存在的同时，又极力鼓吹忘却矛盾，忘却一切差别。

　　其四，在"第六章　通论篇"中，从总的方面讨论庄子哲学的理论意义和社会意义。第一节讲庄子哲学的内在矛盾。（一）随俗与孤傲，也就是外化与内不化。（二）消极与积极，呈现为悲观与乐观。（三）理想与现实，探究自由与必然。第二节揭示庄子哲学中的合理因素。（一）关于精神自由与客观必然性的统一。（二）关于宇宙无穷的思想观念。（三）关于生死气化的观念。第三节论述庄子哲学的性质和主要特色。（一）关于主观唯心主义和主观主义。（二）关于判断哲学体系基本属性的标准。（三）如何分析庄子哲学的主要特色。第四节讨论庄子哲学的社会意义。（一）庄子哲学的中心问题。中心问题是全生保身。（二）庄子哲学的阶级属性。庄子基本是平民知识分子的思想代表，他的思想有浓重而鲜明的知识分子的色彩，但归根结底代表了小生产者的愿望，反映了广大平民阶层的思想情绪。（三）庄子哲学的历史地位。在特定的意义上说，庄子哲学也是一种解放的哲学，庄子哲学本身就是冲破西周以来传统思想束缚的产物。也是富于启发性的哲学，在一定条件下帮助人们摆脱某种盲目性。其浪漫主义的文学形式影响了许多文学大师和思想泰斗。

　　其五，在"后编：庄学演变"中，第七章评述庄子后学中的述庄派。一、对庄子思想的继承和阐发。二、对庄子思想的发挥和改造。严复《庄子评点》评蜗角之争："今科学中有天文地质两科，少年治之，乃有以实知宇宙之博大而悠久，回观大地历史所著数千年，其若一映，庄未尝治此两学也，而所言如此，则其思虑之超越常人，真万万也，所谓大人者非欤！"三、道家性超善恶论的提出。第八章评述庄子后学中的无君派。一、从超越现实到抨击现实。二、从天之自然到人之自然。无君派认为，最大的善是"任其性命之情"，亦即"自适其适"。自然之性是无君派的最高思想观念，一切任其性命之情是无君派立论的根本出发点。无君派反对任何形式的统治，认为任何形式的统治都会"淫其性"，"迁其德"。三、从无何有之乡到至德之世。第九章评述庄子后学中的黄老派。一、从剽剥儒墨到融合儒墨。二、从生天生地之道到法天之道。三、从逍遥无为到君无为而臣有为。君无为而臣有为对于君主来说可以藏拙掩愚，对于臣下来说必须尽职尽责，对于国家来说意味着限制独裁。

　　刘笑敢的著作还有"附录"，评说庄子与萨特的自由观：一、两种自由观的重要区别。二、两种自由观的相同之处。三、两种自由观的理论得失。又有"本版附录一"学术自述，回顾从内蒙古到北京，从北大到美国，从美国到新加坡，从新加坡到香港的治学历程。"本版附录二"，比较郭象之自足逍遥与庄子之超越逍遥——兼论诠释方向之转折及其评价标准问题。一、庄子之超越现实的逍遥。二、郭象之满足现实的逍遥。三、两种评价，两种标准。四、郭象之诠释学方法初探。"本版附录三"进一步揭示两种逍遥与两种自由。一、两种逍遥。二、两种自由。"本版附录四"评述庄子之苦乐观及其现代启示。一、现实之苦。二、化苦为乐。三、逍遥之乐。四、现代启示。最后作出结论。"本版附录五"也属于学术自传，追踪关于庄子研究的回顾与反思。一、从概念、学说到体系。二、通论与评价。三、关于道的客观意义与境界意义。四、年代与分类的考证。

　　应该说，刘笑敢的庄子和《庄子》书的研究，是一项非常有分量、相当有水准的成果，许多地方超越了前人。但他对庄子的国族、身世和楚人思维、楚文化基因的还原研究，却用力过小，也是不应讳言的。

2018 年 2—8 月初稿
2019 年 6—7 月修订

参考文献举要

［1］王先谦、刘武：《庄子集解·庄子集解内篇补正》（新编诸子集成 第一辑），中华书局1987年版。

［2］国学整理社：《诸子集成》（第一册），中华书局2006年版。

［3］国学整理社：《诸子集成》（第二册），中华书局2006年版。

［4］国学整理社：《诸子集成》（第三册），中华书局2006年版。

［5］国学整理社：《诸子集成》（第四册），中华书局2006年版。

［6］国学整理社：《诸子集成》（第五册），中华书局2006年版。

［7］国学整理社：《诸子集成》（第六册），中华书局2006年版。

［8］国学整理社：《诸子集成》（第七册），中华书局2006年版。

［9］国学整理社：《诸子集成》（第八册），中华书局2006年版。

［10］司马迁：《史记》，中华书局1959年版。

［11］班固：《汉书》，中华书局1962年版。

［12］陆德明：《经典释文》，上海古籍出版社2012年版。

［13］苏轼：《东坡全集·庄子祠堂记》（《文渊阁四库全书》第848卷），商务印书馆（台北）1983年版。

［14］焦竑：《庄子翼》，商务印书馆（台北）1983年版。

［15］王夫之：《庄子解》，中华书局1964年版。

［16］林云铭：《庄子因》，华东师范大学出版社2012年版。

[17] 严复:《庄子评点》(家藏本,严群教授自藏,条目较岷云堂本多)。

[18] 鲁迅:《汉文学史纲要》(1926 年在厦门大学讲汉文学史时的讲义,1938 年收入《鲁迅全集》)。

[19] 王叔岷:《庄子校诠》(国立中央研究院历史语言研究所 1947 年版)。

[20] 罗根泽:《诸子考索》,人民出版社 1958 年版。

[21] 冯友兰:《中国哲学史》上册,中华书局 1961 年版。

[22] 冯友兰:《中国哲学史新编》,人民出版社 1965 年版。

[23] 关锋:《庄子内篇译解和批判》,中华书局 1961 年版。

[24] 胡适:《中国哲学史大纲》(上),商务印书馆 1919 年版。

[25] 马叙伦:《庄子义证》,商务印书馆 1930 年版。

[26] 钱穆:《庄子纂笺》,东大图书公司 1985 年版。

[27] 张岱年:《中国哲学大纲》,中国社会科学出版社 1985 年版。

[28] 任继愈:《中国哲学史论》,上海人民出版社 1981 年版。

[29]《哲学研究》编辑部编:《庄子哲学讨论集》,中华书局 1962 年版。

[30] 陈鼓应:《庄子今译今注》,中华书局 1983 年版。

[31] 陈鼓应:《老庄新论》(修订版),商务印书馆 2008 年版。

[32] 陈鼓应:《道家的人文精神》,中华书局 2012 年版。

[33] 李学勤:《〈庄子·杂篇〉竹简及有关问题》,载《陕西历史博物馆馆刊》(第五辑),西北大学出版社 1998 年。

[34] 张松辉:《庄子研究》,人民出版社 2009 年版。

[35] 刘笑敢:《庄子哲学及其演变(修订版)》,中国人民大学出版社 2010 年版。

[36] 方勇:《庄子学史》,人民出版社 2009 年版。

[37] 杨义:《老子还原》,中华书局 2011 年版。

[38] 杨义:《庄子还原》,中华书局 2011 年版。

[39] 杨义:《墨子还原》,中华书局 2011 年版。

[40] 杨义:《韩非子还原》,中华书局 2011 年版。

[41] 杨义:《论语还原》(上、下册),中华书局 2015 年版。

［42］杨义:《屈子楚辞还原》（上、下册），中国社会科学出版社 2016 年版。

［43］杨义:《文学地理学会通》，中国社会科学出版社 2013 年版。

［44］［日］武内义雄:《中国哲学小史》，民主与建设出版社 2017 年版。

［45］［英］葛瑞汉:《论道者——中国古代哲学论辩》，中国社会科学出版社 2003 年版。